中國的南海戰略

蘇冠群 著

推薦序

「南海可能爆發軍事衝突！」這可能是我們在 2011 年與 2012 年最常在報章雜誌上看到的聳動標題。如果您對於南海問題仍然抱持著軍事手段優先的看法，那這本書可能會改變你以往的觀點，且讓您獲得意想不到的收穫。

當您拿到這本書時，你會發現這是一本不同於以往談論南海問題的書。以往我們對於南海問題都是從國際法角度或是解放軍軍力問題上切入。這本書，將帶給你對於南海問題的全新思維。作者從外交互動、經濟貿易、海洋執法單位與解放軍等多元角度切入，使讀者可以了解到中國在南海問題上所運用的多元手段。

作者蘇冠群曾在 2009 年 9 月，於淡江大學修過我所授的中共軍事發展這門課。當我看到他第一次學期報告時，內心震驚不已。那已是一本碩士論文，而且是可以出版的學術著作。不只架構完整、資料豐富，而且圖表的體例彩色都達專業的水準。

作者思想敏銳、態度勤奮、為人誠懇、心地善良，是極有潛力的青年學者。

本書主要是針對中國在當前的南海戰略，但是作者也不忘對歷史進行回顧。作者從歷史的回顧中，找到對於中國在處理周邊海域問題上的轉變因素。一個從原本僅使用海軍處理周邊領土爭議的國家，是如何轉變成改用海洋執法單位的過程。此外作者對於解放軍海軍的研究也提供本書不少精彩見解，包括解放軍海軍對於建軍發展的論證。作者所推論的平衡艦隊發展是如何影響現今解放軍的外交，而這些轉變又會在南海問題上起到何種作用，讀者可在書中發現作者的精心鋪陳。

　　為什麼南海至今各國仍保持克制？從筆者大量的資料收集與密集的圖表中我們可以得知，從 2011 年 4 月至 2012 年 7 月，中國與南海各國就有多達 53 次的官方互動。這顯示了雙方都希望以外交做為優先解決問題的途徑。作者點出這點，且歸納出中國對於南海問題的七大戰略手段。這七大戰略也可適用於其他周邊爭議海域問題，因此值得各方學者們品嚐其中奧妙。

　　作者從時間、空間、面向三軸一體，突破以往相關書籍所沒有的格局。對於其在學習過程中的執著與努力，本人很榮幸在此推薦此書。希望這本書能給予更多南海問題研究的學者們一條新的研究方向，也希望廣大讀者們能夠從此書中了解當今中國的南海戰略。

2012 年 9 月 17 日
國防大學戰略研究所教授　林中斌

推薦序

　　冷戰時期，中國安全戰略或人民解放軍發展，在國際關係與戰略研究中，原是冷僻的末端學術領域，然時至今日已成顯學。即便如此，我國學術圈中，決心致力鑽研中國軍事與安全戰略的學生仍然有限，而作者就是少數執著勤學者之一。

　　中國自古向為安土重遷、自給自足的大陸型國家，海上貿易與海外移民均非主流；然近兩三百年來自海上的外國勢力，藉由技術工藝和船堅炮利，用極端屈辱的方式，逐漸激發出中國對於海洋與海軍的重視。作者選擇以中國人民解放軍海軍以及中國對南海的戰略思維做為研究標的，試圖建構一個承先啟後的論述框架，其用心自然值得鼓勵。

　　近年來，中國大陸為追求經濟持續發展，逐漸重視對於海洋資源的開發利用，進而在海洋主權主張上與南海周邊國家多有衝突。此外，我國佔有南海唯一具有淡水資源的太平島，對於可能的區域海上衝突，自不可不防範。南海問題研究也成為我國必須關注的研究主題。

　　南海問題逐漸成為眾人所關注亞太國際情勢的焦點，國際上對此研究已是汗牛充棟，但很少有研究人員願意從跨領域角度去針對一個議題進行撰寫。作者費時兩年的時間，從政治、經濟與軍事的多重角度，分析中共在南海問題上的手段與戰略。書中有大量解放軍海軍各項行動的年表統計、中共在外交上與南海諸國的互動紀錄，以及中共與東協之間的經濟數據。讓各界在研究南海問題上，節省很多資料統整的時間。更能從這些數據與圖表中，針對中共對南海問題上的戰略思維看出許多端倪。

作者的研究，正可讓各界充分了解中共對南海問題上的手段與解放軍海軍戰略。我誠心的推薦這本專書，也邀請有興趣的讀者們仔細品嚐。

2012 年 8 月 19 日

淡江大學國際事務與戰略研究所教授　黃介正

推薦序
——風險艦隊的 21 世紀版

中國人民解放軍海軍在劉華清（1916-2011），曾任海軍司令員與中共中央軍委副主席）的鼓吹倡議下，歷經廿餘年的勵精圖治，已經初具遠洋作戰能力，此刻正朝向真正藍水海軍之方向邁進。這股亞太新興的海權力量，正一步步地挑戰美國在太平洋盆地傳統的獨霸地位，為區域的安全與穩定產生變數。

廿一世紀第二個十年是新興的中國海權力量與傳統的美國區域獨霸衝撞的開始。美國的重返亞洲政策雖然口頭上說並非針對中國，但從其沿太平洋到印度洋間的倒 C 狀軍事、政治及經濟的聯盟與佈署，所針對的只有中國。這雖是讓中國和平發展的正面導向力量，但也是避免中國挑戰現狀的實質圍堵。中國人民解放軍海軍已非吳下阿蒙，無論在水面、水下或海航的作戰能力上，都有顯著提升。2012 年中國第一艘航空母艦下水服役，標示著解放軍海軍成為藍水海軍的第一個重要里程碑。有愈來愈多解放軍內部的聲音，逐漸難耐過去的韜光養晦，如果不能一顯身手，至少不想再忍氣吞聲。在這個十年裡，我們看到：2011 年南海情勢的緊張，2012 年釣魚台情勢的升高，在可預見的未來，此類的衝撞必然不斷，若一旦失控，則將是區域安全的災難。

一百年前，歐陸的德國挾著統一後國力的興盛，積極投入海軍的建設，對當時大英帝國全球獨霸的海權形成挑戰，英德兩國的海軍軍備競賽被認為是第一次世界大戰的起因之一。當時德國海軍的領導人鐵畢茲（Tripitz）曾經主張德國海軍可以在不引起英國注意的情況之下，建立一支足以威脅英國海軍全球海權地位的公海艦隊。這支公海艦隊即便不能擊敗他的英國對手，但可以讓英國海軍蒙受沈重的損失，從而無力維持全球的海權獨霸地位。鐵畢茲相信，英國人將不敢冒這樣的風險，所以會承認德國的海上實力，讓德國有較多的空間拓展海外殖民地與海上貿易。歷史的結果與鐵畢茲的主觀期待恰恰相反，海軍的建艦成軍從來很難暗渡陳倉，英國很快就發現德國人的海軍戰略企圖，從而加快自身的建艦成軍計畫，包括大無畏級戰艦的建造。德國海軍從未達成他原先所企及的風險門檻，互一次世界大戰期間，德國海軍始終居於數量劣勢，倒是德國深恐反被遭到殲滅而自囚其公海艦隊於港口中。

風險艦隊的歷史似乎在 21 世紀重演，事實上也有一些美方專家注意到兩段歷史的相似性，美國鼓勵中國和平發展，但同時也強化他的軍事避險措施。中國海軍固然積極強化其各項戰力，但畢竟距離能與美軍匹敵的程度還有至少兩個世代以上的距離。以目前中國海軍的實力，在印度洋──中國海上珍珠鏈策略的西端──鞭長莫及，在東海力有未殆，但在南海，中國與美國的優劣互見，是戰略上平分秋色的區域。

因此，在亞太地區發生軍事衝突的潛在熱點中，南海的風險其實與日俱增。這是蘇冠群同學的研究值得矚目的地方，蘇同學師承林中斌老師，承繼著林老師治學的態度。在他的研究中客觀地分析了中國在南海地區的主權、資源及海上交通線等重大戰略利益，進而分析中國自鄧小平以降，結合外交的南海軍事戰略之演進，並在這樣的基礎分析上，討論中國與美國及其他南海周邊國家的戰略互動，最後並提出中國南海經略的預判。蘇冠群同學的研究，結構完整、方法嚴謹，是本值得向社會大眾與學術社群推介的著作。

2012 年 11 月 2 日

淡江大學國際事務與戰略研究所教授　陳文政

謝　辭

歷經 3 年的時間，相當於 1095 天、26280 小時、1576800 分鐘的奮鬥之後，順利在 2012 年 6 月完成碩士論文且通過口試。能夠在這段時間無憂無慮的專注於學術寫作，我非常感謝我的父親與母親對我在修習碩士學位過程中的支持。在孤獨的學術之路上，家人的支持是非常可貴且重要。

我非常感恩，進入淡江戰略所第一個學期時就得到林中斌老師的肯定。林中斌老師在求學的過程中給予我在學術研究、做人處事、物質等諸多教誨與幫助。在心靈方面給予學生非常多的啟發，是我人生中的心靈導師與貴人。林中斌老師讓我看見身為學者的風範與氣質，是我在漫長路途上的楷模與目標。

感謝丁樹範老師與黃介正老師給予我的論文諸多細節上與架構上的指導，使學生的拙作能夠更加完整。感謝丁樹範老師對學生在學術之路上的務實指點，感謝黃介正老師對學生在解放軍研究上的諸多肯定。

在修業過程中，感謝魏萼老師、翁明賢老師、王高成老師、施正權老師、李大中老師、陳文政老師、洪陸訓老師、沈明室老師、鄭大成老師給予學生在學識上的提點與增長。感謝所上助理秀真姐對我像一位母親般的給予幫助與照顧。

感謝陳奕帆學長、張嘉惠學姐、黃引珊學姐、林穎佑學長、王光宇學長、李俊毅學長、陳奕儒學姐、江昱蓁學長、湯成學長、田立仁學長、區肇威學長、李柏彥學長、翁知銘學長、劉昭廷學姐、廖書聆學姐、林怡舟學長、張明睿學長、韓岡明學長、賀華苓學姐、李進明學長、楊國智學長、許劍虹學長給予學弟在學生生涯中的指教與協助，讓我在學習過程中，可以少走許多錯路。感謝全球防衛雜誌施孝瑋編輯、陳國銘編輯、俄羅斯聖彼得堡大學物理系博士生楊政衛、馬來西亞中國報記者邱仁傑、王志鵬前輩、呂禮詩前輩、歐錫富博士、復旦大學研究生李于虎、北京大學研究生王裕慶、南京大學研究生李思思、軍事研究同好校長、孔德牷、小邱在研究過程中的意見與討論，使這篇論文可以獲得更多角度的觀察與思考。

那些年的點點滴滴也許有不少遺憾，但也有不少歡笑與喜悅。在淡江戰略所所獲得的不單只是知識上的成長，在這裡能夠獲得許多比知識更重要的東西。在碩士生涯中有一群一起成長的伙伴是很幸運的事情。感謝文傑一路相挺；英志的熱情相助；奕緯的幽默；承中的熱血；怡君、家敏、芳佳、弘儒、秉宥、彥齊、光楷、穎漢同學在學習過程中的互相勉勵與幫助。感謝余婕同學成為我人生路途的老師，使我能夠成長。感謝一群一同度過 730 天、17520 小時、1051200 分鐘的學弟妹們，謝謝靜航、湘華、卓然、宗漢、宗倫、智強、建維、正原、銘煒、函潔、乃慈、心妮、如萱、升銘、萬斌、祐廷，讓我在這段時間有許多值得懷念的美好回憶。感謝一起在球場上奔馳的函儒學長、正健學長、書瑋學弟，讓我在這段苦澀的寫作過程中能夠抒解壓力。感謝俄羅斯研究所蕭妙書學姐、行政人員李季美大姊讓我的碩士生涯更為豐富有趣。最後我要感謝陪我度過 90 天「覺生監獄」的「獄友」日本留學生東　城一，補完我在碩士生涯中那片異國友情的拼圖。

蘇冠群

淡江大學驚聲大樓 12 樓

2012 年 6 月 26 日

目
次

Chapter1 背景
——南海主權、能源與航道安全
的重要性

Chapter2　中國海洋安全與海軍戰略演進
──從軍事手段轉向外交優先

Chapter3　各國對南海問題的現階段策略
──應對中國的棒子與胡蘿蔔

Chapter4　中國南海戰略的手段與形成過程
──奇正雙軌與手段多元

目
次

表目次

圖目次

目次

圖表目次

中國的南海戰略

導　論

　　如果您希望從本書中獲得南海問題的解決答案，那您可能會失望。但如果你想了解中國至今如何處理南海問題，那這本書將會讓你滿載而歸！讀者必須了解到，在社會科學的領域裡，很多事態的發展是沒有一定的。更簡單的說，國際關係事件是一種互動過程。在互動的過程中，雖然我們可以大概猜測到對手的反應（經由歷史事件統計歸納出理論），但總有意外，如蘇聯在一夕之間瓦解而沒人能預測到。本書統整了大量的外交、經濟與軍事數據，歸納出中國處理南海問題的手段。但這些手段就如同撲克牌遊戲一樣，是你手中的牌，你要怎麼運用必須視情況而定。因此，本書提供了中國解決南海問題的多重手段與可能性，這些手段不是永久不變，它更是中國不斷學習改進與自身實力提升的成果。未來是否會有所變動，仍有待觀察與研究。但就作者在完成此書至今，中國對於南海問題的手段仍然按照作者所歸納的進行中。

　　以往我們對於南海問題研究的焦點，主要集中在兩個方向：一是解放軍軍力提升對南海的威脅也相對提升。二是從國際法角度，也就是從海洋法公約來解釋南海島嶼的爭議性問題。當然這兩者也經常使用歷史事件與文獻分析的方式來檢驗與支撐其論點。這兩種方向對於南海問題研究都有極大的貢獻，但是否有人曾經將政治、外交、經濟、軍事放在同一個議題上進行討論？作者不敢稱自己是第一人，但這種著作數量非常稀少。

　　作者在這裡舉例從單一面向觀察事情的缺點。在今年與去年，南海問題再度成為螢光幕前火熱的焦點。但這已非南海第一次發生緊張情勢，早在1974年與1988年中國就與越南在西沙與南沙發生了兩次軍事衝突。這兩次衝突造成人們對於中國武力佔領南沙的既有印象。如果單從軍事角度去研究南海問題，的確可以得到中國軍力不斷增強的結論。但這種觀察是否忽略解放軍不斷增加的外交行為？還有歸屬中國國務院底下的海洋執法單位又該如何解釋？

我們再從國際法的角度來看。海洋法公約在 1994 年正式生效，海洋法公約使近年來南海周邊各國開使用國際法內容解釋其所劃設的海域範圍依據。但就如同普通的法律一樣，法律條文永遠存在漏洞與不足，有些文字內容甚至可以有不同的解讀方式。如海洋法公約就明文規定島嶼必須符合人類居住與經濟條件才能劃設經濟海域，其條文又寫到人工島嶼是不能劃設經濟海域的。但我們可以發現南海周邊國家有多少在那些原本不能居住的礁岩上灌水泥（擴增島嶼面積）、搭建房舍，最後使其能夠符合人類居住條件。另一個國際法的案例是「南海各方行為宣言」，雖然各國口口聲聲都說要遵守其宣言內容，但違反宣言的事件仍層出不窮。也因此東協希望盡快與中國制訂「南海各方行為準則」。

本書的目的不是要批評從純軍事或是國際法角度解釋南海問題的無用性，國際關係向來重視實力的表現，因此軍事手段不能沒有。國際法仍然有它存在的條件，它可以說是中國用來宣示自己有遵守國際體制，更融入世界的一種規範。如最近熱門的領海基線問題，就是一種利用國際法的手段。前面提到，本書不同與其他南海著作的地方在於從多元的角度檢視中國南海戰略。提供讀者從「時間」、「空間」與「面向」這三軸來觀看整個南海的局勢。也許有部分讀者會在閱讀的過程中認為本書過於延伸，但本書必須強調，會進入本書的篇章與內容，都與中國南海戰略有關。南海並非中國周邊的唯一領土與主權紛爭，因此很多手段並非為南海獨立而生，它同樣可以運用在其他事件上。

舉例來說，中國近年來開始運用海洋執法單位，包括在近期南海問題與釣魚台問題上。但海洋執法單位的興起，是由於在 2004 年東海油田事件中國仍然使用軍艦巡弋東海油田，使日本成功的塑造一種中國威脅論的景象（日本當時使用海上保安廳船艦）。隨後我們可以看到中國開始大量使用海洋執法單位在各種周邊爭議海域上，這也是為什麼前面作者強調，中國的手段是不斷在學習與改變。本書也包含大量關於解放軍海軍的建設與數據。目的是在於讓讀者理解到解放軍海軍退居島嶼衝突的第二線,並非其不重要。而是在中國大戰略的前提下,解放軍不是不用,而是備而不用。解放軍海軍採取平衡艦隊的發展方向,使其任務多元化,如軍艦參訪與聯合演習。提供中國在軍事手段外,更靈活的外交手段,這些同樣在南海問題上可以看見。

本書共分為四個章節與結論,從最早的歷史脈絡到中國內部的變化與各國在南海的行為介紹,最後詳細論證中國在南海的戰略手段類型與行程過程。書中有大量的地圖與統計數據,讓讀者能夠容易理解本文內容。

本書第一章談到中國對於南海問題重視的背景與原因,共分為主權、資源與航道安全三大篇幅。在主權問題部分,本書會談到中國對於南海的歷史背景,如九段線的形成。同時也會談到越南、菲律賓、馬來西亞、汶萊對於南海經濟海域的主張。讀者在這個部分可以理解到菲律賓是如何無視他國主權,佔領南沙部分島嶼與宣稱黃岩島主權。面對越南在南沙的行為,中國在西沙與南沙兩次用兵的過程與往後 1990 年代各國之間的歷史衝突回顧。本章也會針對各國所聲明的經濟海域等問題從國際法的角度檢視,但主要是分析國際法對於解決南海問題的不足之處。

本章第二部分會談到資源問題,其中包括中國對海洋的依賴度逐漸增加,如中國海洋 GDP 已占全國總 GDP 的 9.7%。同時中國推動如 863 記劃、908 專項、973 記劃來研究海洋資源與研發相關科技,今日看到的深海鑽油井、蛟龍號深潛器都是其成果。當然最重要的是南海到底蘊藏多少資源呢?雖然中國官方宣稱南海擁有 200-300 億噸的油氣資源,但實際上目前能夠開採的僅有 19-37 億噸的可開採石油與 2.6 兆立方公尺的天然氣,有些資源存在於無法開採的地層。且南海主要的開採資源以天然氣為主,石油資源的開採反而還不如渤海等地區。本章第三部分則是談到航道安全,由於南海是各國包括中國在能源運輸路線上的重要航道,因此航道安全也是南海的問題之一。此部分主要從各項數據顯示中國正努力建設陸上天然氣管線或石油管線,但其實由仍依賴中東地區。中國在 2011 年的原油進口依存度達到55.2%,對於海上通道的安全問題仍然存在。

第二章的部分以中國內部轉變為主,偏向解放軍海軍戰略,共分為鄧小平時期、江澤民時期與胡錦濤時期三個部分。鄧小平時期主要談到中國的海軍戰略轉變，如何從近岸防禦轉行為近海防禦。這時期影響解放軍海軍發展至今，是非常重要的時期，對於解放軍有興趣的讀者，應該深入研究此章節所探討的問題。這時期最重要的人物為劉華清，在其回憶錄中我們可以發現他對於解放軍海軍建設與南海問題都有其見解。從他與鄧小平的關係，更確立他能主導整個海軍的建軍發展方向。

第二部分主要談到江澤民時期，這部分談到解放軍國防戰略轉型與軍事現代化。這部分介紹解放軍海軍現代化過程的發展脈絡，如造船工業、軍校訓練等。但本部分最重要的在於平衡艦隊的辯證，作者不認為解放軍海軍發展有海潛派與海航派之爭。而平衡艦隊的發展確立，讓解放軍海軍能執行更多任務，如外交互訪、聯合演習、亞丁灣護航反恐等。當解放軍海軍成為一種外交型軍種時，他所能分擔的就不單純是軍事任務，因此我們也能看到解放軍的艦艇出沒在東南亞各國進行訪問。如果能理解這部分與第四章外交手段的關係，就能明白為什麼作者要將此論點放入。

第三部分主要談到胡錦濤時期對於周邊爭議海域處理方式的轉型。當然在這必須強調，這種現象並非胡錦濤時期就開始的。早在江澤民時期就有跡象，本部分將其一同整合至胡錦濤時期。江澤民時期雖然仍有如美濟礁衝突事件，但江澤民時期中國與東協的互動頻繁，江澤民在任內更將東協十國全數訪問。胡錦濤時期延續江澤民時期的外交互動，同時經濟交流也更為密切。對於爭議海域問題，最重要的轉變在於改用海洋執法單位，這是一個重要的轉變，值得讀者們注意。軍事部分也同樣有所轉變，這部分會從一些跡象來分析解放軍海軍戰略的轉型。如亞丁灣護航，顯示中國正在積極解決前面談到的航道安全問題。但從亞丁灣護航，我們可以發現中國藉由護航來訓練其海軍新教範與各艦隊的聯合演練。如第十一批護航編隊是由北海艦隊的艦艇搭配南海艦隊的補給艦，這符合解放軍一直強調的各艦隊聯合作戰。因此未來南海如果真的發生戰事，如果規模巨大，將不單單只會看見南海艦隊，而其他周邊爭議海域亦同。

分析完中國國防戰略與海軍戰略的轉變，第三章則是談到外部因素與東協各國面對南海問題的反制行為。共分為亞太國家的戰略調整、東協國家在南海資源開採現況與東協國家的軍事防備三大部分。第一部份除了美、日、澳等國對於中國軍事力量提升在南海的防堵，還包括中國與美國多次因為海洋調查船問題所發生的摩擦，顯示美國對於中國周邊海域的海底水文重視。第二部分談到越南、菲律賓、馬來西亞與汶萊在南海地區的資源開採情況，包含大量能源數據的圖表，其資料顯示中國在南海資源開採的積極程度是遠遠落後於這些國家。第三部分則是談到東協各國與南海周邊主要國家的軍備提升。但軍備提升不代表放棄外交行為，這部分特別列出東協各國的軍事、海事相關安全會議。這些會議有部分都有邀請中國參加，以提升雙方在海事安全與南海問題上互動的機會。

第四章為整本書最重要的一章，談到中國對於南海問題的戰略手段與行程過程，共分為外交、經濟、軍事三大部分。外交部份作者從去年開始就不斷累積中國與越南、菲律賓、馬來西亞這些南海國家的外交互動次數。從 2011 年與越南的衝突到 2012 年與菲律賓的衝突，雙方已有多達 54 次的外交上互訪。這顯示的是雙方雖然在南海爭得你死我活，或是媒體報的沸沸揚揚，但雙方仍保持克制，不願擴大衝突規模。且這些記錄中可以發現，越南與菲律賓到最後都主動與中國低頭示好，顯示中國目前在南海問題上仍有其優勢存在。這部分也詳細介紹了中國海洋執法單位，目前中國海洋執法單位共分為海監、漁政、海巡（海事）、公安邊防海警與海關緝員警等五大單位。目前也已有聲音傳出，要將這些單位整合為統一部門，如台灣的海巡署。這些單位是中國避免衝突升溫的重要單位，由於直屬國務院，是非軍事單位，可將南海對外宣稱為內部問題。如果對方採用軍艦攻擊這些海洋執法單位，又可塑造出被迫還擊的自衛反擊形象。當然這些海洋執法單位也同樣分擔起外交任務，與各國進行相關海事聯合演習或是艦艇參訪。

非軍方單位的外交互動外，軍艦外交也成為中國的手段之一。從中國軍艦出訪大事記中可以發現，中國習慣在衝突過後，派遣軍艦進行破冰友好訪問。此外與各國之間的聯合演習也成為常態，如中越之間就舉行了 11 次北部灣聯合巡邏演習。將領們也擔任起外交官，在衝突期間穿梭各國，化解僵局。如去年中國國防部長梁光烈就曾在衝突期間前往越南。他甚至公開對媒體表示，目前南海問題由外交部門與海事部門處理。這些跡象都顯示，解放軍不再只分擔純軍事的任務，軍事外交也成為中國處理南海問題上的重要手段。

經濟手段部分，中國積極與東協簽署各項經濟協議，在 2007 年中國超越美國成為東協第三大貿易伙伴，2011 年東協也超越日本成為中國第三大貿易伙伴。有人曾質疑作者東協與南海的關係為何？如前面所述，東協有相當多會議是會談論到南海問題。但是有人又會問，經濟與南海的關係是？這個答案很快由菲律賓提供給作者！2012 年中菲黃岩島衝突事件中，中國就動用經濟制裁手段，如禁止菲律賓芒果、香蕉進口，禁止旅遊團等手段制裁菲律賓。提供另一個有趣的數據，雖然中國與東協在 2011 年雙方貿易額達到 3628.5 億美金，但絕大多數都是中國入超。顯示中國大量購買東協的原物料與產品，所以其能對這些國家採取經濟制裁。有哪個人會願意得罪自己老闆呢？問題的答案相當明顯。此外中國也沒有因為經濟的互動頻繁而放棄爭取南海資源，前述提到中國進行 863 等記劃。這些記劃目前已有成果，如深海鑽油井、蛟龍深潛器，都顯示中國對於深海資源開採技術的提升。這些技術獲得大部分來自國外，但中國強調一定要獲得自主生產能力。目前南海周邊國家對於油氣田開採，技術大部分依賴外國，且缺乏資金，因此需要招商來進行合作。中國在獲得獨立自主開採技術後，將能獨立開採這些南海深海資源。且其對深海資源的研究，更顯示其著眼的並非石油與天然氣這些短期可預見的能源，其希望未來能對如可燃冰、多金屬結合物等深海資源進行開採，可見其對海洋資源的運用是有長遠的計畫在進行中。

本章節最後談論到軍事部分，這部分作者談論到航空母艦在南海的用途問題與南海地理位置對於解放軍突穿第一島鏈的優勢。作者並不認為在西沙建設機場或是獲得蘇愷 27 這類重型戰機，就能彌補航空母艦的功能。另外由於南海的地理位置優勢，加上巴士海峽的缺口，解放軍海軍潛艇相較於沖繩海域能共容易突穿。當然在南海問題上，也顯示出解放軍海軍未來建軍的問題。如在南海各國皆擁有潛艇的情況下，勢必增加解放軍海軍對於反潛的負擔。而近岸反潛與深海反潛所使用的聲納卻又完全不同，這同時也突顯出一個要從近海海軍走向遠洋海軍的問題。這些種種軍事相關問題都會在軍事部分進行探討。

本書最後總結中國在南海問題上的七大戰略手段，這七大戰略手段分別是：
(一) 外交手段優先，危機之下雙方仍有大量外交互動。

(二) 採用海洋執法力量，避免使用軍艦。

(三) 善用軍艦外交，與爭議國進行軍艦互訪與聯合演習。

(四) 藉由經濟貿易與交通建設使雙方緊密結合。

(五) 強化深海開發能力，使中國未來能獨立開發南海。

(六) 軍事能力不斷加強，但軍事手段備而不用。

(七) 善用僅存的地緣優勢，積極建設三亞海軍基地。

　　很幸運的是在 2012 年中菲黃岩島事件，就能替作者驗證這七大戰略手段。作者在這裡簡單敘述中國如何利用手上的這七大王牌折服菲律賓。2012 年黃岩島事件發生之後，中國外交部兩次傳喚菲律賓駐中國臨時代辦（當時菲律賓駐中國大使仍從缺），但這兩次都未得到菲律賓正面且有效的答覆。作者推斷這是菲律賓在等待美國對於南海問題立場得答覆，但這裡已經看到中國優先使用外交手段。隨後，由於菲律賓並未展現和解誠意，中國開始派出大量的海洋執法船前往黃岩島，同時禁止進口菲律賓多項農產品。最後再加上美國不願意力挺菲律賓，在多重手段運用下，雙方宣布各自進入休魚期。菲律賓在事件之後終於派遣駐華大使前往中國任職，且藉由籃球交流等方式化解雙方緊張關係。在這次事件中解放軍南海艦隊穿越巴士海峽進行演習，但刻意避開黃岩島海域。從過程中我們可以發現，中國所擁有的手段多元，且按照外交、經濟、軍事的順序不段增加。當然作者在這裡必須再次強調，中國的手段會隨著時間與能力而有所改變。本書提供讀者與相關研究人員一本充滿大量數據與圖表的分析統整，也希望能藉此拋磚引玉，在未來能有更多人能持續研究中國在處理周邊海域的戰略。

背景
──南海主權、能源與航道安全的重要性

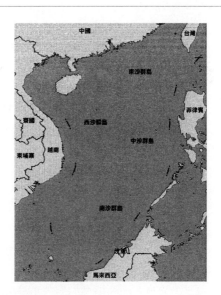

南中國海為中國的核心利益[*]。
──2010 年 5 月戴秉國與希拉蕊‧克林頓私下會談

---

[*] "China Hedges Over Whether South China Sea Is a 'Core Interest' Worth War", *The New York Times*, March 30, 2011, http://www.nytimes.com/2011/03/31/world/asia/31beijing.html.

南海爭議最主要原因在於經濟海域與大陸架的劃分重疊。同時中國認為周邊國家侵犯其在南沙群島的主權。各方所提出的解決方案也有所不同，中國強調雙邊談判解決；越南強調南沙群島與邊界劃分須分開談判；菲律賓堅持瓜分南海或交由國際仲裁；馬來西亞強調外交與各自雙邊解決。各方雖都希望採取外交談判，但各方卻不願在立場上有所退讓，形成各說各話的局面。

第一節　南海主權衝突的歷史淵源——各說各話

南海周邊諸國對於西、南沙群島主權皆有自我立場，使南海主權問題缺乏共識。

一、中國對南海主權的主張

中國與南沙的歷史淵源可追溯到唐宋時期，中國對外強調南沙的主權不容爭辯。

■ 歷史淵源

南海為中國周邊海域中面積最大者，是個典型的半閉海（Semi-enclosed sea）[1]。北起華南，南至曾母暗沙。東西寬為 900 海浬，南北長 1600 海浬，總面積 350 萬平方公里。依照中國傳統的海疆段線（9 段線與 11 段線）內的面積為 262 萬平方公里。若照聯合國海洋法公約的法定海域面積為 210 萬平方公里。南海海域共有 4 個主要得群島，分別為東沙群島、中沙群島、西沙群島與南沙群島。據統計，南海諸島有超過 200 多個島礁，低潮露出水面者有 63 座[2]。

---

[1]　根據聯合國海洋法公約第 122 條定義，《閉海或半閉海》是指兩個或兩個以上國家所環繞並由一個狹窄的出口連接到另一個海或洋，或全部或主要由兩個或兩個以上沿海國的領海和專屬經濟區構成的海灣、海盆或海域。

[2]　廖文中，〈中國海洋與臺灣島戰略地位〉，《中共研究》，第 30 卷 8 期，1996 年 8

早在中華民國與中華人民共和國成立之前，中國歷朝歷代就對南海諸島有所認識。唐宋時期，中國已將南沙命名為石塘、萬里石塘、萬里長沙[3]。明代鄭和所繪製的《鄭和航海圖》將西沙、南沙、中沙群島命名為石塘、萬生石塘、石星石塘[4]。隨後明清兩代皆有華人在南海海域進行商業與漁業活動。英國與德國也先後在南沙群島進行測量作業。因清末民初國力衰敗，法國先後在 1933 年占領南沙 9 座島礁[5]。1939 年日軍占領海南島後，隨即占領南海諸島，命名為《新南群島》[6]。隨著二戰結束，根據《開羅宣言》、《波茲坦宣言》、《舊金山和約》[7]，中華民國恢復對南沙主權，中華民國於 1947 年 12 月 12 日派軍駐守太平島至今。

■ 主權歸我，擱置爭議，共同開發

1949 年中華人民共和國（以下簡稱北京[8]）也將西沙與南沙群島列為廣東省所管轄。兩岸至今皆對南海諸島主權發表擁有聲明[9]。中國從上述古文、古地圖中證明中國在南海諸島的歷史擁有權。其宣稱包括英、法、德、俄、羅馬尼亞、越南在 1970 年代所出版的世界地圖，皆將南海列為中國領土[10]。同時兩岸皆強調 1951 年舊金山和約中，日本放棄對南海諸島的主權。且主權

月，頁 98、112、113。

3　韓振華 編，《南海諸島史地考證論集》（北京：中華書局，1981 年），頁 119-120。

4　韓振華 編，《南海諸島史地考證論集》，頁 121-128。

5　〈1933 年法國竊占九小島事件〉，《南沙群島在線》，2005 年 5 月 2 日，http://www.nansha.org.cn/history/4/1933-07-25.html。資料取自於〈西沙群島交涉及法占九小島事〉，《外交部公報》，第 6 卷第 3 號，1932 年 7-9 月，頁 208。

6　黃朝茂譯，〈東中國海與南中國海〉，《南海情勢彙輯》（臺北：國防部史政編譯局，1995 年 7 月），頁 47。

7　丘宏達，《現代國際法》（臺北：三民書局，1995 年 11 月），頁 226。

8　內文部分，在南海主權部分，同時提到兩岸時，中華人民共和國本文簡稱北京，中華民國則簡稱臺北。其他內文部分，中華人民共和國將簡稱中國。

9　〈中華民國外交部重申南海議題立場〉，《中華民國外交部》，2011 年 4 月 18 日，http://www.taiwanembassy.org/fp.asp?xItem=194482&ctNode=2221&mp=2。
　　〈外交部談中國南海諸島主權歷史和法理依據〉，《新華網》，2011 年 9 月 20 日，http://big5.xinhuanet.com/gate/big5/news.xinhuanet.com/world/2011-09/20/c_122058010.htm。

10　〈中國對南沙群島主權得到國際上的承認——中國漁政船開赴南海宣示主權〉，《解放軍報》，2009 年 3 月 13 日，http://www.chinamil.com.cn/site1/big5/2009zt/2009-03/13/content_1692024.htm。

並非交還給法國，因此越南聲稱繼承法國在南海諸島的主權並不屬實[11]。不過當時該和約也未提到島嶼該歸屬何方，就此北京也批評該和約未提及歸屬問題。北京也借 1955 年 10 月 27 日在菲律賓召開的第一屆國際民航組織太平洋地區飛行會議，表示當時中華民國政府受各國要求，在東沙與南沙群島設立氣象站[12]。1958 年 9 月 4 日北京發表《中華人民共和國政府關於領海的聲明》，聲明中除強調中國大陸及沿海島嶼的 12 海浬領海，還包括對南海諸島的主權聲明。而當時的越南民主共和國（北越）也在第一時間給予承認[13]。1970 年代南海發現石油等資源，周邊各國開始對南海諸島表示擁有主權。衝突與爭議也隨之而來。

1990 年 12 月，李鵬訪問馬來西亞時談到：「**南沙是中國領土，這是不可爭辯的，這是中國主權問題。**」1991 年 6 月，楊尚昆訪問印尼時再次提到：「**西沙與南沙群島為中國領土，其主權是不可爭辯的，主張共同開發，是符合各方利益。**[14]」1992 年北京通過《領海及毗連區法》[15]，正式將南海主權問題納入國內法。如同 1958 年的領海聲明，中國將 9 段線[16]作為其南海主權的範圍。但此種畫分不符合海洋法公約精神，因此中國許多學者在海洋法公約相關著作中，會同時提到 9 段線的海洋面積與海洋法公約下的海洋面積。如果將南海諸島都列入計算，中國在南海擁有 1543 平方公里的領海，43 萬平方公里的經濟海域[17]。若包含大陸架經濟海域，其擁有 210 萬平方公里的海域面積。

---

[11] 〈舊金山和約 決定南沙歸屬〉，《蘋果日報》，2011 年 9 月 7 日，http://tw.nextmedia.com/applenews/article/art_id/33651111/IssueID/20110907。

[12] 俞寬賜 著，《南海諸島領土爭議之經緯與法理》（臺北：國立編譯館，1990 年 12 月），頁 132。

[13] Jinming Li, Li Dexia, "The Dotted Line on the Chinese Map of the South China Sea: A Note", *Ocean Development & International Law*, No. 34 , 2003, pp. 287–295.

[14] 郭淵，〈從睦鄰政策看中國在南海問題上的立場和主張〉，《中國邊疆史地研究》，第 14 卷第 4 期，2004 年 12 月，頁 85、87。

[15] 中華民國在 1993 年亦通過《領海及鄰接區法》。請參見〈中華民國領海及鄰接區法〉，《法務部》，http://law.moj.gov.tw/LawClass/LawAll.aspx?Pcode=A0000009。

[16] 9 段線原為 11 段線，1953 年北京的領海聲明中，將北部灣（東京灣）的兩段線去除，而成為今日北京所宣稱的 9 段線。

[17] 劉養潔，〈南海主權地緣政治經濟透析〉，《人文地理》，第 90 期，2006 年 4 月，頁 124。

中國目前對南海問題採取的態度為「主權歸我，擱置爭議，共同開發」。
此項聲明為鄧小平在會見日本、菲律賓官員與提及南海問題時強調相關島嶼
主權歸屬中國[18]。中國外長錢其琛在 1995 年的第 28 屆東協部長級會議中提
到，中國願依《國際法》與《聯合國海洋法公約》透過和平談判解決南海爭
議，尊重國際海上交通線航行自由和安全的重要性[19]。中國強調海上航行自
由，主要是避免美、日等大國利用海上航行安全為理由，介入南海問題。中
國提出共同開發，希望藉由與東協各國共同開發南海，使爭議國與其享有共
同利益。藉此避免美、日等國干涉南海問題。

　　1996 年 5 月 15 日中國頒布《中華人民共和國政府關於中華人民共和國
領海基線的聲明》，公布其沿岸 49 個與西沙群島 28 個領海基點[20]。1996 年
7 月 23 日，中國外長錢其琛在第三屆東盟地區論壇會議上重申：「**中國一貫
主張以和平談判的方式解決與有關國家在主權和海洋權益方面存在的爭
議，並為此做出了積極的努力，中國主張在問題解決之前，擱置爭議，共同
開發**」[21]。中國在南沙問題上強調四項原則：（一）在南海問題上強調雙邊
協商，不願從事多邊協商，強調和平解決南海問題；（二）中國擁有南沙所
有島嶼島礁主權，不對某一特定島嶼提出主權要求，且在國際會談上不討論
主權問題；（三）不願南沙問題國際化，反對各國介入南海問題，但重視關
注美、日、印與國際態度；（四）強調遵守海洋法公約，各方自我約束[22]。
1998 年 6 月 26 日，中國通過《中華人民共和國專屬經濟區與大陸架法》。
2007 年 11 月中國宣布成立三沙市，加強該地區的開發[23]。2009 年 5 月 1 日，

[18]　〈完整理解鄧小平解決海洋爭端的戰略思想〉，《學習時報》，2011 年 1 月 4 日，
　　　http://dangshi.people.com.cn/BIG5/138903/13643960.html。
[19]　"Twenty-eighth Ministerial Meeting," *Post Ministerial Conferences with Dialogue Partners
　　　& Second ASEAN Regional Forum*（Jakarta: ASEAN Secretariat, 1995），p. 66.
[20]　"Declaration of the Government of the People's Republic of China on the baselines of
　　　the territorial sea", 15 May 1996, *National legislation,* DOALOS/OLA, United Nations,
　　　http://www.un.org/depts/los/LEGISLATIONANDTREATIES/PDFFILES/CHN_1996_
　　　Declaration.pdf.
[21]　郭淵，〈從睦鄰政策看中國在南海問題上的立場和主張〉，頁 87。
[22]　林正義、宋彥輝 著，《南海情勢與我國應有的外交國防戰略》（臺北：行政院研究
　　　發展考核委員會，1996 年 10 月），頁 17-26。
[23]　〈中國設三沙市 激怒越南〉，《聯合新聞網》，2008 年 2 月 8 日，http://mag.udn.

中國向聯合國提交 200 海浬與大陸架的劃界，同時重申中國對南海群島主權與周邊海域的權益。2012 年 6 月 21 日為抵制越南頒佈海洋法將西、南沙劃為越南領土，中國國務院正式批准三沙市的設立[24]。

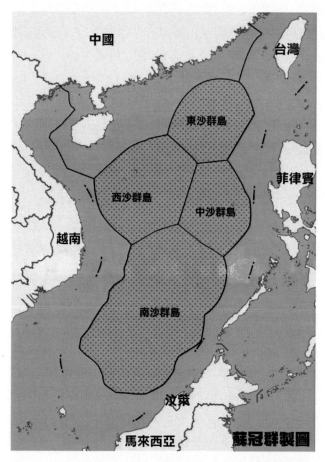

圖 1-1　中沙、西沙、南沙各自獨立劃設經濟海域示意圖

"Nước Việt Hình Chữ S ... Nhưng Biên Giới "Nước" Ấy Tới Đâu？（越南文翻譯：記者無國界：越南的 S 型水域如何形成的？）", January, 2009, http://www.congdongnguoiviet. fr/TaiLieu/0901NuocVietVuHuuSanH.htm.

---

　　com/mag/world/storypage.jsp?f_ART_ID=107662。

[24]　〈陸設三沙市　管轄西沙南沙中沙〉，《中央社》，2012 年 6 月 21 日，http://news. rti.org.tw/index_newsContent.aspx?nid=361715。

中國在 1996 年公布沿海與西沙領海基點，但始終沒有公布南沙領海基點。中國反對南海問題國際化，強調雙邊談判，擱置爭議，共同開發。

二、越南與菲律賓對南海主張

越南強調其繼承法國在西、南沙的主權，越南認為南海問題與經濟海域劃分應分開談判。菲律賓在克魯碼事件後，宣稱南沙為無主地且強行佔領。

■ 越南

越南對南海諸島主權在東協國家中為最積極者。其對南海的聲明史可看出國際環境的現實與利益爭奪。越南在南北越統一前，北越共發表三次聲明承認西沙與南沙群島為中國領土。第一次是 1956 年 6 月 15 日，北越外交部副部長接見中國駐北越大使李志明。第二次是 1958 年 9 月 4 日，中國發布領海聲明，北越在其官方報紙《人民報》上做了詳細報導；同年 9 月 14 日，北越政府範文同接見周恩來時表示尊重這項決定。第三次是 1965 年 5 月 9 日，北越政府表示：「美國總統詹森把整個越南和越南海岸以外寬約 100 海浬的海域，以及中華人民共和國西沙群島的一部份領海劃為美國武裝部隊作戰區域。[25]」證明北越政府是承認西、南沙群島為中國領土。

反觀南越政府則認為其繼承法國對西、南沙群島的主權。南越在 1956 年 3 月法軍撤離南沙群島後，4 月南越即派兵接替，登陸南沙群島中的南威島。1956 年 10 月，南越將南沙群島劃入其福綏省。1960 年至 1967 年占領南沙 15 個島礁，1973 年 7 月至 1974 年 2 月又占領南沙 6 個島礁。西沙群島部分，1961 年 7 月，南越政府宣布將西沙群島從其承天省劃歸為廣南省，直屬該省和萬郡，改名定海村[26]。在南北越時期，南越堅持其擁有西、南沙群島主權，並採取行動占領。對此臺北僅對此提出外交抗議[27]，北京方面除外交抗議外，在 1974 年對西沙群島進行武力收復。

---

[25] 李金明，〈越南在南海聲稱的領土爭議〉，《東南亞之窗》，第 1 期，2005 年，頁 7。
[26] 季國興主編，《東南亞概覽》（北京：中國社會科學出版社，1994 年），頁 116-121。
[27] 因南越佔領島礁後，將原中國立碑炸毀後，放至其碑石。臺灣內部有人提議將南

　　南北越於 1975 年 4 月 30 日統一。越南一改以往承認西、南沙為中國領土，稱黃沙（西沙）與長沙（南沙）群島為越南領土。在 1975 至 1998 年間，越南共占領南沙群島島礁 30 個[28]。其中南威島與南子島為南沙群島面積第四與第六大的島嶼，面積為 0.15 平方公里與 0.13 平方公里[29]。越南的歷史角度認為安南原為中國屬國。安南國王嘉隆曾於 1802 年派人到西沙進行商業性考察，並在 1816 年登陸西沙群島樹立安南國旗。1834 與 1838 年派人巡視西沙，同時安南人民在西沙與南沙從事漁業活動[30]。越南認為法國於 1933 年占領南海諸島，在二戰後法國與日本皆放棄南海諸島主權。越南在拖離法國獨立後，有權力繼承這些法國的領土[31]。

　　1977 年 5 月 12 日越南就宣布《關於越南領海、毗連區、專屬經濟區、大陸棚的聲明》，聲稱其經濟海域區為 21 萬平方公里，此經濟海域與許多爭議海域重疊。1978 年越南總理範文同發表聲明，表示黃沙與長沙群島為越南領土。1979 年 9 月發表白皮書再度重申黃沙與長沙群島主權。1982 年 11 月 12 日，越南發表《越南社會主義共和國政府關於越南領海基線的聲明》，公布其 11 個領海基點，並以 1887 年中法界約中的北部灣海上邊界，宣稱黃沙與長沙群島為越南所有[32]。1988 年越南再度重申南海諸島主權，這次越南反而承認過南海諸島主權屬中國，但強調當時是為尋求中國在越戰中支持而做得妥協[33]。1994 年越南國會通過《海洋法公約》，強調要和平協商解決領土爭議，對於越南大陸架與領海問題必須與黃沙與長沙群島爭端分開。越南同時強調越南在其周邊大陸架海域進行石油開採，不存在擱置主權爭端的問

越佔領島礁進行立碑，但最後並未執行。

[28] 譚顯兵，〈南海問題中的越南因素研究初探〉，《思茅師範高等專科學校學報》，第 25 卷第 1 期，2009 年 2 月，頁 32。

[29] 李金明，〈南海爭端的現狀〉，《南洋問題研究》，第 109 期，2009 年 1 月，頁 54。

[30] 丘宏達，《關於中國領土的國際法問題論集》（臺北：臺灣商務印書館，1975 年 4 月），頁 216-217。

[31] John W. Garver, China's Push through the South China Sea: The Interaction of Bureaucratic and National Interests, *The China Quarterly*, No. 132 , Dec. 1992,pp. 1000-1005.

[32] Eric Hyer, The South China Sea Disputes: Implications of China's Earlier Territorial Settlements, *Pacific Affairs*, Vol. 68, No. 1 , Spring, 1995, p.37.

[33] 〈出爾反爾的越南：1956 年越總理曾明文承認南海諸島屬中國〉，《人民網》，2011 年 7 月 18 日，http://history.people.com.cn/BIG5/205396/15179668.html。

題[34]。顯然越南在南海問題的態度，西、南沙群島主權與南海資源開採是分開處理的。

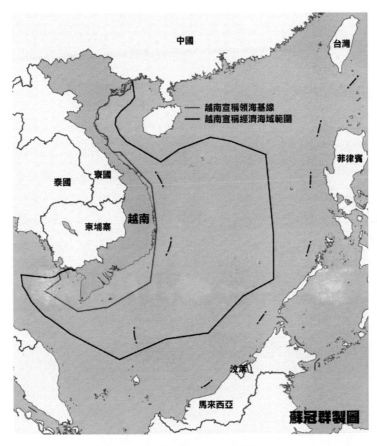

圖 1-2　越南 S 型經濟海域範圍圖

資料來源："Nước Việt Hình Chữ S ... Nhưng Biên Giới "Nước" Ấy Tới Đâu？（越南文翻譯：記者無國界：越南的 S 型水域如何形成的？）", January, 2009, http://www.congdongnguoiviet.fr/TaiLieu/0901NuocVietVuHuuSanH.htm.

---

[34] 〈越南充分落實 1982 年《聯合國海洋法公約》的規定〉，《越南共產黨電子報》，2009 年 5 月 13 日，http://www.cpv.org.vn/cpv/Modules/News_China/News_Detail_C.aspx?CN_ID=%20340257&CO_ID=25754194。

越南採取經濟海域劃分與南海群島主權分開談判，增加了南海問題解決的困難度。原因在於中國本土離南海太遠，必須在掌握南沙群島主權的前提下才能劃定其在南海的經濟海域。南沙目前處在多方佔領的情況下，南沙主權又比起經濟海域劃界解決難度又更高。越南採取的方式，使南海較容易解決的海域劃分，必須在最困難的南沙主權問題解決後，才能進行。

■ 菲律賓

二次大戰後，菲律賓是第一個對南沙充滿「興趣」的東協國家。1946年 7 月 23 日，菲律賓外長季裡諾（Elpidio Quirino）聲稱：「**中國已因南沙群島之所有權與菲律賓發生爭議，該群島在巴拉望島以西 200 海浬，菲律賓擬將其合併於國防範圍之內。**[35]」菲律賓將安全問題作為其應該擁有南沙的條件。但隨著中華民國派軍進駐，菲律賓對於南沙群島的聲音暫時消失。1950年 5 月 8 日，中華民國政府將太平島上的人員與物資撤離，僅以軍艦採例行性巡邏的方式，必要時再派軍隊進駐。僅 6 天後，菲律賓《馬尼拉論壇報》刊登文章，鼓吹菲律賓與美國應該聯合占領西沙與南沙群島，做為戰略群島使用[36]。1956 年 3 月 1 日，菲律賓馬尼拉航海學校校長克魯瑪（Tomas Cloma）率 40 人組成探險隊登陸南沙群島中的 9 個島嶼[37]。隨後克魯瑪在 5 月宣布《告世界宣言》，稱南沙群島島嶼、沙洲等皆屬於自由地。宣稱中業島為其首都，並向菲律賓、聯合國呈文要求承認。同年 5 月，菲律賓外交部、國防部商討結果，聲稱克魯瑪所占領之島嶼，不屬於任何國家，且非南沙群島一部分，擬建議菲律賓當局將其併入菲版圖。但菲國官方卻宣稱克魯瑪的行為為個人行為，與菲政府無關[38]。菲律賓副總統兼外交部長加西亞（Carlos P. Garcia）於同年 5 月底向報界表示：「**這些島嶼接近菲律賓，既無所屬，又**

---

[35] 李金明，〈中國南海斷續線：產生的背景及其效用〉，《東南亞研究》，第 1 期，2011 年，頁 43。

[36] 程愛勒，〈菲律賓在南沙群島主權問題上的安全原則〉，《東南亞研究》，第 4 期，2002 年，頁 20。

[37] 9 個島為北子礁、南子礁、中業島、南鑰島、西月島、太平島、敦謙沙洲、鴻麻島、南威島。

[38] 張明亮，〈南中國海爭端與中菲關係〉，《中國邊疆史地研究》，第 13 卷第 2 期，2003 年 6 月，頁 104-105。

無居民，因而菲律賓發現後，有權予以占領，而日後其他國家亦會承認，菲律賓因占領而獲有主權。[39]」。

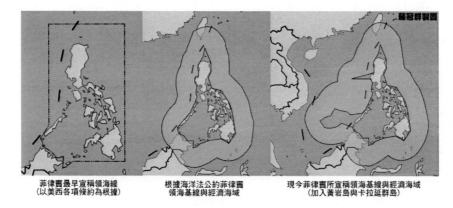

菲律賓最早宣稱領海線　　　根據海洋法公約菲律賓　　　現今菲律賓所宣稱領海基線與經濟海域
（以美西各項條約為根據）　　領海基線與經濟海域　　　　（加入黃岩島與卡拉延群島）

圖 1-3　菲律賓領海基線與 EEZ 演變圖

資料來源："RP in last minute scramble to beat UN deadline", *ellen tordesillas*, March 03, 2008,
　　　　　http://www.ellentordesillas.com/2008/03/25/rp-in-last-minute-scramble
　　　　　-to-beat-un-deadline/。

1970 年至 1999 年間，菲律賓共占據 9 座南沙島嶼。1971 年馬可仕（Ferdinand Marcos）總統宣布南沙群島是「被棄於海上與有爭議」的群島，因此可採用占領與控制獲得該島嶼主權。菲國採取占領手段，是因為菲國東部島嶼與南沙之間有海溝隔絕，因此菲國與南沙群島沒有大陸架關係[40]。1974 年 2 月 5 日，菲律賓抗議越南在 1 月份占領南沙島嶼，表示菲國擁有南沙主權，同時抗議中華民國政府派軍艦前往南沙群島。2 月 21 日總統馬可仕表示南沙主權問題應以和平的方式解決，希望透過聯合國來解決紛爭。但表示菲國擁有的是南沙群島北邊的島嶼（即克魯瑪聲稱發現的 9 座島嶼），同年 2 月在北子島修建燈塔並啟用。1972 年總統馬可仕將克魯瑪逮捕，

---

[39]　The Second Workshop on Managing Potential Conflicts in the South China Sea,（Bandung 15-18 July, 1991），p. 251.

[40]　陳鴻瑜 著，《南海諸島主權與國際衝突》（臺北：國立編譯館主編，幼獅文化印行，1987 年 3 月），頁 122。

克魯瑪於 1974 年 12 月 4 日將稱為自由地的 9 座島嶼轉讓給菲律賓政府[41]。1978 年 6 月 11 日，菲國發布第 1596 號總統令，將南沙 33 座島嶼命名為卡拉延群島，劃歸巴拉望省管轄。同年 7 月 15 日，發布 1599 號總統令，宣布卡拉延群島為菲國經濟水域。

菲律賓除了強調南沙主權外，1955 年強調對自己的領海可用歷史性水域來劃分。將 1898 年的美西《華盛頓條約》、1900 年美西《巴黎條約》、1930 年美英締結的條約，用條約邊界線做為其領海基線的依據[42]。1961 年菲國發布第 3046 號《關於確定菲律賓領海基線的法案》，將菲律賓群島外側島嶼上取 80 個領海基點連接後成為菲國的領海基線[43]。1968 年提出修正 3046 號法案的 5446 號法案，主張對大陸架的資源開採，但此法案並未將卡拉延群島與黃岩島劃入[44]。

1984 年菲律賓批准海洋法公約，並將黃岩島劃入 200 海浬經濟圈內。1999 年菲國制定新的領海基線圖，將黃岩島納入其版圖中，並驅趕在黃岩島附近作業的中國漁民。2002 年菲律賓為達到維持島嶼人類居住需求的條件，對希望島進行移民；2008 年計劃將中業島開發成觀光勝地。2007 年 12 月菲國眾議院二讀通過 3216 號法案，修改 3046 號法案，將領海基線擴大到南沙群島。2009 年 1 月 8 日參議院三讀通過 2699 號法案，將卡拉延群島與黃岩島畫入其離岸領土，用《群島制度》劃製領海基線[45]。2009 年 2 月 3 日眾議院三讀通過 3216 號法案[46]。菲國眾議院的立法與 1978 年 1596 號總統

---

[41] Martin H. Katchen, "The Spratly Islands and the Law of the Sea: "Dangerous Ground" for Asian Peace," *Asian Survey*, Vol. 17, No. 12 , Dec. 1977, pp.1179-1180.

[42] 這種方式違反聯合國海洋法公約的領海基線畫法，使菲國領海離岸最遠可達 435 公里，最短僅 3.2 公里。可讓菲國領海範圍廣達 15 萬平方海浬。

[43] "An act define the baselines of territoril sea of the Philippines", *The LAWPHIL Project*, http://www.lawphil.net/statutes/repacts/ra1961/ra_3046_1961.html.

[44] 楊翠柏，〈菲律賓對南沙群島的權力主張及其法理依據駁析〉，《西南民族大學學報‧人文社科版》，25 卷第 2 期，2004 年 2 月，頁 57。

[45] "An act to amend certain provisions of republic act no. 3046, as amended by republic act no. 5446, to define the archipelagic baseline of the philippines and for other purposes", *The LAWPHIL Project*, http://www.lawphil.net/statutes/repacts/ra2009/ra_9522_2009. html.

[46] "ouse OKs baselines bill on third reading", *Philippine Star* , February 03, 2009, http://www.

令，都是想將菲律賓外圍島嶼，用群島制度的方式，劃為其領海基線。同時這些離島與菲國本島之間的海域，將成為菲國群島海域[47]。

越南目前占領南沙 30 座島嶼，菲律賓則佔領 9 座島嶼。越南在南海強調 S 型經濟海域，菲律賓則企圖用群島國制度將南沙部分島嶼劃為內島。

三、馬來西亞與汶萊對南海主張

馬來西亞、汶萊等國僅強調其 200 海浬經濟海域之權力，態度較為友善。

■ 馬來西亞與汶萊

比起越南和菲律賓的強硬，馬來西亞與汶萊等國對南沙群島的占領，在於保有 200 海浬經濟海域的所有權。1966 年 7 月 28 日，馬來西亞發布第 57 號法案《馬來西亞大陸架法》（修訂版為 1972 年第 83 號法案），並表示與鄰國的交界處將以日內瓦《大陸架公約》第 6 條來劃定[48]。不過因為其領海與大陸架範圍許多與印尼、泰國重疊，因此馬來西亞歷經多次與印尼、泰國進行談判。1971 年 12 月 21 日馬、印、泰三國簽訂馬六甲海峽北部大陸架邊界協定，三國按照中線與等距線的方式劃定大陸架邊界。1969 年 8 月 2 日，馬來西亞頒布第 7 號《緊急基本權力法令》，將領海從 3 海浬擴大到 12 海浬[49]。1970 年 3 月 17 日完成與印尼在馬六甲海峽的領海劃定。1979 年 12 月 21 日馬來

---

philstar.com/Article.aspx?articleid=437005.

[47] "RP in last minute scramble to beat UN deadline", *ellen tordesillas*, March 03, 2008, http://www.ellentordesillas.com/2008/03/25/rp-in-last-minute-scramble-to-beat-un-deadline/.

[48] "ontinental Shelf Act 1966 Act No. 57 of 28 July 1966, as Amended by Act No. 83 of 1972", *National legislation*, DOALOS/OLA, United Nations, www.un.org/depts/los/.../MYS_1966_Act.pdf.

[49] "Emergency （Essential Powers）Ordinance, No. 7, 1969, as amended in 1969", *National legislation*, DOALOS/OLA, United Nations, http://www.un.org/depts/los/LEGISLATIONANDTREATIES/PDFFILES/MYS_1969_Ordinance.pdf.

西亞新出版的領海與大陸架地圖，將南沙以南 12 個島礁劃入其版圖[50]。1980 年 4 月 25 日，再度重申其大陸架與 200 海浬經濟海域的權利。1984 年通過第 311 號《馬來西亞經濟海域與大陸架法案》[51]。

1977 年，馬來西亞海軍就已前往南沙彈丸礁等 10 座[52]島嶼進行考察與立碑。1983 年馬來西亞占領彈丸礁（大馬[53]稱拉央拉央島 Terembu Layang-Layang），1986 年占領光星仔礁與南海礁，並宣稱擁有司令礁、安波沙洲的主權[54]。1988 年馬來西亞副外長阿杜拉（Abdullah Fadzil Che Wan）曾說：「**這些島礁是在馬來西亞的主權之下，馬來西亞過去已重申其管轄權是在馬來西亞的大陸架之內。**[55]」1993 年馬來西亞在彈丸礁上的機場與渡假中心建設完成，強化其在彈丸礁的主權。1995 年大馬總理馬哈迪（Mahathir bin Mohamad）出訪彈丸礁，此島礁也是南海第一個開放觀光的島礁。1999 年 6 月間馬來西亞在榆亞暗沙建起了一座 5 公尺 X2 公尺的兩層混凝土建築[56]，同時修建衛星與直升機起降點等設備。

2008 年 8 月 12 日馬來西亞副總理兼國防部長納吉（Najib bin Abdul Razak）再度登上彈丸礁。2009 年 5 月 6 日，馬來西亞同越南向聯合國提交 200 海浬外大陸架劃界聯合提案[57]。馬來西亞對這些島礁的主權聲明，主要

---

[50] 龔曉輝，〈馬來西亞海洋安全政策分析〉，《世界經濟與政治論壇》，第 3 期，2011 年 5 月，頁 39。

[51] "Exclusive Economic Zone Act, 1984, Act No. 311", *National legislation*, DOALOS/ OLA, United Nations, http://www.un.org/depts/los/LEGISLATIONANDTREATIES/ PDFFILES/MYS_1984_Act.pdf.

[52] 1979 年大馬新版地圖的 12 座南沙島嶼為安波沙洲、安渡攤、柏礁、司令礁、光星仔礁、簸箕礁、榆亞暗沙、南通礁、盧康暗沙、南海礁、皇路礁、彈丸礁。

[53] 馬來西亞在本文簡稱「大馬」，大馬並非大馬來西亞或大日本帝國的稱呼，大馬為東馬與西馬 13 州的總稱，是馬來西亞官方使用詞彙。

[54] 郝珺石，〈爭搶者眾──南海周邊國家的南沙戰略·馬來西亞、菲律賓〉，《現代艦船》，2010 年 9 月，頁 18。

[55] 徐永東，〈馬來西亞與中國南海問題〉，《管理學家》，2010 年 8 月，頁 376。

[56] 李金明，〈論馬來西亞在南海聲稱的領土爭議〉，《史學集刊》，第 3 期，2004 年 7 月，頁 66-68。

[57] "Outer limits of the continental shelf beyond 200 nautical miles from the baselines: Submissions to the Commission: Joint submission by Malaysia and the Socialist Republic of Viet Nam", *National legislation*, DOALOS/OLA, United Nations, http://www.un.org/ depts/los/clcs_new/submissions_files/mysvnm33_09/mys_re_chn_2009re_mys_vnm_e.pdf.

是以大陸架延伸來判定。認為這些島礁是在其大陸架上，因此主權為大馬所有。馬來西亞對於南沙主權爭端，雖主張以談判、和平方式解決，卻反對進行多邊協商、寧採雙邊各組的談判方式[58]。此外馬來西亞雖與各國開聯合開採海底石油，也都控制在其大陸架周邊，未在爭議海域進行開採。馬來西亞對南沙島嶼的占領，在於增加其在經濟海域劃分談判時的籌碼。

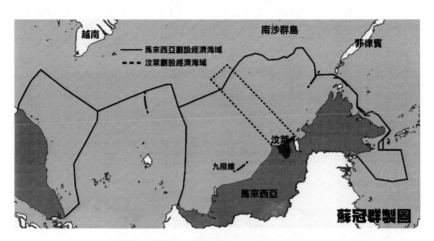

圖1-4　馬來西亞與汶萊劃設經濟海域

資料來源：「東亞各國經濟海域線範圍圖」，《維基百科》，http://zh.wikipedia.org/wiki/File:Linghai_Jixian.png。

　　印尼與汶萊的爭議在於其200海浬經濟海域與中國等周邊國家重疊。印尼在1983年10月通過《專屬經濟區法》，其200海浬海域有部分與9段線重疊[59]。印尼主張透過中線方式進行談判，且其經濟海域僅是與9段線重疊，並未與中國主張的經濟海域重疊。汶萊在1984年12月5日簽屬聯合國海洋

[58] Mahathir, "Too Much Made of Problem with Spratlys," *Straits Times*, August 221993, p. 17. 轉引自林正義，〈十年來南海島嶼聲索國實際作法〉，《亞太研究論壇》，第19期，2003年3月，頁2。

[59] 印尼官方文件請 http://www.state.gov/documents/organization/61516.pdf 和 http://biotech.law.lsu.edu/blaw/dodd/corres/20051m_040201/indiafinal.doc。

法公約，並劃出其 200 海浬經濟海域[60]，同時宣稱南通礁為其領土，但並未派兵占領。

馬來西亞與汶萊認為南沙部分島嶼在其經濟海域內，因此擁有主權。目前馬來西亞佔領南沙 6-10 個島嶼，汶萊則宣稱島嶼主權但無派兵佔領。

第二節　中國在南海諸島主權的衝突
——必爭之地

中、越、菲三方軍事衝突有逐漸轉向外交解決的趨向，不過各國在南海的特立獨行也顯示海洋法公約的不足。

一、中國與東協各國歷史衝突事件

中國在南海的軍事衝突，1980 年代多以武力強勢解決。在 1990 年代配合國家戰略的需要，不再採取強勢占領的軍事衝突佔領，有偏向外交解決的趨勢。

■ 中越西沙海戰

中國在 1950 至 60 年代已在西沙永興島開採鳥糞做為肥料，同時在島上建設港口、突堤、修船設施等[61]。1974 年 1 月，南越宣布將在西沙進行石油探勘，並派軍艦前往相關海域。1 月 9 日，中國漁民登上西沙甘泉島設立漁場基地，並豎立中國國旗與寫有「中華人民共和國領土決不允許侵犯」的木

---

[60] 汶萊官方聲明請 http://www.fisheries.gov.bn/potentials/capture.htm。

[61] 〈人民海南 60 年：西沙開發，從挖鳥糞開始〉，《新華網》，2009 年 9 月 4 日，http://big5.xinhuanet.com/gate/big5/hq.xinhuanet.com/focus/60zn/2009-09/04/content_17597346.htm。

板。1 月 11 日，中國外交部聲明強調南越在西沙的活動是非法行為[62]。1 月
15 日，南越海軍驅逐艦李常傑號（舷號 16），發現在甘泉島上的中國國旗與
漁民，便開炮進行威脅與挑釁。1 月 16 日，南越海軍 15 名官兵占領西沙金
銀島。1 月 17 日，南越海軍另一艘驅逐艦陳慶瑜號（舷號 4）與 16 號驅逐
艦會合，同時占領永樂島與甘泉島。1 月 18 日南越海軍陳平重號（舷號 5）
驅逐艦與其他兩艘驅逐艦多次撞擊在永樂環礁潟湖內的中國漁船。1 月 15
日，中國已在商討對西沙用兵一事，1 月 16 日，南海艦隊 271 與 274 號獵
潛艇在港口待命，並於 17 日啟航前往永樂島。同天夜間，登陸永樂群島上
三座島嶼，進行工事。1 月 18 日，南越海軍發現作業中的中國漁船，開始
對其進行干擾。同天南海艦隊派出編號 281、282 號獵潛艇與 396、389 號掃
雷艇前往永樂島。同時出動戰機對西沙群島進行偵察巡邏，越南海軍也在
18 日增援一艘怒濤號護衛艦（舷號 10）[63]。

　　1 月 19 日，雙方終於發生衝突。交戰後，南越海軍護衛艦遭到擊沉，3
艘驅逐艦重創後返回，18 人死亡，43 人受傷[64]。解放軍海軍 389、274、396、
271 號艦艇受損，18 人死亡，67 人受傷。1 月 20 日，中國派出 15 艘艦艇，
載有 508 名登陸部隊登陸西沙。隨後完全收復甘泉、金銀、珊瑚三座島礁。
1 月 21 日，南越軍方發言人強調，將撤離西沙群島，且不再採取軍事行動。
同時重申西沙與南沙主權，並譴責中國違反聯合國憲章與越戰停火協定。這
次衝突後，中國從此完整佔有西沙群島[65]。但卻暴露出中國南海艦隊缺乏大
型軍艦的缺點，成為中國重視南海艦隊建設的一個轉折點。

---

[62] 劉振華，〈西沙海戰勝利原因分析及對當前南海爭端的啟示〉，《法制與社會》，20
　　09 年 9 月，頁 336。

[63] 黃傳會、舟欲行 著，《海軍征戰紀實》（北京：解放軍文藝出版社，2000 年 10 月），
　　頁 324-331。

[64] 南越在這次海戰與後續衝突中，共計 53 人死亡、16 人受傷、48 人被俘。

[65] 徐舸，〈潟湖內外的較量──西沙永樂群島海戰紀實〉，《黨史文匯》，2000 年 1 月，
　　頁 15-16。

■ 中越赤瓜礁（3.14）海戰

1987 年 3 月在巴黎招開的聯合國教科文組織政府間海洋學委會第 14 次會議，決定在西沙與南沙群島各設立一個海洋觀測站。南沙群島的觀測站編號為 74 號，中國在經過 50 天的考察後，決定在永暑礁建立觀測站[66]。1988 年 1 月 31 日，6 名解放軍海軍官兵登上永暑礁，豎立國旗。同年 2 月 2 日，越南海軍第 175 艦隊 125 運輸旅抵達南沙，搶占礁盤。2 月 17 日，雙方軍艦在華陽礁對峙。3 月 12 日，越南海軍 505 登陸艦、604、605 登陸船運送 117 人前往赤瓜礁[67]。3 月 13 日，中國登陸赤瓜礁豎立旗幟，並發現前來的越南艦艇，同天解放軍海軍艦艇 502 南充號[68]抵達赤瓜礁。3 月 14 日凌晨，越南軍隊抵達赤瓜礁並豎立旗幟。解放軍拔掉越南國旗，雙方爆發衝突，隨後相互開火。解放軍軍艦將越南兩艘登陸船擊沉，登陸艦遭重創，越方死亡或失蹤約 68 人，被俘 40 多人（另一資料為越方死傷 400 人，被俘 9 人[69]）。中方則有 6 人死亡、18 人受傷[70]。1988 年 4 月 5 日，中國外交部發表談話，再次正告越南停止對南沙群島的侵佔，如果越方仍一意孤行，進行軍事挑釁，後果將自行承擔。同年 5 月 13 日中國再次向聯合國提出對西沙與南沙群島擁有主權主張。

■ 中菲美濟礁衝突

菲律賓為最早宣稱擁有南海島嶼部分主權的東南亞國家，但冷戰時期中菲之間未發生衝突，主要原因是美國在菲律賓的駐軍。1992 年美國從菲國撤離，失去後盾的菲國開始強調合作開發，並呼籲各國減少南海的軍事建設[71]。

1995 年 2 月 2 日菲律賓外交部宣稱中國在美濟礁建設軍事建築，此舉違反國際法與 1992 年的東協南中國海宣言精神。菲律賓在 2 月派出飛機對

---

[66] 王振南，〈中共解放軍南海艦隊〉，《尖端科技》，2000 年 5 月，頁 57。

[67] 王威，〈中越海軍三・一四海戰〉，《現代艦船》，2002 年 10 月，頁 19-20。

[68] 中方參與艦艇有 552 宜賓、502 南充、556 湘潭、531 鷹潭。

[69] 王威，〈中越海軍三・一四海戰〉，頁 20。

[70] 周明，〈赤瓜礁 48 分鐘〉，《國際展望》，第 472 期，2003 年 8 月，頁 30-31。

[71] Ramos Calls "On Spratly Claimants to Pull Troops Out," *Straits Times*, March 30 1994, p. 12.

美濟礁進行偵查，並在 3 月初派出軍隊將五方礁、半月礁、仙俄礁、信義礁與仁愛礁等島礁上的中國測量標誌炸毀。3 月 25 日又派出軍艦與飛機拘捕在半月礁附近的四艘中國漁船與 62 名大陸漁民[72]。雙方船隻在往後幾個月數度僵持。在這次事件中，美國宣稱，南沙群島並不適用美菲共同防禦條約。因此菲律賓感到後無支援，隨後將漁民釋放。

表 1-1　1974 年至 1995 年大陸對南海用兵紀錄

時間	區域	對手	戰果
1974 年 1 月	西沙群島	越南	西沙群島
1988 年 2 月	南沙群島	越南	收復永暑、華陽、東門、南薰、渚碧、赤瓜 6 個島礁
1995 年 1 月	南沙群島	菲律賓	美濟礁

資料來源：蘇冠群資料整理。

「中國海戰史上的奇跡：西沙之戰」，《新華網－軍事頻道－軍事綜橫－經典戰役》，2003 年 1 月 20 日，http://big5.xinhuanet.com/gate/big5/news.xinhuanet.com/mil/2003-01/20/content_6770.htm。

黃彩虹、郭殿成，「南沙中越武裝衝突真相」，《解放軍報》，1988 年 4 月 1 日，第 1 版第 8 條。

「中國奪回美濟礁始末：小型漁政船『肉搏』菲律賓軍艦」，《新華網－新華軍事》，2010 年 9 月 1 日，http://big5.xinhuanet.com/gate/big5/news.xinhuanet.com/mil/2010-09/01/content_14109197.htm。

1995 年 8 月 11 日，菲國外交次長塞維里諾（Rodolfo Severino Jr.）與中國前外交部助理王英凡於馬尼拉進行會談，雙方達成八點行為準則：一、領土爭議不應影響雙方關係和正常發展，爭端應在和平友好並基於平等及相互尊重下，透過協商解決；二、雙方應努力建立信心與信任，強化和平與穩定的區域氣氛，並避免使用武力或威脅使用武力來解決爭端；三、在擴大共

---

[72] 李金明，〈美濟礁事件的前前後後〉，《南洋問題研究》，第 101 期，2001 年 1 月，頁 66-67。

識、縮小歧見的精神下，雙方應採合作漸進方式，以談判獲致爭端的最後解決；四、雙方同意根據國際法公認原則，包括聯合國海洋法公約，來解決雙邊的爭端；五、雙方對此地區國家所提出南海多邊合作的建設性主張及建議，抱持開放的態度；六、雙方同意在海洋環境、航行安全、打擊海盜、海洋科研、減災防災、搜救、氣象及海洋污染等方面促進合作，並同意在上述某些議題，最終可進行多邊合作；七、所有相關國家在南海海洋資源保護工作應加以合作；八、在不影響航行自由原則下，爭端應由直接有關國家加以解決[73]。

■ 其他衝突事件

除了上述較大的衝突與爭議外；1992 年 5 月 8 日，中國與美商史瑞史東能源公司（Crestone Energy Co.）在北京簽署了一份名為《萬安北-21》的石油開發合約。該合約於 1992 年 5 月 22 日獲得中國政府的正式批准，並於 1992 年 6 月 1 日正式開始執行，從而成為中國在南沙群島海域的第一份石油合約[74]。此舉造成越南強烈抗議，因為南海周邊各國對於石油開採，都以大陸架淺海區為主，中國此舉等於打破此種不成文默契。此事件爭議直到 1996 年雙方仍在外交上不斷互控對方侵犯主權，與此同時越南與英國、美國、俄國等石油公司簽署南海石油合約[75]。1994 年越南與俄羅斯石油公司以 50：50 的合資比例，在萬安北-21 合約的同一區塊，簽訂一份石油鑽探合約，造成合約重疊。1996 年 4 月，越南與美國杜邦公司的子公司-大陸石油公司（CONOCO LTD）簽訂勘探與開採合約，美方擁有 70%的股份，其位置完全與「萬安北-21」合約區相同，又一次造成與中國合約重疊[76]。由於史瑞史

---

[73] 林正義，〈十年來南海島嶼聲索國實際作法〉，頁 4。

[74] N.D. Kristof, "China Signs U.S. Deal for Disputed Waters," *New York Times*, 18 June 1992, A8; M. Vatikiotis, "China Stirs the Pot," *Far Eastern Economic Review*, No. 155, July 9, 1992, pp. 14–15.

[75] David Wallen, "Oil Contest over Spratlys", *South China Morning Post*, 12 July 1995, p. 8; Martha M. Hamilton, "Mobil Strikes South China Sea Oil Exploration with Vietnam", *Washington Post*, 20 April 1994.

[76] 〈萬安北－21"石油合同區位於中國管轄海域無庸置疑〉，《南沙群島在線》，2001

東能源公司本身為民營公司，其對南海石油開採以利潤目的為主。但中美這項合約不斷受到越南阻擾，史瑞史東能源公司在 1996 年 9 月被班頓石油與天然氣公司（Benton Oil and Gas Company）所收購[77]。未來此合約是否能繼續執行，成了未知數。越南與加拿大塔里斯曼能源公司（Talisman Energy Inc.）也計畫在 2012 年對該區域進行探勘[78]。中越雙方為阻止對方探勘南海石油，皆派出直升機與艦艇企圖驅離對方探測船。不過雙方至今仍無一方在南沙群島附近開採油氣田。

1997 年 4 月，菲律賓驅趕中國在黃岩島附近作業的漁民。同年 5 月中旬，菲律賓議員登上黃岩島，並展示菲律賓國旗[79]。如本章第一節所述，菲國在 1999 年將黃岩島納入其版圖。並在 2009 年通過國內法案，將黃岩島與南沙部分群島依照海洋法公約第 121 條群島制度劃定其領海基線。除上述較事件外，中國與越南、菲律賓等國不時會發生南海周邊國家驅逐中國漁船的衝突，或是中國海監與漁政船驅逐他國調查船、漁船的事件。

各國在南沙的油氣田開採，對進入南沙海域開採的行為仍是不被允許的公憤。

年 6 月 3 日，http://www.nansha.org.cn/study/8.html。

[77] "Benton Oil and Gas Company Announces Agreement to Acquire Crestone Energy Corporation", *The Free Library*, September 23, 1996, http://www.thefreelibrary.com/Benton+Oil+and+Gas+Company+Announces+Agreement+to+Acquire+Crestone...-a018699195.

[78] 宋鎮照，〈南海風雲再起充滿詭譎與火藥味：解析中國和越菲的南海衝突與美國角色〉，《海峽評論》，第 248 期，2011 年 8 月，頁 24-29。

[79] 〈蠶食鯨吞：菲律賓處心積慮強占中國黃岩島〉，《中國漁政船南海宣示主權》，2009 年 3 月 17 日，http://www.chinamil.com.cn/site1/big5/2009zt/2009-03/17/content_1692032.htm。

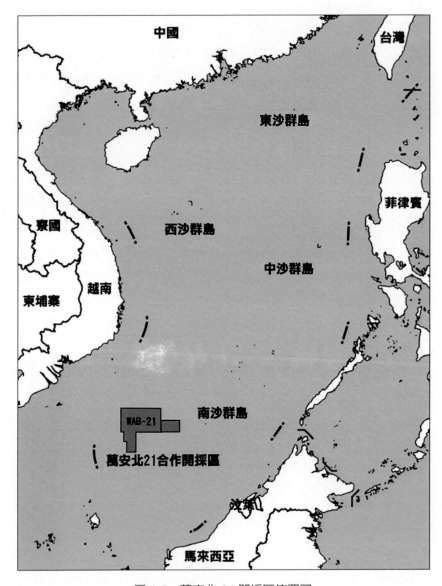

圖 1-5　萬安北-21 開採區位置圖

資料來源："Harvest Natural Resources", http://www.harvestnr.com/operations/china. html.

二、衝突事件對中國的啟示與轉變

江澤民缺乏軍事戰功背景，在處理外事上偏向外交解決。

■ 中國行為上的轉變

美濟礁衝突不同於 1974 年與 1987 年兩次的中越南海衝突，中國僅派出海軍陸戰隊占領島礁，並未使用軍艦與來犯敵艦作戰。這次衝突可算是中國在南海問題上的一個轉捩點。1996 年 11 月江澤民訪問菲律賓，與菲總統拉莫斯（Fidel Valdez Ramos）就南海問題「擱置爭議，共同開發」達成共識。兩國間設有在南海地區探討合作的磋商機制，包括漁業合作、海洋環保和建議信任措施三個工作組。1998 年 10 月菲律賓又公布一組美濟礁上中國建築的照片，同年 12 月更用 C-130 運輸機搭載美國眾議員 6 次飛臨其上空。但雙方建立信任措施工作組於 1999 年 3 月啟動，並於 10 月舉行了第二次會議[80]。可以發現雙方雖在南海議題上互不相讓，卻都不希望將事件擴大成軍事衝突。

中國自江澤民上臺後，對於南海問題有別於鄧小平時期的強硬軍事占領。筆者推斷，此為中國在處理南海問題上所出現的轉捩點，是文人統治的轉型。由於軍方並非江澤民執政初期所能掌握之手段，中國領導人更希望採用文人外交的方式解決對外問題[81]。美國學者 Michael D. Swaine 認為，在外交事物上，江澤民可藉由其親信曾慶紅處理眾多外交事務，就算身為外事領導小組主持人的總理李鵬也會對部分外交事件與江澤民進行磋商[82]。中國新

---

[80] 張明亮，〈南中國海爭端與中菲關係〉，《中國邊疆史地研究》，頁 107。

[81] 中國到最近幾年仍有外交部與國防部官員對某一偶發事件看法不一，甚至不知情的情況。此點反應中國各部會缺乏資訊交換與整合。雖然江澤民與李鵬雙方在外界看來有明爭暗鬥的可能，但同樣身為文人出身的中國第三代領導人，文人掌握中國領導階層，的確改變中國在處理外部事務上的方式。

[82] Michael D. Swaine 著，楊紫涵 譯，《共軍如何影響中共國家安全決策》（The Role of the Chinese Military in National Security Policymaking）（臺北：國防部史政編譯局，1999 年 9 月），頁 58-59。

一代領導人偏向外交手段解決爭議，改變了中國在處理南海問題上的方式。如前述美濟礁事件最後在外交談判的情況下化解，江澤民與其文武官員也以出訪東南亞國家的方式釋出善意。

雖然南海問題仍懸而未決，但雙方高層互動從未停止。1994 年江澤民訪問印尼、馬來西亞、越南、新加坡，1996 年出席亞太經合組織非正式領導人會議後訪問菲律賓。1996 年李鵬、喬石訪問越南。1997 年，李鵬對馬來西亞和新加坡進行正式訪問，全國政協主席李瑞環訪問了越南。在 1998 年 11 月 APEC 會議期間，江澤民會見新加坡、馬來西亞、泰國、菲律賓、印尼領導人。1999 年，中國與泰國、馬來西亞等國簽署面向 21 世紀的雙邊合作框架檔，與越南和文萊發表未來雙邊合作的聯合聲明。1999 年 11 月朱鎔基在出席第三次東亞領導人非正式會晤前後對馬來西亞、菲律賓、新加坡和越南四國進行了正式訪問[83]。

1997 年底，江澤民主席與東盟領導人實現首次非正式會晤並發表了《聯合聲明》，確定建立中國——東盟面向 21 世紀的睦鄰互信夥伴關係，為雙方關係全面和深入的發展構築初步框架。1998 年時任副主席的胡錦濤出席在河內舉行的第二次東協 10+3 領導人非正式會晤。1999 年 11 月 28 日朱鎔基總理又應邀出席了在馬尼拉召開第三次東協 10+3 領導人非正式會晤，隨後 2000-2002 年第四至第六次會議皆由朱鎔基代表參與[84]。雙方在 2002 年正式簽署《南海各方行為宣言》。

■ 南海各方行為宣言

南海行為準則的構思最早於 1996 年東協外長會議中提出。經過 1999 年東協部長會議、2000 年的各方磋商，2001 年在越南舉行的東協外長會議中，歡迎中國與東協建立南海各方行為宣言[85]。2002 年中國與東協各國在東

---

[83] 〈中國——東盟的睦鄰互信夥伴關係〉《中華人民共和國外交部》，2012 年 3 月 1 日，http://big5.fmprc.gov.cn/gate/big5/www.mfa.gov.cn/chn/gxh/xsb/wjzs/t8988.htm。

[84] 〈東盟與中日韓領導人會議（10+3）〉，《中華人民共和國駐馬來西亞大使館》，2010 年 11 月 22 日，http://big5.fmprc.gov.cn/gate/big5/my.china-embassy.org/chn/zt/dyhz/jzjk/t771305.htm。

[85] 李金明，〈從東盟南海宣言到南海各方行為宣言〉，《東南亞》，第 3 期，2004 年，

埔寨舉行的第八屆東協峰會上簽署《南海各方行為宣言》（Declaration on the Code of Conduct on the South China Sea）[86]。此宣言算是中國與東協各國，對於南海問題的首次妥協。宣言中和平解決的條文如下：

第四條：有關各方承諾根據公認的國際法原則，包括 1982 年《聯合國海洋法公約》，由直接有關的主權國家通過友好磋商和談判，以和平方式解決它們的領土和管轄權爭議，而不訴諸武力或以武力相威脅。

第五條：各方承諾保持自我克制，不採取使爭議復雜化、擴大化和影響和平與穩定的行動，包括不在現無人居住的島、礁、灘、沙或其他自然構造上採取居住的行動，並以建設性的方式處理它們的分歧。

第七條：有關各方願通過各方同意的模式，就有關問題繼續進行磋商和對話，包括對遵守本宣言問題舉行定期磋商，以增進睦鄰友好關係和提高透明度，創造和諧、相互理解與合作，推動以和平方式解決彼此間爭議。

在條約簽署後，各方在南海諸島的舉動，仍使簽署國產生疑慮。包括東協各國官員登上南沙島嶼宣示主權，中國海監船攔截東協國家石油探勘船等。不過各國小動作雖頻繁，但雙方在外交上的確加強磋商，避免衝突擴大。雙方也針對《宣言》的脆弱性進行檢討，2011 年東協方面提出將《宣言》提升為《南海各方行為準則》[87]。整體而言，南海各方行為宣言對中國來說，達到擱置爭議的第一步，也達到與東協各國的初步共識。

2002 年中國與東協簽署南海各方行為宣言，在解決南海問上達成初步共識。

頁 31-35。

[86] 〈南海各方行為宣言〉，《中華人民共和國外交部》，2012 年 3 月 1 日，http://big5. fmprc.gov.cn/gate/big5/www.fmprc.gov.cn/chn/pds/wjb/zzjg/yzs/dqzz/nanhai/t848051. htm。

[87] 〈東盟想明年簽南海行為準則〉，《東方早報》，2011 年 7 月 18 日，http://www. dfdaily.com/html/51/2011/7/18/632539.shtml。

三、聯合國海洋法公約的模糊性

從衝突事件、各國主權聲明中顯示出海洋法公約漏洞百出且缺乏效力。各國對於南沙群島的依據

中國與東協各國雖然都強調和平解決南海問題，但實際上雙方皆採取兩面手法。雙邊關係互動頻繁，但也不忘拉攏各國合縱連橫。對於南沙島嶼的建設與周邊海域的巡邏、探勘也從來沒有停止過。追根究底，南海會有今天的局面，主要有兩個原因，第一是資源的發現，第二是海洋法公約法條鬆散簡陋。前者為使各國爭奪南海的誘因，後者為雙方各說各話的依據。作為主權爭議因素的最後一節，本節分析海洋法公約的不足之處與各國依據上的瑕疵。

中國與東協各國對於南沙群島的主權依據，共分為以下四項：

■ 以歷史聲稱南沙為傳統疆界

歷史依據為中國與越南的主張。中國認為南海 9 段線除了是其歷史性疆界線，且各國在早期的地理圖鑑中也都承認 9 段線[88]。不過中國聲稱的歷史性疆界線並不符合海洋法公約的規範，除了領海外，各國不能擅自劃定某海域為自身領海[89]。近年來，中國加強國際法的解讀。2003 年 5 月 9 日，中國國土資源部國家測繪局公布《公開地圖內容表示若干規定》中正式確定 9 段線的官方定義。規定中第三章《界線》第六條第一項第二款提到 9 段線為《南海諸島歸屬範圍線》[90]。但是中國在 2009 年，為抗議馬、越兩國的 200 海浬大陸架劃界案向聯合國提交的檔內容表示：「中國對南海諸島及其附近海域擁有無可爭辯的主權[91]」。文件中沒有說明 9 段線的意義，且文中強調

---

[88] "Historical Evidence To Support China's Sovereignty over Nansha Islands", *Ministry of Foreign Affairs of the People's Republic of China*, November 17, 2000, http://www.fmprc.gov.cn/eng/topics/3754/t19231.htm.

[89] 傅崑成 校編，《聯合國海洋法公約》（臺北：三民書局，1994 年 5 月），頁 3。

[90] 〈公開地圖內容表示若干規定〉，《中華人民共和國國土資源部》，2006 年 1 月 19 日，http://www.mlr.gov.cn/zwgk/flfg/chglflfg/200601/t20060119_642179.htm。

[91] 2009 年中國駐聯合國單位抗議文件下載請至，http://www.un.org/depts/los/clcs

及其附近海域主權，會使他國可解讀為 9 段線內皆為其領海。此模糊空間並不利於中國在海洋法公約聲討主權。

中國國家海洋局海洋發展戰略研究所研究員沈文週表示：「**為什麼只有南海有九段線，東海與黃海卻沒有？這是因為在製作地圖時，必需將島礁名稱標識清，以明確島嶼的主權歸屬。可是在南海，島礁實在太多，而且有些面積非常小，在小比例尺地圖上很難標明。我們的先人便畫出這樣一條斷續國界線，表示線內所有島礁及其附近海域都是中國領土的一部份，受我國管轄和控制，九段線是源於南海島礁的特殊性。**[92]」

越南同樣認為其在安南時代，就已在西沙與南沙群島從事漁業活動，也曾在西、南沙群島上從事活動。聲稱 19 世紀上半期，越南已對南沙進行 4 次勘查行動。強調法國殖民越南時，西沙與南沙是當時越南殖民地的一部分。並認為越戰時期承認西、南沙為中國領土是在迫不得已的情況下[93]。越南在明清兩代為中國的藩屬國，因此雙方是目前唯二可以提出歷史性疆域主張的國家。但海洋法並未對歷史性疆界進行定義與立法，歷史性疆界在講求國際法與實質占領的國際環境中難以立足。

■ 專屬經濟區與大陸架延伸島嶼主權

此主張為菲律賓、馬來西亞與汶萊所聲稱。此說法是認為南海周邊國家因大陸架與經濟海域所延伸的 200 海浬至 350 海浬中，在其範圍內的島嶼將屬該國所有。這方面馬來西亞與菲、汶兩國又不太相同。除專屬經濟區之說，馬來西亞認為大陸架上島嶼是其領土大陸架所延伸出去的，因此馬來西亞擁有主權。但海洋法公約中的專屬經濟區並不具備領海性質，因此這種說法顯然有過度解釋、延伸甚至無視於海洋法公約[94]。

---

new/submissions_files/mysvnm33_09/chn_2009re_mys_vnm_e.pdf。

[92] 中國國家地理編輯部，〈南沙日記——中國地圖上的九段線到底是什麼線？〉，《中國國家地理雜誌》，2010 年 10 月，頁 120。

[93] 蔡政文 主編，《南海情勢發展對我國國家安全及外交關係影響》（臺北：行政院研究發展考核委員會，2001 年 11 月），頁 19-20。

[94] 傅崑成，《聯合國海洋法公約》，頁 20。

菲律賓的對於專屬經濟區延伸更為誇張。如前面所提，菲律賓在 2009 年通過的 2699 號法案，將卡拉延群島與黃岩島納入群島國群島基線。誇張的說這種方式可以將南海都劃入其版圖。菲律賓的觀點是卡拉延群島與黃岩島都在其經濟海域範圍內，加上又是無主地，因此成為其領土。然後再配合海洋法公約的群島國群島基線劃定，將該國領海基線向外擴張[95]。讀者可以想見，擴張之後又可重新劃定 200 海浬經濟海域，等於利用海洋法公約無限擴張領土範圍。

■ 主張鄰近原則

菲律賓、馬來西亞與汶萊同時主張，南沙群島位於其領土周邊，因此其擁有島嶼主權。菲律賓的總統 1596 號令認為舊金山和約後，南沙群島沒有歸屬認和國家，屬於無主地，因此可對其進行占領[96]。國際秩序上，領土的獲得通常是 先佔、割讓、添附、征服等方式。鄰近原則完全不被國際法承認，其效力可說是最薄弱，毫無依據。

■ 依照先佔原則主張主權

先佔原則為海峽兩岸、菲律賓與越南所強調的主張。越南認為西沙與南沙群島在安南時期就已有漁民在附近活動，因此主張擁有。菲律賓則是利用克魯瑪事件延伸出南沙群島為無主地，並稱舊金山和約中並沒有明確指出南沙歸還給誰[97]。先佔原則在國際上必須實行有效佔領，此又分為主觀與客觀兩種。主觀先佔原則包括國家發表相關宣言與聲明，強調該地區為該國領土；或在國內立法、建立行政區、或是在地圖上劃定版圖。從主觀上來說，中國的確是最早進行上述行動的國家，隨後是越南與菲律賓[98]。9 段線在兩

---

[95] 黃異 著，《海洋秩序與國際法》（臺北：學林文化事業有限公司，2000 年 3 月），頁 536。

[96] 陳鴻瑜，《東南亞各國海域法律及條約彙編》（南投：國立暨南國際大學東南亞研究中心，1997 年 6 月），頁 67-68。

[97] 傅崑成，《我國南海歷史性水域法律地位之研究》（臺北：行政院發展考核委員會，1993 年 11 月），頁 34-35。

[98] 丘宏達，《現代國際法》，頁 555-558。

岸的官方立場裡，皆為島嶼歸屬線，且在南海爭議之前，中國已在南海有駐軍單位[99]。客觀先佔原則則必須對該土地進行有效的實質佔領，必須成立相關的行政單位，且必須有居民居住、懸掛國旗等長期性佔領。

另外先佔原則也延伸出不少海洋法公約上的瑕疵。首先是島礁的問題，在海洋法公約第 121 條島嶼制度中提到，島嶼必須是漲潮時高於水面之自然形成陸地；如果不能長期維持人類居住與經濟條件者不能擁有專屬經濟海域[100]。此問題同樣出現在中日對於沖之鳥島（礁）的爭議上。新加坡南洋理工大學的教授劉曉鵬認為，可以藉由人工島的方式，將島礁升級成為島嶼，使其具備長期居住與經濟能力[101]。但此點明顯忽略海洋法公約專屬經濟區第 60 條中強調，人工島嶼是不具備領海、專屬經濟區與大陸架延伸的[102]。

此點同樣比照中國的中沙群島與曾母暗沙。因此第二個問題是，雖然中國主張 9 段線內島嶼皆屬於中國所有。但並非每座島嶼都能劃設專屬經濟區，因此出現一種將西沙、中沙、南沙群島各自獨立以群島基線制度畫設經濟海域[103]。此觀點使中國在國際法能有效立足，該畫法排除各類無人島礁與暗沙，將西沙與南沙群島以群島基線向外延伸經濟海域。且該畫法也考慮到周邊國家專屬經濟海域，採取各半的原則。不過目前南沙群島經濟海域的範圍假設還未獲得中國官方的證實，中國目前僅公布西沙群島的領海基線。這可能與南沙遭各國占領，無法有效測量領海基線有關。

歷史性傳統疆界、大陸架延伸島嶼、鄰近原則、先佔原則是各國佔領南沙的依據。

---

[99] 王冠雄，〈南海爭端之國際法觀點分析〉，《展望與探索》，第 9 卷第 8 期，2011 年 8 月，頁 13-17。

[100] 傅崑成，《聯合國海洋法公約》，頁 43。

[101] 劉曉鵬、陳愉雯，〈從南海各方行為宣言形同虛設之原因論析南沙群島主權爭議〉，《第二屆海洋與國防學術研討會》（桃園：國防大學海軍學院，2010 年 11 月），頁 148。

[102] 傅崑成，《聯合國海洋法公約》，頁 21。

[103] "Nước Việt Hình Chữ S ... Nhưng Biên Giới "Nước" Ấy Tới Đâu ?（越南文翻譯：記者無國界：越南的 S 型水域如何形成的?）", January, 2009, http://www.congdongnguoiviet.fr/TaiLieu/0901NuocVietVuHuuSanH.htm.

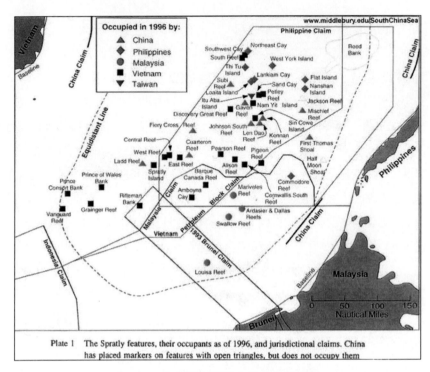

圖 1-6　南沙群島各國占領島礁現況圖

資料來源："Interactive Map of the Spratly Islands, South China Sea", *The South China Sea*, http://community.middlebury.edu/~scs/macand/index.htm.

第三節　海底資源與海上通道安全對中國的重要性——阿基里斯腱

　　中國正積極發展海洋科技能力，同時設法應對未來可能面臨的海上交通線安全。

一、中國海洋發展計畫

中國經濟未來將更依靠海洋，863、973 **計劃與** 908 **專項展現出中國積極的野心。**

前兩節提到中國與南海各國的主權立場與紛爭，但各國最在意的恐怕是南海水下的資源。本節將敘述與分析中國海洋政策與南海水下資源的開採。同時分析中國成為世界第二大原油進口國之後，對於海上航道運輸安全的重視。2007 年 12 月中國發布第一本海洋發展報告，內容共分為五大部份：第一為中國海洋發展的環境；第二為世界與中國海洋法律與權益；第三為中國海洋經濟與科技發展和規劃；第四為中國海洋環境保護與資源利用；最後為中國海洋政策與管理。以下就 2007-2011 年（2008 年未出版）發布的四本中與海洋經濟發展與科技技術相關內容進行分析與比較。此外內容也會加入中國國家海洋局海洋經濟統計公報的相關數據。

■ 海洋經濟

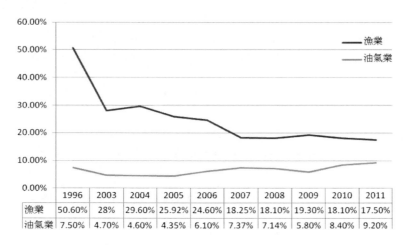

	1996	2003	2004	2005	2006	2007	2008	2009	2010	2011
漁業	50.60%	28%	29.60%	25.92%	24.60%	18.25%	18.10%	19.30%	18.10%	17.50%
油氣業	7.50%	4.70%	4.60%	4.35%	6.10%	7.37%	7.14%	5.80%	8.40%	9.20%

圖表 1-1　漁業與油氣業占中國海洋生產總值比例年表 2003-2011 年

資料來源：「中國海洋經濟統計公報 2003-2011」，《中國國家海洋局》，http://www. soa.gov.cn/soa/hygb/jjgb/A010906index_1.htm。

在開始解說中國海洋經濟前，必須先釐清中國海洋經濟報告書與海洋經濟統計公報中的諸多名詞。由於中國海洋報告書中的圖表種類非每年皆相同，因此有複雜易混淆的問題。有三張圖表特別容易搞混，分別為產業增加值構成圖、產業結構變化趨勢表、全國海洋生產總值表。產業增加值構成圖為各項海洋經濟產業該年產值占總體產值的比例。產業結構變化趨勢表很容易與全國海洋生產總值表混淆，因為兩者都是採用第一至第三產業[104]做分別；前者為中國第一至第三業各產值在總產值所占的比例，後者除了顯示各產值所占的比例外，也同時顯示總產值增加的趨勢與占全國 GDP 的比重。

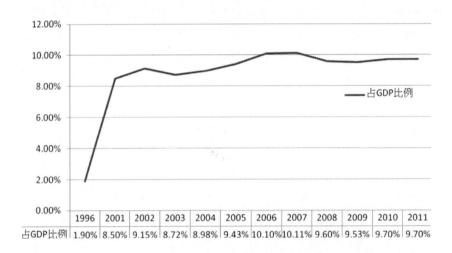

	1996	2001	2002	2003	2004	2005	2006	2007	2008	2009	2010	2011
占GDP比例	1.90%	8.50%	9.15%	8.72%	8.98%	9.43%	10.10%	10.11%	9.60%	9.53%	9.70%	9.70%

圖表 1-2　中國海洋總產值占全國 GDP 比例表 2001-2011 年

資料來源：「中國海洋經濟統計公報 2001-2011」，《中國國家海洋局》，http://www.soa.gov.cn/soa/hygb/jjgb/A010906index_1.htm。

中國海洋經濟比較明顯的變化為傳統漁業產值與油氣產值的變化（如表2-2 所示）。1996 年至 2000 年，中國海產占海洋生產總值的 50%。2004 年

---

[104] 第一產業為傳統產業，包括漁業與近海養殖業；第二產業為海洋加工產業，包括海洋石油工業、海鹽業、海鹽化工業、海洋化工業、海濱採礦業、海水淡化業、海水直接利用業、海洋生物製藥業等；第三產業為非物質生產產業，包括海洋交通運輸業、濱海旅遊業以及海洋服務業等。

中國漁業產值維持在海洋總產值的 29%接近 30%[105]，隨後 2005 年滑落到 25.96%[106]與 2006 年的 24.6%[107]。2007 年大幅滑落至 18.25%[108]，至 2010 年都維持在 18%[109]上下。而海洋油氣業產值則從 2004 年的 4.6%提升到 2010 年的 8.4%。除了顯示中國海洋經濟的產業轉型，也顯示中國對油氣資源的需求量提高。此外另一個現象為海洋 GDP 占全國 GDP 的比重從 2001 年的 8.5%上升至 2005 年後每年都維持在 9.5%以上的比例，而 1996 年海洋總產值不過占中國總體 GDP 的 1.6%[110]。如此懸殊的比例顯示，中國對於開發海洋經濟的重視與投入相當大的資源。但表示中國未來將更依靠海洋，海洋產業所面臨的威脅將影響到中國未來的經濟發展[111]。

■ 海洋科技

2007 年的中國海洋發展報告在海洋科技部分所提不多，主要強調要加強海洋調查能力與中國缺乏深海調查能力等問題。同時提到十一五期間將執行 863 計畫中的深海探勘技術[112]。2009 年海洋報告書則大幅提到十一五期間中國海洋的計畫內容，包括 7000 公尺深的載人潛水器、南極內陸科學考察站、遠洋海監船、海洋環境衛星、海上中大型油氣探勘設備、大型海水淡

[105] 〈中國海洋經濟統計公報 2004〉，《中國國家海洋局》，2004 年 12 月 18 日，http://www.soa.gov.cn/soa/hygbml/jjgb/four/webinfo/2004/12/1271382652063051.htm。

[106] 〈中國海洋經濟統計公報 2005〉，《中國國家海洋局》，2005 年 12 月 18 日，http://www.soa.gov.cn/soa/hygbml/jjgb/five/webinfo/2005/12/1271382652037350.htm。

[107] 〈中國海洋經濟統計公報 2006〉，《中國國家海洋局》，2007 年 3 月，http://www.soa.gov.cn/soa/hygbml/jjgb/six/webinfo/2007/07/1271382652000605.htm。

[108] 〈中國海洋經濟統計公報 2007〉，《中國國家海洋局》，2008 年 2 月 22 日，http://www.soa.gov.cn/soa/hygbml/jjgb/seven/webinfo/2008/02/1271382651981622.htm。

[109] 〈中國海洋經濟統計公報 2010〉，《中國國家海洋局》，2011 年 3 月 19 日，http://www.soa.gov.cn/soa/hygbml/jjgb/ten/webinfo/2011/03/1299461294179143.htm。

[110] 〈中國海洋經濟統計公報 1996〉，《中國國家海洋局》，2007 年 3 月 15 日，http://www.soa.gov.cn/soa/hygb/jjgb/webinfo/2007/03/1271382649336194.htm。

[111] 但筆者觀察發現，中國海洋統計公報對海洋 GDP 占全國 GDP 的比例每年公報數字與前年卻有不同。如果不是中國海洋局重新計算，就可能是中國海洋局為了求取每年皆有增長而串改數字，筆者認為後者的可能性較高。

[112] 白燕 主編，《中國海洋發展報告》（北京：海軍出版社，2007 年 12 月），頁 160-167。

化設備[113]。2010 年海洋報告書更詳細的列出中國海洋科研人員的數量與研發數量。同時更詳細的說明深海載人潛水器的計畫,並第一次提到 1997 年 6 月 4 日正式實施的 973 計劃。2007 年該計畫共有 382 個項目進行中,其中 18 個項目與海洋科技有關,全部項目共投入人民幣 82 億元[114]。

2011 年中國海洋報告書提到 2003 年 9 月批准的 908 專項。該專項目的為中國近海海洋環境調查與綜合評估,就是中國周邊近海海底水文調查,此項目在軍事上的用途將在後面章節進行分析。2011 年海洋報告書也提到中國極地調查,但首次加入對於北極圈的調查。973 計劃的海洋項目也從 18 項增加到 28 項,並報告中國深海鑽油平臺的研發成果與首次提到天然氣水合物的開發。這些研發項目、成果都顯示中國對於海洋資源開採技術的重視。且眾多技術只有歐美先進國家擁有,中國不願只是購買國外技術,獲得技術的研發能力一直是中國所強調的。中國在獲得這些技術的研發能力後,將大幅拉開與東南亞國家的技術差距。對於獨立開發南海資源,將獲得更多實力。

2011 年中國的海洋 GOP 占全國總 GDP 的 9.7%,是 1996 年的近 5 倍。

二、中國南海資源的開採現況

南海資源總蘊藏量雖不明確,但估計至少有 19-37 億噸的可開採石油與 2.6 兆立方公尺的天然氣,此外海底可燃冰也是被看好的未來資源。

■ 南海資源藏量

根據美國能源署 2008 年的資料顯示,2008 年中國在南海已探勘的原油含量為 160 億桶(約 22.85 億噸)[115],天然氣探勘為 80 兆立方英呎(2.4 兆

---

[113] 劉義傑,白燕 主編,《中國海洋發展報告 2009》(北京:海軍出版社,2009 年 1 月),頁 217。

[114] 白燕 主編,《中國海洋發展報告 2010》(北京:海軍出版社,2010 年 5 月),頁 2 60-261。

[115] 石油換算平均 1 頓等於 7 桶,油質如較輕則為 7.2 或 7.3 桶。

立方公尺）[116]。2006 年統計每天所開採的原油為 386 萬 4 千 4 百桶，天然氣開採為每天 556 萬立方公尺[117]。美國能源署報告表示各國在南海探明的原油量約為 260 億桶（37 億噸），中國海洋局相關文章說南海原油蘊藏量達 230 至 300 億噸[118]。中國報告顯示珠江口盆地的原油資源估計約 40-50 億噸；鶯歌海盆地原油約 4-5 億噸，天然氣已進入開發；北部灣盆地油氣資源總量為 4-5 億噸；曾母盆地第三紀沉積層厚度 4 000 至 9 000m。面積約 25 萬平方公里，推測油氣資源儲量約 137 億噸；萬安灘油氣資源估計超過 40 億噸[119]。另外一份 2008 年中國海洋調查報告顯示，中國周邊海域石油資源估計有 140 億噸（可信度 5%），保守為 70.6 億噸（可信度 75%）；保守估計可開採量為 19.2 億噸（可信度 95%）[120]。天然氣部份近海蘊藏量為 11.74 兆立方公尺，保守估計有 3.93 兆立方公尺；可採量保守估計有 2.6 兆立方公尺。臺灣學者王曾惠引用英國資料認為中國周邊海域蘊藏原油 50-330 億噸[121]。

2007 年中國海洋統計年鑑開始公布中國海外原油與油氣探勘儲量，2006 年中國南海原油累積探明量為 2.48 億噸，實際可採量為 7952 萬噸[122]。2007 年累積探明儲量增加為 2.54 億噸，但可採量降至 7381 萬噸[123]。2008 年累積探明量上升至 2.98 億噸，可開採量上升至 1.02 億噸[124]。2009 年累積探明量為 3.1 頓，可開採量降至 1.003 億噸[125]。比較起渤海地區的石油開採，

[116] 天然氣為每 1 立方英呎等於 0.03 立方公尺。

[117] "South China Sea", *U.S. Energy Information Administration*, March 2008, http://205.254.135.7/countries/regions-topics.cfm?fips=SCS.

[118] 〈加快發展海洋工程裝備製造業 避免影響能源安全〉，《中華人民共和國國土資源部》，2011 年 3 月 17 日，http://www.mlr.gov.cn/xwdt/hyxw/201103/t20110317_824811.htm。

[119] 王穎、馬勁松，〈南海海底特徵、資源區位與疆界斷續線〉，《南京大學學報（自然科學）》，第 39 卷第 6 期，2003 年 11 月，頁 804。

[120] 《關於新一輪全國資源評價和儲量產量趨勢預測報告》，2008 年 1 月 3 日，摘自〈中國油葉岩資源評價結果表〉，《能源政策研究》，2009 年 6 月，頁 34。

[121] 王曾惠，〈中國海洋與臺灣島戰略地位〉，林中斌 主編，《廟算臺海──新世紀海峽戰略態勢》（臺北：學生書局，2002 年 12 月），頁 158。

[122] 國家海洋局 編，《2007 年中國海洋統計年鑑》（北京：海洋出版社，2007 年），頁 31。

[123] 國家海洋局 編，《2008 年中國海洋統計年鑑》（北京：海洋出版社，2008 年），頁 33。

[124] 國家海洋局 編，《2009 年中國海洋統計年鑑》（北京：海洋出版社，2009 年），頁 33。

[125] 國家海洋局 編，《2010 年中國海洋統計年鑑》（北京：海洋出版社，2010 年），頁 33。

從 2006 年累積探明 3.4 億噸增加至 2009 年的 4.2 億噸；可開採量也從 2.6 億噸穩定成長至 2.9 億噸。顯示中國周邊海域石油開採，仍以渤海地區最為成熟。

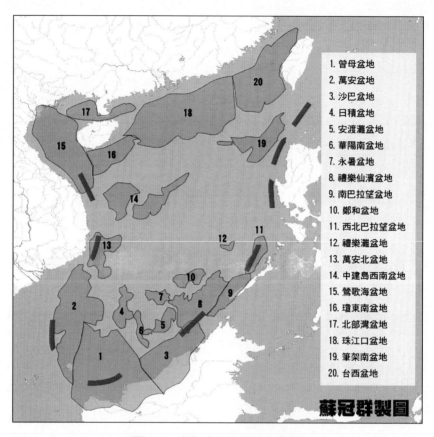

1. 曾母盆地
2. 萬安盆地
3. 沙巴盆地
4. 日積盆地
5. 安渡灘盆地
6. 華陽南盆地
7. 永暑盆地
8. 禮樂仙濱盆地
9. 南巴拉望盆地
10. 鄭和盆地
11. 西北巴拉望盆地
12. 禮樂灘盆地
13. 萬安北盆地
14. 中建島西南盆地
15. 鶯歌海盆地
16. 瓊東南盆地
17. 北部灣盆地
18. 珠江口盆地
19. 筆架南盆地
20. 台西盆地

圖 1-7　南海含油氣盆地分佈圖

資料來源：蘇冠群繪製

「中國含油氣盆地圖集」，《長江大學──石油與天然氣地質學》，http://dqkx.yangtzeu.edu.cn/sydz/News_View.asp?NewsID=116。

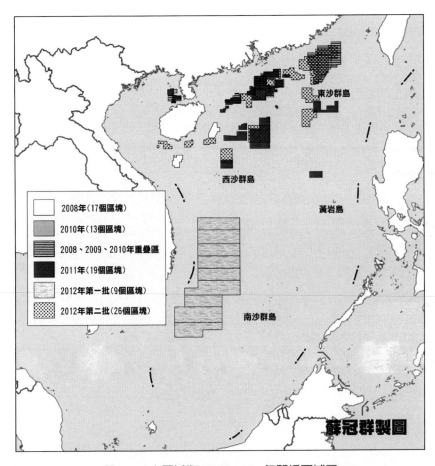

図例:
2008年(17個區塊)
2010年(13個區塊)
2008、2009、2010年重疊區
2011年(19個區塊)
2012年第一批(9個區塊)
2012年第二批(26個區塊)

東沙群島
西沙群島
黃岩島
南沙群島

蘇冠群製圖

圖 1-8　中國近海 2008-2012 年開採區域圖

資料來源：蘇冠群繪製
　　　　「2008 年-2012 年中國海域開放區塊」，《中國海洋石油總公司資訊中心》，2012 年 8 月 28 日，http://www.cnooc.com.cn/data/html/news/big5/category_7_0.html。

　　事實上，南海至今到底蘊藏多少資源，仍是未知數。許多資源更位於無法開發的深海，至今周邊國家對南海資源開採，仍集中在大陸架海域。南海地區深海油氣田開採不易，開採難度影響到是否符合商業利益。中國國產能源中，依賴海上原油的比例逐漸增加，從 2001 年的 13%成長至 2010 年的

23%，海上天然氣也占總產量的 29%。中國海洋石油出口量也從 2001 年占總出口量的 46%下降至 2009 年的 26%[126]。證明中國正增加對海洋石油的依賴。日本防衛省 2012 年的報告認為中國在海洋能源的探勘成功率低於世界的 30%，僅 12%[127]。深海油氣開採成本是陸上的 6-10 倍，貴得油氣井開採成本高達 1 億美金。陸上原油平均每桶開採成本 50 美元，海上則為 60 美元。中國海上開採成本每桶為 65 美元，2008 年國際油價跌破 60 美元，造成中國海洋石油出現盈虧[128]。顯示海洋資源的開採與成本沒有字面上說得容易。不過中國仍積極探尋近海油氣田與海外油田，未來中國勢必會加強這方面的突破，與挪威等國合作，強化其開採技術。

南海另一個蘊藏的資源是近年來被認為是替代能源的甲烷氣水包合物（可燃冰）。根據 2011 年中國國土資源部廣州海洋地質調查局公布的《南海北部神狐海域天然氣水合物鑽探成果報告》，科學考察人員在中國南海北部神狐海域鑽探目標區內，圈定 11 個可燃冰礦體，預測天然氣儲量約為 194 億立方公尺[129]。前一節提到中國的超級 863 計劃與 973 計劃所進行的深海開採技術與深海載人潛水器，顯示除了天然氣與原油之外，可燃冰已成為中國南海資源探勘的下個主要目標。

■ 中國海洋油氣開採現況

中國在南海的第一座油井是與法國道爾達（TOTAL）集團合作開採。雙方在 1980 年 5 月 29 日簽約，中方出資 51%、法方 49%。1981-1983 年開始探鑽，1984 年 5 月 26 日雙方達成生產協議，1986 年 8 月 7 日正式投產，日產 1370 噸[130]。中國在南海的油田分佈在四個盆地區，分別為北部灣盆地、

---

[126] 國家海洋局 編，《2010 年中國海洋統計年鑑》，頁 66。

[127] 〈日本防衛省防衛研究所〉，《中國安全戰略報告 2011》，2012 年 2 月，頁 6。下載請至 http://www.nids.go.jp/english/publication/chinareport/index.html。

[128] 〈中海油海上開採十月起呈盈虧倒掛〉，《新華網》，2008 年 12 月 24 日，http://big5.xinhuanet.com/gate/big5/news.xinhuanet.com/fortune/2008-12/24/content_10550495.htm。

[129] 〈中國南海圈定 11 個「可燃冰」礦體〉，《中華人民共和國國土資源部》，2011 年 7 月 7 日，http://www.mlr.gov.cn/wskt/kcxfz/201107/t20110707_896192.htm。

[130] 黃奉初，〈我國南海第一個油田投入試生產〉，《解放軍報》，1986 年 8 月 12 日，第 4 版第 3 條。

鶯歌海盆地、珠江口盆地、瓊東南盆地[131]。南海地區第一座天然氣井是中國在 1982 年 9 月 20 日與美國大西洋富田石油公司（Atlantic Richfield Ot Co‧ARCO）及聖塔菲國際石油公司（Santa Fe International Corporation）所簽約開採的。該井在 1983 年 8 月投產，日產量為 138 萬立方公尺[132]。中國結至 2009 年目前中國周邊近海油井數量已達 4215 個，其中南海採油井有 403 座、採氣井 64 座、注水井 19 座[133]。中國油氣生產公司目前以整合成三家，分別為中國石油化工股份有限公司（中國石化）、中國石油天然氣集團公司（中國石油）、中國海洋石油總公司（中海油），中國近海油氣開發與國外海上油氣主要由中海油負責。

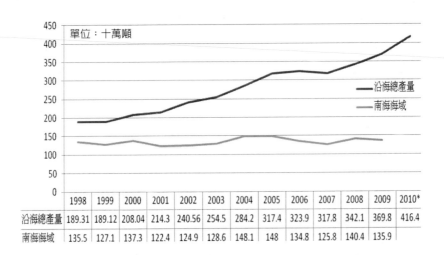

	1998	1999	2000	2001	2002	2003	2004	2005	2006	2007	2008	2009	2010*
沿海總產量	189.31	189.12	208.04	214.3	240.56	254.5	284.2	317.4	323.9	317.8	342.1	369.8	416.4
南海海域	135.5	127.1	137.3	122.4	124.9	128.6	148.1	148	134.8	125.8	140.4	135.9	

圖表 1-3　中國海洋原油周邊海域與南海海域生產量年表 1998-2010 年

資料來源：國家海洋局 編，《中國海洋統計年鑑 2001-2010》（北京：海洋出版社，
　　　　　2002-2011 年）。

*2010 年資料僅含中國海洋石油公司產量，2010 年無南海海域產量資料。

---

[131] 新華社通訊，〈我國近海發現六個大型含油氣盆地〉，《解放軍報》，1981 年 9 月 2
　　5 日，第 4 版第 1 條。
[132] 新華社通訊，〈鄧小平會見美國富田公司董事長安德森〉，《解放軍報》，1983 年 1
　　2 月 2 日，第 4 版第 2 條。
[133] 國家海洋局 編，《2010 年中國海洋統計年鑑》，頁 97。

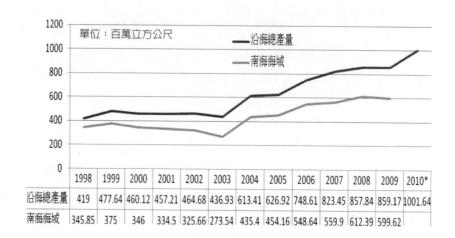

	1998	1999	2000	2001	2002	2003	2004	2005	2006	2007	2008	2009	2010*
沿海總產量	419	477.64	460.12	457.21	464.68	436.93	613.41	626.92	748.61	823.45	857.84	859.17	1001.64
南海海域	345.85	375	346	334.5	325.66	273.54	435.4	454.16	548.64	559.9	612.39	599.62	

圖表 1-4　中國海洋天然氣周邊海域與南海海域生產量年表 1998-2010 年

資料來源：國家海洋局　編，《中國海洋統計年鑑 2001-2010》（北京：海洋出版社，
　　　　　2002-2011 年）。

*2010 年資料僅含中國海洋石油公司產量，2010 年無南海海域產量資料。

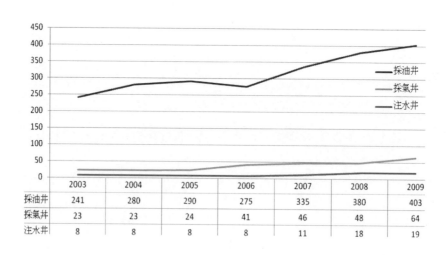

	2003	2004	2005	2006	2007	2008	2009
採油井	241	280	290	275	335	380	403
採氣井	23	23	24	41	46	48	64
注水井	8	8	8	8	11	18	19

圖表 1-5　南海海域油氣井數量表 2003-2009 年

資料來源：國家海洋局　編，《中國海洋統計年鑑 2004-2010》（北京：海洋出版社，
　　　　　2004-2011 年）。

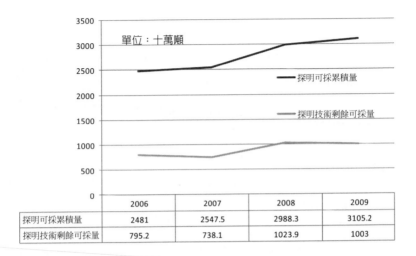

	2006	2007	2008	2009
探明可採累積量	2481	2547.5	2988.3	3105.2
探明技術剩餘可採量	795.2	738.1	1023.9	1003

單位：十萬噸
探明可採累積量
探明技術剩餘可採量

圖表 1-6　南海海域原油儲量 2006-2009

資料來源：國家海洋局 編，《中國海洋統計年鑑 2007-2010》（北京：海洋出版社，2007-2011 年）。

　　中國自 1980 年代投產海上油氣田開始，載至 2006 年 5 月 1 日，中海油先後與 21 個國家、75 個石油公司簽訂 172 項合約與協議，其中正在執行的有 32 項[134]。其中南海的部分有 70 多項合同與協議，包含美國、義大利、法國等 14 國共 51 家公司，引進外資約 70 多億美金[135]。中國在南海的原油開採，1998 年時為 1355 萬噸，2009 年為 1359 萬噸，中間略有增長與下降（詳細請見中國海洋原油周邊海域與南海海域生產量年表）。南海天然氣部份，1998 年總產量為 34 億立方公尺，2009 年增加至近 60 億立方公尺（詳細請見中國海洋天然氣周邊海域與南海海域生產量年表）。

　　但有趣的是中國油氣井數量逐年增加，南海油井從 2005 年 290 座增加到 2009 年 403 座，但產量卻沒有成倍數成長。反觀天然氣井從 24 座增加到 64 座，產量明顯倍增。這主要是南海海底油氣田，原油主要蘊藏在天然氣

---

[134] 宋玉春，〈外資石油公司進軍我國海上油田是場〉，《中國石化》，2007 年 2 月，頁 31。
[135] 〈南海油氣田將成「深海大慶」東部海域產量超 2 億方〉，《人民網》，2011 年 1 月 14 日，http://energy.people.com.cn/BIG5/13732566.html。

底下，須先抽離上方的天然氣才可抽取原油。東南亞各國的油氣井，為了開採原油，會將天然氣釋放掉，當然此種開採海底資源方式是非常浪費的行為[136]。不過整體來說，中國周邊海域的原油產量還是逐年增加，從 1998 年的年產 1893 萬噸，增加至 2009 年的 3698 萬噸，成長近 2 倍（詳細請詳見中國海洋原油周邊海域與南海海域生產量年表）。天然氣也從 43 億立方公尺成長近 86 億立方公尺（詳細請見中國海洋天然氣周邊海域與南海海域生產量年表）。從數據顯示，中國仍會繼續加速海上油氣田的開採。雖然其成本高於陸上油氣田。但海洋是中國能源尚未匱乏的處女地，其產量增加，能減少中國對於海外原油的依賴。

中國對於南海的開發仍不如渤海與黃海地區，其在南海主要以天然氣田為主。

三、中國海上通道安全

2009 年中國原油進口依存度超過 50%，80%的原油運輸須經由馬六甲海峽。

■ 中國海外原油進口

中國目前有 90%的貿易與原物料必須仰賴海運，同時具備世界第 4 大貿易船隊[137]（此數據應該為船舶公司旗下數量的統計，根據國外一份資料顯示，登記在中國旗下的船僅有 2440 艘[138]）。中國自 1993 年開始，成為原油進口國。2009 年中國的原油進口量已經占了原油消費的 52%[139]，比起 2005

[136] 〈南沙：石油開採熱火朝天 卻沒有中國石油公司的身影〉，《中國國家地理》，2010 年 10 月 11 日，http://cng.dili360.com/cng/jcjx/2010/10113759.shtml。

[137] David Lai，黃引珊 譯，〈中共對海洋的企圖〉，《國防譯粹》，第 37 卷第 1 期，2010 年 1 月，頁 5。

[138] Dr. Alec Coutroubis, " Piracy off the coast of Somalia - Foreign Affairs Committee Evidence Summary", *Neptune Maritime Security*, January 16, 2012, http://neptunemaritimesecurity.posterous.com/piracy-off-the-coast-of-somalia-foreign-affai.

[139] 〈全球經濟緩慢復甦下的石油市場〉，《中國海油能源經濟研究院》，2012 年 3 月 1

年的 30%是大幅成長。2010 年進口依存度上升至 53.8%，進口原油 2.3 億噸。2011 年上升至 55.2，呈現每年 2%左右的上升率[140]。中國能源依賴進口，每當國際油價上漲時，其能源支出也受到影響。光是 2004 年國際油價一路飆升 33.6%，中國就多支付 80 多億美金。[141]中國為解決國內石油需求，開始向世界各地尋求油源。2008 年中國的原油進口量為 1.7 億噸[142]，2009 年正式突破 2 億噸[143]。

　　非洲地區的原油進口中國採取「採購進口」與「合作開發」兩種方式。2010 年 4 月份，安哥拉超越沙烏地阿拉伯成為中國當月石油進口國之冠[144]，不過 2010 年沙烏地總進口量仍保持第一。2011 年中國原油進口排名前 4 名分別為沙烏地阿拉伯、安哥拉、伊朗、俄羅斯，其中伊朗進口量仍持續成長，並沒有受到美國可能攻伊的影響。此外從圖表中可發現，委內瑞拉、科威特、哈薩克這幾年逐漸成為中國前十大原油進口國，中國大幅減少越南、葉門等可能衝突地區的原油採購。另外 2003 年戰後的伊拉克也逐漸成為中國前十大進口國，從巴西進口的原油也持續成長。（中國原油進口國家圖表如下）

日，http://www.cnooc.com.cn/newstopic.php?id=276806。
[140] 黃燁，〈原油依存度再創新高〉，《國際金融報》，2012 年 1 月 20 日，第一版。
[141] 於有慧，〈胡溫體制下的石油外交與挑戰〉，《中國大陸研究》，頁 27。
[142] 〈2008 年中國原油進口總量 17,888 萬噸，增長 9.6%〉，《中國鐵井網》，2010 年 1 月 11 日，http://news.sohu.com/20100111/n269496452.shtml。
[143] 〈中國去年原油進口量創新高 對外依存度今年更甚〉，《搜狐網》，2010 年 1 月 11 日，http://news.sohu.com/20100111/n269496452.shtml。
[144] 〈安哥拉穩居中國第一大原油進口國位置〉，《中國石油油品資訊》，2010 年 5 月 25 日，http://www.cnpc.com.cn/cn/。

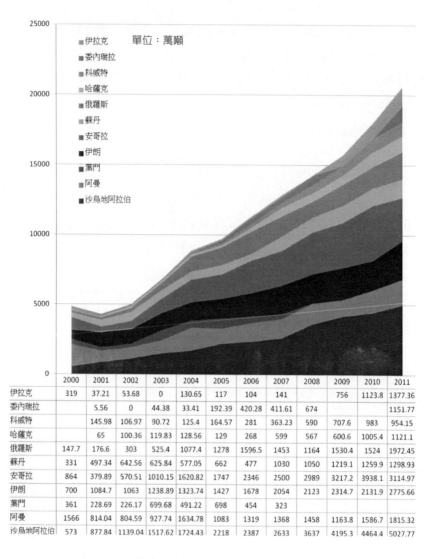

	2000	2001	2002	2003	2004	2005	2006	2007	2008	2009	2010	2011
伊拉克	319	37.21	53.68	0	130.65	117	104	141		756	1123.8	1377.36
委內瑞拉		5.56	0	44.38	33.41	192.39	420.28	411.61	674			1151.77
科威特		145.98	106.97	90.72	125.4	164.57	281	363.23	590	707.6	983	954.15
哈薩克		65	100.36	119.83	128.56	129	268	599	567	600.6	1005.4	1121.1
俄羅斯	147.7	176.6	303	525.4	1077.4	1278	1596.5	1453	1164	1530.4	1524	1972.45
蘇丹	331	497.34	642.56	625.84	577.05	662	477	1030	1050	1219.1	1259.9	1298.93
安哥拉	864	379.89	570.51	1010.15	1620.82	1747	2346	2500	2989	3217.2	3938.1	3114.97
伊朗	700	1084.7	1063	1238.89	1323.74	1427	1678	2054	2123	2314.7	2131.9	2775.66
葉門	361	228.69	226.17	699.68	491.22	698	454	323				
阿曼	1566	814.04	804.59	927.74	1634.78	1083	1319	1368	1458	1163.8	1586.7	1815.32
沙烏地阿拉伯	573	877.84	1139.04	1517.62	1724.43	2218	2387	2633	3637	4195.3	4464.4	5027.77

圖表 1-7　中國原油進口來源國進口量變化 2000-2011 年

資料來源：蘇冠群資料整理。

錢學文 著，《中東、裏海油氣與中國能原安全戰略》（北京：時事出版社，2007 年 11 月），
頁 651-652。

崔民選 主編，《中國能源發展報告 2010》（北京：社會科學文獻出版社，2010 年 4 月），
頁 332。

「2007 年我國原油進口穩步增長 出口大幅下降」，《中華人民共和國海關總署》，2008 年 2 月 28 日，http://www.customs.gov.cn/publish/portal0/tab44605/module 109002/info100562.htm。

沈汝發、李曉慧、劉雪，「中國原油進口依存度首超警戒線」，《新華網—財經》，2010 年 03 月 29 日，http://news.xinhuanet.com/fortune/2010-03/29/content_13265670. htm。

「2010 年中國原油進口十大來源國統計」，《中國石油油品資訊》，2011 年 1 月 25 日，http://www.cnpc.com.cn/ypxx/ypsc/scdt/yy/。

*註：表中空白為無資料。

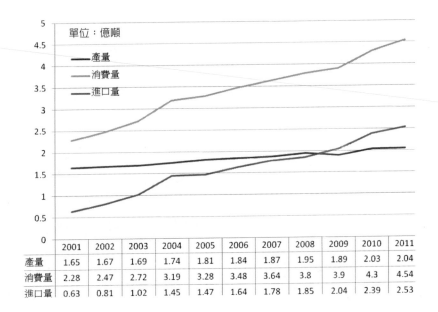

	2001	2002	2003	2004	2005	2006	2007	2008	2009	2010	2011
產量	1.65	1.67	1.69	1.74	1.81	1.84	1.87	1.95	1.89	2.03	2.04
消費量	2.28	2.47	2.72	3.19	3.28	3.48	3.64	3.8	3.9	4.3	4.54
進口量	0.63	0.81	1.02	1.45	1.47	1.64	1.78	1.85	2.04	2.39	2.53

圖表 1-8　中國原油儲量、產量、消費進口量對比表 2001-2011

資料來源：丁鋒、韓志強，「十一五我國油氣資源情勢與發展趨勢預測」，《中國能源》，第 33 卷第 4 期，2011 年 4 月，頁 35。

BP Statistical Review of World Energy June 2011, *British Petroleum*（2011），pp. 6-11.

*註：2011 年探明中國剩餘可採儲量為 20 億噸左右。

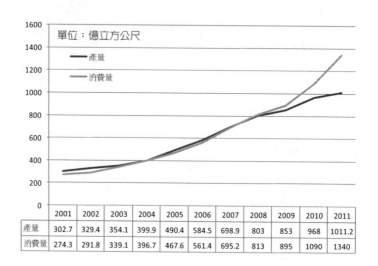

圖表 1-9　中國天然氣、產量、消費進口量對比表 2001-2011

資料來源：丁鋒、韓志強，「十一五我國油氣資源情勢與發展趨勢預測」，《中國能源》，第 33 卷第 4 期，2011 年 4 月，頁 35。

　　　　　BP Statistical Review of World Energy June 2011, *British Petroleum*（2011），p. 20。

*註：根據 BP 資料顯示，中國目前探明可採天然氣儲量為 2.8 兆立方公尺。

　　中國另一個進口能源是天然氣，天然氣的二氧化碳排放量比煤炭低 43%，比石油低 28%。因此中國官方認為這是一種減少煤炭使用，同時也是世界能源目前的一種趨勢，強調要增加天然氣的普及[145]。中國在 2008 年成為天然氣進口國，但整體仍有 90%的天然氣為自產天然氣[146]。乍看之下，可能有人會覺得這會使天然氣成為另一個能源運輸安全問題。但筆者認為，中國進口的天然氣多半來自俄羅斯與中亞，增加天然氣的使用，顯然符合中國國家戰略的思考。數據顯示，沿海地區與中西部與西部地區的天然氣消費量

---

[145] 經濟編輯部課題組，〈擔起中國能源結構調整的歷史使命〉，《求是雜誌》，2011 年 2 月，頁 37。

[146] 丁鋒、韓志強，〈十一五我國油氣資源情勢與發展趨勢預測〉，《中國能源》，第 33 卷第 4 期，2011 年 4 月，頁 35。

逐年上升[147]。顯示此政策既可符合中國減少對石油的依賴，又可增加對西部
地區的經濟建設。

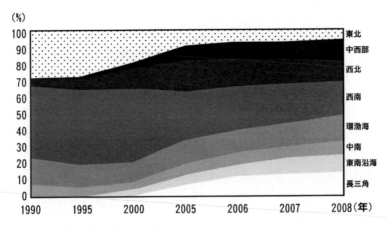

圖 1-9　1990-2008 年中國各地區天然氣消費量發展

資料來源：戚愛華，「加快管道建設是促進天然氣消費的重要途徑」，《中國能源》，
　　　　　第 33 卷第 7 期，2011 年 7 月，頁 23。

■ 中國海上運輸安全問題

　　中國海上能源航線主要分為 4 條，第 1 條為印度洋北部通道是最主要的
海洋通道，連結亞歐非三大洲的貿易。第 2 條是北部海上通道，由俄羅斯薩
哈林海上油田運輸石油。第 3 條為南美海上通道，可從巴西、委內瑞拉進口
原油。第 4 條為北美海上通道能量最小，主要進口國為加拿大[148]。2011 年
美國國防部公布的中國國防報告書認為，中國僅有 3% 的商船不須經過馬六
甲海峽[149]。中國雖積極想開拓陸上輸油管線來減緩對印度洋航線的依賴，但

---

[147] 戚愛華，〈加快管道建設是促進天然氣消費的重要途徑〉，《中國能源》，第 33 卷第
　　7 期，2011 年 7 月，頁 23。

[148] 編輯部訪問，〈尹卓少將解讀中國海軍現實需求與低配置艦〉，《現代艦船》，2010
　　年 6 月 A，頁 8-9。

[149] "Military and Security Developments Involving the People's Republic of China 2011",
　　U.S. DoD, 2011, p.21.

陸上輸油管線從哈薩克與巴基斯坦傳送原油量無法與海上運輸做比較[150]。
2010 年俄羅斯、伊朗、哈薩克這三國只排在中國石油進口國第 4、5、9 名。
中國雖有世界第 4 大商船船隊，但仍有 90%的原油是由外國船隻運送，其已
規劃在 2015 年前讓原油運輸有 50%是中國籍油輪運油。中國戰略石油儲存
也是其一大弱點。中國目前僅具備 30 天的戰略石油能力。比起美國、日本、
德國的 158 天、161 天、127 天有很大差距。根據 2010 年的統計，歐美國家
的戰備石油天數又往上增加，美國為 420 天，歐盟 238 天到 250 天，日本
200 天[151]。中國計畫在 2020 年前可以達到 90 天的水準[152]，不過 90 天僅是
一個石油依賴度極高國家的最低標準。

　　中國有 80%的石油路線都是經由馬六甲海峽或龍目海峽，而馬六甲海峽
是最主要的行經路線，主要在於馬六甲海峽的航行路線最短也最安全。中國
為解決「馬六甲困境」，除增加陸上石油管線外，也提議協助泰國開發克拉
地峽運河。但這項計畫因耗資龐大，且牽涉到泰國內部政治問題，一直無法
進行[153]。因此中國面對北印度洋航線安全問題，還是必須靠船艦護航來解
決。中國前領導人胡錦濤曾表示，誰控制了馬六甲海峽與印度洋誰就能威脅
中國的石油路線。他指出中國能源安全有所謂的「馬六甲困境」，他也暗指
美國企圖控制馬六甲海峽。從數據顯示印度洋石油航線與東南亞海運安全都
緊扣著中國的經濟命脈。美國同樣也重視南海這條通往印度洋的航道，南海
對於雙方都是極為重要海域。

　　**中國近年來積極開發海外油源，除了沙烏地阿拉伯、安哥拉、俄羅斯與
伊朗仍維持穩定進口，其他國家的進口量會隨世界局勢變動。中國同時希望
藉由西部管線減少海上原油路線的依賴，積極推動全國天然氣使用。**

[150] 王偉，〈海洋戰略與海上力量〉，《現代艦船》，2005 年 7 月，頁 12。

[151] 勞佳迪，〈中國石油儲備或僅能維持 30 多天〉，《文匯報》，2012 年 2 月 2 日，http://sh.
wenweipo.com/?viewnews-2655。

[152] 〈解密「中國戰略石油儲備」〉，《中國評論新聞網》，2011 年 1 月 21 日，http://www.
chinareviewnews.com/doc/1015/7/6/2/101576296.html?coluid=0&kindid=0&docid=10157
6296。

[153] 張蜀誠，〈從軍事觀點論中共石油安全戰略〉，《展望與探索》，第 4 卷，2006 年 5
月，頁 39-41。

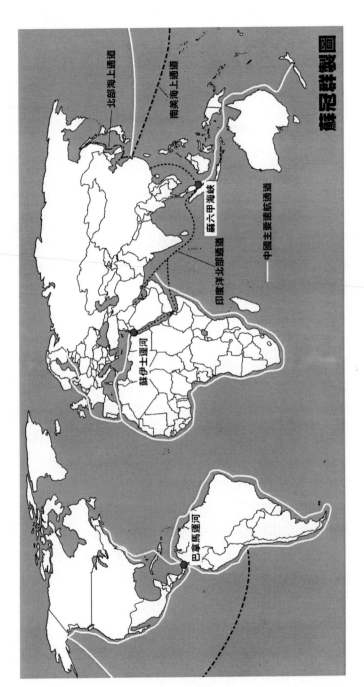

圖 1-10　中國遠洋航線與石油運輸通道

資料來源：編輯部訪問，「尹卓少將解讀中國海軍現實需求與低配置艦」，《現代艦船》，2010 年 6 月 A，頁 8-9。

第四節　小結

資源與航道安全雖為重點，但要保障兩者安全，重點還是在有效伸張主權。

　　總結上述所有問題，本章的用途在於敘述南海的過去與現況，做為文章的背景，點出本文所要探討的問題。本章重點有六項：

(一) **點出各國對南海的訴求。中國強調的 9 段線為島嶼歸屬線，越南強調 S 型經濟海域專屬區，菲律賓自創卡拉延群島搶占南沙，馬來西亞與汶萊強調 200 海浬經濟海域專屬區。**

(二) **中國在文人統治下解決南海問題手段有轉變跡象。從軍事手段轉為偏向外交解決。**

(三) **聯合國海洋法公約在解讀南海問題上有其瓶頸。海洋法公約雖是一種各國遵循的標準，但漏洞百出，解讀不一。因此本文也希望藉由非海洋法的角度來分析中國解決南海問題的手段。**

(四) **中國大力推動海洋事業與科技。中國對海洋的依存度持續上升，且須注意其海洋科技的重大突破。海洋科技包括超級 863 計畫、973 計畫、908 專項，這些計畫的成果將在後面章節詳細敘述。**

(五) **目前無法確定南海蘊藏多少能源，但對中國來說仍是處女地。有趣的是中國與周邊各國至今仍未在爭議島嶼附近進行開採，似乎有共同默契。**

(六) **中國經濟依賴海上運輸已是其致命弱點。中國 2011 年原油進口依存度為 55.2%，戰略石油儲量過低，進出口貿易依賴印度洋航線。中國希望藉由西部管線的建立與推動能源結構轉型，降低對石油的依賴。 中美對於在南海的航行安全也是雙方近幾年所關切的。**

　　中國的崛起除了牽動周邊國家的神經，也影響到美國在亞太的利益。南海是雙方共同利益的所在，是多年來世人一直關注的焦點。中國面對周邊各國對其崛起的不信任，中國該如何在軟硬兼施的情況下獲得其最大利益。這不僅涉及到中國內部政治、對外經濟貿易、海軍戰略、海洋戰略、美中關係等外交議題，而這些就是本文所要探討的中國南海戰略[154]。

---

[154] 這裡須再次聲明。南海戰略並非單一的戰略問題，其手段可能僅為中國國家戰略下的一環，也只是解放軍海軍戰略的一部分。因此本文不希望因為交點集中在南海就失去其它可能的因果關係，但本文仍會盡可能避免過度延伸的問題。

chapter2

中國海洋安全與海軍戰略演進
——從軍事手段轉向外交優先

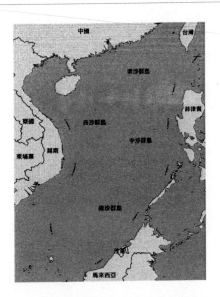

1987年3月11日，我向總部機關匯報了關於海軍裝備規劃中的兩大問題：一是航母，一是核潛艇。這兩個問題，涉及到海軍核心力量的建設，是關鍵性問題。……這兩項裝備不僅為了戰時，平時也是威懾力量。*

——摘自《劉華清回憶錄》第十七章「戰略軍種」。

---

* 劉華清，《劉華清回憶錄》，頁479。

本章節將敘述解放軍海軍戰略的演進，理解其海軍戰略將有助於對南海戰略的探討。章節內容牽涉到中國內部領導的政治問題，同時對一些過去的論點加以辯證。從解放軍海軍戰略的逐步演進，從近岸防禦到遠海防衛本章都將列入分析。同時探討中國戰略思想轉變，包括人民戰爭、高技術條件下的局部戰爭等最高戰略指導。本章節所探討的解放軍海軍戰略與中國內部政治的變化，解釋為什麼中國會將軍事手段備而不用。解放軍海軍朝向平衡艦隊的發展，使解放軍海軍能分擔更多和平時期的任務，海軍成為配合外交的軍種。這都是影響中國在南海戰略手段的原因。

第一節　鄧小平時期（1980-1990）——始作俑者

劉華清是 30 年來解放軍海軍現代化的始作俑者，從科研體系到近海防禦戰略，從核子潛艇到航空母艦都可以看到劉氏思想的蹤跡。

一、劉華清的重要性

劉華清為鄧小平思想的執行者，劉氏深受鄧氏的信任。在規劃海軍戰略、南海議題、軍事教育、科研體系的改革中，劉氏都佔有一席之地。

此節主要探討鄧小平思想與劉華清任內的作為。劉華清將鄧小平的國家戰略指導轉化為其海軍戰略思想。可以說劉華清是依照鄧小平思想的執行者。劉華清在 1950 年代從陸軍轉為海軍，最早負責軍事教育與科技等項目。他瞭解解放軍海軍內部諸多問題，同時他又能奉行鄧小平的指示，因此成功的使解放軍海軍依照他的思想進行改革。這是一個起點，往後篇章都與其相關。

■ 海軍新戰略與南海問題

劉華清對解放軍海軍最主要的貢獻，就在於提出新的海軍戰略「近海防禦」。此戰略雖是由鄧小平指示[1]，劉華清主導研究人員討論出來，但至今沒有一位海軍司令員能像他具有如此改變戰略思想的影響力與決策能力。早在 1974 年鄧小平會見葉門總統委員會主席魯巴伊時就談到將來核子戰爭不一定打的起來[2]。鄧氏強調中國的國防仍須堅持防禦，但必須更重視傳統戰爭。劉華清抓住機會，針對鄧氏所提到的「近海」概念進行研究。1986 年 1 月 25 日的海軍黨委擴大會上劉華清正式確立依照「近海防禦」對未來海軍戰略進行研究，要求海軍必須依照此方針進行轉變。

對於南海問題，劉華清雖沒有參與 1974 年 1 月的西沙海戰。但在海戰後他就接獲命令，到西沙去進行駐防任務的調查。隨後他就針對擴大西沙建設與提升官兵生活條件對中央進行報告。但劉華清也談到，他雖然關心南海問題，但一直到 1990 年代擔任軍委副主席時，才對西、南沙建設有較深的瞭解[3]。可見解放軍內部並非人人都能理解中央的決策。舉上一章節的 9 段線為例，雖然中國早在 2003 年地圖繪製規定中就明確提到 9 段線為島嶼歸屬線，但仍有很多軍官或學者認為九段線屬於領土、領海線。

劉華清對於南海問題的貢獻包括在任司令員時建設西沙碼頭，另外他要求中央在南沙島嶼建設高腳屋，也獲得允許。1988 年 2 月，時任軍委副主席的劉華清與時任國家副主席的楊尚昆提到南沙問題。在往後多次會報中，劉華清提到南沙問題複雜，外交、政治、軍事、經濟手段必須並用或是擇其一二。他強調南海問題要解決必須長期規劃，而且中國必須善用「外交手段」才能站穩腳跟。他談到他與時任海軍司令員的張連忠、總參謀長遲浩田談論南沙相關規劃。很快的在 3 月就發生了中越 3.14 海戰。海戰過後，劉華清獲得中央同意在西沙永興島建起機場，同時空中加油機的計劃也獲得批准[4]。

---

[1] 1979 年 7 月 29 日鄧小平在海軍的演講上強調海軍是「近海作戰」。軍事科學院編，《鄧小平軍事文集－第三卷》（北京：軍事科學出版社，2004 年 7 月），頁 161。

[2] 軍事科學院 編，《鄧小平軍事文集-第二卷》（北京：軍事科學出版社，2004 年 7 月），頁 363。

[3] 劉華清，《劉華清回憶錄》，頁 238-240。

[4] 劉華清，《劉華清回憶錄》，頁 534-545。

南海問題就如同劉華清所提到的，需善用各種手段才能解決。劉華清談到的外交手段在於中國善用的哀兵政策，不打第一槍，善用輿論。套用到現今的南海問題，就是避免讓越南、菲律賓、美日等國有機會利用南海問題提高中國威脅論。本文將在後半段章節分析中國目前使用的各種手段，解析中國南海戰略的「多元手段」。

■ 科研的貢獻

科研貢獻是劉華清在海軍戰略外另一重要貢獻。劉華清在 1952 年 5 月 2 日出任大連海軍學校校長，從陸軍轉任海軍。他在回憶錄中提到，在當時許多科研人員眼裡，蘇聯是政治第一，英、美是技術第一。認為蘇聯科技不如英美，卻忘記中國自身的落後，無法虛心求教。至今中國這種現象仍然存在[5]。1966 年擔任六機部[6]副部長與七院[7]院長。任內為排除文革的干擾，提議聶榮臻以中央軍委名義發「特別公函」確保中國發展核子潛艇的建造[8]。除此之外，劉氏還提議建設海洋測量船隊、新型反艦飛彈、紅旗 61 防空飛彈等現代化建設。

劉氏在任職國防科委[9]時針對國務院向毛澤東呈報的《關於國防工業和部隊裝備問題匯報會情況報告[10]》提出了自我看法，他向當時的國家副主席鄧小平提出《關於海軍裝備問題的匯報》。這是劉華清第一次與鄧小平提報海軍相關技術問題[11]。《匯報》中提到八點解放軍海軍裝備發展問題：首先

---

[5]　中國至今仍有許多科研人員認為中國已超俄趕美，但事實上中國軍事科技仍落後俄羅斯多年。劉華清，《劉華清回憶錄》，頁 257-258。

[6]　中華人民共和國第六機械工業部，中國船舶工業集團公司和中國船舶重工集團公司的前身。

[7]　國防部第七研究院，中國艦船研究院的前身。

[8]　楊連新，〈核潛艇研製的尚方寶劍《特別公函》〉，《船艦知識》，2011 年 3 月，頁 21-23。

[9]　全名中國人民解放軍國防科學技術委員會，中華人民共和國國防科學技術工業委員會的前身。

[10]　毛澤東此時開始注意到海軍的不足，他用小拇指來比喻當時的解放軍海軍，強調解放軍海軍必須建設到使敵人害怕。

[11]　劉華清曾在抗戰時期護送時為一二九師政委的鄧小平。劉華清在鄧小平逝世時稱兩人有 60 年的革命情感。

是大量生產過時潛艇；二是生產當時看似先進但其實已經落後的 21 型飛彈快艇；三是繼續生產過時掃雷艦；四是老舊小型艦艇占十年計畫的 78%；五是生產尚未通過檢驗的新武器；六是裝備缺乏技術配套且性能單一；七是大型艦艇防空、反潛能力有限；八是計畫中裝備只是完成幾年前未完成的裝備，對未來裝備沒有規劃[12]。此《匯報》可說是直言不諱，可以看出當時解放軍海軍問題重重，但這讓劉華清在鄧小平心中留下懂科技的印象。

隨後劉華清在中科院、軍委科裝辦、參謀部任職，持續對解放軍海軍裝備體制進行整頓。1975 年擔任解放軍總參謀長的鄧小平開始提出《新時期軍隊建設思想》。1981 年 6 月鄧小平站穩軍委主席的腳步，對於武器裝備鄧小平提出幾點原則：一是武器裝備要符合未來戰爭需求；二是裝備要服從軍事戰略；三是武器發展要依據國力條件；四是強調獨立自主研發；五是強調科研質量；六是集中力量克服技術問題；六是利用改革開放，引進先進技術[13]。從以上幾點可看出，新的軍事戰略將影響未來的武器發展，同時放棄毛澤東時期好高騖遠的發展方式。藉助改革開放的機會，引進大量西方技術。

1982 年劉華清任解放軍海軍司令員，鄧小平對他說：「**你還是要回海軍工作，海軍問題不少，需要整頓。**[14]」劉氏在任內建立「海軍裝備論證研究中心」與「海軍軍事學術研究所」。劉氏還整頓海軍技術相關院校，使技術院校能提供海軍科研人才。任內他考量經濟需求，確認海軍優先發展核子潛艇，以確保生產線。但並非放棄航母研發，他將平衡海軍思想帶入解放軍，提出《海軍 2000 年前裝備發展規劃》，確立潛艇、水面艦的平衡發展[15]。在他就任軍委副主席後，對解放軍現代化的貢獻擴及陸、空軍及二炮。裝備後勤、國防工業、軍校改革等本文都將在後面章節深入探討。

[12] 劉華清，《劉華清回憶錄》，頁 351-358。
[13] 秦耀祁 主編，《鄧小平新時期軍隊建設思想概論》（北京：解放軍出版社，1991年），頁 62-75。
[14] 劉華清，《劉華清回憶錄》，頁 414。
[15] 劉華清，《劉華清回憶錄》，頁 469-473。

■ 體制的整頓

鄧小平在 1980 年 3 月 12 日在中央軍委常委擴大會議上提到軍隊要消腫、體制改革、加強訓練與政治思想[16]。鄧氏舉當時龐大臃腫的工程部隊為例，裁撤其「師」的編制，僅保留十萬人[17]。1984 年鄧小平在國慶閱兵結束後一個月的中央軍委座談會上談到軍隊必須服從國家大局[18]，並宣布裁軍100 萬人。1985 年 5 月 23 日召開軍委擴大會議，各軍兵種司令與軍區司令員都參與此次會議。1985 年 6 月 6 日正式宣布裁軍百萬，執行《軍事體制改革精簡整編方案》[19]。劉華清在接任海軍司令員後，開始大動作視察海軍各港口與軍營，強調必須統一每個港口設備、物資的後勤管理。他發現南海艦隊問題最大，士氣渙散。他在 1983 年 1 月 29 日的海軍後勤工作會上提到，為解決海軍食品問題，海軍需自行解決食品供應問題，包括自行捕撈魚貨[20]。但這也造成後來傳出解放軍海軍利用軍艦走私商品等問題。

劉華清對體制的改革，最主要在於軍事院校的重視。1984 年 7 月 21 日他召開海軍教育改革座談會，提到七點海軍教育改革內容：一是破除舊觀念，必須著眼 21 世紀的海軍發展；二是破除喜歡用土生土長幹部與輕視學生官的習慣；三是糾正理論中單打一的作風，必須重視同時毛澤東、鄧小平與外國軍事理論；四是摒棄舊教條，攝取現代戰爭知識；五是提升教員老化的知識；六是摒棄落後學習方法；七是學習西方科學化管理[21]。海軍軍事學術研究所也在 1985 年 7 月批准成立，他鼓勵軍事工程學校在發展武器的同時必須設想到第二代的研發。在他的努力下，到了 1986 年時海軍幹部已有

---

[16] 軍事科學院，《鄧小平軍事文集－第三卷》，頁 168。

[17] 當時中國連基礎建設都有兵種、鐵道也有兵種。鄧強調取消兵種、統一為工程部隊，有些工程應該由步兵分擔。軍事科學院，《鄧小平軍事文集－第三卷》，頁 175-176。

[18] 軍事科學院，《鄧小平軍事文集－第三卷》，頁 261。

[19] 劉志青、王建強，〈二十世紀八十年代的百萬大裁軍〉，《黨史博覽》，2002 年 8 月，頁 4-5。

[20] 劉華清 著，〈堅持改革，加快海軍後勤現代化〉，《劉華清軍事文選－上卷》（北京：解放軍出版社，2008 年 5 月），頁 223。

[21] 劉華清，《劉華清回憶錄》，頁 445。

70%具備大專學歷，有些潛艇部隊甚至達到 90%[22]。今日吵得火熱的中國航母艦長問題，始作俑者就是劉華清在 1987 年於廣州海軍艦艇學院設立的「飛行員艦長班」。整體而言，在劉華清任內徹底要求海軍改善其教育、訓練、後勤等老舊迂腐問題，替解放軍海軍現代化開啟先例。

劉華清認為南沙問題必須善用外交、政治、軍事、經濟手段的並用或是擇其一二。

二、近岸防禦到近海防禦

在積極防禦下產生的近海防禦思想，足足影響解放軍海軍發展近 30 年。

■ 積極防禦

積極防禦的戰略方針出自於 1936 年 12 月《中央關於軍事戰略問題的決議》，在作戰指揮基本原則提到：「反對單純防禦，執行積極防禦。[23]」《毛選》對「積極防禦」的定義是一種攻勢防禦，又稱為決戰防禦。《毛選》中稱消極防禦是專守防禦也是單純防禦，稱這種防禦是一種假防禦。《毛選》強調積極防禦才是真正有效的防禦，古今中外，不管戰略戰術都是如此[24]。到了鄧小平時期，仍強調積極防禦的重要性。鄧氏在 1978 年提到中國的戰略是積極防禦，20 年後仍然是，現代化了也要積極防禦。積極防禦在戰略上是後發制人，但在戰術上積極主動[25]。解放軍強調「後發制人」並非膽怯與懦弱的行為，「後發制人」是從被動中爭取主動，掌握行動的自由權。其帶有一種反侵略與自衛性質的特色[26]。鄧氏在 1980 年提到積極防禦是一種

[22] 劉華清，《劉華清回憶錄》，頁 443。

[23] 軍事科學出版社 編，《毛澤東軍事文集——第一卷》（北京：軍事科學出版社，1993 年 12 月），頁 416。

[24] 中國中央毛澤東選集出版委員 編，《毛澤東選集——第一卷》（北京：人民出版社，1966 年），頁 197-200。

[25] 楊燕華，〈鄧小平積極防禦戰略思想與中國和平崛起〉，《軍事歷史研究》，2004 年 4 月，頁 18。

[26] 丁樹範 著，《中國軍事思想的發展（1978~1991）》（臺北：唐山出版社，1996 年

持久作戰，持久戰是中國的優勢[27]。鄧氏認為積極防禦是為了替戰略上的反攻做出的準備，因此積極防禦具有時間性。積極防禦的近期戰略目標是捍衛國家主權完整，同時保留還擊能力。後期戰略目標則是進行反擊，防止敵人任何再度侵犯的可能性。積極防禦同時具備常規武器與核子武器的發展，但是不能全然模仿外國，必須依照中國自己的需求發展[28]。

不過鄧氏也指出：「**我們的戰略方針不能太死，而必須適應客觀實際，具有靈活性，能適應指導大規模反侵略戰爭、中小規模的局部戰爭和維護國家主權的海防鬥爭的需要。**」因此毛澤東時期的誘敵深入在鄧小平時期因為沿海地區的發展而被放棄[29]。解放軍對在局部戰爭中的積極防禦，根據不同的目標也有不同的方針。在局部戰爭中如果是弱勢敵人就不一定是採取積極防禦。1985 年解放軍裁軍百萬，中國強調未來是高技術條件下的局部戰爭。積極防禦跟隨中國國防戰略調整，開始強調武器質量[30]。整體而言，解放軍對於積極防禦的定義就是「戰略防禦，戰術進攻」。

■ 近海防禦

在近海防禦戰略確立前，當時中國的海軍戰略主要是依附在陸軍戰略之下。解放軍海軍早期的海軍戰略以蘇聯為藍本，將陸、海兩軍統一運用。海軍力量由飛機、潛艇、魚雷艇組成，任務是對沿岸防衛、保護漁業生產、打擊敵人海上交通線等[31]。當時海軍戰略依照「人民戰爭」所發展出「海上人民戰爭」，進行海上游擊戰，並強調積極防禦。蕭勁光提到當時的海戰強調近戰、夜戰、群戰，將敵人分散，先打弱的、小的，最後再打大的、孤立的、強的[32]。許多學者將這個時期歸類為「近岸防禦」時期。不過當時解放軍內

---

9 月 15 日），頁 119-120。

[27] 軍事科學院，《鄧小平軍事文集——第三卷》，頁 177。

[28] 秦耀祁 主編，《鄧小平新時期軍隊建設思想概論》，頁 67。

[29] 姚延進 編，《鄧小平新時期軍事理論研究》（北京：軍事科學出版社，1994 年 10 月），頁 123-124。

[30] 姚延進 編，《鄧小平新時期軍事理論研究》，頁 133-135。

[31] 廖文中，〈中共躍向遠洋海軍戰略〉，《中共研究》，第 28 卷，1994 年 12 月，頁 50。

[32] 解放軍國防大學戰略教研部 編，《中國人民解放軍 36 位軍事家軍事思想精粹》（北京：人民出版社，2009 年 9 月），頁 417。

部對於「近岸」與「近海」這兩個名詞是附屬關係，且使用上沒有正確的定義。隨著科技的進步，海上人民戰爭無法應付未來戰爭。重視科技的劉華清在 1982 年就任海軍司令員時，提出海軍也要四個現代化，包括：「電子化、自動化、飛彈化、核子化」。

1985 年劉華清正式提出中國「海軍戰略」問題。劉氏在當時仍缺乏一個完整的海軍戰略。許多學者將「近海防禦」之前的海軍戰略稱為「近岸防禦」。但海軍也會提到近海作戰，包括海上交通線打擊。1989 年蕭勁光去世時，解放軍報提到他在 1970 年代時層對中央領導提出加強近海防禦能力的建議[33]。解放軍媒體《解放軍報》也是到 1989 年一篇《對我國海軍戰略的再認識》才提到過去 40 年解放軍海軍戰略是「近岸防禦」[34]。可以說在「近海防禦」確立前，其海軍戰略範圍是沿岸與部分近海，且「近岸防禦」是後來為與「近海防禦」區別而產生的。這也是為什麼劉氏在 1985 年時認為當時海軍戰略模糊且不明確。劉氏稱「近海防禦」是在 1983 年產生初步雛形，當時依照鄧小平提出我軍是「近海作戰」與「積極防禦」原則。

劉氏強調當時中央軍委已明確指示「積極防禦」的戰略方針。因此主要問題在於「近海」的定義。劉氏將近海定義為：**近海的概念不該停留在「沿海」。以往海軍將近海定義為 200 海浬，近海的範圍應是我國黃海、東海、南海、南沙群島及臺灣、沖繩島鏈內外的海域，以及部分太平洋北部，近海之外的是中遠海。[35]**」1986 年 1 月 25 日在海軍黨委擴大會議上，劉氏再次提出要求確立海軍戰略。他將海軍戰略分成五點闡述[36]：

(一) 海軍戰略是近海防禦，屬於區域防禦型戰略。近海防禦不是沿岸防禦，是區域防禦類型。

(二) 我國海軍戰略屬防禦性質，就算進行現代化也不會改變。

[33] 〈蕭勁光同志生平〉，《解放軍報》，1989 年 4 月 9 日，第 4 版第 2 條。

[34] 唐複全，〈對我國海軍戰略的再認識〉，《解放軍報》，1989 年 9 月 15 日，第 3 版第 1 條。

[35] 艾宏仁 著，《中國海軍透視——邁向遠洋的挑戰》（臺北：洞察出版社，1989 年 10 月），頁 85。

[36] 劉華清，《劉華清回憶錄》，頁 437-438。

(三) 第一島鏈內是依據海洋法公約規定的我國管轄範圍。和原來的近岸防禦相比，這種海區概念必須擴大，隨著經濟發展與技術的進步，將逐步擴大到第二島鏈。在積極防禦的戰役戰術上，將採取敵進我進，即敵攻擊我沿海區，我方也向敵後發起進攻。

(四) 海軍戰略是為了維護領土完整，應付海上局部戰爭。

(五) 海軍戰略任務分成和平與戰時，和平時期除了備戰、威懾外，還包括為國家外交服務。戰時則包與陸、空軍協同對抗海上入侵，保護己方海上線以及戰略核反擊。

當然，劉氏提出的近海防禦戰略並非解放軍海軍放棄海上人民戰爭與近岸作戰能力。西方學者在研究解放軍戰略時，常會犯上這種錯誤。認為新的戰略的確立等於放棄舊有戰略的全部，這點同樣反應在人民戰爭至高技術條件下局部戰爭。劉氏在 1986 年 4 月 29 日於國防大學報告一篇《海軍戰略與未來海上戰爭》就提到海軍機動兵力、基地防禦兵力、海上民兵和沿海人民群眾是海上戰爭不可缺少的三種力量[37]。這種思維仍反應在今日中國海防上，如中國仍然建造大量匿蹤飛彈快艇，漁船支援海洋執法單位等。

關於近海防禦，有個常被人引用的三階段戰略規劃（或稱三步走）。此種說法共分為兩種，一種是以軍事裝備，一種是海軍活動範圍。美國學者柯爾認為此三階段戰略第一階段是在 2000 年前有效控制第一島鏈，第二階段是 2020 年控制第二島鏈，第三階段是 2050 年成為全球性海軍[38]，此為地域範圍。柯爾認為此種地域區分方式充滿了解放軍陸軍思想。第二種分法則是認為 2000 年前具備水面艦、潛艇具備大型化、飛彈化、電子化，同時奠定人才與組織基礎；第二階段是 2020 年具備多艘中型航空母艦；第三階段是在 2040 年前成為主要海軍強國，具備遠洋作戰能力[39]。但有趣的是，劉華清在其回憶錄中，並未提起三階段戰略。筆者在相關文獻中也查不到官方對

---

[37] 劉華清 著，〈海軍戰略與未來海上戰爭〉，《劉華清軍事文選──上卷》，頁 484。

[38] 蒲淑蘭上校（Colonel Susan M. Puska）主編，柯爾（Bernard D. Cole），〈中國的海洋戰略〉《未來的中國人民解放軍》（臺北：玉山社，2001 年 10 月），頁 300 -302。

[39] 張明睿 著，《中共國防戰略發展》（臺北：洪葉文化事業，1998 年 9 月），頁 441。

於三階段戰略的描述，相關作者對於此敘述也缺乏原始出處。因此三階段戰略是否真是劉華清所提，需要加以檢驗。

劉華清在其回憶錄僅提到《海軍2000年前發展設想和七五建設規劃》、《2000年的海軍》、《海軍2000年前裝備發展規劃》。這些規劃僅與第一階段符合，且劉氏僅在相關內容強調確保第一島鏈。而劉氏曾提到近海概念會隨著實力增強而向外擴增，也僅表示是第一島鏈以外，更沒有提到全球或遠洋海軍的概念。且當時對於全球海軍這一概念，似乎違反當時鄧氏強調的積極防禦，也不符合近海防禦，三階段戰略是否真是出自解放軍內部令人懷疑[40]。

根據中國自行發行的《中國軍事百科全書——海軍戰略分冊》定義，較能理解解放軍對近海防禦戰略的定義，相關定義如下：

海軍戰略防禦[41]

海軍戰略防禦分成積極與消極、近海與近岸、全面與重點防禦。海軍戰略防禦的原則第一是實行大立體、全方位、全縱深的海軍戰略防禦；第二是重點設防、重點守備，集中兵力於主要戰略方向；三是靈活運用各種作戰方式，隨情況進行轉變；四是建構有效的後勤體系；五是海軍各兵種進行密切協同作戰。

防禦型海軍戰略

奉行和平外交政策與海軍實力較弱的國家。採取後發制人，實行積極防禦。和平時期利用海軍執行海軍外交，戰時海軍作為防範敵人進攻的兵力，同時保存實力等待戰略反攻。

[40] 筆者詳讀《劉華清回憶錄》、《劉華清軍事文選》、《紀念劉華清逝世一週年》等著作，皆未發現三階段戰略之說。筆者認為此為美國學者自行推斷可能性較大，出於預測未來解放軍發展而揣測劉華清的部分說法。

[41] 李鐵民 編，《中國軍事百科全書——海軍戰略》（北京：中國大百科全書出版社，2007年9月），頁50-51。

區域型海軍戰略

謀求一定戰略利益的海軍方略，根據戰略空間範圍分為近海區域型海軍與遠海區域型海軍。近海型區域型海軍具備中等規模的海軍力量，具備。遠海區域海軍具備中、大型水面艦與高性能潛艇，少數裝備航空母艦，這類海軍具備較大規模的遠洋作戰能力。

近海型海軍戰略[42]

為區域型海軍的一種，主要任務在防止敵人的海上攻擊，具備中等規模海軍力量。在戰略空間上，近海範圍由各國根據其戰略利益而定。這類海軍同樣具備中、大型水面艦與潛艇，有些國家還具備中、小型航空母艦。能對近海範圍做有效控制與兩棲登陸。具備短時間的遠洋局部海域控制能力，但難在大洋進行高強度與大規模的作戰。

解放軍海軍認為「進攻型海軍」屬於「全球型海軍」，需要爭取全球海上要道控制與能將國力投射到世界各地。很明顯的這就與劉華清的「近海防禦」與「積極防禦」思想相衝突，也不符合目前中國國力所及。如果以 2012 年為界，中國目前還是屬於一支防禦性質的近海區域型海軍。而文章後半段會談到的「遠海防衛」，也僅是從近海區域型轉型成遠洋區域型。本段落的重點在於釐清「近海防禦」，並提出對於「三階段戰略」說法的質疑。「近海防禦」也確立解放軍海軍必須將「南海」作為有效鞏固的海域之一。作為後半段文章的開頭，近海防禦思想是影響解放軍近 30 年的海軍戰略，是解放軍海軍發展的核心思想。

中國認為自己屬區域型防禦型海軍，中國是否有三階段海軍發展戰略令人質疑。

---

[42] 〈防禦型海軍戰略〉、〈區域型海軍戰略〉、〈近海型海軍戰略〉請參閱，李鐵民編，《中國軍事百科全書－海軍戰略》，頁 26。

第二節　江澤民時期（1990-2004）──目標移轉

　　江澤民時期經歷文武關係的陣痛期與中外大小事件的險峻考驗，促使解放軍加快現代化腳步。面對周邊海域的各種事態，解放軍海軍戰略重心明顯南移。為適應海軍各種新任務，解放軍在這時期確立平衡艦隊的建軍發展。

一、1990 年代前後紛亂的世界

　　1990 年代的數次經驗教訓，迫使解放軍開始對軍事變革、資訊化進行大量研究。

■ 六四天安門事件與蘇聯解體

　　1978 年中國共產黨召開第十一屆三中全會，正式確立中國未來將走向「改革開放」的政策。鄧小平提到「現在的世界是開放的世界」、「中國的發展離不開世界」，改革開放也使當時技術落後的解放軍帶來新的機會[43]。中央軍委決定在 1983 年替海軍研發新型驅逐艦，由於中國國內技術無法滿足解放軍需求，1984 年中國國家計委、解放軍總參謀部、國防科工委批准中國船舶工業總公司向國外引進相關技術[44]。解放軍海軍在 1986-1988 年短短幾年，從歐美各國進口各種飛彈、魚雷、電子裝備、直升機等裝備[45]。

　　1980 年代，改革開放的負面影響開始出現，中國內部貧富差距擴大、通貨膨脹、國營企業虧損、經濟轉型造成官僚腐化、人口成長失衡等問題，使內部民怨不斷積累。加上 1989 年東歐民主化運動，最終在 1989 年 6 月 4 日爆發天安門事件[46]。1989 年的天安門事件，關起中國尋求西方協助的大門。美國與歐盟對中國執行武器禁運直到今天，並持續要求中國改善其人權

[43] 李嵐清 著，《突圍──國門初開的歲月》（北京：中央文獻出版社，2008 年 11 月），頁 9、65-68。

[44] 劉錚、劉蕾，〈中國驅逐艦的動力升級──船舶動力專家王光啟訪談〉，《船艦知識》，2009 年 9 月，頁 9。

[45] 清風奕柯，〈回顧蜜月 細看吳鈞──80 年代中國與西方海軍裝備技術交流與反思〉，《現代艦船》，2009 年 3 月 B，頁 5-6。

[46] 陳永發 著，《中國共產革命七十年》（臺北：聯經出版社，1998 年 12 月），頁 896-915。

問題[47]。天安門事件，暴露出解放軍體制上與軍文關係的問題。在這次事件中，包括北京三十八軍軍長抗命拒絕執行鎮壓，另有八位將領上書要求取消戒嚴。事後解放軍總政治部特別點名有些軍官不瞭解學生運動對國家穩定造成的影響。以黨領軍的權威在這次事件中受到動搖[48]。

1989 年 6 月，江澤民成為中國中央總書記，同年 11 月接替鄧小平成為中央軍委。江澤民時代正式來臨，並未使共產政權獲得穩定，缺乏軍方支持的江澤民成為軍文關係的另一個不定時炸彈。這也是本章將談論的重點之一，軍文關係的變化與解放軍對外交政策至南海問題態度的改變，也牽動解放軍海軍航母建設等問題。1991 年蘇聯解體，美蘇冷戰宣告結束。在解體前一年，1990 年 3 月，中央軍委就派國防科工委副主任謝光訪問蘇聯，劉華清也在同年 5 月親自率團訪問蘇聯，中國正式開展與蘇聯的軍事技術合作談判[49]。根據劉華清訪蘇簽訂的《中蘇政府關於軍事技術合作協定》，1990 年 12 月雙方正式就購買蘇愷 27 簽約[50]。1990 年 4 月美國取消對中國的和平珍珠計畫。1991 年 5 月江澤民訪問蘇聯，中蘇關係在冷凍 25 年後終於破冰[51]。中俄雙方在 1992 年正式交付第一批 26 架蘇愷 27 戰機[52]，俄羅斯技術的引進使解放軍現代化能夠急起直追。

■ 波灣戰爭的震撼

1991 年 1 月 17 日在多國部隊的空襲下，波斯灣戰爭爆發。在多國聯軍的高科技武器打擊下，當時世界第四大陸軍的伊拉克潰不成軍。波灣戰爭顯示

---

[47] Kay Möller, "Special Issue: China and Europe since 1978: A European Perspective", *The China Quarterly*, No.169, March 2002, pp. 15-16.

[48] 羅莉・勃奇克（Laurie Burkitt）編，June Teufel Dreyer 著，〈文化大革命與天安門大屠殺之教訓〉，《解放軍七十五週年之歷史教訓》（臺北：國防部史政編譯室，2004 年 10 月），頁 483-484。

[49] 劉華清，《劉華清回憶錄》，頁 590-592。

[50] 貝德勒・普耶洛夫斯基 著，《日落共青城──風起於青萍之末》（北京：海陸空天慣性世界雜誌社，2010 年 1 月），頁 24-27。此書作者為中國人，其書採取筆名原因為其曾參與中俄戰機交易。

[51] Bin Yu, "Sino-Russian Military Relations: Implications for Asian-Pacific Security", *Asian Survey*, Vol. 33, No. 3, March 1993, p.314.

[52] 編輯部，〈俄羅斯人眼中的殲 11 與殲 11B〉，《船艦知識》，2007 年 12 月，頁 22。

各國在指揮調動與裝備上皆不如美國，促使世界各國加快軍事事務革命[53]。早在 1986 年解放軍報就對未來局部戰爭特性做出闡述，強調未來戰爭的局部性、立體性、高技術與有限政治目的[54]。此時解放軍強調的是用現代化下的人民戰爭思想去打局部戰爭，整體而言僅強調訓練與科技裝備[55]。波灣戰爭證明僅靠先進裝備並不能取得勝利，解放軍缺少對多軍、兵種協同作戰的能力與電子作戰能力[56]。

戰後中央軍委強調對波灣戰爭進行深入研究，解放軍開始對軍事事物革命與局部戰爭進行大量研究[57]。波灣戰爭加深解放軍對「高技術條件下局部戰爭」的肯定，認為未來戰爭講求速戰速決[58]。為快速贏得戰爭，解放軍對聯合作戰有了新的解釋。2004 年出版的《世界新軍事變革叢書-作戰方式的革命性變化》一書中特別提到合同作戰、聯合作戰、聯合戰役的差別。書中提到中國在 1990 年代以前較重視合同作戰，1990 年代後大量研究聯合作戰。解放軍定義兩者有三點上的差異。第一是聯合作戰強調的是「作戰功能上的耦合」，合同作戰是「作戰力量上的組合」。第二是聯合作戰是「自主協同」，合同作戰是「主從協同關係」。第三是聯合作戰是「並行作戰」，合同作戰是「順序作戰」。聯合戰役與聯合作戰的差別在於聯合作戰是多國或多軍種在統一的計畫指揮下作戰，聯合戰役是多國或多軍種為共同的目標、企圖進行作戰[59]。波灣戰爭影響了解放軍對人民戰爭的看法，雖然在其後續做

---

[53] 軍事科學院軍事歷史研究部 著，《海灣戰爭全史》（北京：解放軍出版社，2000 年 12 月），頁 505-506。

[54] 李乾元，〈未來局部戰爭特點淺析〉，《解放軍報》，1986 年 12 月 19 日，第 3 版第 5 條。

[55] 潘石英，〈關於我國國防建設主要矛盾的思考〉，《解放軍報》，1987 年 4 月 14 日，第 3 版第 2 條。

[56] 亢亨楨，〈現代局部戰爭呼喚有機高效的協同〉，《解放軍報》，1991 年 11 月 1 日，第 3 版第 1 條。陳永康，高滿盈，〈高技術武器在改變傳統戰法〉，《解放軍報》，1991 年 11 月 11 日，第 3 版第 7 條。

[57] 熊光楷，〈論世界新軍事變革趨勢和中國新軍事變革〉，《外交學院學報》，第 76 期，2004 年 6 月，頁 8-9。

[58] Mark Burles，Abram N. Shulsky 著，《中國動武方式》（臺北：國防部史政編譯局，2000 年 3 月，原書為 2000 年出版），頁 71-72。

[59] 許和震 主編，《世界新軍事變革叢書──作戰方式的革命性變化》（北京：解放軍出版社，2004 年 11 月），頁 28-35。

的研究有針對資訊技術、偵察技術與電子技術進行探討。但真正讓解放軍瞭解其與美國資訊化技術差距的，則是 1996 年的那場震撼與恥辱。

表 2-1　聯合作戰與合同作戰差異表

	聯合作戰	合同作戰
構成與運用方式	不同性質參戰力量的作戰功能的耦合	諸兵種、不同力量的機械組合
協同方式	自主式平等協同	主從式配合協同
行動方式	併行作戰	順序作戰

資料來源：許和震 主編，《世界新軍事變革叢書-作戰方式的革命性變化》（北京：解放軍出版社，2004 年 11 月），頁 32-34。

■ 1990 年代的海上恥辱

1990 年代初期的中美關係正因 1992 年美售臺 F-16A/B 軍售案[60]、1993 年銀河號貨輪事件與中美貿易問題處在關係冰點[61]。1994 年 8 月解放軍副總參謀長徐惠滋訪美，同年 10 月美國防部長佩里（William James Perry）訪華，雙方恢復中斷 5 年的軍事交流[62]。同年 10 月美國因朝核問題而派遣小鷹號航母戰鬥群進入黃海海域。10 月 27-29 日，解放軍海軍漢級核子潛艇與小鷹號航空母艦在黃海遭遇。小鷹號戰鬥群以 S-3 反潛機追蹤漢級潛艇，並緊追漢級潛艇不放。最後中國出動戰機護航並示警，美軍才撤離該海域[63]。這次事件的過程目前仍未解密，且中國資料可信度不足（包括部分與事實不合）[64]。但如果漢級與小鷹號纏鬥的事件屬實，對解放軍海軍來說是一大恥

---

[60] 老布希政府在 1992 年宣佈售臺 150 架 F-16 戰機。細節請參閱，James H. Mann 著，林添貴 譯，《轉向——從尼克森到柯林頓美中關係揭密》（臺北：先覺出版社，1999 年 7 月），頁 375-403。

[61] 王巧榮，〈嚴重侵犯中國主權的「銀河」號事件〉，《黨史文匯》，第 258 期，2009 年 7 月，頁 10-12。

[62] 〈中美軍事交流〉，《新華網》，2011 年 12 月 7 日，http://big5.xinhuanet.com/gate/big5/news.xinhuanet.com/ziliao/2002-01/28/content_257250.htm。

[63] 廖文中，〈中共海軍積極建設海下戰場〉，《全球防衛》，第 258 期，2006 年 2 月，頁 78-79。

[64] 這次事件由英國詹氏防衛週刊報導，但事後中國的部分檔與當時美國外交官訪問

辱。解放軍至今採用各種手段，企圖接近美國航艦或是突破島鏈封鎖。目的為突穿美日的島鏈封鎖外，測試其水聲對抗能力強化潛艇水下突穿性能[65]。

1995 年 5 月美國宣布李登輝總統將於該年 6 月訪問美國，給北京投下了震撼彈。中國對此採取外交與軍事上的強烈行動，包括暫停中美軍事交流、召回大使等舉動[66]。解放軍在 1995 年 7 月 21 日至 1996 年 3 月 25 日在臺海周邊進行多達七波軍演。其中第一波與第五波分別試射 6 枚與 4 枚的短程彈道飛彈，分別針對前總統李登輝訪美與 1996 年總統大選[67]。美國在中國試射飛彈後，在 1996 年初派遣獨立號航母戰鬥群與尼米茲號航母戰鬥群進入臺灣北部與南部海域。當時解放軍雖購買諸多現代化武器，但數量上與熟練度都不足以與美軍對抗[68]。解放軍當時也沒有完整的 C⁴ISR 系統，電子作戰能力也無法與美軍抗衡[69]。美軍航艦雖沒有進入臺灣海峽，因有傳聞是解放軍的潛艇嚇阻了美軍的部署。但頂多是證明潛艇的嚇阻能力，而非中國具備阻止美軍介入的能力。從中國對於這次臺海危機的評論，多半是批評美國的干預。加上事後中國加快質量建軍的動作，這次危機讓中國認清嚇阻的可信度是來自於實力[70]。

解放軍在這次危機中並非全盤皆輸或皆贏，首先是讓美國瞭解到中國對於臺獨問題的底線，二是使華府、北京、臺北三方更重視外交上的對話。但軍演也造成臺灣民眾對於統一問題更為反感，且周邊國家對於中國威脅論感到憂慮[71]。有國外學者更將中國軍演行為視為積極防禦是可以採用先發制人

中國時間點不符。Barbara Starr, " Han Incident Proof of China's Naval Ambition", *Jane's Defence Weekly*, January 7, 1995, p.5.

[65] 高學強，楊日傑，楊春英，〈潛艇規避對主動聲納浮標作戰效能影響研究〉，《系統工程與電子技術》，第 30 卷第 2 期，2008 年 2 月，頁 300-302。

[66] 錢其琛 著，《外交十記》（北京：世界知識出版社，2003 年 10 月），頁 305-308。

[67] 亓樂義 著，《捍衛行動──1996 年臺海飛彈危機風雲錄》（臺北：黎明文化出版社，2006 年 12 月），頁 2-3。

[68] 中森川杉，管帶 編譯，〈危機與抉擇──中國臺海危機時期的戰略與系統 2〉，《海陸空天 慣性世界》，第 86 期，2010 年 2 月，頁 2-8。

[69] 有說法認為美軍海軍電戰機當時對解放軍進行電子干擾。

[70] 胡錦山，〈1996 年臺海危機對美國海軍戰略的影響〉，《世界經濟研究》，2003 年 3 月，頁 48-52。秦克麗，〈四次臺海危機及其啟示〉，《軍事歷史》，2002 年 1 月，頁 61-64。

陶文釗（中國社科院），〈1995-1996 年臺海風雲及其影響〉，《哈爾濱工業大學學報》，第 6 卷第 2 期，2004 年 3 月，頁 7-9。

[71] 羅莉·勃奇克（Laurie Burkitt）編，丁樹範 著，〈1995-1996 年臺海危機之教訓：針對美、臺研擬新戰略〉，《解放軍七十五週年之歷史教訓》（臺北：國防部史政編

的手段[72]。解放軍方在危機過後立刻採取外交訪問的方式降低周邊國家的疑慮。該年 4 月與 5 月份，時任軍委副主席的張萬年就出訪泰國、柬埔寨、緬甸三國[73]。曾揚言要用核武血洗洛杉磯的解放軍副總參謀長熊光楷也出訪馬來西亞、菲律賓、印尼、紐西蘭等亞太國家[74]。中國一方面使用外交與經濟手段降低中國威脅論，一方面強化其軍事現代化。96 臺海危機讓解放軍瞭解到自己與美軍的差距，解放軍海軍仍沒有能力控制第一島鏈內的水域。此外解放軍海軍對航母與海軍在平戰時期的使用有更深的體會，同時對如何阻止美軍航母戰鬥群進入其周邊水域進行研究。

臺海危機之後，中國將領出訪東南亞各國，顯示中國想盡力抹除中國威脅論。

表 2-2　影響解放軍現代化事件表

戰爭、衝突與相關事件	影響因素	成果
1970 年代中美關係緩和	中國意識到人民戰爭的技術差距	高技術條件下的人民戰爭
1985 年冷戰緩和	核子大戰打不起來	局部戰爭
1989 年天安門事件	歐美武器禁運	軍事現代化瓶頸
1990-1991 年波灣戰爭	高技術戰爭	高技術條件下的局部戰爭
1991 年蘇聯解體	尋找現代軍事技術貨源	大量進口俄國現代化武器
1995-1996 年臺海危機	中美資訊與電子戰技術的差距與艦砲外交的震撼	軍事事務革命的重視
1999 年科索沃戰爭、2001 年阿富汗戰爭、2003 年自由伊拉克戰爭	資訊化技術、聯合作戰、海、陸、空、天、電等戰場環境的掌控。	資訊化條件下的局部戰爭。

蘇冠群資料整理。

註 1：　■底色為國防戰略的轉變。

註 2：　相關事件僅為加快解放軍現代化與國防戰略轉變的因素。解放軍對於相關軍事現代化在這些事件之前已有相關研究，但未成為國防戰略的主要指導方針。

譯室，2004 年 10 月），頁 447-450。

[72] Andrew Scobell, "Show of Force: The PLA and the 1995–1996 Taiwan Strait Crisis", *Shorenstein APARC*, January 1999, p.16.

[73] 〈張萬年應邀前往泰東緬三國訪問〉，《解放軍報》，1996 年 4 月 17 日，第 1 版第 3 條。

[74] 〈熊光楷副總長出訪亞太四國〉，《解放軍報》，1996 年 5 月 8 日，第 4 版第 14 條。

二、解放軍國防戰略轉型

在研究過中外戰史與全球軍事科技未來走向的解放軍，確立未來將朝資訊化條件下的局部戰爭建軍。對於人民戰爭的思想，解放軍仍加以保留並企圖轉型。

■ 解放軍國防戰略的轉變催化劑

解放軍最後一次對外用兵是在 1979 年的懲越戰爭，因此解放軍對軍隊建設與國防戰略的理論根據除了尋求自身經驗外，大多來自對國外戰史的研究。除了受到前述的波灣戰爭、臺海危機影響，1982 年英阿福島戰爭、科索沃戰爭、2001 年阿富汗戰爭、第二次波灣戰爭也同樣對解放軍國防戰略造成影響[75]。筆者認為，雖然我們可以將上述的軍事衝突與戰爭視作中國國防戰略轉型的時間點，但這些戰爭只是加速解放軍國防戰略轉型的催化劑。包括資訊戰、高科技武器、電子戰等問題，解放軍早在 1980 年代就有相關學者進行研究。在「實踐為檢驗真理的唯一標準下」，上述戰爭成為解放軍前進的動力。

當然除了外部動力，內部因素也影響到解放軍轉型。美國學者沈大偉（David Shambaugh）認為，中國基於生存空間，使解放軍國防戰略在 1977 年轉為現代條件下的人民戰爭，重新劃定中國的戰略邊境（Strategic Frontiers）[76]。如同前述的海軍戰略轉變，因經濟發展等因素，解放軍改變誘敵深入戰略與核子大戰環境觀，強調有效控制第一島鏈內的水域與局部戰爭。1985 年鄧小平指示大戰打不起來，轉向局部戰爭。1993 年江澤民在一次軍委會議上強調解放軍應為贏得高技術條件下的局部戰爭而準備。針對波灣戰爭與臺海危機的經驗，1990 年代中半段，中國開始將打擊匿蹤戰機、

---

[75] 孫勇，郭建武，〈網絡中心戰──未來高技術局部戰爭海上作戰的新模式〉，發表於《中國電子學會電子對抗分會第十三屆學術年會》（北京：中國電子學會，2003 年）。

[76] 沈大偉（David Shambaugh）著，《現代化中共軍力》（臺北：國防部史政編譯局，2004 年 4 月，原書為 2003 年出版），頁 98-102。

巡弋飛彈、武裝直升機與防禦精準打擊、電子干擾、電子偵察監視作為新三打三防的教範[77]，並加大對軍事事務革命的研究。1999 年科索沃戰爭解放軍更為趨向信息化戰爭與美軍非接觸作戰的研究。根據解放軍國防大學的分類，可將這些時期分類為高技術條件下的局部戰爭（局部戰爭、高技術戰爭）、軍事事務革命（中國稱新軍事變革）、信息化戰爭。

■ 「高技術條件下局部戰爭」

根據解放軍出版的書籍，可整理對「高技術下的局部戰爭」的定義。其定義為戰爭範圍由步、坦、炮轉型為海、陸、空、天、電五維的作戰。太空戰、電子戰、資訊戰、特種作戰也因此轉型而產生，這些作戰方式都必須在聯合作戰的支持下才能有效進行[78]。重視大縱深與高立體的特點，且戰爭變成高速度、全天候、全時段，武器必須克服各種天候因素。局部戰爭雖有短期與長期之分，但在高技術下強調戰爭能速戰速決。戰爭強調指揮能力強調智能化與自動化，依靠 C^3I 系統進行指揮，聯合作戰勢在必行。最後是高技術戰爭耗資龐大。整體而言可稱為四高、三大、五全，四高：高立體、高速度、高毀傷、高消耗；三大：空間擴大、縱深擴大、突然性大；五全：全領域、全天候、全軍種、全戰法[79]。

解放軍對高技術條件下的局部戰爭規律為戰爭仍是政治的延續，交戰國仍須依照政治目的制訂戰爭計畫。戰爭成為雙方作戰體系的較量，只有能將自身體系優化與善用的國家才能爭取勝利。高技術戰爭強調物質的消耗，因此綜合國力將影響戰爭勝負。武器與人仍是贏得戰爭的關鍵。制資訊權呈為關鍵，戰爭勝負在於哪一方能夠掌握制資訊權[80]。

---

[77] 吳嘉寶（Ng Ka Po）著，崔峰，李旭東 譯，《中國軍事力量》（香港：海峰達技術諮詢服務部，2005 年），頁 166-169。

[78] 孫景偉，〈信息化時代的戰役作戰〉，《解放軍報》，1996 年 4 月 9 日，第 6 版第 4 條。

[79] 管繼先，《高技術局部戰爭與戰役戰法》（北京：解放軍出版社，1993 年 5 月），頁 34-39。

[80] 國防大學（中國）科研部編，《軍事變革中的新概念：解讀 200 條新軍事術語》（北京：解放軍出版社，2004 年 4 月），頁 12-17。

■ 「信息化條件下的局部戰爭」

解放軍在 1990 年代就已針對信息化戰爭進行研究，但強調信息化條件下的局部戰爭是在 1999 年科索沃戰爭之後[81]。2000 年 5 月 9 日解放軍報一篇《現代空中戰爭的崛起》文章中強調科索沃空戰對未來戰爭帶來的影響，並建議解放軍應該朝信息化條件下的空戰理論前進[82]。2002 年 2 月 9 日解放軍報刊登一篇強調從機械化走向信息化的戰略理論文章，文章提到江澤民在 2002 年十六大的演講要求軍隊要努力完成機械化與信息化的建設。文中還提到臺灣的資訊化建設，包括陸資、大成、強網等系統[83]。江氏的演講要求解放軍以資訊化為概念加速現代化，並實行一體化聯合作戰。此後信息化正式編入解放軍軍語辭典，2004 年正式採用此構想[84]。解放軍認為目前還沒有一場戰爭是真正信息化戰爭，頂多是半信息化[85]。信息化作戰各作戰單位形成網路化且大量依靠電腦，武器依靠係席化方式制導。戰場識別系統、信息系統、指揮控制系統成為戰爭的主角，他們構成軍隊的眼睛、耳朵、神經和大腦。而信息化戰爭的主要目的也就是破壞敵方的這三種系統，已奪取制空、制海、制地、制天、制電的戰場控制權[86]。

■ 解放軍將領對高技術戰爭的看法

解放軍中將李際均對於在高技術下的戰爭中也有其獨特的看法。他提到有人常說解放軍是「以劣勝優」，但《中國人民解放軍軍語》沒有以劣勝優。他強調解放軍是以少勝多與以弱勝強，但就算是弱勢與少數，也必須在局部戰爭中創造自己的優勢，以優勝劣。同時在高技術戰爭中，我軍必須針對敵

---

[81] 對 1986-1999 年間的解放軍報文章進行搜尋，僅 1995 年一篇對未來戰爭的文章提到「信息化條件下」的作戰。

[82] 董文先，〈現代空中戰爭的崛起〉，《解放軍報》，2000 年 5 月 9 日，第 6 版第 1 條。

[83] 袁邦根，〈以信息化帶動機械化〉，《解放軍報》，2002 年 2 月 19 日，第 6 版第 1 條。

[84] 黃引珊 譯，〈中共軍事戰略與準則〉，《國防譯粹》，第 36 卷第 7 期，2009 年 7 月，頁 6。

[85] 國防大學（中國）科研部編，《軍事變革中的新概念：解讀 200 條新軍事術語》，頁 18。

[86] 陳岸然，王忠，《資訊戰視野中的典型戰例研究》（上海：學林出版社，2009 年 4 月），頁 8-17。

方弱點，避免用高科技與敵高科技正面對抗。最好是你打你的，我打我的[87]。解放軍軍科院少將彭光謙認為高技術戰爭沒有改變人與武器的關係，但高科技武器確實影響了戰爭的結果。彭氏強調雖然人的問題可以用量來彌補，但質的問題卻不能用人來彌補。技術差距會導致戰略差距，也因此不該把人民戰爭只看做是數量優勢，人民戰爭也應該強調人的素質與科技素質[88]。彭氏也認為高技術武器改變了戰爭型態，戰爭成為高度立體化戰爭。但他強調，高技術常規戰爭不代表核子戰爭的終結，反而會加劇與刺激核擴散[89]。我們可以發現今日中國仍未放棄人民戰爭思想，因此本文仍須探討人民戰爭轉型在解放軍軍事戰略中的意義。

■ 人民戰爭的存在價值

但在經過多次國防戰略的轉變，人民戰爭在今日是否還有其存在價值？筆者認為答案是肯定的。解放軍進行國防戰略轉型時，並沒有放棄人民戰爭思想。雖然強調未來面對的是局部戰爭，且不尋求誘敵深入的戰略。但人民戰爭卻在解放軍戰略中被保留下來。解放軍前軍委副主席張萬年主編的書中提到，高技術條件下仍要堅持人民戰爭。內容強調人民戰爭在高技術局部戰爭中，仍能發揮戰爭動員、人力支援、技術支援。同時在資訊技術的時代，可利用其技術組織群眾，如網路、電視的發展，成為動員民眾與支持戰爭的新手段[90]。

學者張明睿對人民戰爭的變與不變做了以下的區分：人民戰爭為適應資訊時代，做出的轉變。以國防教育取代意識型態；以動員制度取代群眾運動；以高技術科學知識取代農兵思想；從依賴本土的持久作戰轉為阻敵於國境的攻防兼備理論；以信息技術從淺蝶式防禦轉為可遠攻的積極主動防禦。而不

---

[87] 李際均，《論戰略》（北京：解放軍出版社，2002年1月），頁77-78。

[88] 彭光謙 著，〈建國後我國積極防禦戰略方針的發展變化〉，《中國軍事戰略問題研究》（北京：解放軍出版社，2006年1月），頁104。

[89] 彭光謙 著，〈高技術常規戰爭已成為現代戰爭的重要形式〉，《中國軍事戰略問題研究》（北京：解放軍出版社，2006年1月），頁82-85。

[90] 張萬年 主編，《當代世界軍事與中國國防》（北京：軍事科學出版社，1999年12月），頁187-192。

變則是在於整體力量、正義性、反侵略、以弱勝強、人的決定性等[91]。今日的南海問題，甚至是中國周邊海域，仍然可以看到漁民使用漁船配合海監、漁政等單位維護中國的海洋權益。人民戰爭為解放軍的戰略傳統之一，其的存在價值不僅是實用性，也具備重要的傳統象徵性意涵。

解放軍將領認為解放軍是以少勝多與以弱勝強，非以劣勝優，少數兵力仍可以在局部戰爭中創造自己的優勢，以優勝劣。

三、解放軍海軍現代化與目標轉移

解放軍藉由外購、技術引進、仿製、民用科技轉軍用的方式，獲得各種現代化裝備。為朝資訊化戰爭邁進，軍事院校改革重視高學歷、資訊化等知識型人才培養。軍工造船體系引進國外技術、軍民通用，成為全球目前數一數二的造船大國。解放軍新造艦艇以東、南海艦隊基地為主要部屬。

美國學者柯爾（Bernard D. Cole）所撰寫的《中國人民解放軍海軍：十個問題》中提到十個關於解放軍海軍現代化的疑問。這十個問題為：保養、後勤供應、人才培養、現代艦艇研製、訓練體系、軍官評估標準、軍事學說產生、新戰術形成、戰鬥力檢驗、海軍戰略的定位[92]。這十個問題提供各界對於解放軍海軍現代化觀察的方向。本節將十個問題，除戰略之外的問題集中於三個項目討論。

■ 硬體設備現代化

劉華清接手中央軍委副主席的主要任務-武器裝備現代化。他強調中國的軍備現代化不是單純的技術問題，是涉及到國家安全的戰略問題[93]。解放

---

[91] 張明睿 著，《解放軍戰略決策的辯證》（臺北：黎明文化出版社，2003年5月），頁 104-106。

[92] 張曙光，周建明 著，《實力與威脅——美國國防戰略界評估中國》（北京：中國財政經濟出版社，2004年8月），頁 141-144。

[93] 劉華清，《劉華清回憶錄》，頁 666-669。

軍雖有明確的國防戰略與軍事戰略，但要達到理論所期望的軍隊建設，沒有強大的技術支援是不可行的，理論還是必須有實力來支撐。

水面艦

俄羅斯是中國海軍最主要的進口來源，除了現代級與基羅級潛艇外，中國從俄羅斯進口各種飛彈、雷達系統、射控電腦[94]。包括進口俄羅斯 SA-N-6 防空飛彈，使中國解決旅洲級的防空飛彈問題[95]。但根據統計 1996-1997 年中國佔了俄羅斯軍售總額的 70%左右，不過 2006 年降為 40%，2007 年更降到 17-19%[96]。主要原因在於中國希望能獲得相關技術，但俄羅斯希望能藉由軍售來增加外匯存底。因此俄羅斯不願意僅出售少量的武器，最後反而遭到中國仿製。而中國也對現代級上的各項電子設備、飛彈與雷達進行仿製[97]，這些系統都出現在中國大量生產的江凱級 2 型巡防艦上，使中國獲得中程防空飛彈、陣列雷達、超地平線雷達[98]的相關技術。

解放軍海軍水面艦的現代化還包括 1993 年從烏克蘭進口 UGT-25000 燃氣渦輪機，用於旅滬級、旅洋級 1 型、2 型驅逐艦上[99]。並由西安發動機公司在 2001 年授權國產化，延伸出 QD-280 燃氣渦輪機[100]。旅洋級 2 型裝配的陣列雷達，是由中國南京第 14 電子所研發的 346 型相位陣列雷達，並在烏克蘭量子研究（Kran-Radiolokatsiya）的協助下完成[101]。中國還從烏克蘭購得半完工的瓦良格號（Varyag）航母，雖然曾傳出該航母的動力結構受到

---

[94] Ronald O'Rourke , "China Naval Modernization: Implications for U.S. Navy Capabilities", *Congressional Research Service*, November 18, 2005, pp.9-10.

[95] 蘭寧利，〈由近岸跨向遠海──中國解放軍水面艦防空戰力發展〉，《全球防衛》，2007 年 8 月，頁 74。

[96] " Problems in Russian-Chinese military-technical cooperation", *RIA NOVOSTI*, September 25, 2007, http://en.rian.ru/analysis/20070925/80780903.html.

[97] 銀河，〈再談現代級的影響〉，《艦載武器》，2006 年 6 月，頁 22-32。

[98] 中國仿製 Mineral-ME 超地平線雷達，使其可以在不需要直升機導引的情況下，對海平面以外的目標進行超視距反艦作戰。蘇冠群，〈跨時代海軍科技──微波超地平線雷達〉，《全球防衛》，2010 年 10 月，頁 54-56。

[99] 姜忠，〈中國海軍驅逐艦發展之路〉，《艦載武器》，2003 年 9 月，頁 29-31。

[100] 潘文林，〈21 世紀的澎湃動力──從新型水面艦挺看艦用燃氣輪機的發展〉，《艦載武器》，第 42 卷第 7 期，2010 年 2 月，頁 66-67。

[101] 靜水，〈神秘的烏克蘭軍事企業〉，《亞太防務》，2009 年 5 月，頁 70-71。

破壞。但實際上該航母與現代級使用同樣的動力系統，是由烏克蘭 TEKOM 集團生產的 KVG-4 增壓鍋爐與 TV12-4 蒸氣輪機[102]，因此中國要修復動力系統並非難事。

　　除了前蘇聯國家，中國也透過商業管道從法國、德國等歐美國家進口柴油引擎，包括法國的 16PA6STC 型、16PC2.6 型、德國的 MTU-20 V956 TB92 型等柴油機[103]用於江衛級、江凱級巡防艦與 071 玉昭級船塢登陸艦上。解放軍亦從英國、義大利、美國等國進口 C³I 通訊設備。最重要的是中國從法國進口 Tavitac 作戰指揮系統、射控電腦、衛星通訊、拖曳聲納[104]等設備，其中 Tavitac 系統還包含了法國版的 Link-11 數據鏈。目前解放軍已掌握 Link-11 的相關技術，國產型號為 HN-900 數據鏈，以裝備新一代各級水面艦[105]。中國從歐洲獲得各種防空飛彈與魚雷技術，在 1990 年代至 2000 年初期成為解放軍海軍的標準配備[106]。近岸艦艇的部分，解放軍海軍最新的 022 型匿蹤雙船體穿浪設計飛彈快艇，據稱技術是來自澳洲 AMD 公司。其船體設計與水噴射推進器，能使飛彈快艇速度達到 40 節以上[107]。

　　中國借由外購各國軍用與商用的動力系統、雷達、飛彈、C³I 技術，並由政府大力投資軍工企業進行國產化。中國在 1997 年與 2007 年建造兩艘試驗艦，用於測試各種新武器與雷達，使中國新造艦艇裝備在服役前能更佳完善[108]。從「七五」至「九五」期間研發的艦艇，中國國採取「小步快跑」的方式前進。艦艇型號多，產量少。解放軍前海軍副司令員金矛在接受現代艦

[102] 烏克蘭 TEKOM 集團的網站請參閱，"TEKOM", http://www.tekom.com.ua/.

[103] 侯戈，〈中國海軍水面艦挺柴油機動力的發展〉，《艦載武器》，2009 年 1 月，頁 23-25。

[104] 葉明，〈國產驅逐艦設計與海洋戰略的變遷〉，《現代艦船》，2010 年 10 月 B，頁 13-14。

[105] 詹姆斯‧步塞特，漢興 譯，〈大步邁向 C3 化的中國海軍戰艦〉，《艦載武器》，2009 年 5 月，頁 26-28。

[106] 龍嘯，〈漸進的革命——從旅大到旅滬〉，《現代艦船》，2005 年 3 月 B，頁 15-17。

[107] Nan Li，李柏彥 譯，〈中共 022 型飛彈攻擊快艇發展〉，《國防譯粹》，第 36 卷 12 期，2009 年 12 月，頁 79。

[108] 編輯部，〈畢昇號綜合試驗艦總設計師訪談錄〉，《現代艦船》，2010 年 5 月 A，頁 4-6。

船雜誌訪問時透露，中國在「十五」期間決定改變路線，走精品路線[109]。目前已建造 039A/B 元級潛艇、054A 江凱級 2 型巡防艦、052C 旅洋級 2 型驅逐艦就是「十五」的成果[110]。

潛艇

中國從外國進口潛艇相關技術來源相對單純，主要有俄羅斯、法國與德國。宋級與元級使用從德國進口目前已國產化的 MTU 16V396 SE8 柴油機。中國潛艇從宋級開始使用降低空蝕噪音的七葉高曲度螺旋槳[111]。中國也從進口的基羅級獲得消音瓦技術，用於 039G 宋級改上。宋級使用法國 TSM-2233 和 TSM-2255 型聲納系統（也有一說是使用國產的 H/SQZ-262 聲納）[112]。中國中科院聲學所針對潛艇各種聲納進行研發，中國潛艇早期缺乏的側舷聲納與拖曳聲納，近年來已成為服新潛艇的標準配備[113]。針對美日在第一島鏈的海底監聽站，中國近年來開始大量研究各種水聲對抗系統[114]。核子潛艇部分，中國在 1990 年代初期獲得水下發射反艦飛彈技術[115]。自 1988 年漢級成功試射魚 3 型反潛魚雷，但魚 3 魚雷僅能裝備於核子潛艇[116]。中國隨後又發

---

[109] 編輯部，〈原海軍副司令員金矛訪談錄（下）〉，《現代艦船》，2009 年 7 月 A，頁 8。

[110] 截至 2013 年 3 月止，元級目前至少建造 10 艘，江凱級 2 型至少 16 艘，旅洋級 2 型服役 4 艘且有 2 艘在建造中。

[111] 衛天，〈中國常規潛艇技術及出口〉，《艦載武器》，2011 年 7 月，頁 32-35。

[112] 苗龍，〈期待轉型的中國潛艇部隊〉，《軍事連線》，第 10 期，2009 年 10 月，頁 70-72。

[113] 盛丹淩，〈中國潛艇與舷側聲納〉，《船艦知識》，2010 年 6 月，頁 69-71。
盛丹淩，陳永耀，〈中國潛艇與拖線陣聲納〉，《船艦知識》，2010 年 8 月，頁 73-75。

[114] 施丹華（中國船舶重工集團公司第 726 研究所），〈水聲對抗技術發展及其概念拓展〉，《艦船電子工程》，第 154 期，2006 年 4 月，頁 1-3。高學強，楊日傑，陽春英（海軍航空工程學院資訊融合研究所），〈潛艇規避對主動聲納浮標作戰效能影響研究〉，《系統工程與電子技術》，第 30 卷第 2 期，2008 年 2 月，頁 300-303。

[115] 中國早期曾以 033 型潛艇裝配水面發射的反艦飛彈發射箱（033G）。目前所裝配的潛射反艦飛彈為 C-801Q 反艦飛彈，射程 40 公里，估計目前已換裝射程 120 公里的 C-802Q。

[116] 蔣復華，〈中共魚雷發展之研究〉，《海軍學術雙月刊》，第 44 卷第 6 期，2010 年 12 月，頁 58。

展出魚5型線導、魚6型線導與主／被動聲導反潛魚雷[117]。中國也從義大利獲得 A244S 輕型魚雷，並從美國獲得 Mk-46 技術發展魚7型魚雷，用於水面艦、反潛直升機[118]。根據 2011 年出版的《紀念劉華清同志逝世一週年》，中國核動力研究設計院透露中國在 1995 年正式批准第二代核潛艇的研製，並在 2005 年取得突破[119]。中國也針對美、俄在核潛艇上使用的「浮筏」（Rafting）技術、發動機底座進行研究，此技術將能大幅減少解放軍核潛艇的噪音量[120]。

海航

中國在 1977 年希望研發一種取代強5的戰轟機「殲轟7」，但該機因技術問題一直到 1990 年代才裝備解放軍海航部隊，採用英國勞斯萊斯生產的 Spey MK202 發動機[121]。2001 年中國開始發展空軍使用的殲轟 7A，同時也對 Spey MK202 發動機進行國產化。2003 年國產化的渦扇9引擎通過驗證，2004 年殲轟 7A 正式裝備空軍，隨後也開始裝備海軍航空部隊[122]。為解決戰機航程問題，在劉華清的指示下，解放軍空軍、海航也在 1990 年代初獲得轟油6加油機[123]。2003 年中俄簽署 24 架蘇愷 30MK2 戰轟機的採購案，戰機部署在上海的海航部隊[124]。

在直升機與電子作戰飛機方面，中國自 1970 年代從法國進口 13 架 SA321 超級大黃蜂直昇機，並在 1985 年進行仿製，也就是今日的直8直升

---

[117] 王亞民，周錫明，張百禹，黎匡時，〈中國海軍魚雷發展現況研究〉，《海軍學術月刊》，第 35 卷第 4 期，2001 年 4 月，頁 46-61。

[118] 巡撫，〈中國海軍反潛武器的發展〉，《艦載武器》，2005 年 8 月，頁 28-29。

[119] 薑為民 主編，〈劉華清與潛艇核動力的半世情緣〉，《紀念劉華清同志逝世一週年》（北京：解放軍出版社，2011 年 11 月），頁 359-360。

[120] 當年前蘇聯在突破浮筏技術後，潛艇噪音量獲得極大的改善。趙成，陳大躍，〈潛艇浮筏隔震系統的半主動模糊滑模控制〉，《機械工程學報》，第 44 卷第 2 期，2008 年 2 月，頁 163-169。

[121] Carlo Kopp , "Analysis China's Airpower", *Australian Aviation*, August 2004, pp.50-54.

[122] Yefim Gordon, Dmitriy Komissarov, *Chinese Air Craft-China's Aviation Industry since 1951*, （Manchester: Hikoki Publications Ltd, 2008），pp.164-172.

[123] 解放軍空軍的轟油6型號為 H-6U，海航為 H-6UD。參閱 Yefim Gordon, Dmitriy Komissarov, *Chinese Air Craft-China's Aviation Industry since 1951*, pp.127-130.

[124] "Sukhoi fighters on Asian market", *Take-off*, October 2008, pp.19.

機。1980 年又從法國授權生產 SA365N 直升機，編號直 9，該型直升機後來成為中國水面艦的反潛直升機主力與陸航攻擊直升機[125]。為加強空中、水面監視能力，1990 年代中國從美國 Litton 公司進口 APSO-504（Ⅴ）3 水面搜索雷達與 6 套英國 SkyMaster 雷達，裝於運 8 運輸機（運 8X 與運 8J）上作為海上監視飛機[126]。在 2001 年中美軍機擦撞事件後，2003 年海航也出現類似 EP-3 的電子情報飛機運 8JB。2007 年中國以運 8 為載體發展反潛機，首架飛機於 2011 年年底被確認。由運 8 改良的空警 200 預警機於 2012 年交付海航，並參加 2012 年中俄聯合軍演[127]。

2010 年的解放軍新聞指出，解放軍海軍已經不再由空軍代訓飛行員，已具備自行訓練飛行員的能力。首批海軍自行訓練的飛行員也已經結訓，於 2011 年成功獨立駕駛戰機飛行[128]。2010 年至少有 24 架的殲 10A/S 裝備東海艦隊海軍航空兵，同時海航也裝備了比 K-8 教練機更適合訓練三代戰機飛行員的 JL-9 高級教練機[129]。2012 年 4 月 28 日的解放軍報更透露南海艦隊已裝備自產的殲 11B 戰機[130]。解放軍海軍自行訓練與裝備第三代戰機的能力正在逐漸成形。

中國從「七五」到「十二五」計畫將海軍各類現代化裝備列為重點項目，使解放軍在 30 年的時間終於獲得現代化海軍應具備的基本能力。但中國大部分的技術都來自仿製外國產品，仍缺乏自主創新研發的能力。這也是今日中國經濟發展被人詬病的問題。且中國利用這些「山寨」仿製品，以低於母

---

[125] 蘇冠群，〈剖析解放軍陸航發展與現況〉，《全球防衛》，第 270 期，2007 年 2 月，頁 72-73。

[126] " Yun-8J Skymaster Maritime Surveillance Aircraft", *sinodefence.com*, September3, 2007, http://www.sinodefence.com/airforce/specialaircraft/y8j.asp.
" Yun-8X Maritime Patrol Aircraft", *sinodefence.com*, February 23, 2009, http://www.sinodefence.com/airforce/specialaircraft/y8mpa.asp.

[127] 新華社 來源，〈盤點中俄軍演四大看點〉，《文匯報》，2012 年 4 月 28 日，http://big5.news365.com.cn:82/gate/big5/wenhui.news365.com.cn/gj/201204/t20120428_383217.html。

[128] 汪漢宗，〈我海軍自主培養首批殲擊機飛行員成功放單飛〉，《中國航空新聞網》，2011 年 6 月 1 日，http://www.cannews.com.cn/2011/0601/122767.html。

[129] 相關資料請參閱，"Picture Gallery"，*Chinese Military Aviation*, http://cnair.top81.cn/gallery.htm#J-11.

[130] 王淩碩，〈駕馭故障戰鷹單發著陸〉，《解放軍報》，2012 年 4 月 28 日，第 5 版第 8 條。

國產品售價的方式進軍國際市場，讓提供產品的母國感到不滿[131]。解放軍海軍還必須面對淘汰各種老舊船艦的換代問題，國防預算上的平衡問題勢必增加。此外全球自由貿易使中國能輕易獲得各種能用於軍事上的工業產品，這些產品使用商規名義進口，但最終卻裝於軍用裝備上[132]。且諸多技術都是從歐洲進口，歐洲國家近期也開始希望放寬或解除對中國的武器禁運[133]。總之，解放軍海軍已獲得機械化的基本條件，未來將朝向資訊化海軍邁進。

表 2-3　中國外購海軍裝備來源與運用成果表

項目	來源	自製能力	運用
巡弋飛彈	俄羅斯、烏克蘭、以色列、美國	●	自製：東海（長劍）10 型巡弋飛彈。
反艦飛彈	法國、俄羅斯	●	自製：鷹擊 8 系列、鷹擊 62。 外購：俱樂部系列、SS-N-22、Kh-31A（鷹擊 91）等。
防空飛彈	法國、義大利、俄羅斯	●	自製：海紅旗 9 型 外購：海響尾蛇飛彈（海紅旗 7 型）、復蛇飛彈（紅旗 61 型）、SA-N-7/12（海紅旗 16 型）、SA-N-6 等。
艦用火砲	歐洲、俄羅斯	●	自製：730 近迫防禦系統（仿製荷蘭門將系統）。 外購：T-100C 100 公釐艦砲（87 式艦砲）、AK-176M 76 公釐艦砲(PJ-26 艦砲)、3M-87 Kashtan 彈砲合一系統等。
魚雷	歐洲、俄羅斯、美國	●	外購：A244S 魚雷、Mk-46 魚雷（魚 7）、TEST-71、TEST-96、53-65KE 魚雷。
空用雷達	歐洲、俄羅斯、美國、以色列	●	自製：運用外國技術設計國產化雷達。 外購：APSO-504（V）3、SkyMaster 雷達、俄羅斯戰機用雷達天線（可能仿製）。

[131] 黃如安，劉燕花 等著，《俄羅斯的軍事裝備工業與貿易》（北京：國防工業出版社，2008 年 3 月），頁 138-139。

[132] Gideon Burrows 著，朱邦賢 譯，《你不知道的軍火交易──洞悉國際軍售的八項課題》（臺北：書林出版社，2004 年 1 月），頁 27-30。

[133] May-Britt Stumbaum，湯名輝 譯，〈無形的禁令：歐盟持續對中國實施武器禁運〉，《國防譯粹》，第 36 卷第 4 期，2009 年 4 月，頁 82-85。

艦用雷達	歐洲、俄羅斯、烏克蘭。	●	自製：H/LJG-346 陣列雷達。 外購：火砲射控雷達、頂板 3D 雷達（海鷹）、音樂臺反艦飛彈射控雷達（國產化）等。
艦用引擎	法國、德國、烏克蘭、美國	●	外購：船用柴油引擎（國產化）、德國商規柴油引擎（國產化後用於潛艇）、LM-2500 燃氣輪機、GT-25000 燃氣渦輪（QC-280）等。
電戰系統	法國、義大利、俄羅斯、烏克蘭	●	部分歐系電戰系統國產化，並延伸出新型電戰系統。引進美國 SRBOC 干擾彈。
通訊設備	歐洲、俄羅斯、美國	●	外購：TACAN 塔康系統（國產化）、北約版 Link-11（HN-900）、衛星通訊系統等。
作戰系統	法國、俄羅斯	●	外購：Tavitac 作戰系統（ZKJ-4）、Sigma-E 作戰系統等。
聲納技術與潛艇技術	法國、義大利、俄羅斯	●	外購：俄羅斯隨俄製船艦、法國包含潛艇聲納、拖曳聲納等（已仿製）。可能從俄羅斯潛艇設計局獲得相關技術與自行仿製潛艇靜音技術。
軍用直升機技術	法國、俄羅斯、加拿大、美國	●	外購：SA321 超級大黃蜂直昇機（直 8）、SA365N 直升機（直 9）、魚叉直升機助降系統（國產化）、卡 28 反潛直升機、卡 31 預警直升機等。從加拿大普惠（PW）進口商用引擎國產化、從美國進口光電系統。
軍用戰機技術	歐洲、俄羅斯、烏克蘭、美國	●	外購：Spey MK202 發動機、AL-31 系列發動機、材料技術等。

*註：外購（）內為國產型號。

資料來源：蘇冠群資料整理。

費學禮（Richard D. Fisher Jr.）著，《中共軍事發展-區域與全球勢力佈局》（臺北：國防部史政編譯局，2011 年 11 月，原書為 2008 年出版）。

James R. Lilly、David Shambaugh，《共軍的未來》（臺北：國防部史政編譯局，2000 年 8月，原書為 1999 年出版）。

清風奕柯，「回顧蜜月 細看吳鈞-80 年代中國與西方海軍裝備技術交流與反思」，《現代艦船》，2009 年 3 月 B，頁 5-6。

詹姆斯‧步塞特，漢興 譯，「大步邁向 C3 化的中國海軍戰艦」，《艦載武器》，2009年 5 月，頁 26-28。

「中國海軍」，《日本周辺國の軍事兵器》，http://wiki.livedoor.jp/namacha2/d/%c3%e6%b9%f1%b3%a4%b7%b3。

"Chinese Military Aviation", http://cnair.top81.cn/index.html.

"sinodefence", http://www.sinodefence.com/.

"FAS", http://www.fas.org/man/index.html.

■ 軍事院校的轉型

　　1978 年第十一屆三中全會決定需經過院校正規培訓後，才能提拔為軍官的制度。共分為指揮院校與專業技術院校。其中指揮院校分為排職軍官的初級院校、團職軍官中級院校、軍級以上軍官的高級指揮院校[134]。1985 年後部分院校也開始招收研究生。1986 年 1 月解放軍將軍事學院、政治學院、後勤學院合併為國防大學[135]。為整頓臃腫的體制，1986 年裁撤 19 所軍事院校[136]。1999 年解放軍開始整併軍事院校，目前共計剩下 63 所，是 25 年前的一半[137]。1988 年 7 月通過《中國人民解放軍現役軍官軍銜條例》，恢復軍銜制度[138]。2000 年 2 月中央軍委主席江澤民簽署命令，頒發《中國人民解放軍院校教育條例》。內容包括提升教職員素質，要求加強院校的學術能力[139]。國防大學是目前解放軍最高的指揮院校，其次海軍中等指揮學院有海軍指揮學院、海軍大連艦艇學院；初級指揮學院有海軍廣州艦艇學院、海軍飛行學院、海軍潛艇學院、海軍勤務學院。高等技術院校包括海軍工程大學、海軍航空工程學院、海軍軍醫學院，其中海軍工程大學為 1999 年由海軍工程學院與海軍電子工程學院合併後組建；中等技術院校有海軍船艇技術學校、海軍航空技術專科學校[140]。

　　2002 年開始，解放軍開始招募國防生。解放軍海軍仿效美國預備軍官訓練團計畫，用來培訓教育程度良好與技術導向的預備軍官。解放軍計畫每

---

[134] 吳恆宇 著，《中國軍事事務革命與人才培育》（臺北：大屯出版社，2000 年 12 月），頁 19。

[135] 江志順，〈我國最高軍事學府國防大學誕生〉，《解放軍報》，1986 年 1 月 16 日，第 1 版第 1 條。

[136] 袁偉，張卓 主編，《中國軍校發展史》（北京：國防大學出版社，2001 年 8 月），頁 890。

[137] 甘浩森（Roy Kamphausen）、施道安（Andrew Scobell）等 編，《共軍的招募與教育訓練》（臺北：國防部史政編譯局，2010 年 9 月，原書為 2008 年出版），頁 30-31。

[138] 劉新如，〈批准通過授勳規定和軍銜條例〉，《解放軍報》，1988 年 7 月 2 日，第 1 版第 1 條。

[139] 張文成，黃華敏，〈《中國人民解放軍院校教育條例》頒發施行〉，《解放軍報》，2000 年 2 月 29 日，第 1 版第 1 條。

[140] 馮雲星 編，《中華人民共和國軍事院校教育發展史——海軍卷》（北京：軍事科學出版社，2001 年 9 月），頁 381-382。

年培訓 1000 名預備軍官，希望到 2010 年有 40%的軍官來自民間院校[141]。解放軍更將信息化知識列為國防生的必備能力，手冊中還特別有一章是介紹信息化戰爭[142]。除了開辦國防生，解放軍也加強招募大學生，不需經過軍校教育可任軍官的 2+2 學位計畫。並與民間大學合作，聘請民間大學教授至軍校授課。同時選派軍人至民間大學攻讀研究所[143]。士官制度方面，中國從 2003 年開始從非軍事部門招聘具有專業技能的公民為士官。解放軍借鏡歐美，增加士官的管理範圍。2007 年北海艦隊某單位，就將平時由副艦長與部門長官負責的日常管理工作下放給士官長負責[144]。

表 2-4　解放軍海軍指揮院校與技術院校表

指揮院校			
類別	院校名稱	地點	備註
高級指揮院校	國防大學	北京	隸屬中央軍委
中級指揮院校	海軍指揮學院	江蘇南京	
中級指揮院校	海軍大連艦艇學院	遼寧大連	原空軍政治學院，1999 年併入該院
初級指揮院校	海軍廣州艦艇學院	廣東廣州	
初級指揮院校	海軍潛艇學院	山東青島	
初級指揮院校	海軍飛行學院	遼寧錦西	
初級指揮院校	海軍勤務學院	天津	
專業技術院校			
高等專業技術學校	海軍工程大學	湖南長沙	1999 年新組建
高等專業技術學院	海軍航空工程學院	山東煙臺	
高等專業技術學校	海軍軍醫學院	江蘇南京	
中等專業技術學校	海軍船艇技術學校	不詳	
中等專業技術學校	海軍航空技術專科學校	山東青島	

資料來源：吳恆宇 著，《中國軍事事務革命與人才培育》（臺北：大屯出版社，2000 年 12 月），頁 21-24。

---

[141] 柯爾（Bernard D. Cole）著，翟文中 譯，《海上長城──走向 21 世紀的中國海軍》（桃園：軍事迷文化，2006 年），頁 130。
[142] 李玉平 編，《中國國防生》（北京：解放軍出版社，2008 年 1 月），頁 82。
[143] 甘浩森（Roy Kamphausen）、施道安（Andrew Scobell）等 編，《共軍的招募與教育訓練》，頁 32-33。
[144] 任志強 編，《兵役學》（北京：軍事科學出版社，2009 年 5 月），頁 315-316。

■ 科研軍工的轉型

1982 年中國軍工業開始進行改組，原本第六機械工業部被改組成中國船舶工業總公司。1982 年國防工辦、國防科委合併為國防科工委。1998 年原國防科工委、總參謀部裝備部、總後勤部部分機構合併，組建總裝備部[145]。自蘇聯解體後，中國開始從俄羅斯吸收大量科研人員。根據統計 1993 年有 300 名俄羅斯科學家參與中國國防相關計畫，2000 年人數更增加到 1500 人。中國國防部長曹剛川在 2003 年表示未來也將把技術與硬體的比例改為 7 比 3，顯示中國對於技術國產化的重視[146]。中國從 1991 年開始將航空、核能、太空、造船與軍械體系以每個成立 2 家公司的方式成立 10 家國營公司。2001 年又成立第 11 家電子科技集團公司[147]。中國借由軍民結合的方式，雖是為提升競爭力，但也帶來陣痛期。中國軍工企業經歷長達 8 年的虧損，在 2002 年勉強達成收支平衡。11 家公司中有 6 家獲得 2005 年中國百大績優企業，但有些部門仍然虧損。其中包括兩家航空集團公司[148]，因此航空工業第一與第二集團公司在 2008 年又再度合併。

1999 年為提高企業競爭力。中國船舶工業總公司被拆成中國船舶工業集團公司（中船工業 CSSC）與中國船舶重工集團公司（中船重工 CSIC）。中船工業目前旗下有 61 家相關單位，中船重工則有 99 家[149]。1980 年代造船業開始大量引進歐美先進建造設備，包括日本、韓國、法國、德國、丹麥等國的造船技術與引進管理科學，至今仍保持與外國的技術合作[150]。1996

---

[145] 歐錫富，〈中俄軍工改革與軍事合作〉，《尖端科技》，第 148 期，1999 年 12 月，頁 53-54。

[146] 費學禮（Richard D. Fisher Jr.）著，《中共軍事發展——區域與全球勢力佈局》（臺北：國防部史政編譯局，2011 年 11 月，原書為 2008 年出版），頁 165。

[147] 白萬綱 著，《軍工企業——戰略、管控與發展》（北京：中國社會出版社，2010 年 10 月），頁 19。

[148] Dzirhan Mahadzir，章昌文 譯，〈中共國防工業改革與挑戰〉，《國防譯粹》，第 35 卷第 1 期，2008 年 1 月，頁 32-33。

[149] 李保忠 著，《中外軍事制度比較》（北京：商務印書館，2003 年 5 月），頁 361。

[150] Isaak Zulkarnaen，李柏彥 譯，〈中共國防工業近況〉，《國防譯粹》，第 36 卷第 11 期，2009 年 11 月，頁 95。

年的資料顯示中國目前建造一艘萬噸級油輪已縮減至 16-18 個月[151]。2007年中國最新服役滿載約 18000 噸的 071 型登陸艦從開工到下水僅花費 6 個月的時間。1981 年中國造船量僅 41.8 萬噸，1991 年上升至 81.8 萬噸。1999年中船重工與中船工業接單量達 488 萬噸，佔當時中國接單總噸位 60%[152]。2011 年中國造船完工量達 6500 萬噸，是目前世界最大造船國，中船工業的上海外高橋造船廠完工量 814 萬噸，排在世界造船企業第 4 名[153]。

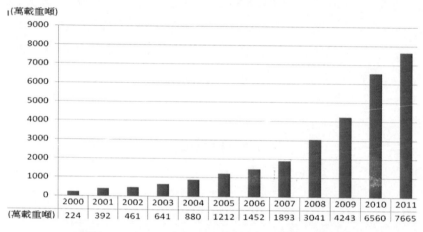

圖表 2-1 2000-2011 年中國造船完工噸位統計圖

資料來源：蘇冠群資料整理。

「2000-2009 年中國造船完工量」，《中國船舶工業行業協會》，2010 年 2 月 24 日，
　　http://www.cansi.org.cn/cansitjsj/132864.htm。

「2010 年中國造船三大指標」，《中國船舶工業行業協會》，http://www.cansi.org.cn/
　　cansitjsj/150791.htm。

「2011 年中國造船三大指標」，《中國船舶工業行業協會》，http://www.cansi.org.cn/
　　cansitjsj/181659.htm。

---

[151] Evan S. Medeiros, Roger Cliff, Keith Crane, *A New Direction for China's Defense Industry*,（Santa Monica, CA: RAND Corporation, 2005）, pp.141-142.

[152] 白萬網 著，《軍工企業——戰略、管控與發展》，頁 163。

[153] 編輯部，〈2011 年 1-12 月世界主要造船國家／地區三大造船指標〉，《船艦知識》，2012 年 3 月，頁 13。

表 2-5　中國軍用船舶企業表

公司	集團	業務	產品
大連船舶重工集團	中船重工	驅逐艦、佈雷艦、外銷登陸艦、翻新瓦良格號	旅海級、旅洲級
江南造船集團	中船工業	驅逐艦、常規潛艇、自稱可造航母	旅滬級、旅洋級 1、2 型、宋級、元級（少量）
滬東中華造船集團	中船工業	巡防艦、登陸艦	江衛級 1、2 型、江凱級 1、2 型
廣州黃浦造船集團	中船工業	巡防艦、小型護衛艦、掃雷艦	江衛級 2 型、江凱級 1、2 型、056
渤海船舶重工集團	中船重工	核子潛艇	091、092、093、094
武昌船舶重工公司	中船重工	常規潛艇	宋級、元級

資料來源：蘇冠群資料整理。

Evan S. Medeiros, Roger Cliff, Keith Crane, "A New Direction for China's Defense Industry", （Santa Monica, CA: RAND Corporation, 2005）.

《中國船舶重工集團公司》，http://www.csic.com.cn/。

《中國船舶工業集團公司》，http://www.cssc.net.cn/。

"sinodefence" , http://www.sinodefence.com/.

"FAS" , http://www.fas.org/man/index.html.

　　目前負責建造海軍艦艇的公司有 6 家。中船重工旗下有負責驅逐艦與佈雷艦的大連船舶重工集團；負責核子潛艇的渤海船舶重工集團；負責傳統動力潛艇的武昌船舶重工公司。中船工業則有負責驅逐艦與傳統動力潛艇的江南造船集團；負責巡防艦與登陸艦的滬東中華造船集團；負責巡防艦、飛彈快艇、掃雷艦的廣州黃埔造船集團[154]。大連造船廠與江南造船廠雖都建造驅逐艦，但大連主要負責蒸汽動力船艦，江南則負責燃氣渦輪船艦。這也是為什麼瓦良格號航母會是大連造船廠負責。比起航空工業的整併，目前看來中國造船工業的軍民結合是相當成功，中國造船廠平時負責建造民用船艦，到了戰時就能轉化為建造軍用船隻[155]。如同前述，一艘近 2 萬噸的船塢登

---

[154] 加布里艾爾·柯林斯，莫祖英 譯，〈中國的艦船製造業〉，《艦載武器》，2009 年 10 月，頁 33-39。

[155] 楊曉波，〈中國軍、民船舶製造能力相互轉化評估〉，《現代艦船》，2011 年 4 月 A，

陸艦，中國僅花費半年時間建造，其造船工業的能力不可小看。但中國造船業面臨的問題與其他軍工業都有同樣的問題，也就是引擎仍須依賴外國技術[156]，這也是中國軍火工業未來必須克服的挑戰。

■ 海軍戰略目標重點轉移

南海艦隊的擴充

上一章提到 1988 年與 1995 年在南海與越南、菲律賓發生衝突，1996 年臺海地區的緊張情勢，使解放軍瞭解到唯有實力才能嚇阻美軍。1994 年《聯合國海洋法公約》生效，沿海各國紛紛開始重視海洋權益。中國有越來越多學者與軍方人士強調必須有效經略海洋，控制其 300 萬平方公里的海洋經濟區[157]。長期以來解放軍海軍的重點裝備，包括大型水面艦與潛艇都服役於北海艦隊。東海、南海艦隊的水面艦在 1990 年以前不管在數量、質量都明顯落後於北海艦隊。根據統計，從 1988 年開始，北海艦隊的大型水面艦數量開始減少，在 1990 年代中期分別被東海與南海艦隊超越[158]。

1988 年的中越海戰，南海艦隊甚至要靠東海艦隊的支援才有足夠的水面戰力。戰後南海艦隊分別在 1989 與 1991 年獲得兩艘旅大級驅逐艦，雖然不是最先進的水面艦，但可看出高層對南海缺少大型水面艦的重視[159]。其實在 1970 年代，南海艦隊的大型水面艦數量幾乎不超過 5 艘，但經歷過數次海戰後，大型水面艦數量直線攀升，中國最後 6 艘旅大級都部署在南海艦隊。1995 年中國開始建造新一代驅逐艦旅海級，該型驅逐艦原本編號為 114 預計服役於北海艦隊。但因不明原因改服役於南海艦隊，編號 167 深圳號[160]。隨

頁 37-38。

[156] Michael C. Grubb，李永悌 譯，〈中共造船業現況〉，《國防譯粹》，第 35 卷第 6 期，2008 年 6 月，頁 91-92。

[157] 李傑，〈經略海洋〉，《解放軍報》，1995 年 11 月 28 日，第 6 版第 7 條。

[158] 相關數據請見解放軍海軍三大艦隊大型水面艦數量圖。

[159] 解放軍海軍艦艇相關服役資料請〈中國海軍〉，《日本周辺國の軍事兵器》，http://wiki.livedoor.jp/namacha2/d/%c3%e6%b9%f1%b3%a4%b7%b3

[160] 探戈，〈淺談 167 艦對中國海軍的意義和影響〉，《現代艦船》，2005 年 2 月 B，頁 6-8。

後在 2005 服役的 052B、052C 等中國最新型水面艦在南海艦隊服役，戰略重心的轉移由此可見[161]。

東海艦隊的擴充

如同前述，中國在 1990 年代成為俄羅斯的武器大戶。1994 年，中國向俄羅斯簽約購買 2 艘基羅級潛艇，兩艦分別於 1995 年 2 月與 11 月交付，舷號為 364 與 365，配屬東海艦隊。臺海危機過後，1996 年再度向俄國簽約購買 2 艘 636 型基羅級潛艇，兩艘潛艇於 1997 與 1998 年交付[162]。各方對中國購入基羅級潛艇有兩種解讀，首先是中國自行生產的宋級潛艇早在 1994 年就下水，但直到 1999 年才服役。一般認為購入基羅級是為解決宋級的各種技術問題[163]。另一種解讀是有報導聲稱，96 臺海危機時，當時小鷹號戰鬥群因追丟基羅級潛艇，而使航母戰鬥群後退 200 海浬[164]。1990 年代初期解放軍海軍大量除役老舊潛艇，中國潛艇數量由 98 艘降為 40-50 多艘[165]。當時北海艦隊卻取得新造的 11 艘明級潛艇[166]，但在 1990 年代中後段至 2000 年服役的國產潛艇，包括 2002 年購買的 8 艘基羅級潛艇，都配發給東、南海艦隊。

1997 年 6 月中國宣布以 8 億美金購買 2 艘現代級驅逐艦，分別於 1999、2001 年服役。2002 年花費 14 億美金購買第二批 2 艘現代級驅逐艦，於 2005、2006 年服役[167]。這四艘現代級都服役於東海艦隊，在當時受到各界廣泛討論。最常見的說法是其配備的 8 枚 SS-N-22 超音速反艦飛彈，使解放軍的反

[161] Richard D. Fisher, Jr. , "Chinese Naval System Modernization Trends", *The U.S.-China Economic and Security Review Commission*, June 11, 2009, p.3.

[162] 杜朝平，〈購進基洛級潛艇對中國海軍的影響〉，《艦載武器》，2004 年 3 月，頁 35。

[163] 巡府，〈中國潛艇的作戰能力〉，《艦載武器》，2004 年 6 月，頁 32-36。

[164] 具稱當時指揮潛艇作戰的是今日解放軍海軍副司令員徐洪猛中將。金千里，〈海軍副司令員徐洪猛中將評傳〉，《前哨月刊》，2010 年 2 月，頁 52。

[165] 劉慶順 校訂，《南海情勢彙輯》（臺北，國防部史政編譯局，1995 年 7 月），頁 23。

[166] Global,《Chinese Warships》, http://www.globalsecurity.org/military/world/china/navy.htm.

[167] 天鷹，〈現代級與中國海軍水面艦隊〉，《艦載武器》，2005 年 4 月，頁 23。

艦能力大增[168]。1990 年代中國建造的各類新型水面艦,如江衛級 1 型、江衛級 2 型、江凱級 1 型都服役於東、南海艦隊。如此巨大的轉變,讓許多學者專家好奇解放軍海軍內部是否發生變化?包括三大艦隊競爭論、海航派與海潛派競爭論、三軍資源爭奪論等論點。本章節不單純只敘述解放軍海軍獲得哪些新技術,對於上述論點的辯證將是本章節後半段的重點。

解放軍軍事現代化已替其在面對南海各國的南海衝突中取得技術上的優勢。

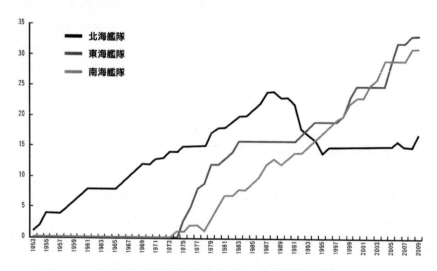

圖 2-1　中國三大艦隊驅逐艦與巡防艦艦艇數量變化表 1953-2009

資料來源:陳剛,王天一,「走向『深藍』中國海軍,」《東方證券》,2009 年 4 月 21 日,http://img.hexun.com/2009-04-22/116958631.pdf。

---

[168] 翟文中,陳永康,〈中共海軍現代化對亞太安全之影響〉,《中共研究》,第 42 卷第 7 期,1999 年 7 月,頁 7。

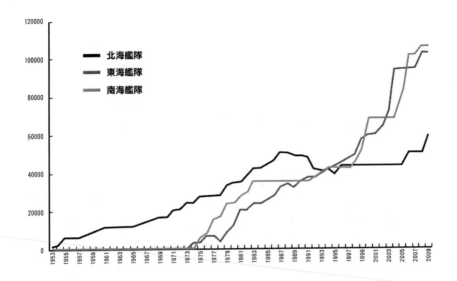

圖 2-2　中國三大艦隊驅逐艦與巡防艦艦艇噸位變化表 1953-2009

資料來源：陳剛，王天一，「走向『深藍』中國海軍，」，《東方證券》，2009 年 4 月
　　21 日，http://img.hexun.com/2009-04-22/116958631.pdf。

四、無中生有的航潛鬥爭[169]

　　**解放軍海軍現代化採取平衡艦隊建軍，海潛派與海航派鬥爭缺乏證據。
真正影響航母建設並非海軍內部，而是揮之不去的大陸軍主義與預算問題。**

■ 361 事件與海軍派系鬥爭

　　2003 年 4 月 16 日，北海艦隊 361 潛艇在渤海海域發生意外，全艦 70
名官兵全數罹難[170]。2003 年 5 月 21 日 361 事件追悼會後[171]，石雲生遭到撤

---

[169] 此論點筆者在 2009 年就已提出，此時諸多有利證據仍未公開。
[170] 楊志恆，〈中國海軍 361 潛艇事件暴露軍隊現代化盲點〉，《展望與探索》，2003 年
　　7 月。
[171] 王文傑，司彥文，陳萬軍，〈海軍 361 潛艇遇難官兵追悼會隆重舉行〉，《解放軍報》，
　　2003 年 5 月 21 日，第 1 版第 1 條。

職，時任北海艦隊司令員丁一平、政委陳先鋒遭降職處分[172]。新任海軍司令員由前北海艦隊司令員時任軍事科學院院長的張定發接任。張定發為潛艇出身的將領，因此觀察家將其歸類在「潛艇派」[173]。這種歸類方式採取將領出身的方式歸類，共分為「潛艇派」、「海航派」、「水面艦派」三類。如同為潛艇出身的張連忠被歸類為「潛艇派」[174]，海軍航空兵出身的石雲生被歸類在「海航派」[175]。這次事件被解讀為「海航派」因潛艇事件失利，「海潛派」重新取得主導權[176]。此說法的根據是張連忠任內被認為是海潛派掌權，因此航艦無法順利發展。到了石雲生接掌，就開始發展航艦，同時壓迫核潛艇發展[177]。但解放軍海軍的建軍方向是否真的是依照司令員喜好而訂定？筆者認為解放軍內部的這種兵種派系問題，並不能作為分析影響中國發展航艦的依據。本節將從量化方式與諸位元司令員的言論分析這項長期以來被人云亦云的論點。

■ 量化角度看海軍建軍[178]

如果將解放軍艦艇下水時間做時間表的排列。我們可以發現張連忠時期新造潛艇主要部屬在北海艦隊，新造水面艦以南海居多。張連忠任內，解放軍海軍仍有數種新型驅逐艦與巡防艦服役，且水面艦與潛艇的數量是維持平衡的。這些新艦艇表明張連忠任內不單純只堅固潛艇發展，水面艦發展也是其任內的政績。1988 年的南沙海戰顯示南海艦隊缺乏大型水面艦，1995 年

---

[172] 楊念祖 主編，劉復光，〈中國海軍潛艦救難與我應努力的方向〉，《決勝時刻——20XX 年解放軍攻臺戰役兵棋推演》（臺北：時英出版社，2007 年 2 月），頁 343。

[173] 金千里 著，《第五代將星——中國對臺作戰中堅人物》（香港：夏菲爾出版社，2006 年 7 月），頁 113-127。

[174] 鄭義 著，《中共軍頭點將綠》（臺北：開今文化事業有限公司，1995 年 1 月），頁 272-278。

[175] 淩海劍 著，《中共軍隊新將星》（香港：新華彩印出版社，1999 年 8 月），頁 113-119。

[176] 楊念祖 主編，王世科，〈中國積極建設海下戰場〉，《決勝時刻——20XX 年解放軍攻臺戰役兵棋推演》（臺北：時英出版社，2007 年 2 月），頁 262。

[177] 王信力，〈中國海軍發展航母之探討〉，《展望與探索》，第 8 卷第 6 期，2010 年 6 月，頁 59-60。

[178] 此部分請參閱相關量化圖表。

與菲律賓衝突後，美軍開始重新介入南海問題。此外 90 年代解放軍水面艦的艦艇都以服役東海與南海艦隊為主。新型宋級潛艇首艦也率先服役東海艦隊（目前轉至南海艦隊）。167 號旅海級驅逐艦原本編號 114，最後從北海艦隊轉為南海艦隊服役。顯示解放軍海軍的戰略目標有向南轉移的趨勢。

　　1997 年中國招開 15 大，石雲生提出「21 世紀海軍發展戰略」，中國海軍將由區域型近海防禦海軍轉向區域型遠洋海軍，同時決定發展航空母艦[179]。有人說石雲生任海軍司令員是海航派的重新掌權，但石雲生任內，正是 093 與 094 核子潛艇開工建造的時候[180]。往後張定發上任被說是海潛派復辟也毫無根據，中國在 1998 年決定購入的瓦良格號[181]，其修復工程是在張定發任內的 2005 年開始進行[182]。1992 年解放軍的航艦設計工作正式開始，但進行緩慢，主要的壓力可能來自於軍種預算的排擠，尤其當時空軍也在進行新型殲 10 戰機的研發，更別說去顧及海軍的艦載機[183]。沈飛也是 1998 年才開始授權生產殲 11 戰機[184]，所以當時更不用提什麼蘇愷 33 的仿製。此外，根據筆者統計，解放軍海軍在 1995 年時，已經徹底脫離潛艇數量多於驅逐艦、巡防艦的情況[185]。該年解放軍潛艇數量為 52 艘，而驅逐艦加上巡防艦的數量為 53 艘。且之後解放軍海軍一直保持兩者近 1 比 1 的趨勢。因此從量化角度來看，解放軍從 1990 年代後的建軍，明顯沒有特別偏向哪一方。

---

[179] 江暢，〈中國海軍戰略思想演進之研究〉，《海軍學術月刊》，第 36 卷第 2 期，2002 年 2 月，頁 25。

[180] 楊連新，〈中國核潛艇 50 年──大事年表 1958-2008〉，《船艦知識》，2008 年 8 月，頁 20。

[181] 盧德允，〈伐亞各　作廢還是航艦？國防部已密切注意〉，《聯合報》，1998 年 4 月 3 日，第 9 版。

[182] 區肇威，〈中國建造航艦的最新發展與評析〉，《軍事連線》，2008 年 12 月，頁 81。

[183] 編輯部，〈殲十全集〉，《兵工科技》，2007 年增刊，頁 33。

[184] Journal Article, "China's Search for a Modern Air Force", *International Security*, Vol. 24 no. 1, Summer 1999, pp. 85-86.

[185] 1990 年以前，解放軍仍是保有大量潛艇，大型水面艦數量仍不如潛艇數量。

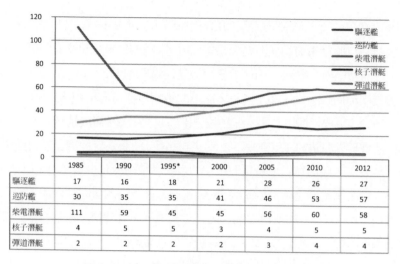

	1985	1990	1995*	2000	2005	2010	2012
驅逐艦	17	16	18	21	28	26	27
巡防艦	30	35	35	41	46	53	57
柴電潛艇	111	59	45	45	56	60	58
核子潛艇	4	5	5	3	4	5	5
彈道潛艇	2	2	2	2	3	4	4

圖表 2-2　解放軍海軍主力艦艇數量統計表

*註：中國的驅逐艦與巡防艦總數在 1995 年首次超越潛艇總數。

資料來源：蘇冠群資料整理。

木津 徹 編，黃偉傑 譯，《中國／臺灣海軍軍力手冊》（臺北：星光出版社 2005 年 6 月）。

衛天，「中國常規潛艇技術及出口」，《艦載武器》，2011 年 7 月，頁 32-35。

Ronald O'Rourke, "China Naval Modernization: Implications for U.S. Navy Capabilities", *Congressional Research Service*, March 23, 2012, http://www.fas.org/sgp/crs/row/RL33153.pdf.

「中國海軍」，《日本周辺國の軍事兵器》，http://wiki.livedoor.jp/namacha2/d/%c3%e6%b9%f1%b3%a4%b7%b3。

"Chinese Military Aviation", http://cnair.top81.cn/index.html.

"sinodefence", http://www.sinodefence.com/.

"FAS", http://www.fas.org/man/index.html.

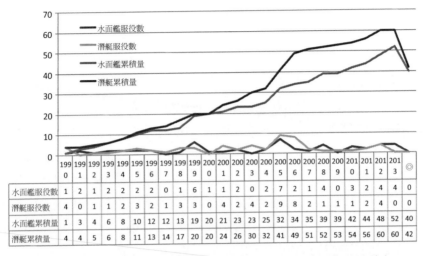

	1990	1991	1992	1993	1994	1995	1996	1997	1998	1999	2000	2001	2002	2003	2004	2005	2006	2007	2008	2009	2010	2011	2012	2013	◎
水面艦服役數	1	2	1	2	2	2	2	0	1	6	1	1	2	0	2	7	2	1	4	0	3	2	4	4	0
潛艇服役數	4	0	1	1	2	3	2	1	3	3	0	4	2	4	2	9	8	2	1	1	1	2	4	0	0
水面艦累積量	1	3	4	6	8	10	12	12	13	19	20	21	23	23	25	32	34	35	39	39	42	44	48	52	40
潛艇累積量	4	4	5	6	8	11	13	14	17	20	20	24	26	30	32	41	49	51	52	53	54	56	60	60	42

圖表 2-3　1990-2013 年解放軍海軍服役水面艦與潛艇數量統計表

*註：2012 與 2013 年以已下水的新船推估。美國國會統計資料過於保守，筆者採取
　　自己的統計方式，如有錯誤請告知。

◎為扣除老舊設計水面艦與潛艇後的服役艦艇數量，老舊艦艇包括旅大級、江湖級
　系列、江衛級 1 型、明級、漢級與宋級第一艘。

資料來源：蘇冠群資料整理。

木津 徹 編，黃偉傑 譯，《中國／臺灣海軍軍力手冊》（臺北：星光出版社 2005 年
　6 月）。

衛天，「中國常規潛艇技術及出口」，《艦載武器》，2011 年 7 月，頁 32-35。

Ronald O'Rourke, "China Naval Modernization: Implications for U.S. Navy Capabilities",
　　Congressional Research Service, March 23, 2012, http://www.fas.org/sgp/crs/row/
　　RL33153.pdf.

「中國海軍」，《日本周辺國の軍事兵器》，http://wiki.livedoor.jp/namacha2/d/%c3%e6
　%b9%f1%b3%a4%b7%b3。

"Chinese Military Aviation", http://cnair.top81.cn/index.html.

"sinodefence", http://www.sinodefence.com/.

"FAS", http://www.fas.org/man/index.html.

■ 派系問題與軍種預算競爭

但是量化的方式畢竟有其盲點。因為無法確定水面艦與潛艇的造價，雖然兩者建造數量持平，但仍不能完全支撐筆者的論點。還是必須回到解放軍將領的語錄。解放軍海軍派系分析，學者張蜀誠做了詳細分類且提到類似問題。根據張氏的統計，歷任司令員除了出身外，都具備海權派的思想背景，各司令員上級領導背景也不能將其完全歸類在單純一類派系[186]。以張連忠為例，張連忠為劉華清提拔人選，在其出任海軍司令員時，劉華清仍為中央軍委副主席[187]。因此張連忠雖為潛艇出身，但也不可能抱持唯獨核潛艇為主的立場。張連忠在去年出版的紀念劉華清文集中提到他跟劉華清良師益友的關係；文中除了提到航空母艦的建造外，他含糊的提到：「**廣州飛行員艦長班……目的就是培養中國航空母艦艦長……後來因為種種原因，劉華清建造航空母艦的設想未能按期實現。**[188]」如果建造航艦的阻力並非來自張連忠，那軍種間的預算排擠可能性就大為增加。

表 2-6　解放軍海軍司令員與未來可能司令員將領分析表

人名	生日	祖籍	入伍	軍銜	經歷	功績
歷任司令員						
劉華清	1916 年 10 月	湖北黃安	1930 年中國工農紅軍	上將	1954 年留俄、北海艦隊副司令、中央軍委副主席（1989-1997）、海軍司令員（1982-1988）	
張連忠	1931 年 6 月	山東膠縣	1947 年參軍（陸軍）後至潛艇學院	上將	1960 年進入潛艇學院、1985 年海軍副司令員、海軍司令員（1988-1996）	
石雲生	1940 年 1 月	遼寧撫順	1956 年參軍（空軍第 1 航空預備學校）	上將	北海、南海艦隊航空兵司令員、1992 年海軍副司令員、海軍司令員（1996-2003）	

---

[186] 張蜀誠，〈中共海軍決策階層之派系分析〉，《國防雜誌》，第 23 卷第 1 期，2008 年 2 月，頁 72-82。

[187] 金千里 著，《中共軍事人物評傳》（香港：星輝出版社，1992 年），頁 142。

[188] 姜為民 主編，〈良師益友──懷念劉華清同志〉，《紀念劉華清同志逝世一週年》（北京：解放軍出版社，2011 年 11 月），頁 171。

張定發	1943 年 12 月	上海吳淞	1960 年參軍（潛艇學院）	上將	1996 年北海艦隊司令員、2000 年海軍副司令員、軍科院院長、海軍司令員（2003-2006）	
吳勝利	1964 年 8 月	河北吳橋（杭州長大）	1964 年 8 月參軍(海軍測繪學校)	上將	護衛艦、驅逐艦艦長 1999 年東海艦隊副司令員、2002 年南海艦隊司令員、2004 年解放軍副總參謀長、海軍司令員（2006-2012）	
十八大解放軍海軍司令員可能人選						
孫建國	1952 年 2 月	河北吳橋（寧波長大）	1968 年參軍（潛艇學院）	上將	核潛艇艦長、2004 年海軍參謀長、2009 年解放軍副總參謀長、中央候補委員	指揮核潛艇完成 90 天環球首航、2008 年汶川地震搶險救災
蘇支前	1955 年 8 月	山東省臨沂市鄵城縣	1970 年參軍	中將	2008 年南海艦隊司令、2010 年東海艦隊司令	留學俄國
丁一平	1951 年 2 月	湖南湘鄉市（杭州出生、後遷居山東，父親為前北海艦隊政委與艦隊組建者丁秋生）	1968 年參軍（水面艦水兵）	中將	海軍指揮學院艦艇指揮班、海軍指揮學院合成指揮班、國防大學國防研究班、中央黨校省部級幹部在職研究生班、待過東海、南海艦隊、2001 年北海艦隊司令員、2006 年海軍副司令員、中央候補委員	1974 年西沙海戰、1979 年中越邊境戰爭、1988 年南沙海戰
徐洪猛	1951 年 7 月	遼寧綏中	1970 年參軍（潛艇學院）但支援建造航母	中將	海軍工程大學、海軍指揮學院、國防大學戰役系、長期服役東海艦隊、2006 年東海艦隊司令員、2009 年海軍副司令員	據稱 1996 年指揮基洛級潛艇嚇阻美國航母
蘇士亮	1950 年 9 月	山東青洲	1968 年參軍（青島海軍學校）	中將	長期服役北海艦隊、2006 年北海艦隊司令、2007 年南海艦隊司令員、2009 年海軍參謀長	2008 年汶川地震搶險救災

*註：吳勝利確定在十八大中留任海軍司令員，但其在十九大時將因年齡上限被迫退休，孫建國與丁一平仍為下任海軍司令員的熱門人選。請參閱，蘇冠群，「從中共晉升上將解讀下一任解放軍海軍司令員」，《全球防衛》，2011 年 9 月。

資料來源：蘇冠群資料整理。

孟平 著，曉沖 主編，《軍中太子黨》(香港：夏菲爾國際出版社，2010 年 5 月)。

凌海劍 著，《中共軍隊新將星》(香港：新華彩印出版社，1999 年 8 月)。

金千里 著，《第五代將星——中國對臺作戰中堅人物》(香港：夏菲爾出版社，2006 年 7 月)。

金千里 著，《中共軍事人物評傳》(香港：星輝出版社，1992 年)。

金千里，「海軍副司令員徐洪猛中將評傳」，《前哨月刊》，2010 年 2 月，頁 52。

金千里，「海軍參謀長蘇士亮中將評傳」，《前哨月刊》，2009 年 3 月，頁 57。

金千里，「新任南海艦隊司令員蔣偉烈少將評傳」，《前哨月刊》，2011 年 9 月，頁 71-74。

于石平 著，《新太子軍——父輩打江山 我們保江山》(香港：明鏡出版社，2010 年)。

鄭義 著，《中共軍頭點將綠》(臺北：開今文化事業有限公司，1995 年 1 月)。

　　劉華清在回憶錄中提到，1970 年他曾組織過航艦研究的論證，在 1980 年出訪美國時，登上小鷹號航空母艦使他印象深刻[189]。1982 年他正式接任解放軍海軍司令員，中國海軍的航艦夢也正式展開。不過中國在 1980 年代的經濟實力無法支持中國建造航空母艦，1980 年代初期，解放軍在科技上同時兼顧洲際彈道飛彈與傳統武器的發展，使解放軍軍事預算吃緊。1984 年鄧小平說：「**軍隊必須服從國家大局**」以先經濟後軍事為主。同年劉華清也說：「**海軍想造航艦也有不短時間了，現在國力不行，看來要等一段時間。**[190]」

　　1985 年，劉華清在海軍裝備論證研究中心內成立航艦論證中心。1986 年 8 月劉華清提出要對中國發展哪種航艦進行辯證，同年 11 月劉華清提到海軍內部對發展航艦得聲音集中在解決臺灣問題與南海問題上。1987 年 1 月劉華清在海軍裝備技術工作會議中提到，現在沒有能力建造航艦，但是必須開始對航艦的發展進行研究。同年 3 月劉華清拜會前海軍司令員蕭勁光，兩人對於發展航艦的問題進行交談。蕭勁光表示中國不是不需要航艦，而是沒有能力發展航艦。兩位海軍司令員的共識為，要維護中國本土與海上的安全，發展航艦是有其必要的[191]。3 月 31 日，劉華清向總部機關會報：「**關於海軍裝備規劃中的兩大問題：一是航母、一是核潛艇。……這兩項裝備不僅**

---

[189] 劉華清，《劉華清回憶錄》，頁 477。

[190] 劉華清，《劉華清回憶錄》，頁 478。

[191] 吳殿卿，〈兩代司令員關於中國建造航空母艦的對話〉，《軍事歷史》，2008 年 6 月，頁 54-55。

為了戰時，平時也是威懾力量。」他提到海軍航空兵的戰機制空時間太短，發展航艦是有必要的。這是劉華清在海軍司令員任內最後一次公開談起航艦問題，隨後其轉任中央軍委副主席[192]。

劉華清在其著作中提到優先發展核潛艇是因為金費與技術問題。石雲生在接受訪談時也強調海軍現代化與航艦發展是必然的[193]，當然航空兵出身的司令員這樣講不令人意外。但我們也可以找到潛艇兵出身的將領對航艦支持的言論。東海艦隊前司令員潛艇兵出身的徐洪猛中將，現為解放軍海軍副司令員在 2009 年全國人代會上就公開發表支持建造航空母艦[194]。這位將領就是前述提到 1996 年指揮基羅級嚇阻美軍航母的指揮官，因此認為航潛派因 1996 年嚇阻過美國航母所以強調航母無用論也不攻自破。361 事件之後的人事案，雖然張定發為潛艇兵出身，但新任海軍政委胡彥林卻是航空兵出身[195]。2003 年「海潛派」復辟說一開始就刻意忽略海軍政委是航空兵出身的事實。

另外一個論點是三大艦隊競爭論。但可發現近期解放軍海軍各艦隊司令員，其實都不是單一艦隊出身。如現任南海艦隊司令員蔣偉烈就擔任過東海艦隊參謀長[196]。現任海軍副司令員蘇士亮中將是北海艦隊出身，但也當任過南京軍區副參謀長與南海艦隊司令員[197]。當年遭到降職的丁一平中將現也重回副司令員的位置，其當年雖然是北海艦隊，但卻組織過水面艦的環球航行因此升官[198]。如同前面探討的解放軍戰略現代化，解放軍越來越強資訊化與聯合作戰。因此艦隊間必須相互合作，同時各兵種間都有其功用，沒有說誰較為重要[199]。

---

[192] 劉華清，《劉華清回憶錄》，頁 479-480。

[193] 編輯部，〈原海軍司令員石雲生訪談〉，《現代艦船》，2009 年 5 月 A，頁 5。

[194] 費學禮，漢興 譯，〈升級・中國航母〉，《艦載武器》，2009 年 6 月，頁 22-23。

[195] 黃榮嶽，〈「三六一」潛艇事故-談共軍撤換海軍主要領導班子〉，《中共研究》，第 37 期第 7 卷，2003 年 7 月，頁 23-24。

[196] 金千里，〈新任南海艦隊司令員蔣偉烈少將評傳〉，《前哨月刊》，2011 年 9 月，頁 71-74。

[197] 金千里，〈海軍參謀長蘇士亮中將評傳〉，《前哨月刊》，2009 年 3 月，頁 57。

[198] 于石平 著，《新太子軍——父輩打江山 我們保江山》（香港：明鏡出版社，2010 年），頁 298-335。

[199] 祖六四，徐林華，〈海洋世紀與海軍指揮人才〉，《解放軍報》，1996 年 3 月 29 日，第 2 版第 7 條。

劉華清出任軍委副主席後，中國對航艦研發的工作並沒有停止。1992年以海軍航艦論證中心為班底，由軍事科學院指導，海軍艦艇設計研究院負責船體設計，滬東造船廠進行主機生產，702 所負責設計推進系統，704 所負責飛行甲板的仿製，701 與 708 負責飛機降落攔截裝置的研製，其他包括沈飛與成飛也負責艦載機的研製工作。此設計案 1995 年由當時的副總參謀長錢樹根接手，劉華清則在 1997 年卸任，1998 年退役[200]。中國的航艦工程不斷延期，最主要原因還是受到資金與技術問題的困擾。

但真正造成航母阻礙的，除了技術外，筆者認為還有軍種間的預算競爭。筆者在這裡排除空軍的可能性，因為殲 10、11 戰機與空中加油機都是由劉華清所主導。空軍已獲得應有的現代化金費，且新型戰機海、空軍皆可共用，而且空軍有優先裝備權。筆者認為主要的原因還是在大陸軍主義。劉華清雖是鄧小平的愛將，但在軍中缺乏廣闊的陸軍人脈關係。中國艦船研究院院長黃平濤在去年出版的紀念劉華清文集中有一段耐人尋味的文字。他提到 1995 年 5 月他到烏克蘭洽談海軍燃氣渦輪事宜時，就接到命令順道去看當時停建的瓦良格號。他說：「**回國後我向曹剛川、賀鵬飛等人做了匯報。直到 10 月 25 日，劉副主席來七院參觀七院預先研究展覽時，把我們幾個人叫到一個房間裡，要我們今後不要在打報告要求造航母了。**[201]」可以從這段文字中推論，張連忠曾提到航母因某些原因發展不順的事情與這段文字不謀而合。1995 年不太可能是支持造核潛艇的一方反對造航母，因為當時第二代 093 核子潛艇經江澤民批准確定發展。空軍也不會是反對因素，同樣獲得新一代戰機。剩下的只有現代化資金少的可憐的陸軍（相對於海、空軍），航母與核潛艇的預算是陸軍裝備的好幾倍[202]。

---

[200] 鐘堅，〈突圍：中國建構航艦之研析〉，《尖端科技》，第 227 期，2003 年 7 月，頁 6-15。

[201] 薑為民 主編，〈憶劉副主席二三事〉，《紀念劉華清同志逝世一週年》（北京：解放軍出版社，2011 年 11 月），頁 474-475。

[202] 解放軍是以陸軍起家，至今僅有海、空軍有司令部，陸軍可以說掌握總參謀部與其他三部。近年來因聯合作戰需求，總參謀部副總參謀長已採取各軍兵種各任一職的方式。但各大軍區中，艦隊司令員仍不如軍區司令。余平，〈軍事變革關鍵在陸軍〉，《廣角境》，2010 年 8-9 月，頁 20-22。

1991 年解放軍報就曾撰文，強調中國的國防預算過低。一些將領也認為軍事支出過低[203]。巧合的是劉氏因不明原因暫緩航母發展的時間點剛好又落在 1995、1996 年臺海危機[204]。江澤民在事件之後也採取增加軍事預算的方式提升他在解放軍中的威望。筆者認為基於上述種種預算上的分配問題，在 1990 年代中期阻礙航母建造的元兇，可能是陸軍對於預算分配不均造成的[205]。不過解放軍在 1997 年又決定建造航艦，預算上的紛爭應已獲得解決。北京高層的支持與外部環境的影響，成為解放軍發展航艦的重要推手。隨後的幾任司令員任內，航艦工作都仍持續進行，瓦良格號在 1998 年以 2000 萬美金的價格購回中國，整個採購案包含拖運費用就達 3000 萬美金。同時中國也向土耳其支付 10 億美金保證金，讓瓦良格號能順利通過伊斯坦堡海峽[206]。

解放軍海軍決定先核潛艇後航母的順序，並不代表其有特別青睞哪項裝備。而是在有限資源分配下的折衷辦法。

第三節　胡錦濤時期（2004-2012）——政策轉型

胡錦濤借鏡江澤民的方式逐漸掌握軍權。從江澤民時期中國就逐漸有採取外交手段解決周邊海域爭議的跡象，到了胡錦濤時期徹底發酵。轉捩點是在 2005 年的東海油田事件，事件後中國在處理周邊海域爭議的第一線不再使用軍艦，改採海洋執法單位。解放軍海軍也更為重視海軍外交任務。其海軍戰略因國家安全的考量已逐漸從近海防禦轉向遠海防衛。

[203] Dauglas J. Murray，Paul R. Viotti 著，《世界各國國防政策比較研究 下》（臺北：國防部史政編譯局，1999 年 5 月，原書為 1994 年出版），頁 240-241。

[204] 江澤民在 1996 年管不住軍方是肯定的事實。

[205] Richard Fisher，黃引珊 譯，〈中共籌建航空母艦進展〉，《國防譯粹》，第 37 卷第 3 期，2010 年 3 月，頁 94。

[206] James R. Lilly、David Shambaugh，《共軍的未來》（臺北：國防部史政編譯局，2000 年 8 月，原書為 1999 年出版），頁 140-141。

一、胡錦濤時期對爭議海域的政策轉變

經由東海油田事件的啟發，胡錦濤時期中國在處理周邊爭議海域議題上，採用海洋執法單位與外交途徑。軍艦成為外交工具，成為備而不用的殺手鐧。

■ 文人統治下的轉變

在進入胡錦濤時期前，必須先提到江澤民時期的部分轉變。江澤民缺乏如毛、鄧兩人的軍中威望。因此江澤民採取大量晉升將領、通過相關法令與增加國防預算的方式[207]，以爭取軍方對自己的支持。在江澤民執政的 13 年中，晉升上將就達 8 次，共 79 人[208]。江澤民也因此在臺海危機之後，逐漸掌握軍權[209]。1995 年新頒佈的《解放軍政治工作條例》與 1997 年頒佈的《國防法》，都一再強調共產黨對軍隊的領導性與正當性[210]。江澤民在 1997 年將軍辦企業收歸國有[211]，整治當時腐敗的軍辦企業，但同時給予軍隊更多的國防預算[212]。中央政治局與中央委員會中軍方的比例也明顯下降，政治局至今只保留 2 名軍方名額[213]。江澤民也採取文人領導的新特色，重視外交事務。Bonnie S Glaser 和 Evan S Medeiros 認為，江澤民時期的中國一直想要挽回 1988、1995、1996 年的諸多負面印象。因此中國與鄰國的外交活動逐漸平

---

[207] 相馬 勝 著，《中國軍對能否打贏下一回戰爭》（臺北：國防部史政編譯局，1999 年 1 月，原書為 1996 年出版），頁 222。

[208] 吳恆宇，〈中國軍隊大軍區正職的編制與晉升模式〉，《國防雜誌》，第 25 卷第 5 期，2010 年 10 月，頁 21。

[209] 林弘展 著，《中國人民解放軍 X 檔案》（臺北：本土文化出版社，1996 年 6 月），頁 22-23。

[210] 洪陸訓 著，《軍事政治學》（臺北：五南出版社，2002 年 9 月），頁 321-323。

[211] 韓振軍，〈確保接收企業平穩過渡〉，《解放軍報》，1998 年 12 月 29 日，第 1 版第 5 條。

[212] Phillip C. Saunders, "Civil-Military Relations in China: Assessing the PLA's Role in Elite Politics", *China Strategic Perspective*, No. 2, August 2010, pp. 7-10.

[213] 王順和 著，《中國人民解放軍政治性角色之研究》（臺南：供學出版社，2006 年 3 月），頁 110。

凡[214]。如同前一章提到，1995 年中菲美濟礁事件最後採取外交解決，臺海危機之後解放軍將領也多次出訪亞洲各國。

　　2004 年中國召開十六屆四中全會，江澤民辭去中央軍委主席，胡錦濤時代正式來臨。胡錦濤與江澤民一樣缺乏毛、鄧兩人的軍人背景。在共產黨黨內缺乏領軍權威。雙方上任後，都花費許多手段才取得軍權的穩固[215]。胡錦濤上任後同年 9 月宣布晉升兩名上將，其中一人就是張定發，另一位是二砲部隊司令員靖志遠。外界解讀這是胡錦濤為鞏固勢力所做出的舉動[216]。胡錦濤任內共進行了 8 次上將晉升，共計 39 人[217]。2003 年 16 屆三中全會，胡錦濤首次提出任內對軍隊的論述「科學發展觀」[218]。2010 年 9 月 14 日胡錦濤效法江澤民頒佈新的《解放軍政治工作條例》，將其「科學發展觀」放入[219]。在江、胡時期逐漸形成，對外事務由外交官負責的局勢。且中國的大戰略首要目標為經濟發展，使用軍事手段除了不利於國際觀感，也可能造成美國介入與情勢升溫。因此軍事手段被外交手段取代。2005 年胡錦濤在聯合國 60 週年會議上就強調中國的外交政策是「和諧世界」，希望藉由經濟與外交降低外界對中國崛起的隱憂[220]。中國也從過去消極參與國際活動，轉為積極參與國際多邊組織[221]。中國也積極利用聯合國處理周邊事務，同時積極

---

[214] Journal Article, "The Changing Ecology of Foreign Policy-Making in China: The Ascension and Demise of the Theory of "Peaceful Rise"", *The China Quarterly*, July 19, 2007, pp. 291-310.

[215] 洪陸訓 著，《軍事政治學》，頁 325-327。

[216] 金千里 著，《第五代將星》，頁 113。

[217] Joseph Y. Lin, "The changing face of Chinese military generals: evolving promotion practices between 1981 and 2009", *Korean Journal of Defense Analysis* ,March 26, 2010, pp. 75-93.

　　吳恆宇，〈中國軍隊大軍區正職的編制與晉升模式〉，頁 26-27。

　　亓樂義，〈陸晉升 6 上將 趨向制度化〉，《中國時報》，2011 年 7 月 25 日，A15。

[218] 洪志安，〈從軍力現代化看胡錦濤主政時期的文武關係〉，發表於《2009「中國軍力現代化」國際研討會》（臺北：國防大學政戰學院，2009 年 11 月），頁 188。

[219] 〈新修訂的中國人民解放軍政治工作條例頒佈〉《解放軍報》，2010 年 9 月 14 日，第 1 版第 1 條。

[220] Masafumi Iida, *China's Shift : Global Strategy of the Rising Power*, （Japan, *The National Institute for Defense Studies*, 2009） , pp.57-60.

[221] 於有慧，〈從十七大政治報告觀察中國外交的持續與轉變〉，發表於《國立政治大學國際觀察研究中心中國十七大觀察報告學術研討會》（臺北：國立政治大學，2007

參與聯合國維和行動[222]。中國外交智庫在江、胡時期也獲得更大發展空間，藉由外交智庫的學者與發行期刊對外宣揚中國的外交政策[223]。解放軍將領在學術研討會中也強調，目前中國正遇到難得的「戰略機遇期」，解放軍擴大與外國軍隊的合作與交流[224]。海軍軍艦在承平時期甚至成為外交互訪的工具，其武力備而不用。

胡錦濤在他的發言中展現出重視南海主權問題，他宣稱美國企圖控制馬六甲這個「中國」命脈的咽喉[225]。2005 年 4 月 20 日至 28 日，胡錦濤訪問汶萊、菲律賓、印尼在南海主權上有爭議的國家[226]。2005 年 10 月 28 日至 11 月 2 日，胡錦濤訪問越南與北韓[227]。2009 年 11 月 10 日，胡錦濤抵達馬來西亞進行訪問，順道參加在新加坡的 APEC 會議。不過胡錦濤時期一個重要的改變，要從東海油田事件說起。這次事件改變中國在處理周邊海洋事務上的手段。

■ 中日東海對峙的啟示

對峙階段

東海是中國面向太平洋的出口，東海中國架同時接壤沖繩群島，因此這塊區域一直以來都是「中」日之間紛爭的所在地。其中以釣魚臺問題和東海油田問題是最具爭議的，包含漁業、資源與劃界問題[228]。據估計釣魚臺海域

年），頁 63-64。

[222] 李大中 著，《聯合國維和行動──類型與挑戰》（臺北：秀威出版社，2011 年 6 月），頁 260-262。

[223] 施道安（Andrew Scobell），伍爾澤（Larry M Wortzel）編輯，《中共軍文變化》（臺北：國防部史政編譯局，2006 年 4 月，原書為 2004 年出版），頁 341-353。

[224] 巴忠倓 主編，《戰略機遇期的把握和利用──第四屆中國國家安全論壇》（北京：時事出版社，2006 年 10 月），頁 214-215。

[225] Zubir Mokhzani , Basiron Mohd Nizam, "The Strait of Malacca: The Rise of China, America's Intentions and the Dilemma of the Littoral States" Maritime Studies , Issue 141 ,Mar/Apr 2005, p.3.

[226] 〈胡錦濤出訪東南亞〉，《新浪網》，2012 年 2 月 22 日，http://news.sina.com.cn/z/hjtfny/index.shtml。

[227] 〈胡錦濤主席訪問越南、朝鮮〉，《中國評論新聞網》，2012 年 2 月 22 日，http://www.chinareviewnews.com/crn-webapp/spec/index_6.jsp。

[228] 王曾惠，林中斌 主編，〈中國海洋與臺灣島戰略地位〉，頁 177-182。

所預藏的原油量約 30 至 70 億噸，漁獲量每年可捕獲 15 萬噸，並讓日本多出 7-20 萬平方公尺的經濟海域[229]。根據估計，東海油田可供中國使用 80 年，天然氣可供日本使用 100 年之久[230]。危機的引爆點可往回推到 2004 年，該年中國海調船進入日本經濟海域的次數就多達 25 次，2003 年僅 8 次，2005 年更多達 30 次[231]。

不過雙方在經濟海域上本有重疊，加上釣魚臺主權爭議，因此入侵說法成為各說各話[232]。中國在 2004 年大量進入東海海域後，很快就在東海海域上成功試探春曉油氣井，同時預計 2005 年 10 月可進行開採。就在中國大量進入東海進行調查的同時，日本政府在 2004 年 12 月 15 日宣布斥資 220-240 億日圓建造海調船，與中國互別苗頭意味濃厚[233]。

春曉油田位在東海大陸架日本所劃定中線的「中」方範圍，但距離中線僅 5 公里。雖然中國宣稱其有東海大陸架全部合法開採權利，但還是將開採範圍控制在日方提出的中線之內。2005 年 7 月 14 日日本官方宣布授與日本帝國石油公司在東海油田海域的開採權利。中國在 2005 年 9 月 9 日派出包括 1 艘現代級驅逐艦在內的 5 艘船隊出現在春曉油田海域，同時 1 艘巡防艦上的艦炮還對準了日本的 P-3C 反潛機[234]。同時中國軍機在 2005 年進入防空識別區次數就高達 107 次，比起 2004 年的 13 次增長了 7 倍，打破 1998 年的 30 次紀錄[235]。

談判階段

春曉油田位於日本防空識別區之內，因此中國方面認為日本想借由防空識別區增加在談判上的籌碼[236]。2004 年 10 月至 2007 年 11 月中日雙方共舉

[229] 高月，〈海權、能源與安全〉，《現代艦船》，2004 年 12 月，頁 11。

[230] 程超澤，〈中共崛起的石油安全（上）〉，《中共研究》，第 41 卷，2007 年 7 月，頁 85。

[231] 張蜀誠，〈中共海軍威脅與西太平洋地區反制作為〉，《國防雜誌》，第 23 卷第 3 期，2008 年 6 月，頁 57。

[232] 編輯部，〈與中國固有海上領土存在糾紛的相關國家海軍實力對比簡報〉，《現代艦船》，2009 年 7 月 A，頁 19。

[233] 林基書，〈日本要建海洋調查船對抗中國〉，《現代艦船》，2005 年 2 月 A，頁 2。

[234] 編輯部，〈中國艦隊現身春曉油氣田〉，《現代艦船》，2005 年 11 月 A，頁 2。

[235] 章明，〈東海之爭中的日本防空識別區〉，《現代艦船》，2006 年 9 月 B，頁 16。

[236] 龍村倪，〈釣魚臺及春曉油田日本劃定的防空識別區〉，《全球防衛》，2006 年 5 月，

行了 11 次談判[237]。雙方對於東海油田的劃定仍沒有共識，中國否決日方的中線提議，同時宣稱有東海大陸架全部合法開採權利[238]。中國雖然態度強硬，但其開採範圍仍控制在日方提出的中線之內。此外雙方願意擱置主權爭議，先就共同開發問題進行磋商。2007 年溫家寶破冰訪問日本，對東海油田問題雙方達成「擱置爭議，共同開發」的共識[239]。2007-2008 年中日雙方軍艦互訪[240]，2008 年的談判雙方決定劃定共同開發區，雙方在東海油田的爭議暫時擱置。

2010 年溫家寶再度訪日，雙方就東海油田做進一步談判，並成立總理熱線[241]。不過雙方仍有部份小磨擦，包括 2009 年日方懷疑中國違反 2008 年的共識，持續開採油田。2010 年 5 月 4 日，就在溫家寶出訪前夕，中國海監船在東海油田海域干擾日本海調船作業[242]。在南邊的釣魚臺，也不斷有中國海調船進入釣魚臺海域。中國在東海問題上，明顯採取強勢作為。同時讓自己具備符合「海洋法公約」的條件，增加與日本談判的籌碼。我們可以發現，2004-2005 年春曉油田事件也是中國最後一次使用軍艦介入周邊海域問題。而這次事件讓中國在面對往後的南海問題，也同樣採取漁政與海監船等海洋執法單位。這就是胡錦濤任內與前幾任領導人在處理爭議問題上的一項政策轉變與新手段。

胡錦濤承襲江澤民掌握軍方的模式。在東海油田事件上，日本使用非軍方船艦讓中國見識到海洋執法單位的重要性。

頁 71-72。

[237] 龍村倪 著，《釣魚臺烈嶼與東海春曉油田》（香港：大風出版社，2008 年 1 月），頁 130-133。

[238] 龍村倪，〈中日交鋒的熱點──春曉油田風飄雨〉，《全球防衛》，2005 年 11 月，頁 21。

[239] 〈溫家寶成功完成訪日「融冰之旅」〉，《BBC 中文網》，2012 年 2 月 22 日，http://news.bbc.co.uk/chinese/trad/hi/newsid_6550000/newsid_6551900/6551927.stm。

[240] 編輯部，〈深圳艦首訪日本〉，《現代艦船》，2008 年 1 月 A，頁 2。

[241] 〈溫家寶訪日 啟動東海油田談判〉，《蘋果日報》，2012 年 2 月 22 日，http://tw.nextmedia.com/applenews/article/art_id/32552916/IssueID/20100601。

[242] 編輯部，〈日調查船非法作業遭中方驅逐〉，《現代艦船》，2010 年 6 月 B，頁 2。

二、亞丁灣的經驗與啟示

比起東海等問題，中國還必須顧慮從南海至印度洋的海上能源生命線，其商船被攻擊率排在世界第 9。由於中國缺乏海外軍事基地，其必須藉由外交與經濟的方式取得各種海外補給港口。

■ 珍珠串戰略

中國的進口原油有 95%會經過印度洋，又有 85%的原油會經過馬六甲海峽。因此中國學者多次強調中國在印度洋地區的能源運輸問題[243]。劉亞洲也曾撰文，強調西部是腹地不是邊陲[244]。2004 年美國國防部提出一份《亞洲的能源未來》，指出中國企圖建立所謂的「珍珠串戰略」，目的在於維護中國海上的航運安全。報告中指出中國將在巴基斯坦、孟加拉吉大港、緬甸可可群島與實兌港[245]、柬埔寨、泰國和南中國海建立港口基地[246]，而下列消息也證實的確有這種可能。中國與巴基斯坦合作在該國的瓜達爾港開發一座深水商港，西方學者認為中國企圖在該港口建立海軍基地與監聽站[247]。2007年中國與斯里蘭卡簽署漢班托特港的商業使用協議[248]，不過根據報導指出該港口全部完工需花費 15 年的時間。且該地區基礎建設不佳，對於軍艦的補給能力有限[249]。中國與孟加拉也簽署吉大港的相關使用協議，並加強兩國的軍事合作。

[243] 楊毅 主編，《中國國家安全戰略構想》（北京：時事出版社，2009 年 7 月），頁 330。

[244] 泳杉，〈空軍中將劉亞洲撰〈西部論〉縱談西進戰略〉，《文匯報》，2010 年 8 月 10 日，http://info.wenweipo.com/index.php?action-viewnews-itemid-32266。

[245] 實際上實兌港印度也有參與投資。

[246] 李黎明，〈中國軍事介入可哥群島：東南亞海上航道的再選擇〉，《海軍學術雙月刊》，第 45 卷第 6 期，2011 年 12 月，頁 23-25。

[247] Vivian Yang, "China's pearls unstrung-for now", Asia Times, Jul 20, 2011, http://www.atimes.com/atimes/china/mg20ad01.html.

[248] 〈中國提供貸款的斯里蘭卡漢班托特港正式開工〉，《新華網》，2007 年 11 月 1 日，http://news.xinhuanet.com/newscenter/2007-11/01/content_6986221.htm。

[249] Urmila Venugopalan，齊珮文 譯，〈中共突破印度洋港口〉，《國防譯粹》，第 37 卷第 7 期，2010 年 7 月，頁 93。

也有消息指出中國正在緬甸建立海軍基地與通往中國的石油管線，中國也從印尼、越南、馬來西亞、泰國進口相關能源[250]。呼應胡錦濤的馬六甲困境，中國學者認為除了建立中緬能源管線，也可與巴基斯坦、中亞、俄羅斯等國建立能源管線[251]。其中最重要的是泰國打算建造的克拉地峽運河工程，中國非常有意願投資這條穿越泰國的運河，這條運河將使中國不需經過馬六甲海峽就可進入南海。同時中國也打算鋪設一條從安達曼港口通往中國的石油管線。珍珠串戰略的目的在於解決海上石油航線安全與提供海軍在印度洋的補給基地[252]。雖然中國一再宣稱沒有珍珠串計畫，認為珍珠串是印度與美國強加給中國的[253]。但西方學者對此非常重視，美國海軍學會有學者撰文，如果美國遭到中國攻擊，將對印度洋的中國原油航線進行報復[254]。不管珍珠串是真是假，南海為通往印度洋的首個要點，中國對印度洋至南海的這段安全航線勢必更加重視。

---

[250] 〈中緬石油管線對我國石油行業的影響〉，《中國商品網》，2007 年 2 月 15 日，http://ccn.mofcom.gov.cn/spbg/show.php?id=5254&ids=。

[251] 李果仁，劉亦紅 等著，《中國能源安全報告》（北京：紅旗出版社，2009 年 3 月），頁 59-60。

[252] Christopher J. Pehrson, "string of Pearls: meeting the challenge of china's risingpower across the asian littoral", *Carlisle Papers in Security Strategy*, July 25, 2006, pp.3-5.

[253] 劉慶，〈珍珠鏈戰略之說辯析〉，《現代國際關係》，2010 年 3 月，頁 8-14。

[254] Laerence Spinetta，吳晨輝 譯，〈斬斷中共的珍珠串〉，《國防譯粹》，第 34 卷第 7 期，2007 年 1 月，頁 84-89。

中國珍珠串戰略示意圖

巴基斯坦瓜達爾港

孟加拉吉大港

緬甸實兌港

緬甸可可群島

斯里蘭卡漢班托特港

泰國克拉地峽運河

柬埔寨(?)

海南島三亞海軍基地

西沙群島

南沙群島

蘇冠群製圖

圖 2-3　珍珠串戰略示意圖

資料來源：“The Joint Operating Environment 2008”, *United States Joint Forces Command*, November 25, 2008, p.28.

■ 亞丁灣護航

　　2008 年 10 月，為解決索馬利亞海盜問題，北約、歐盟、俄羅斯等國相繼派遣軍艦對行經亞丁灣商船進行護航[255]。根據統計，中國在海上受到攻擊的機率為 0.33%在世界各國中排名第 9[256]。2008 年 12 月 26 日，中國正式派出第一批亞丁灣護航編隊。隨後在 2009 年至 2011 年各派出三批，2012 年的第一批也已抵達亞丁灣執行任務。總計中國目前共派出 11 批亞丁灣護航編隊，其中南海艦隊六批，東海艦隊四批與 2012 年第一次派出北海艦隊。前 10 次共計護航 440 批 4558 艘商船[257]。中國派遣亞丁灣護航除了展現國際參與外，也是對解放軍海軍現代化進行評測，包括解放軍海軍的快速反應能

---

[255] 劉軍，〈索馬裡海盜問題探析〉，《現代國際關係》，2009 年 1 月，頁 29。

[256] “Piracy off the coast of Somalia - Foreign Affairs Committee Evidence Summary”, *Neptune Maritime Security*, January 16, 2012, http://neptunemaritimesecurity.posterous.com/piracy-off-the-coast-of-somalia-foreign-affai.

[257] 編輯部，〈中國海軍亞丁灣護航 3 週年〉，《船艦知識》，2012 年 1 月，頁 17-21。

力、遠洋部署能力、後勤保障能力、特種作戰能力、海軍訓練成果、海上協同作戰能力、應對緊急狀況能力[258]。

從每一批護航編隊的改變，顯示亞丁灣護航對中國海軍有經驗累積上的幫助。從第二批護航開始，中國開始靠岸整補，使官兵能上岸休息。目前中國已選擇在阿曼塞拉萊港、葉門亞丁港與法屬吉布地作為整補地[259]。2009年第三批護航編隊首次與俄國進行聯合反海盜演習，2010 年也開始與北約、歐盟[260]、韓國等護航船隻進行交流[261]。不過中國並不希望與北約等西方國家船隻聯合護航，只進行聯合演習與訊息交流[262]。解放軍海軍司令員吳勝利提到中國在亞丁灣護航從一開始只能對 5 艘商船護航，到現在可同時對 30 艘商船護航[263]，顯示解放軍對於護航編隊的成熟度。中國船隻也開始搭載經過改裝的直 9 直升機，用於執行反海盜任務，第六批護航編隊更派出包含氣墊登陸艇在內的 998 兩棲登陸艦。第八批與第九批還採取了三艦停機並排補給的方式，這種補給方式是中國自行發展的，與世界各國採用的纜繩垂釣方式不同[264]。顯示中國利用亞丁灣護航進行各種裝備、教範的驗證。

有一說法是各艦隊爭取亞丁灣護航機會，北海艦隊直到 2012 年才首次護航，不過這種說法欠缺觀察。因為亞丁灣護航船艦強調直升機搭載能力，而北海的 051C 驅逐艦不具備搭載直升機能力，東海艦隊的現代級也無法長期搭載直升機。因此南、東海艦隊派出的是具有遠航能力的巡防艦與驅逐艦。北海艦隊首次護航派出的是其最新獲得的 054A 巡防艦與大修後的旅滬

---

[258] 黃立 著，《劍指亞丁灣 中國海軍遠洋亮劍》（廣州：中山大學出版社，2009 年 4 月），頁 236-240。

[259] 蘭寧利，〈解析解放軍海軍亞丁灣護航〉，《亞太防務》，2010 年 6 月，頁 41-42。

[260] Dr. Alison A. Kaufman, China's Participation in Anti-Piracy Operations off the Hornof Africa: Drivers and Implications, *CNA China Studies*, July 2009, pp.5-7.

[261] 謝湧紋，〈對亞丁灣護航國際合作的思考〉，《船艦知識》，2012 年 1 月，頁 24-25。

[262] Richard Weitz, "Operation Somalia: China"s First Expeditionary Force?", China Security, Vol. 5 No. 1, Winter 2009, 37-38.

[263] 吳勝利、劉曉江，〈寫在人民海軍執行遠洋護航任務兩週年之際〉，《求是雜誌》，第 24 期，2010 年，頁 12。

[264] 〈中國海軍第八批護航編隊首次海上三艦靠幫補給〉，《中國評論新聞》，2011 年 3 月 1 日，http://www.chinareviewnews.com/doc/1016/1/3/9/101613968.html?coluid=7&kindid=0&docid=101613968&mdate=0301084653。

級驅逐艦，應該說北海艦隊近期才獲得適合亞丁灣護航的艦艇。此外第十一批護航的補給艦是南海艦隊的微山湖號，顯示中國開始強調各艦隊的聯戰能力。中國也開始建造小型但具有遠航能力的 056 護衛艦，不過這種軍艦缺乏長期搭載直升機能力，因此有些分析家認為其主要目的是用於近海[265]。2010年中國的國防提到中國將加強遠海合作、訓練的能力[266]，顯示亞丁灣護航對解放軍海軍來說，是個增加中國的國際曝光度、執行軍艦外交、演練教範準則的絕佳任務。

　　參與國際反海盜的亞丁灣護航，累積其海軍遠航經驗，藉此訓練各種新式準則。同時也取代以望的軍艦參訪，軍艦參訪成為護航船團的另一項任務。

[265] 吳越，〈056 輕型護衛艦性能淺析〉，頁 20-24。
[266] 中華人民共和國國務院新聞辦公室，〈2010 年中國的國防〉，《新華網》，2011 年 3 月 31 日，http://big5.xinhuanet.com/gate/big5/news.xinhuanet.com/politics/2011-03/31/c_121252219.htm。

表 2-7　各國商船數量與在亞丁灣被攻擊機率排名表

排名	國家	商船數	遭攻擊次數	遭攻擊機率	派遣護航艦隊
1	聖文森特和格林納丁斯	2100	16	0.76%	○
2	馬紹爾群島	4842	24	0.50%	○
3	安提瓜和巴布達	3575	17	0.48%	○
4	法國	2292	10	0.44%	●
5	香港	6355	27	0.42%	○
6	土耳其	2363	9	0.38%	●
7	美國	3588	12	0.33%	●
8	義大利	3657	12	0.33%	●
9	中國	2440	8	0.33%	●
10	新加坡	5755	18	0.31%	○
11	馬爾他	8571	25	0.29%	●
12	賽浦路斯	6186	18	0.29%	●
13	英國	8859	22	0.25%	●
14	巴拿馬	33672	82	0.24%	●
15	丹麥	4722	11	0.23%	●
16	荷蘭	3019	7	0.23%	●
17	巴哈馬	6810	16	0.23%	○
18	利比裡亞	18542	34	0.18%	●
19	挪威	4571	7	0.15%	●
20	希臘	6065	8	0.13%	●
21	德國	7424	3	0.04%	●

資料來源：“Piracy off the coast of Somalia - Foreign Affairs Committee Evidence Summary”, *Neptune Maritime Security*, January 16, 2012, http://neptunemaritimesecurity. posterous.com/piracy-off-the-coast-of-somalia-foreign-affai.

表 2-8 中國十二批亞丁灣護航表

	日期	參與軍艦	護航數量	附註
1	2008 年 12 月 26 日 -2009 年 4 月 28 日	169 武漢號 171 海口號 887 微山湖號	護送 41 批 212 艘	南海艦隊。
2	2009 年 4 月 2 日 -2009 年 8 月 21 日	167 深圳號 570 黃山號 887 微山湖號	護送 45 批 308 艘	南海艦隊。首次停靠阿曼塞拉萊港修整。回程訪問印度、巴基斯坦。
3	2009 年 7 月 16 日 -2009 年 12 月 20 日	529 舟山號 530 徐州號 886 千島湖號	護送 53 批 582 艘	東海艦隊。開始與俄羅斯聯合演習。回程訪問馬來西亞、新加坡、香港。
4	2009 年 10 月 30 日 -2010 年 4 月 23 日	525 馬鞍山號 526 溫州號 886 千島湖號	護送 46 批 661 艘	東海艦隊。開始與歐盟護航編隊交流。回程訪問阿拉伯聯合大公國、菲律賓。
5	2010 年 3 月 4 日 -2010 年 9 月 11 日	168 廣州號 568 巢湖號 887 微山湖號	護送 41 批 580 艘	南海艦隊。開始與北約護航編隊交流。回程訪問埃及、義大利、希臘、緬甸。
6	2010 年 6 月 30 日 -2011 年 1 月 7 日	998 崑崙山號 170 蘭州號 887 微山湖號	護送 49 批 610 艘。	南海艦隊。首次使用兩棲登陸艦護航。回程訪問沙烏地阿拉伯、巴林、印尼、斯里蘭卡。
7	2010 年 11 月 2 日 -2011 年 5 月 9 日	529 舟山號 530 徐州號 886 千島湖號	護送 38 批 578 艘	東海艦隊。回程訪問坦桑尼亞、南非、賽舌爾。
8	2011 年 2 月 21 日 -2011 年 8 月 28 日	526 溫州號 525 馬鞍山號 886 千島湖號	護送 46 批 507 艘	東海艦隊。直 9 首次進行實彈射擊。東海艦隊首次採取停機並排幫浦式補給。回程訪問巴基斯坦、卡達、泰國。
9	2011 年 7 月 2 日 -2011 年 12 月 24 日	169 武漢號 569 玉林號 885 青島湖號	護送 41 批 280 艘	南海艦隊。南海艦隊首次採取停機並排幫浦式補給。回程參加汶萊國際海上閱兵活動。
10	2011 年 11 月 2 日 -2012 年 5 月 5 日	171 海口號 571 運城號 885 青島湖號	護送 40 批 240 艘	南海艦隊。回程訪問莫三比克、香港。
11	2012 年 2 月 27 日 -2012 年 9 月 15 日	113 青島號 538 煙臺號 887 微山湖號	護送 43 批 184 艘	北海與南海艦隊。北海艦隊船隻首次參與，由南海艦隊補給艦補給。回程時訪問烏克蘭、羅馬尼亞、土耳其、保加利亞和以色列。
12	2012 年 7 月 3 日 -2013 年 1 月 19 日	東海艦隊。回程時訪問巴基斯坦、越南、澳大利亞。		第十二批新增→護送 46 批 204 艘

資料來源：蘇冠群資料整理。

編輯部，「中國海軍亞丁灣護航 3 週年」，《船艦知識》，2012 年 1 月，頁 17-21。

謝湧紋，「對亞丁灣護航國際合作的思考」，《船艦知識》，2012 年 1 月，頁 24-25。

「中國海軍第八批護航編隊首次海上三艦靠幫補給」，《中國評論新聞》，2011 年 3 月 1 日，http://www.chinareviewnews.com/doc/1016/1/3/9/101613968.html?coluid=7&kindid=0&docid=101613968&mdate=0301084653。

Dr. Alison A. Kaufman, "China's Participation in Anti-Piracy Operations off the Horn of Africa: Drivers and Implications", *CNA China Studies*, July 2009.

三、近海防禦到遠海防衛

近年來中國借鏡外國海權與海洋戰略理論著作來反思解放軍海軍發展。雖然在國家推動與商業因素下逐漸重視海洋發展。但海軍在從近海防禦轉型成遠海防衛的海軍戰略轉型過程中，卻是緩慢且模糊的。

本節主要探討解放軍未來的發展。現代中國海權與海軍思想主要是對外軍的研究，因此首先探討外國海權思想對中國的影響進行探討。再來是針對解放軍未來建軍方向進行分析，筆者認為中國未來將是走向平衡艦隊。最後中國近幾年開始從近海防禦轉向遠海防衛的過渡時期。但其海軍目前缺乏像劉華清一樣的統策者，因此這項轉型是緩慢的，可說是摸著石頭過河。

■ 海軍名詞的界定

海權（Sea Power）這個名詞對中國來說其實是陌生的，雖然近年來許多中國學者希望用鄭和下西洋來與其掛勾[267]。西方學者也認為中國希望藉由鄭和來塑造人民對海權的觀念[268]。對中國海權影響的三本重要著作分別是馬漢（Alfred Thayer Mahan）的海權論、柯白（Julian Corbett）的海洋戰略原理與高西可夫（Sergey Georgyevich Gorshkov）的國家海權論[269]。探討這個問題

---

[267] 黃順力 著，《海洋迷思：中國海洋觀的傳統與變遷》（南昌：江西高校出版社，1999 年 12 月）。霍曉勇 主編，《中華海權史論》（北京：國防大學出版社，2000 年 7 月）。

[268] James R. Holmes，Toshi Yoshihara，陳德門 譯，〈海上軟性國力：中共運用鄭和事蹟的海洋戰略〉，《國防譯粹》，第 34 卷第 1 期，2007 年 1 月，頁 76。

[269] 本文不再針對這些著作做深入介紹，主要是提出中國對其觀點採用的部分。馬漢

時必須釐清幾個問題，第一是海權與制海權；第二是海洋戰略、海上戰略、海軍戰略的不同。海權的定義為國家使用海洋作為國家政策工具的能力[270]，也就是國家綜合運用軍事與非軍事力量控制與利用海洋，維護國家海洋權益的力量[271]。制海權（Command of the sea）則是控制海洋，不讓敵人有利用海洋的機會，使我方能充分利用海洋。制海權是構成海權的要素之一[272]。

　　根據學者黃恩浩的整理，黃氏認為海洋戰略（Oceanic Power）屬於國家戰略層次，是國家開發海洋的戰略。海上戰略（Maritime Strategy）是屬於國防戰略層次，海軍戰略（Naval Strategy）則是國家統籌海軍建設與作戰的計畫[273]。但 Maritime Strategy 在美華軍語辭典的翻譯為海洋戰略，在西方對 Maritime Strategy 的解釋也偏向軍事用途。兩岸對於海洋戰略的解釋，大多偏向如何利用海洋的戰略，不單為純軍事的。但本文是探討中國南海戰略，因此採用中國的分類。中國的海洋戰略接近 Oceanic Power 和 Sea Power，南海戰略屬於海洋戰略的一個部分。本節所要探討的是在資訊化條件下的局部戰爭（國防戰略）下的近海防禦到遠海防衛（海軍戰略 Naval Strategy）的轉變。有幾個觀念也必須釐清，首先是海洋不能被佔領，制海權提供的是一個通行權力（交通線）[274]。第二是海戰的目的在於陸地上，也就是不管是海權還是制海權最終仍必須回歸政治[275]。中國除了上述名詞外，還有所謂的海防（Coast Defense）概念，其定義為維護國家領土與主權完整，在沿海及其相關海域內採取的防衛措施[276]。

（Alfred Thayer Mahan），《海權對歷史的影響 1660-1783》（北京：解放軍出版社，2006 年 1 月）。柯白（Julian Corbett）著，《海洋戰略原理》（臺北：海軍總司令部，1958 年）。高西可夫（Sergey Georgyevich Gorshkov），朱成祥 譯，《國家海權論》（臺北：黎明文化出版社，1985 年）。

[270] 鈕先鍾 著，《國際安全與全球戰略》，頁 26。

[271] 李鐵民 編，《中國軍事百科全書——海軍戰略》，頁 204。

[272] 鈕先鍾 著，《國際安全與全球戰略》，頁 28。

[273] 黃恩浩，〈中國海權崛起與其珍珠串海上戰略〉，《中共研究》，第 41 卷第 11 期，2007 年 11 月，頁 100。

[274] 柯白（Julian Corbett）著，《海洋戰略原理》，頁 60。

[275] 韋恩·休斯（Wayne P. Hughes Jr.）著，《艦隊戰術與海岸戰鬥》（臺北：國防部史政編譯局，2001 年 9 月），頁 14。

[276] 高新生 著，《中國共產黨領導集體海防思想研究 1949-2009》（北京：時事出版社，2010 年 7 月），頁 3-4。

表 2-9　海權與海洋相關名詞解釋表

中文	英文	定義	層次
海權	Sea Power	海權為國家使用世界洋作為其國家政策工具的能力。	國家戰略
制海權	Command of the sea	制海權的意義就是控制海洋，其目的為不讓敵方有利用海洋的機會，並同時讓我方有利用海洋的充分自由。其具有時間性與範圍性。	國防戰略
海軍武力	Naval Power	海上軍事力量的直接與間接資源。	海軍戰略
海上戰略	Maritime Strategy	規劃和指導海洋戰區實施戰爭行動的方略。美國海上戰略是美國國防戰略的海上部分。	國防戰略
海洋戰略（中）	Maritime Strategy	籌畫和指導海洋控制、開發、利用的全域方略。與美軍海上戰略不同的是，中國的海洋戰略包含海洋政治、軍事、經濟、科技、文化與外交。	國家戰略
海洋戰略（美）	Oceanic Power	國家統籌海洋國土和國際水域開發利用的計畫，其海洋開發部分是國家經濟發展戰略的重要內容。內容與中國的海洋戰略類似。	國家戰略
海上武力	Maritime Power	海軍所構成的投射力與延展力。英文也可解釋為具備海權的海洋國家。	國家戰略
海軍戰略	Naval Strategy	確定海軍戰略目標和任務，統籌所有海軍相關規劃與事務的指導方針。	海軍戰略
海軍戰役／海軍作戰	Naval Campaign/ Operational Warfare at Sea	中國的海軍戰役為在海洋戰區於一定時間內，統一企圖和指揮下進行的一系列海上戰鬥的總和。美軍軍語的海軍戰役為海上行動與海上任務，它可能是戰略、戰術、後勤或訓練，定義較為模糊。俄國的定義為特定時間與地點條件下為達成某一目的，在海域內進行軍事行動或戰鬥。	海軍戰略
海防	Coast Defense	海防是國防的組成部分。為保護國家主權、領土完整和安全，維護國家海洋國土主權與防止非法侵犯與越境的權益。	國防戰略

資料來源：蘇冠群資料整理。

鈕先鍾 著，《國際安全與全球戰略》（臺北：軍事譯粹社，1988 年 10 月），頁 26-28。

國防部史政編譯室 修編，《美華軍語詞典》（臺北：國防部史政編譯室，2009 年 12 月）。

朱意達 主編，《中國人民解放軍軍官手冊——海軍分冊》（青島：青島出版社，1991 年 6 月），頁 385。

石雲生 主編，《中國海軍百科權書——上》（北京：海潮出版社，1998 年 12 月）。

李鐵民 編，《中國軍事百科全書——海軍戰略》（北京：中國大百科全書出版社，2007 年 9 月）。

國防大學（中國）科研部編，《軍事變革中的新概念：解讀 200 條新軍事術語》（北京：解放軍出版社，2004 年 4 月），頁 27-28。

高新生 著，《中國共產黨領導集體海防思想研究 1949-2009》（北京：時事出版社，2010 年 7 月），頁 3-4。

黃恩浩，「中國海權崛起與其珍珠串海上戰略」，《中共研究》，第 41 卷第 11 期，2007 年 11 月，頁 100。

Milan N. Vego，袁平 譯，「論海軍武力」，《國防譯粹》，第 36 卷第 1 期，2009 年 1 月，頁 44。

Milan Vego, "Operational Warfare at Sea: Theory and Practice"，（New York，Routledge, December 24, 2008）.

"Department of Defense Dictionary of Military and Associated Terms"，（Washington, D.C., Joint Publication, April 12, 2001, As Amended Through May 30, 2008）.

■ 西學為用

美國學者對於中國海軍的發展有兩派論點。其中一派認為解放軍海軍的發展將使美國失去在西太平洋的優勢[277]，如深信解放軍軍力發展是對美國採取反介入（Anti-Access）與區域拒止（Area-Denial）[278]。另一派認為中國與美國有共同的商業利益，中國因自身利益會希望亞太走向和平與合作[279]。且中國不斷參與海上國際活動，美國應該與中國在太平洋和平共存[280]。美國海

---

[277] James Kraska, "How the United States Lost the Naval War of 2015", *Orbis*, Volume 54, Number 1, Winter 2010, pp. 44-45.

[278] Roger Cliff, Mark Burles, Michael S. Chase, Derek Eaton, Kevin L. Pollpeter, " Chinese Antiaccess Strategies and Their Implications for the United States", *RAND Corporation*, 2007.

[279] Christian Bedford, "The View from the West: Chinese Naval Power in the 21stCentury", *CANADIAN NAVAL REVIEW*, VOLUME 5, NUMBER 2, SUMMER 2009, pp. 33-34.

[280] Thomas J. Bickford, "Uncertain Waters: Thinking About China's Emergence as a Maritime

軍學院的教授 James R. Holmes 與 Toshi Yoshihara 提供了不同的看法，他強調依照馬漢的理論，海權應該是更重視商業利益。美國太過重視解放軍海軍戰略在反介入或臺海衝突，而忽略了其在印度洋海域的經濟活動，商業利益考量對中國來說同樣重要[281]。

關於中國學者藉由馬漢海權論的論述相當多，但大多流於歷史研究或過於片面[282]。中國官辦雜誌《現代艦船》作者高月的三篇中國海洋戰略文章較具備學理參考價值。高氏認為中國的經濟發展需配合海運發展，海運比起陸上運輸有更大的經濟性。他提到海權不單純只是制海，還包括經濟開發、科學研究與國家利益（中國對海洋戰略的認識幾乎等同海權）。他引用馬漢的海權論，認為海軍就是為全球性海上貿易與交通的安全服務。他提到海權與陸權並不相衝，而是相輔相成。他說馬漢的海權論也強調海權必須依靠陸上的支援。因此鄭和下西洋這種依靠國家支持的海權是不夠的，經濟貿易才是支撐海權的重要因素。最後他認為中國要想發展海洋，必須處理好邊界問題，才能安心向海洋發展。他認為中美之間存在共同利益，中國的海洋發展必須也是其他國家的利益，才能避免遭到他國抵制[283]。中國對於馬漢的理解，主要運用在其海洋戰略的發展[284]，這也是第二章談到中國對海洋科研、海洋運輸等海洋發展的重視。中國學者有一項共識，就是海外利益必須與他國利益結合[285]，這點是中國借鏡美國在全球發展的成功經驗[286]。

James R. Holmes 教授在接受《現代艦船》訪問時也談到，中國對海洋戰略理論不能侷限於馬漢，如柯白、柯洛姆兄弟（Philip Howard Colomb &

Power", *CNA China Studies*, September 15, 2011, pp. 79-81.

[281] James R. Holmes、Toshi Yoshihara，李柏彥 譯，〈馬漢之魂——中共的海權戰略〉，《國防譯粹》，第 37 卷第 4 期，2010 年 4 月，頁 45-49。

[282] 張示平 主編，《中國海權》（北京：人民日報出版社，1998 年 12 月），頁 35-37。

[283] 高月，〈佈局謀勢 經略海洋——論當代海洋戰略的中國模式〉，《現代艦船》，2007 年 5 月 B，頁 7-11。

[284] Paul M. Kennedy，於瀛 編譯，〈美國的海權觀〉，《現代艦船》，2012 年 2 月 B，頁 8-9。

[285] 唐昊，〈關於中國海外利益保護的戰略思考〉，《現代國際關係》，第 260 期，2011 年 6 月，頁 8。

[286] 陳志武 著，《沒有中國模式這回事》（臺北：八旗文化出版社，2010 年 8 月），頁 254-263。

John Colomb）都是值得研究的著作[287]。西方學者也觀察到軍科院研究員師小芹對柯白的研究。師小芹認為馬漢的理論偏向發展一支全球海軍，且尋求艦隊決戰的論點不適合中國國情。但這並非他反對馬漢的其他論點，他認為柯白的論點可以補足馬漢的一些不足。包括對於海上交通線的重視，他認為美國的進入（Access）跟控制要點更符合柯白的理論[288]。對此 James R. Holmes 教授認為馬漢的絕對制海很難實現，對於中國官方來說控制局部海域反而更為實際，這也是柯白理論開始受到中國內部重視的原因[289]。此外這些海權理論的時代背景也與現今不同，中國也不可能完全套用其思想，只能各取所需。我們可以從這些中外學者的論述分析，中國目前面臨的是一個兩難問題。他必須解決在西太平洋第一島鏈的控制問題，但同時必須面對其經濟發展帶動的海外利益。而劉華清只告訴了中國海軍向東怎麼走，卻沒有告訴解放軍向西該怎麼走[290]。造成中國從近海防禦走向遠海防衛出現過渡模糊期。

---

[287] 劉怡 訪談，〈對話詹姆斯‧霍爾姆斯〉，《現代艦船》，2011 年 9 月 B，頁 22-23。

[288] 師小芹，〈理解海權的另外一條路徑——簡論朱利安‧科貝特的海權理論及其現實意義〉，《和平與發展》，第 113 期，2010 年 1 月，頁 56-63。

[289] James R. Holmes，Toshi Yoshihara，劉慶順 譯，〈朝柯白海權學說轉變的中共海軍〉，《國防譯粹》，第 38 卷第 3 期，2011 年 3 月，頁 68-73。

[290] 喬‧瓦納，漢興 譯，〈中國海軍向東還是向南〉，《艦載武器》，2008 年 11 月，頁 20-21。

表 2-10 海權要素表

馬漢	格羅夫	高西可夫	鈕先鍾
地理位置	經濟實力	海洋科研考察能力	海軍
自然環境	技術能力	海洋資源開發能力	商船隊
領土大小	社會政治	海上運輸能力	海洋工業
人口	文化	國家海上軍事力量	國際貿易
民族性	地理位置		漁業
政治制度	海洋依賴程度與政府政策和認知		海洋科技

資料來源：

鈕先鍾 著，《國際安全與全球戰略》（臺北：軍事譯粹社，1988 年 10 月），頁 30。

李鐵民 編，《中國軍事百科全書——海軍戰略》（北京：中國大百科全書出版社，2007 年 9 月），頁 205-206。

馬漢（Alfred Thayer Mahan），《海權對歷史的影響 1660-1783》（北京：解放軍出版社，2006 年 1 月）。

高西可夫（Sergey Georgyevich Gorshkov），朱成祥 譯，《國家海權論》（臺北：黎明文化出版社，1985 年）。

■ 平衡艦隊

　　先撇開解放軍海軍會走多遠的問題，先了解解放軍會發展怎樣的海軍來應付東邊與西邊的威脅。前面我們談到解放軍海軍發展沒有所謂兩派相爭，這個論點在目前已得到更多佐證。劉華清多次提到海軍均衡發展問題，他在 1984 年在軍辦雜誌《海軍雜誌》提到海軍最初的飛、潛、快發展方針必須變化，海軍必須重點發展潛艇、水面艦、航空兵、岸防部隊、指揮、後勤部隊[291]。筆者認為這種思維受到高西可夫的思想很深，但筆者不認為是出自《國家海權論》一書。

---

[291] 劉華清 著，〈迎接海軍建設新任務〉，《劉華清軍事文選——上卷》（北京：解放軍出版社，2008 年 5 月），頁 321。

劉華清的確留學過蘇聯海軍學院，但當時高西可夫尚未撰寫國家海權論。研究高西可夫早期的思想，他在 1956 年上任時談到蘇軍過於偏重核子武器，使海軍本身的編制喪失平衡[292]。不過他沒有走上庫茲聶佐夫（Nikolay Gerasimovich Kuznetsov）的後塵，他採取平衡艦隊的宣傳模式，當時蘇聯充滿了飛彈、潛艇與沿岸支援的陸軍至上論[293]。他強調平衡艦隊不是意味絕對平均，而是優先順序問題[294]。這點與劉華清強調在財政狀況下優先發展核潛艇，隨後是航母相同。海軍的發展向來需要高層的支援，這點在美、俄、中都一樣。美國海軍也曾經面臨與空軍爭奪預算的考驗，最後敗在得不到領導者支持[295]。蘇聯也是在古巴危機後理解水面艦的價值[296]，在 1970 年代決定發展反潛巡洋艦等大型水面艦[297]。劉華清最後在鄧小平的支持下，成功將解放軍海軍帶入平衡艦隊發展。

鈕先鍾教授對於平衡艦隊給予這樣的解釋：「**潛艇和水面艦並不構成二選一的問題。它們是各有其不同功能，而且彼此相互配合。當然每個國家由於受到其現實狀況、地理環境及歷史背景的影響，其海軍多少可能有不同的組織方式。但並不因此可以決定各種船艦的相對重要性。**[298]」中國軍科院、國防大學、官辦期刊對於筆者的論點給予強力的證據。軍科院師小芹提到，中國面對一支平衡艦隊的調整時期，面對各種水面艦的發展，中國必須在有限資源情況下衡量其中的比例關係[299]。國防大學海軍大校王貽禮強調海軍未來應該打破艦隊編制的侷限，朝向多兵種、多空間的訓練背景[300]。現代艦船

---

[292] 何樹才 著，《外國海軍軍事思想》（北京：國防大學出版社，2007 年 1 月），頁 125。

[293] 鈕先鍾 譯，《蘇俄軍事思想》（臺北：軍事譯粹出版社，1957 年 11 月），頁 267-277。

[294] 蕭繼英 著，《俄羅斯海上力量》（北京：海軍出版社，1999 年 1 月），頁 86。

[295] 詹姆斯 M.莫理斯 著 勒綺雯 譯，《美國海軍史》（長沙：湖南人民出版社，2010 年 7 月），頁 190-198。

[296] 趙學功 著，《十月風雲：古巴導彈危機研究》（天津：天津人民出版社，2009 年 2 月），頁 446-447。

[297] 梁純錚 譯，《蘇俄海權在 1970 年代的挑戰》（臺北：國防部史政編譯局，1976 年 8 月），頁 40-42。

[298] 鈕先鍾 著，《國際安全與全球戰略》，頁 51。

[299] 師小芹，〈小型艦艇的歷史定位與中國式均衡海軍〉，《軍事歷史》，2011 年 1 月，頁 40。

[300] 王貽禮，〈圍繞戰鬥力生成模式轉變 推進海軍艦艇部隊軍事訓練轉型〉，《國防大

chapter 2

中國海洋安全與海軍戰略演進——從軍事手段轉向外交優先

- 129 -

一篇對中國海軍艦隊平衡發展的文章強調，不管是水面艦或潛艇都構成奇正的條件。沒有說何者一定是奇，誰一定是正，兩者必須相互支援，使解放軍海軍能因應各種任務[301]。這就是中國在資訊化條件下，要求各艦隊都能彼此協調，三大艦隊能彼此支援，同時參與地區衝突。解放軍前海軍副司令員金矛也談到，在資訊條件下，潛艇與航母必須並肩作戰，兩者不構成誰劣誰優的問題[302]。

我們確定解放軍海軍的建設方式後，還必須探討這與其海軍任務有什麼關係。平衡艦隊意味著解放軍海軍能分擔更多任務。筆者這裡採用美國海軍戰院 Milan N. Vego 教授的分類方式，其對海軍武力（Naval Power）的運用給予了詳細的分類，且能涵蓋目前解放軍海軍所執行的任務。他將海上衝突光譜分為承平時期、非戰爭型作戰、低強度衝突、高強度傳統衝突[303]。承平時期任務包括救難、海底測量、護漁、打擊海盜、人道救援、保護油氣資源等。非戰爭型作戰作戰包括艦砲外交、海軍外交、維和任務、核武威懾等。低強度衝突包括支援反恐、反叛亂作戰等。高強度衝突就是局部戰爭與全球戰爭。如果解放軍海軍僅是一支近岸船艦、潛艇的艦隊，是無法執行上述絕大部分的任務。一支平衡性海軍，可以參與各種外交性任務與利益維護。因此討論解放軍在南海能有什麼作為時，必須先確認解放軍海軍是什麼樣的海軍，其又能執行什麼樣的海軍任務。中國政府不斷宣揚海洋的重要性，配合商業發展，解放軍海軍必須參與和平時期、非戰爭軍事行動與局部戰爭等任務。海軍任務的多樣化，解放軍海軍自然不會走向極端發展。

學學報》，第 264 期，2011 年 8 月，頁 22。

[301] 思海，〈走向大洋──21 世紀的中國海上力量〉，《現代艦船》，2007 年 4 月 B，頁 9。

[302] 編輯部，〈原海軍副司令員金矛訪談錄（上）〉，《現代艦船》，2009 年 6 月 A，頁 11。

[303] 詳細內容可參閱海上衝突頻譜。

表 2-11　海上衝突頻譜

承平時期		非戰爭型作戰	低強度衝突	高強度傳統衝突
經常性任務 執行海洋邊界法關 稅規定 船舶交通服務 搜救 海難救援 處理廢棄彈藥 水道測量 海洋研究 國土保安 彈道飛彈防禦 打擊恐怖活動 港埠安全 岸上重要設備／設 施防護 反毒 攔截非法移民 防制軍火走私 打擊海盜 防制環境污染	■保護國家經濟利益 ■保護商業航運 ■護漁 ■保護外海油氣設備 ■保護海床礦場 ■打擊海盜 ■執行海洋協定暨聯 　合國打擊跨國恐怖 　組織決議案 ■防制大規模毀滅性 　武器擴散 ■確保航行／飛行自 　由 ■攔截非法武器交易 ■打擊海盜 ■消除人口販售 ■人道協助／災難救 　助 ■天災重建協助 ■緊急醫療協助 ■敦睦活動 ■難民救助 ■平民疏散	■支援外交 　政策 ■艦砲外交 ■海軍外交 ■危機預防 　／管理 ■海洋邊界 　爭議 ■支援軍事 　（戰區）戰 　略 ■核武嚇阻 ■傳統嚇阻 ■彈道飛彈 　防禦 ■安全合作 ■支援和平 　作戰 ■維和作戰 ■媾和作戰 ■擴大維和 　／媾和作 　戰	支援叛 亂作戰 支援反 叛亂作 戰 支援反 恐戰役	區域戰爭 全球戰爭

資料來源：Milan N. Vego，袁平 譯，「論海軍武力」，《國防譯粹》，第 36 卷第 1 期，
2009 年 1 月，頁 48。

■ 緩慢的轉型

雖然眾人都認為解放軍在 2000 年後將走向遠洋發展，但石雲生卻在 2001 年接受香港紫荊月刊時談到，江澤民強調要貫徹「近海防禦」戰略[304]。但根據美國海軍戰院教授黎楠的文章表示，江澤民在 2001 年時強調：「**要繼續貫徹近海防禦戰略思想……但長遠說還要注重提高遠海防衛作戰能力。**」2002 年胡錦濤表示：「**要在提高內近海綜合作戰能力的同時，逐步邁向遠海防衛轉型。**[305]」

2006 年 12 月 27 日，中國國家主席胡錦濤在會見中國海軍第十次黨代會代表時宣示：「**中國是海洋大國，在捍衛國家主權和安全，維護我國海洋利益中，海軍的地位重要，使命光榮。**」更進一步強調：「**按照革命化、現代化、正規化相統一原則，鍛造適應我軍歷史使命要求的強大人民海軍。**[306]」胡錦濤並沒有將「遠海防衛」列為海軍未來發展的主要標語。吳勝利在求是雜誌上的兩篇文章也未提到遠海防衛，在亞丁灣的文章只提到遠海護航。另一篇只強調胡主席要求把握歷史機遇期，建設資訊化與現代化的強大海軍[307]。

---

[304] 吳瑞虎，〈解放軍海軍司令員石雲生：縱論海軍發展戰略〉《紫荊月刊》，第 130 期，2001 年 8 月，頁 6-9。

[305] Edited by Phillip C. Saunders, Christopher D. Yung, Michael Swaine, Andrew Nien-Dzu Yang, Nan Li, "The Evolution of China's Naval Strategy and Capabilities: From "Near Coast" and "Near Seas" to "Far Seas"", *The Chinese Navy: Expanding Capabilities*, （Washington, D.C. , National Defense University, 2011）, pp.128. 原文註腳為 Jiang and Hu cited in Tang and Wu, "A Study of China's Sea Defense Strategy," 93; Jiang cited in Wang Zhigang, "Haijun shi hanwei guojia liyi tuozhan de zhongyao liliang" [Navy Is an Important Force in Defending the Extension and Development of National Interests], Guofang daxue xuebao（Journal of NDU）, no. 10 （2005）, 24, and in Chen Xuesong, Du Kai, "Zhongguo de haiquan yu haijun fazhan jianshe" [China's Sea Power Consciousness and Navy Development and Construction], Military History, 4（2008）, 72.

[306] 〈胡錦濤強調鍛造適應歷史使命要求的強大人民海軍〉，《中國共產黨新聞》，2006 年 12 月 27 日，http://www.cpcnews.cn/BIG5/64093/64094/5222002.html。

[307] 吳勝利，劉曉江，〈寫在人民海軍執行遠洋護航任務兩週年之際〉，頁 12。
吳勝利，胡彥林，〈鍛造適應我軍歷史使命要求的強大人民海軍〉，《求是雜誌》，第 14 期，2007 年，頁 31-33。

「遠海防衛」一詞出現在《解放軍報》的次數也不多。第一次使用是在2003 年一篇談到資訊化建設的文章，文中強調「**應具備近海防禦能力，同時也應具備遠海防衛能力。**[308]」文章作者張建昌目前是解放軍總參謀部通信部副部長兼全軍資訊化工作辦公室常務副主任，2010 年 12 月晉升少將。軍報第二次出現遠海防衛是在 2005 年一篇談到鄭和下西洋的文章，內容為「**全面加強海軍的現代化建設，加強海軍在和平時期的運用，必須建立一支具有近海綜合作戰能力和遠海防衛作戰能力的強大海軍，這是實現海洋強國戰略的必要保證。**[309]」隨後是 2006 年軍科院軍隊建設副研究員楊效敏在國防部的一篇《統籌諸軍兵種作戰力量建設的基本要求》的文章中談到「**提高遠海機動作戰能力，逐步向遠海防衛型轉型。**[310]」

但 2008 年之後，遠海防衛開始被廣泛的使用，2008 年軍報就有 3 篇文章提到遠海防衛，2009 年也有 4 篇。2009 年在解放軍海軍 60 週年之際，海軍裝備部副部長趙登平少將接受三聯生活週刊訪問時提到：「**胡錦濤主席明確指出：「在捍衛國家主權和安全，維護我國海洋權益中，海軍的地位重要，使命光榮。」「要鍛造一支與國家地位相襯，與履行新世紀新階段我軍歷史使命相適應的強大的人民海軍。」並提出：「海軍不僅應具備近海作戰能力，而且要逐步具備遠海防衛 作戰能力。」**[311]」根據這些資料的蒐集，可以發現解放軍從「近海防禦」至「遠海防衛」經歷過一段模糊期。蘭德公司 2009 年的報告認為解放軍海軍未來的將以有效控制第一島鏈、提供有限的兵力投射能力、不斷提升現代化能力的海軍為主。這些能力在於打贏對臺灣海峽與

---

[308] 張建昌，〈推進我軍資訊化建設的思考〉，《解放軍報》，2003 年 1 月 28 日，第 6 版第 1 條。

[309] 方坤、林一宏，〈鄭和遠航與當代海洋觀〉，《解放軍報》，2005 年 7 月 12 日，第 6 版第 1 條。

[310] 楊效敏，〈統籌諸軍兵種作戰力量建設的基本要求〉，《中國國防部》，2006 年 4 月 4 日，http://www.chinamil.com.cn/site1/ztpd/2006-04/04/content_448198.htm。

[311] 編輯部，〈專訪海軍裝備部副部長趙登平少將〉，《三聯生活週刊》，第 15 期，2009 年，頁 44。

南海的局部戰爭、阻止美軍介入、遠海水域的力量投射、維護其全球利益、維護能源通道與發展海軍外交[312]。

解放軍從來不使用棕水、綠水、藍水來形容自己的戰略。不過美國海軍戰院 Robert C. Rubel 教授的一篇文章中，有一個形容方式很適合解釋目前解放軍的海軍戰略。他說現在對於棕、綠、藍水的形容是濱海、近海、遠洋，但在冷戰時期，這些代表不同的意義。藍水代表其他海軍能與我方抗衡的海域，綠水則代表海軍可能受到陸基牽制的海域，棕水則是陸基火砲的射程。國家海軍越弱勢，藍水的距離就越近[313]。如同劉華清強調的，近海並不僅是一個地理概念，它代表的是中國能夠有效控制的海疆利益。而今日中國為確保其周邊海域控制的各軍種現代化[314]，就如同 Robert C. Rubel 教授提到的綠水制海相同。

遠海防衛是否代表全球性海軍，筆者認為目前解放軍的遠海防衛較類似柯白的交通線防禦概念，且是出於商業利益與國際外交參與的考量。中國向西發展這點是劉華清當初沒有規劃的，雖然劉氏曾提到交通線安全問題。遠海防衛是解放軍海軍一條正在摸索的新道路。如同前幾節談到的，解放軍將自己定義為區域型海軍，但具備一定遠海能力。解放軍目前對東採取近海防禦，對西採取遠海防衛。不過近海防禦與遠海防衛只侷限在局部戰爭、低強度衝突與非戰爭軍事行動。海上的活動最終仍是支持陸上的政治，解放軍海軍會繼續執行他該有的外交政治角色，它的身影會定期出現在全球各地進行外交訪問。但這只是在和平時期的任務與低強度衝突的海外軍事存在。戰時因自身實力與積極防禦原則，要看到解放軍在第三島鏈大洋海域看到解放軍作戰與美軍作戰仍是難以想像的事。像美國那樣的「全球性遠洋海軍」，現在還不是時候。

---

[312] Cortez A. Cooper, "The PLA Navy's "New Historic Missions"", *RAND Corporation*, June 11, 2009, pp. 4-10.

[313] Robert C. Rubel，李永悌 譯，〈論制海〉，《國防譯粹》，第 38 卷第 2 期，2011 年 2 月，頁 58-59。

[314] 包括陸基飛機、反艦彈道飛彈（ASBM）、潛艇、水面艦等武器。

海軍發展耗資龐大，在有限的資源下，如何兼顧近海與遠海的海軍發展成為解放軍未來必須面對的問題。不過平衡海軍也讓解放軍海軍能執行的任務更為多元。

第四節　小結

解放軍在南海不是不動手，由於戰略傳統強調積極防禦與自衛反擊。因此解放軍如果真要動武，必是遭受越、菲第一擊攻擊。海軍發展是因國家經濟發展而帶動，解放軍海軍的平衡式艦隊發展使其未來能承擔更多元任務。

本文一直強調，南海戰略並非獨立而生，因此本章探討解放軍海軍的戰略演進與艦隊發展。解放軍海軍戰略又以劉華清思想最為重要，其提出近海防禦戰略影響解放軍海軍發展近 30 年。劉華清對於南海問題非常關心，西沙機場的建設與增加航程的加油機就是他所提出。劉氏強調解決南海問題必須是善用外交、政治、 軍事經濟手段的並用或是擇其一二。本文依循解放軍國防戰略發展、海軍戰略發展與江澤民時期對海上爭議處理手段改變歸類出以下論點：

(一) 解放軍國防戰略現階段為達成高技術條件下局部戰爭能力，強調聯合作戰。未來各艦隊在面臨軍事衝突時，將會採取三大艦隊聯合作戰的方式進行。雖然解放軍艦隊發展開始偏向東、南海艦隊為主，但北海艦隊並未被放棄。北海艦隊仍有其角色與任務。

(二) 在積極防禦的原則下，解放軍堅持不開第一槍，強調「後發制人」。後發制人考慮到當時的國際環境，使解放軍能以自衛反擊戰的名義宣戰，而不因使用軍事手段而遭到國際輿論的壓力。

(三) 在劉華清的推動下，解放軍軍事現代化獲得顯著成果。不管在武器研發、工業體系、軍事教育訓練方面，使解放軍面對未來如南海軍事衝突具有一定優勢。

(四) 解放軍海軍戰略正在從近海防禦逐步邁向遠海防衛，但不代表解放軍放棄近海防禦，由於遠海與近海是完全不同的發展方式。以目前解放軍的需要，在太平洋方向仍會以近海防禦為主，遠海防衛主要是針對海上原油航運安全。

(五) 筆者認為解放軍海軍內部並無海潛派與海航派的鬥爭，解放軍在劉華清之後一直採取平衡式艦隊方展，這也使解放軍海軍在未來能執行更多海軍任務。

(六) 接續後面章節，中國在江澤民時期，已經有採取外交解決衝突的傾向。在鄧小平時期雖然同樣有外交行為，但並非絕對選項，爭端不要求一定要用談判收場。進入胡錦濤時期，中國為把握戰略機預期，在處理爭議上偏向外交解決。在東海油田事件之後，中國從日本人身上了解到海洋執法單位的重要性。這都是中國在海洋爭端處理手段上的重大轉變。

　　整體而言，本章的目的在於釐清一些中國戰略的大方向，從中國外部環境對其影響到國防與海軍戰略的轉型，最後還包括對胡錦濤時代外交方式轉變的釐清。也包括對解放軍海軍的實力了解，以及未來發展的釐清。解放軍國防戰略轉型主要與美國等世界軍事發展有關，但中國對東亞的介入，也使南海問題不單純只是中國與東協的事情。第三章本文將探討各國對於中國在南海行為的反應與預防措施。

chapter3

各國對南海問題的
現階段策略

——應對中國的棒子與胡蘿蔔

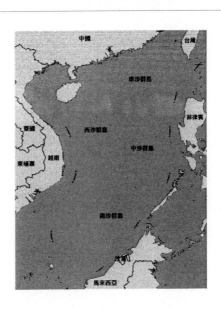

第一節　美、日、澳、印強化合作關係

　　日本與印度都藉由聯合開發海上油氣田與軍事援助的方式介入南海問題，美國則面對中國在西太洋的崛起進行戰略調整。澳大利亞也因應未來可能的威脅與上述各國簽署各類防禦協定。

一、中美南海大鬥法

　　中美近幾年的周邊海域衝突隱藏許多軍事意涵，美軍未來若真想軍事介入東亞，就必須摸清中國周邊爭議海域的水文。

■ EP-3 事件

　　2001 年 4 月 1 日，美軍一架 EP-3E[1]電子偵察機在南中國海域執行任務時遭到中國 2 架殲 8 戰機進行攔截。過程中王偉所駕駛的殲 8 戰機機尾與 EP-3E 的引擎發生擦撞，殲 8 戰機失控墜海，飛行員跳傘逃生但未尋獲，EP-3E 則迫降海南島陵水機場。機上 24 名人員遭到中國拘留[2]。重提這次事件並非是想敘述中美的外交鬥法，而是美軍在中國沿海的行動。

　　在這次事件的過程中，美軍一直到 6 月才跟中國達成軍機運回美國的協議。直到 7 月 1 日才由俄國的 An-124 運輸機運回夏威夷，7 月 4 日抵達夏威夷。距離撞機到運回美國本土整整 3 個月，這段時間中國完全扣留 EP-3E 偵察機[3]。EP-3E 上的雷達等各種電子系統可以監視大面積的區域，範圍可達 740 公里。此外還裝備 Link11 等相關通訊設備，這些東西正是資訊戰與

---

[1]　美國海軍裝備的為 EP-3E，空軍則為 EP-3C。

[2]　編輯部整理，〈中美撞機大事紀〉，《尖端科技》，2001 年 5 月，頁 6。

[3]　〈EP-3 運抵夏威夷 中美關繫期待復蘇〉，《東方新聞網》，2001 年 7 月 5 日，http://news.eastday.com/epublish/big5/special/class000000017/12/hwz429572.htm。

電子戰的相關設備。在被扣留整整三個月之後，這些東西是否會被中國研究或是進行逆向工程呢？如今我們已經可以肯定中國取得了相關技術。

　　首先可以檢視 2001 年之後中國所服役的電子作戰機種。在事件之前就至少有 3 架運 8CB 電子偵察機服役。2005 年這 3 架電子偵查機照片與 2001 年相比增加多處整流罩，明顯是在事件後加裝了新型電子偵察設備。2003 年 8 月 26 日中國新型號的電子偵察機試飛，根據美國情報單位的分析，這種偵查機上面裝有類似美國 EP-3E 的電子情報系統。美國認為中國在 2001 年軍機擦撞事件後，已經設法解讀美軍機上的電子情報數據及部分軟體系統。這種新型電子偵察機的型號為運 8JB，目前可確認中國至少裝備了 4 架該型飛機。2004 年年底，中國又裝備了 4 架具備干擾敵方電子設備的運 8G 電戰機[4]。同年 8 月中國又裝備了 3 架具備 C^3I 指揮能力的運 8T 空中指揮機。2008 年 4 月中國又部署 1 架運 8XZ 電子干擾機，這是中國目前最新型的電戰機，可干擾敵方軍民通訊頻段，甚至直接介入敵方通訊進行心理戰作戰[5]。從上面資料可證實，在 2001 年後中國所服役或改裝的電子作戰飛機高達 12 架之多。有些電子設備在外型上還與美國 EP-3E 偵查機極為類似，這些結果不禁讓人覺得是否有陰謀論的存在。

　　除了中國可能仿製美軍偵察機技術外，這次事件上的 24 名機組員中，有一名是漢語情報專家[6]，因此這次事件非常明顯是美軍在偵查解放軍的相關電子設備。在 2008 年 5 月 27 日，美國環球戰略網表示，2001 年的中美軍機擦撞事件是因為美國 EP-3E 偵察機正在對解放軍海軍基地進行偵察[7]。美軍在中國海域頻繁的進行偵察，都可顯示美軍重視解放軍海軍的海上活動。

---

[4]　漢和編輯部，〈中國軍隊的電子偵察能力〉《漢和防務評論》，2006 年 1 月，頁 28-29。

[5]　Chinese Military Aviation，http://cnair.top81.cn/.

[6]　黃河，〈剖析美中軍機擦撞事件孰之過歟〉，《全球防衛》，2001 年 5 月，頁 8。

[7]　編輯部，〈2001 年中美撞機因美機偵察核潛艇基地〉，《當代兵器》，2008 年 6 月，頁 42。

■ 中美海上衝突

2002 年，美國海洋地理勘測船鮑迪奇號（USNS Bowditch）與中國漁船在黃海海域發生擦撞事件。[8]2009 年 3 月 7 日，美國音響調查船無瑕號（USNS Impeccable）在南海進行水下水文測量時，與中國的漁船發生衝突。而這次南海海域的衝突更為激烈，中國漁船還企圖利用船錨企圖勾住無瑕號的音響聲納[9]。同天在黃海海域，美國調查船勝利號（HMCS Victorious）也在此區域與中國漁船發生衝突。勝利號在同年 5 月又再度出沒黃海，也同樣遭到中方阻攔[10]。美國在中國沿海並無資源開採權利，但海調船卻經常出沒第一島鏈，主要原因為軍事用途。海底水文調查不只用於對海洋資源的瞭解，也可做為軍用潛艇的水下地圖。畢竟這些海域是中國潛艇大量出沒的海域，這些海域都將成為美軍未來水下作戰的可能海域。黃海與南海地區又是解放軍潛艇最常出沒的地帶，中國兩大核子潛艇基地也都設置在此。同時美軍與東南亞各國所進行的卡拉演習，反潛項目也是例行項目之一。長期在深海操作核子潛艇的美軍，必須盡快熟悉在淺水的作戰性能[11]。2009 年 6 月 12 日解放軍潛艇在菲律賓蘇比克灣與美軍神盾艦麥凱恩號（（USS John S. McCain）拖曳聲納相撞[12]。顯示未來美軍要防止解放軍潛艇進入西太平洋，不能只加強沖繩群島的水下監聽。對於南海地區的水下監聽與反潛作戰，必然將列入美軍在西太平洋的軍事行動之一[13]。

中美近年來的海上摩擦，也顯示其對經濟海域的通行解釋有所不同，再度凸顯海洋法與國際法規的多重解釋性。

8　邱子軒，《龍鷹共舞——中國與美國海事安全互動》（臺北：紅螞蟻圖書，2008 年 10 月），頁 190。

9　南平，〈美中南海波濤又起〉，《全球防衛》，2009 年 4 月，頁 14-15。

10　〈中美船隻黃海對峙：美監測中國核潛去向？〉，《中國評論新聞》，2009 年 5 月 7 日，http://www.chinareviewnews.com/doc/1009/6/2/3/100962353.html?coluid=4&kindid=16&docid=100962353。

11　美軍為此像瑞典租借一艘柴電動力潛艇進行演練，以便熟悉柴電動力潛艇之特性。

12　易昱，〈美拖曳聲納與中國潛艇相撞事件分析〉，《現代艦船》，2009 年 8 月 A，頁 11。

13　〈美國軍方再次聲稱有權進入中國專屬經濟區水域〉，《鳳凰資訊》，2009 年 3 月 16 日，http://news.ifeng.com/world/200903/0316_16_1062174.shtml。

表 3-1　中美在中國周邊海域摩擦事件表

時間	地點	中方	美方	附註
1994 年 10 月 27-29 日	黃海	漢級核子潛艇	小鷹號戰鬥群	
2001 年 4 月 1 日	南海	殲 8 戰機	EP-3 偵察機	解放軍飛行員殉職，EP-3 破降海南島
2002 年 9 月	黃海	中國漁船	海洋監視船鮑迪奇號	美方否認有擦撞
2009 年 3 月 4 日	黃海	中國漁政船	海洋監視船勝利號	
2009 年 3 月 6 日	南海	中國驅逐艦	海洋監視船無瑕號	美國官員聲稱
2009 年 4 月 7 日	？	中國漁船	海洋監視船勝利號	美國官員聲稱
2009 年 4 月 8 日	？	中國漁船	海洋監視船忠誠號（USNS Loyal）	美國官員聲稱
2009 年 3 月 7 日	南海	1 艘中國漁政船、1 艘海洋研究船、1 艘情報監視船、2 艘拖船	海洋監視船無瑕號	中國企圖用船錨捕獲無瑕號音響聲納
2009 年 5 月 1 日	黃海	中國漁船	海洋監視船勝利號	
2009 年 6 月 12 日	南海	中國潛艇	美國海軍驅逐艦麥凱恩號	美國驅逐艦聲納受損

資料來源：蘇冠群資料整理。

邱子軒，《龍鷹共舞——中國與美國海事安全互動》（臺北：紅螞蟻圖書，2008 年 10 月），頁 190。

編輯部整理，「中美撞機大事紀」，《尖端科技》，2001 年 5 月，頁 6。

南平，「美中南海波濤又起」，《全球防衛》，2009 年 4 月，頁 14-15。

易昱，「美拖曳聲納與中國潛艇相撞事件分析」，《現代艦船》，2009 年 8 月 A，頁 11。

「中美船隻黃海對峙：美監測中國核潛去向？」，《中國評論新聞》，2009 年 5 月 7 日，http://www.chinareviewnews.com/doc/1009/6/2/3/100962353.html?coluid=4&kindid=16&docid=100962353。

「中美去年兩月內發生 5 次海上對峙事件」，《星島環球網》，2010 年 7 月 26 日，http://www.stnn.cc:82/gate/big5/feature.stnn.cc/historys/warship/6/201007/t20100726_1381623.htmlcoluid=4&kindid=16&docid=100962353。

Barbara Starr, " Han Incident Proof of China's Naval Ambition", *Jane's Defence Weekly*, January 7, 1995, p.5.

二、亞太國家的戰略調整

龍晴戰略的失敗，顯示中國潛艇從巴士海峽進出太平洋將更為容易。

■ 填補漏洞的魚鉤戰略？

美國在冷戰後，原有一段時間有輕忽太平洋的趨勢。1994 年中美海軍在黃海遭遇，並發生對峙。1995 年中菲在南海發生衝突，1996 年臺海危機發生，美國開始注意中國在亞洲的軍力崛起。1997 年，當時的美國太平洋司令普魯赫（Admiral Joseph W. Prueher）上將表示如果有國家在南海進行妨礙航行自由之行為，美國將會採取適當的行動[14]。中美在臺海危機之後，以軍艦互訪的方式開啟雙方軍事交流的大門。此後軍艦互訪也成為觀察中美關係之間的一種指標。2002 年的美國《中國軍力報告書》，針對中國潛艇威脅提出警告，如新型宋級潛艇搭配鷹擊 82 潛射反艦飛彈的威脅[15]。據瞭解臺灣曾經計畫以太平島為主，向北延伸至東沙群島，並在臺灣與東沙群島、巴士海峽建立一道水下監聽系統。這項計畫稱為龍晴計畫，共分為兩個階段，第一階段從 1988 年至 1991 年，主要進行水文調查與一些基礎設備的工程與實驗；第二階段從 1995 年至 2001 年，希望在蘇澳與鵝鑾鼻等地區建立水下聽音系統。計畫中也希望將太平島至東沙群島建立相關水下聽音設施[16]。理想上這項計畫可以將解放軍潛艇困在第一島鏈中，就算中國想從海南島基地或是東海艦隊行經臺灣海峽穿越巴士海峽，都會被臺灣與美國所設立的水下監聽系統截獲。可惜的是這項計畫最終未能實現，讓南海水下偵測留下諸多變數。

---

[14] 陳永康，翟文中，〈中共海軍現代化對亞太安全之影響〉，《中國大陸研究》，頁 16-17。

[15] "Military Power of the People's Republic of China 2002", *Office of the Secretary of Defense*, 2002, pp. 20-22.

[16] 王世科，楊念祖 主編，〈美國魚鉤反潛戰略與共軍潛艇作戰能力〉，《決勝時刻——20XX 年解放軍攻臺戰役兵棋推演》（臺北：時英出版社，2007 年 2 月），252-255 頁

2003 年美國海軍希望沿著日本、臺灣、菲律賓、印尼、馬來西亞、新加坡建立起一道西太平洋的「魚鉤防線」。美軍擔心一但戰爭爆發，已經駛出基地的解放軍潛艇將難以捉摸。魚鉤戰略北起以日本為主，這部分美軍完全不用操心。南邊以新加坡為中心，在暹羅灣與馬來西亞東部區部兩頭佈署，相關建設已從 2002 年開始進行[17]。臺灣因政治因素與尹清楓命案而造成龍睛計畫無法執行，這讓想介入南海的美國也無可奈何。最終整個魚鉤戰略產生了三大缺口，分別是蘇澳至與那國島長 100 海浬、恆春至菲律賓的巴士海峽長 60 海浬、左營至東沙群島長 240 海浬。這些長達數百海浬的缺口，將讓解放軍有機會突穿第一島鏈進入廣大的西太平洋。美國每兩年會進行一次環太平洋演習，演習參與國都是美國的盟邦，包括日、澳、新等國。演習目的為強化該地區的盟邦間的團結，同時具備嚇阻作用。2004 年 4 月 8 日，美國海軍太平洋艦隊成立艦隊反潛戰司令部，其中一點就是要提高美國海軍與其盟邦的水下海軍戰力[18]。2005 年美國像瑞典租借一艘 A-19 柴電潛艇與艦上人員，進行 160 天針對柴電潛艇的熟悉與演練[19]。

■ 大後撤與戰略調整

　　2005 年中美之間開啟戰略對話，在 2006 年雙方進行首次的海上演習，2006 年與 2007 年美國也同時舉行大規模的《勇敢之盾》演習[20]。中美之間的競逐，可說是政治上常用的「胡蘿蔔與大棒」。中美之間在進行軍事交流的同時，美國也加強在亞洲對中國的防範[21]。美國國會在 2009 年針對中國海軍提出一份應對報告。針對中國海軍的反介入作戰做出應對，包括減少大型船隊

[17] 廖文中、王世科 著，〈美國西太平洋的魚鉤反潛戰略〉，《藍海水下戰略》（臺北：全球防衛，2006 年），頁 11。

[18] 王世科，〈美國針對中國強化西太平洋反潛戰備〉，《全球防衛》，2005 年 12 月，頁 66-67。

[19] "Swedish Submarine HMS Gotland Arrives in San Diego"，*UNITED STATES NAVY*, Jun 30, 2005, http://www.navy.mil/search/display.asp?story_id=18984.

[20] 陳維浩，〈美軍太平洋 2007 勇敢之盾演習〉，《尖端科技》（2007 年 9 月），頁 34-36。

[21] 吳建德，〈中共推動軍事外交戰略之研究〉，《中共研究》，第 34 卷第 3 期，2000 年，頁 90。

的集結，增加小型艦艇應付沿岸目標，同時提到中國的反航艦彈道飛彈[22]。美國國防部也在 2010 年 3 月 30 日，表態歡迎中國試射反艦彈道飛彈[23]，可以看出美國也不想隨中國起舞。受到預算限制與星戰計畫的前例，美國也謹慎應對中國飛彈所可能導致的軍備競賽。美國 2010 年的 QDR 也提到面對中國日益增加的反介入武器，美國海軍與空軍正在發展空海聯合作戰的概念。2010 年 QDR 強調美軍將擴大未來長程打擊能力、發展水下無人載具、強化前進部屬兵力與基地基礎建設的可靠度、確保太空通暢、強化 C⁴ISR 能力、強化海外駐軍戰力與反應能力[24]。

在美國公布空海一體戰的設想後，西太平洋的第二島鏈變的更為重要。美軍長期在日韓駐軍，也引起當地居民的不滿。美軍開始將部分沖繩的部隊撤至關島、菲律賓與澳洲。其中菲律賓因為憲法因素，禁止外國駐軍，因此美軍將部分海軍陸戰隊遷入菲律賓是私底下的行為[25]。美軍也擔心解放軍會使用彈道飛彈攻擊沖繩美軍基地（打巢不打鳥）[26]。因應沖繩美軍基地問題，2007 年美國就開始有計畫強化關島駐軍，同時隨時因應沖繩基地問題，有計畫的撤至關島。美軍強化該島上的空軍設備與軍人營舍，也加派核子動力潛艇，並擴建航空母艦可停靠維修的港口[27]。2009 年美國國會發表一份關島在美國防衛中地位的相關報告。提到為加強美日之間的同盟，以應對亞太地區隨時可能爆發的危機。關島是美國的領土，是美軍在太平洋地區的跳板。報告中特別提到 1996 年臺海危機與 2004 年中國漢級潛艇在關島海域

[22] Ronald O'Rourke, "China Naval Modernization: Implications for U.S. Navy Capabilities—Background and Issues for Congress", *Congressional Research Service*（Washington DC: September 23, 2009），pp.23-25.

[23] "We Will Repel You", *Air Defense*, March 30, 2010，http://www.strategypage.com/htmw/htada/20100330.aspx.

[24] "Quadrennial Defense Review Report2010", *US DoD* （Washington DC: February 2010）.

[25] Craig Whitlock , "Philippines may allow greater U.S. military presence in reaction to China's rise", *Washington Post* , January 26,2012, http://www.washingtonpost.com/world/national-security/philippines-may-allow-greater-us-presence-in-latest-reaction-to-chinas-rise/2012/01/24/gIQAhFIyQQ_story.html.

[26] Toshi Yoshihara，李永悌 譯，〈北京作戰觀點：中共飛彈戰略與美駐日海軍反制力〉，《國防譯粹》，第 37 卷第 11 期，2010 年 11 月，頁 76-82。

[27] Richard Halloran，章昌文 譯，〈關島——美軍經營太平洋的鎖鑰〉，《國防譯粹》，2008 年 5 月，頁 88-93。

繞行[28]。整體來說,美國海軍面對中國在西太平洋的崛起,抱持著既合作又防範的方式。合作不單純是友好,更是為了能更瞭解中國海軍的未來發展,讓美國對自己未來建軍方向能明確定位。美國在環太平洋也必須依賴周邊盟國的支援,才能有效防範中國在西太平洋的活動。因此美國一再承諾美國會繼續維持在亞太的駐軍[29],但因為國防經費的不足,美國也開始思考聯盟的角色。美國希望盟國分擔更多能力以減少美國的負擔,包括強化盟國的後勤能力與C^4ISR能力[30]。

■ 日本的防範

1980 年代末期,日本的國防政策從「專守防衛」轉變為「遠海防禦」。美日在臺海危機後也共同發表安保防衛合作的指導方針。日本在 1997 年的國防白皮書提出了周邊有事的模糊概念,但明顯是針對中國威脅而來。其周邊有事包含了整個臺海與菲律賓南海等地區。同時日本遭到攻擊時,兩國必須採取必要措施防止情況惡化[31]。2004 年漢級潛艇事件後,日本宣布要在下地島建設反潛基地。美國蘭德公司其實早在 2001 年就建議在下地島建設軍事基地,中國潛艇事件後日本正式決定在下地島建設軍事基地[32]。日本一方面在東海積極防範與監視解放軍海軍,一方面在南海協助越南海上石油開發與提供菲律賓物資上的支援。日本在能源資源的運輸上,對於馬六甲海峽的依賴也不輸給中國,在 2000 年後每年都會在馬六甲與印度進行聯合海上演習[33]。日本與美國之間的演習一年就多達 20 多次,幾乎只要是美國在環太平洋的演習日本都絕對不會缺席[34]。美日之間在太平洋是如影隨形,日本毫不猶豫加入美國在太平洋的反潛計畫與反飛彈計畫[35]。

[28] Shirley A. Kan, Larry A. Niksch, "Guam: U.S. Defense Deployments", *Congressional Research Service* (Washington DC: May 22, 2009), pp.5-6.

[29] H.B. Warimann,高一中 譯,〈美國將維持亞太地區強大駐軍〉,《國防譯粹》,第 36 卷 5 期,2009 年 5 月,頁 49。

[30] Arthur E. Karell,黃文啟 譯,〈省思聯盟演習〉,《國防譯粹》,第 39 卷 1 期,2012 年 1 月,頁 88-89。

[31] 廖文中,〈美日安保合作對西太平洋區域安全之影響〉,《中共研究》,第 31 卷,1997 年 11 月,頁 76-78。

[32] 編輯部,〈日本要建下地島反潛基地〉,《現代艦船》,2005 年 1 月,頁 5。

[33] 程超澤,〈中共崛起的石油安全(上)〉,頁 92-93。

[34] 扶水,〈劍指何方──美軍在我周邊地區演習透視〉,《現代艦船》,2006 年 5 月

■ 各國強化軍事協定

美國在亞太的另一個盟邦澳大利亞，在 2007 年也與日本簽訂日澳安保合作宣言。雙方在亞太地區和平進行戰略磋商，讓人不難聯想到美、日、澳在亞太的三角同盟關係[36]。2009 年澳洲拒絕了中國在澳洲的礦業收購案，只願意出售在東南亞的澳洲礦產企業[37]。2010 年日本與澳洲簽屬雙邊防務後勤協定，這是繼美國之後第二個與日本簽屬相關協議，雙方可互相提供彈藥、油料等後勤資源物資[38]。西太平洋的美國大規模演習，2006 年的《勇敢之盾2006》，2007 的《勇敢之盾 2007》，2008 年的《環太平洋 2008》，澳洲都是這些美軍西太平洋演習的固定班底[39]。受到日本在二戰的擴張影響，澳洲對於中國的崛起仍抱持觀望態度。但其加強軍事能力也讓人不能不懷疑其對中國崛起的憂心。澳洲著名的軍事刊物就針對解放軍的海空戰力做出評估，並認為解放軍有能力攻擊澳洲。[40]。印度也在 2005 年與泰國簽署海軍備忘錄，2006 年與菲律賓簽署防衛協定[41]。印度與越南也加強防務合作，印度表示願意協助越南訓練潛艇等軍事現代化合作[42]。面對中國的崛起，美國的同盟與跟中國處於競爭的亞太國家，無不加強彼此間的防衛合作，以因應可能發生的衝突。

A，頁 14。

[35] 〈日本第 3 次試射標準 3 導彈成功攔截靶彈〉，《中國評論新聞網》，2009 年 10 月 28 日，http://www.chinareviewnews.com/doc/1011/1/7/9/101117920.html?coluid=93&kindid=2782&docid=101117920。

[36] 劉怡，〈日澳安保合作宣言簡評〉，《現代艦船》，2007 年 5 月，頁 12-14。

[37] 〈中資收購礦業巨頭受挫　澳洲以軍事理由否決〉，《中國評論新聞網》，2009 年 3 月 28 日，http://www.chinareviewnews.com/doc/1009/2/6/4/100926431.html?coluid=0&kindid=0&docid=100926431。

[38] 〈日本與澳大利亞簽署雙邊防務後勤協議〉，《中國評論新聞網》，2010 年 5 月 22 日，http://www.chinareviewnews.com/doc/1013/3/0/3/101330304.html?coluid=4&kindid=16&docid=101330304&mdate=0522085115。

[39] "USS Kitty Hawk to Participate in RIMPAC 2008", *UNITED STATES NAVY*, Jun 9, 2008, http://www.navy.mil/search/display.asp?story_id=37738.

[40] Carlo Kopp , "Defeating Cruise Missiles", *Australian Aviation*, October 2004, pp.6-7.

[41] Walter C. Ladwig III，袁平 譯，〈印度與亞太勢利均勢〉，《國防譯粹》，第 38 卷第 3 期，2011 年 3 月，頁 79。

[42] "India, Vietnam strengthen defense cooperation", *The Voice of Vietnam*, March 12, 2012, http://english.vov.vn/Home/India-Vietnam-strengthen-defense-cooperation/201112/132992.vov.

各國雖在經濟上對中國依賴甚多，但面對這個崛起的強權，各國還是充滿隱憂。

第二節　南海諸國持續開採油田

根據 2009 年的資料顯示，目前南海周邊各國在南海地區的原油年產量已達 5000 萬噸，共 200 多家外國公司參與合作，已探鑽 1380 多座油氣井[43]。

一、越南

越南在 2010 年的南海原油產量為 1800 萬頓，天然氣為 840 萬頓油當量。

越南在南海的原油開採起源於 1970 年代，1973 年 7 月 20 日南越將外海設置 8 個原油探勘區，授權美國艾克森（Exxon）石油公司、美孚（Mobil）石油公司、愛爾蘭桑林戴爾（Sunningdale）石油公司、英國殼牌石油公司進行探勘。1974 年南越與殼牌石油公司合作的油氣井投產，日產原油 305 噸，天然氣 49 萬 8 千立方公尺。1977 年義大利、加拿大、西德等石油公司在越南同意下取得當初南越政府原油開採區的授權[44]。紅色越南的南海石油之路，從此開始。

越南的油氣田主要集中在北部灣與越南南部海域。越南所探勘的原油儲量從 1990 年的 285 萬噸上升至 2010 年的 6 億噸，天然氣探明儲量 2010 年為6540 億立方公尺。原油產量 2010 年為日產 37 萬桶，年產量為 180 萬噸。[45]2010

[43] 〈千餘口外國油井矗立南海〉，《新華網》，2009 年 8 月 21 日，http://big5.xinhuanet.com/gate/big5/news.xinhuanet.com/herald/2009-08/21/content_11921817.htm。

[44] "Dầu khí Việt Nam"（越南文翻譯：越南石油和天然氣），*KINH TE BIEN ONLINE*, May 11, 2009, http://kinhtebien.vn/index.php?option=com_content&view=article&id=55:dau-khi-viet-nam-&catid=3:m-du-&Itemid=34.

[45] BP Statistical Review of World Energy June 2011, *British Petroleum*（2011），pp. 6-25, Downloads at http://www.bp.com/sectionbodycopy.do?categoryId=7500&contentId=

年每日天然氣產量為 94 億立方公尺，年產量為 840 萬噸油當量。越南天然氣產量在 2000 年僅 140 萬噸油當量，11 年來產量成長了 6 倍。越南的海上原油開採由越南能源部負責，越南從 2003 年開始每年舉辦越南石油與天然氣博覽會進行對外招商合作（Vietnam Oil & Gas Expo）。2011 年就吸引了 22 個國家 195 家公司參與[46]，同時將周邊海域劃分為 160 個開採區塊（如圖 3-1 所示），此舉明顯希望藉由國際力量介入南海問題。

越南近年來才獲得石油提煉能力，以往開採的原油主要提供外銷。越南每年舉辦油田招商博覽會，企圖利用外國勢力影響南海問題。

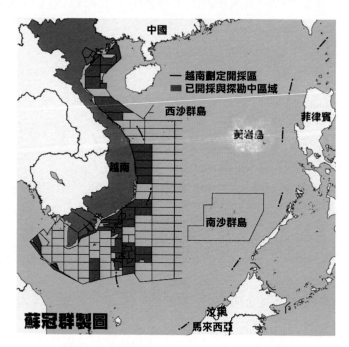

圖 3-1 越南周邊海域油氣田開發區範圍圖

資料來源："Oil & Gas in Vietnam", *International Research Institute of Stavanger IRIS*, http://www.irisresearch.no/.

7068481.

[46] "VIETNAM OIL & GAS EXPO 2011", October 29, 2011, Downloads at http://www.vfabric.com/vnoffshore/HN2011/plist.pdf.

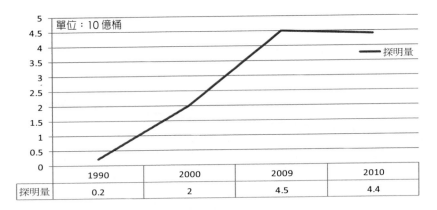

	1990	2000	2009	2010
探明量	0.2	2	4.5	4.4

圖表 3-1　越南原油可採探明量

資料來源：BP Statistical Review of World Energy June 2011, *British Petroleum*（2011），
　　　　　p. 6.

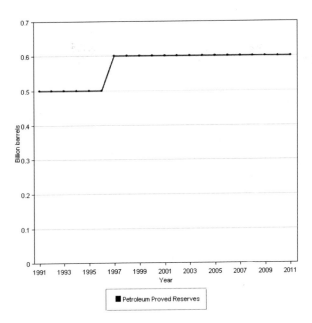

圖 3-2　越南原油剩餘探明量 1991-2010 年

資料來源："VIETNAM", *U.S. Energy Information Administration*, July 14, 2010, http://
　　　　　www.eia.gov/countries/country-data.cfm?fips=VM#pet.

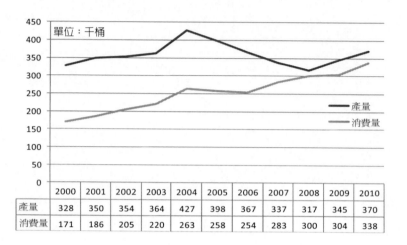

圖表 3-2　越南原油日產量與石油日消費量 2000-2010 年

資料來源：BP Statistical Review of World Energy June 2011, *British Petroleum*（2011），
　　　　　pp. 8-9.

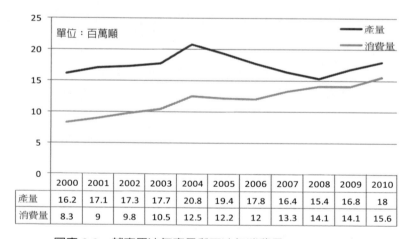

圖表 3-3　越南原油年產量與石油年消費量 2000-2010 年

資料來源：BP Statistical Review of World Energy June 2011, *British Petroleum*（2011），
　　　　　pp. 10-11.

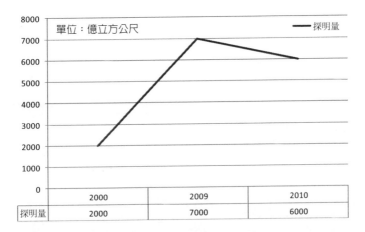

圖表 3-4　越南天然氣可採探明量（不列顛石油公司資料）

資料來源：BP Statistical Review of World Energy June 2011, *British Petroleum*（2011），
　　　　　p. 20

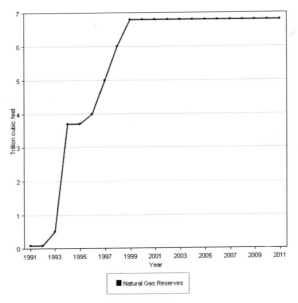

圖 3-3　越南天然氣探明量（美國能源署資料）

資料來源："VIETNAM", *U.S. Energy Information Administration*, July 14, 2010, http://
　　　　　www.eia.gov/countries/country-data.cfm?fips=VM#pet.
*註：與 BP 的統計單位似乎有換算上的差異。

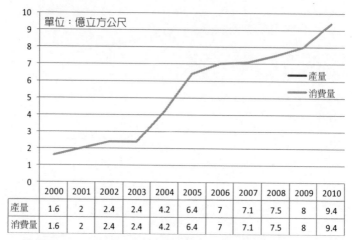

圖表 3-5　越南天然氣日產量與石油日消費量 2000-2010 年

資料來源：BP Statistical Review of World Energy June 2011, *British Petroleum*（2011），
pp. 22-23

*註：日產量與消費量相同。

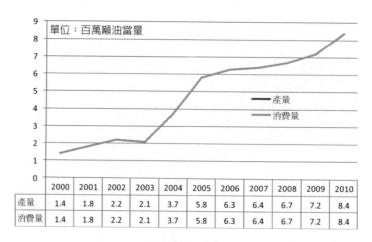

圖表 3-6　越南天然氣年產量與石油年消費量 2000-2010 年

資料來源：BP Statistical Review of World Energy June 2011, *British Petroleum*（2011），
pp. 24-25

*註：日產量與消費量相同。

二、菲律賓[47]

　　菲律賓 2010 年的南海原油日產量為 3 萬 5 千桶，天然氣為 300 萬立方公尺。

　　菲律賓早在 1970 年代就開始探勘周邊海域的油氣田。1976 年菲律賓與美國市服務（Cities Service）石油公司在巴拉望島西北處發現石油，1980 年開始投產。1990 年 12 月與美國阿爾孔（Alcorn）石油公司所探勘的油井成功投產。該油井於 1992 年 6 月 19 日投產，有三座油井，每日總共可生產 18868 桶原油[48]。不過菲律賓的原油產量為南海周邊國家中最少者，且油井不多。生產量當油井乾枯時就直線下降，當有新油田開採時才提高產量。實際上開採產量也沒有上述得多，根據美國能源署的統計，1992 年菲律賓每日石油產量也不過 8000 桶。2000 年時更降到每日只有 1140 桶，不過 2010 年一路上升至 35520 桶。天然氣部分 2010 年日產量為 300 萬立方公尺，也是 2000 年後才逐漸增加[49]。目前菲律賓探明原油儲量僅 1.4 億桶，天然氣也僅有 1050 億立方公尺的儲量。菲律賓目前有 SC38、SC43、SC47、SC57、SC58、SC59、SC63 共 7 個油氣田開發區。

　　雖然產量不多，但菲律賓擁有自己的煉油工業。有些國家雖然生產原油，卻無法自己提煉石油[50]。如越南到了 2009 年才擁有自己的煉油廠，之前生產的原油都提供外銷，自己還是必須進口汽油等石油產品[51]。菲律賓的石油工業主要分為 Petron、殼牌（Shell）、加德士（Caltex）三家，Petron 在

[47] 由於菲律賓的原油與天然氣產量、儲存量 BP 石油公司並未列出，本文採用美國能源署的資料，可能會與 BP 的資料有所出入。

[48] 陳鴻瑜，《南海諸島之發現、開發與國際衝突》（臺北：國立編譯館，1997 年 11 月），頁 47-48。

[49] "Find statistics on Philippines", *U.S. Energy Information Administration*, June 30, 2010, http://www.eia.gov/countries/country-data.cfm?fips=RP#pet.

[50] 石油是天然氣和人造石油及其成品油總稱。地下開採出來和石油未加工前，叫原油，也叫天然石油；用煤和油母葉岩，經乾餾，高壓加氫和合成反應獲得的石油叫人造石油。原油經過蒸餾和精製，加工成各種燃料、潤滑油，總稱為石油產品。而加工原油提煉各種石油產品的過程叫石油煉製。

[51] "Dung Quat, Oil Refinery No.1, Vietnam", *hydrocarbons-technology*, 2009, http://www.hydrocarbons-technology.com/projects/dung/.

1994 年被菲律賓國家石油公司和沙烏地阿拉伯的 Aramco 公司併購，目前
Petron 公司的煉油廠每日提煉量為 18 萬桶。Caltex 的原油提煉量為每日 8.65
萬桶，Caltex 菲律賓分公司為每日 15.3 萬桶[52]。菲律賓能源局統計，載至 2011
年 6 月，菲律賓與外國共有 28 個石油合約，其中有 4 座油田正在進行生產，
另有 2 座準備進入生產[53]。

菲律賓在南海開採的油氣田不多，卻是具備獨立的煉油能力。

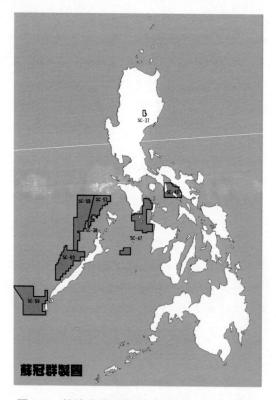

圖 3-4　菲律賓周邊海域油氣田開發區範圍圖

資料來源：“SC 58 - West Calamian”, *Philippine National Oil Company（PNOC）*, http://
www.pnoc-ec.com.ph/business.php?main=1&id=10.

---

[52] "Downstream Oil", *DOE Portal*, 2012, http://www.doe.gov.ph/DO/Downoil.htm.

[53] "Petroleum Exploration History", *DOE Portal*, 2012, http://www.doe.gov.ph/ER/Oil.
htm.

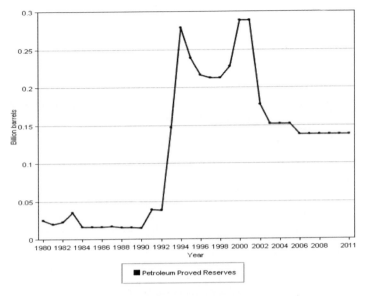

圖 3-5　菲律賓原油剩餘探明量 1980-2010 年

資料來源：PHILIPPINES, *U.S. Energy Information Administration*, July 14, 2010, http://
www.eia.gov/countries/country-data.cfm?fips=RP&trk=p1#pet.

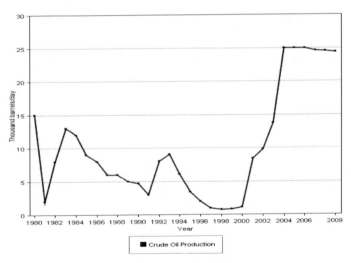

圖 3-6　菲律賓原油日產量 1980-2009 年

資料來源：PHILIPPINES, *U.S. Energy Information Administration*, July 14, 2010, http://
www.eia.gov/countries/country-data.cfm?fips=RP&trk=p1#pet.

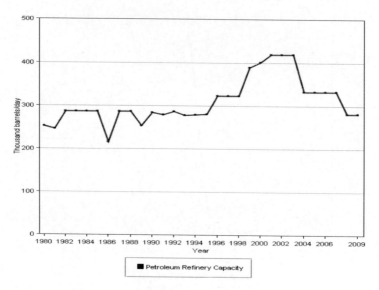

圖 3-7　菲律賓煉油廠日產量 1980-2009 年

資料來源：PHILIPPINES, *U.S. Energy Information Administration*, July 14, 2010, http://
www.eia.gov/countries/country-data.cfm?fips=RP&trk=p1#pet.

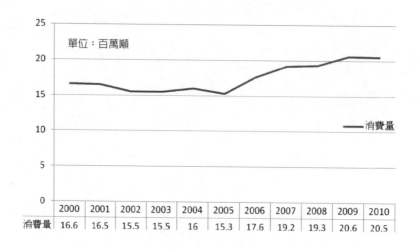

	2000	2001	2002	2003	2004	2005	2006	2007	2008	2009	2010
消費量	16.6	16.5	15.5	15.5	16	15.3	17.6	19.2	19.3	20.6	20.5

圖表 3-7　菲律賓石油年消費量 2000-2010 年

資料來源：BP Statistical Review of World Energy June 2011, *British Petroleum*（2011），
p. 11.

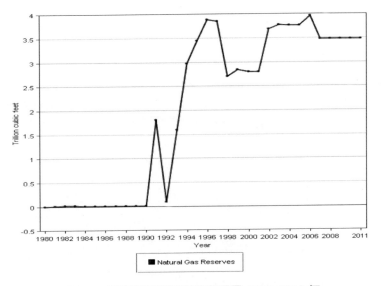

圖 3-8　菲律賓天然氣剩餘探明量 1980-2010 年

資料來源：PHILIPPINES, *U.S. Energy Information Administration*, July 14,2010, http://
www.eia.gov/countries/country-data.cfm?fips=RP&trk=p1#pet.

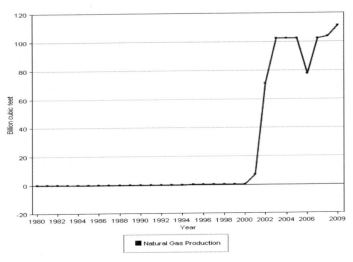

圖 3-9　菲律賓天然氣日產量 1980-2010 年

資料來源：PHILIPPINES, *U.S. Energy Information Administration*, July 14, 2010, http://
www.eia.gov/countries/country-data.cfm?fips=RP&trk=p1#pet.

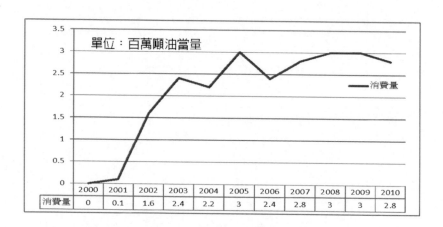

圖表 3-8　菲律賓天然氣年消費量 2000-2010 年

資料來源：BP Statistical Review of World Energy June 2011, *British Petroleum*（2011），
　　　　　p. 25.

三、馬來西亞與汶萊

馬來西亞 2010 年的原油年產量為 3210 萬噸，天然氣為 5980 萬噸油當量。
汶萊 2010 年原油年產量為 840 萬噸，天然氣為 111 萬噸油當量。

　　馬來西亞在 1972 年首次在沙撈越（Sarawak）與沙巴（Sabah）外海發
現石油。1976 年前沙撈越外海的四座油田每日可產 9 萬 3 千桶原油，1980
年每天能提煉 18 萬桶的石油[54]。天然氣部分，1976 年殼牌石油公司在沙撈
越賓杜魯（Bintulu）西北方岸外 1.6 公里處發現天然氣。該地區估計天然氣
蘊藏 1.8 億立方公尺，為此大馬還特別建造一座年產 500 萬噸的液態天然氣
廠[55]。馬來西亞油氣合作開採國家以英國為主，如殼牌、BP 等石油公司。

---

[54] 沈克勒 著，《南海諸島主權爭議述評》（臺北：臺灣學生書局，2009 年 4 月），頁
　　191。
[55] 陳鴻瑜，《南海諸島之發現、開發與國際衝突》，頁 64。

目前馬來西亞所探明的原油儲量為 8.2 億噸，天然氣探明儲量為 2.4 兆立方公尺。越南的 6 億噸與馬來西亞的 8.2 億噸，幾乎都是來自海洋石油。而中國目前僅 20 億噸，海上石油也不過占 3 億噸左右。因此眾多中國學者強調中國在南海地區的油氣探勘遠遠落後南海諸國。馬來西亞 2010 年的原油年產量為 3210 萬噸，比起 2004 年的 3650 萬噸呈現逐年下降的趨勢。2010 年的天然氣年產量為 5980 萬噸油當量，2000 年的年產量為 4070 萬噸油當量，與原油相反呈現正成長[56]。馬來西亞雖然石油蘊藏量是南海周邊國家最多者，但開採範圍仍在 200 海浬的大陸架上。可見馬來西亞大陸架本身就蘊藏了豐富的油氣田，蘊藏量明顯高於中國周邊的大陸架。

　　汶萊的原油探勘可追溯到 1923 年，探勘者為英國，1929 年英國殼牌石油公司汶萊分公司在詩裡亞（Seria）探勘成功。1957 年英國殼牌石油公司在北婆羅洲的大陸架上開採原油，1963 年正式投產[57]。汶萊的油氣稅收占了全國財政收入的 90%。其中原油大部分消往美國、日本，天然氣則主要消往日本。2010 年的累積原油探明儲量為 1 億噸，天然氣為 3180 億立方公尺。2010 年原油年產量為 840 萬噸，天然氣為 111 萬噸油當量。石油出口對於汶萊來說有如經濟命脈，因此汶萊也積極開拓新的油田，目前共有 9 座油田與 5 座天然氣田[58]。汶萊對於南海問題的爭議也是最小的，其聲明在於保有近海油田的開發權益。其聲稱有主權的南通礁在漲潮時幾乎沉入水下，因此也無派兵駐紮[59]。

　　大馬與汶萊是東南亞主要的產油國，不過雙方的原油開採仍集中在沿岸地區。

[56] BP Statistical Review of World Energy June 2011, *British Petroleum*（2011），pp. 6-25
[57] 陳鴻瑜 著，《南海諸島主權與國際衝突》，頁 12。
[58] 薛桂芳 著，《聯合國海洋法公約與國家實踐》（北京：海軍出版社，2011 年），頁 270。
[59] 李金明，〈南沙海域的石油開發及爭端的處理前景〉，《廈門大學學報》，第 152 期，2002 年 4 月，頁 54。

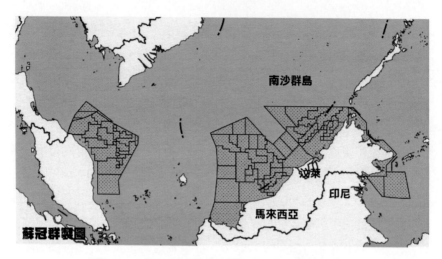

圖 3-10　馬來西亞周邊海域油氣田開發區範圍圖

資料來源：Malaysia's Oil & Gas Maps, *Minyak dan Gas Malaysia*（馬來文翻譯：馬來
西亞石油與天然氣）, October 19, 2010, http://minyakdangasmalaysia.blogspot.
com/2010/10/malaysias-oil-gas-maps.html.

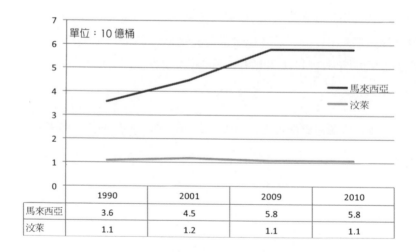

	1990	2001	2009	2010
馬來西亞	3.6	4.5	5.8	5.8
汶萊	1.1	1.2	1.1	1.1

圖表 3-9　馬來西亞與汶萊原油可採探明量

資料來源：BP Statistical Review of World Energy June 2011, *British Petroleum*（2011），
p. 6.

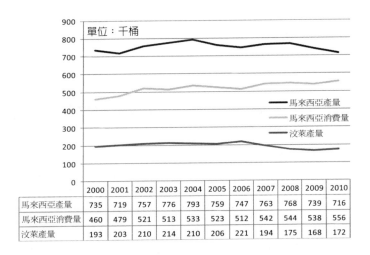

	2000	2001	2002	2003	2004	2005	2006	2007	2008	2009	2010
馬來西亞產量	735	719	757	776	793	759	747	763	768	739	716
馬來西亞消費量	460	479	521	513	533	523	512	542	544	538	556
汶萊產量	193	203	210	214	210	206	221	194	175	168	172

圖表 3-10 馬來西亞與汶萊原油日產量與消費量 2000-2010 年

資料來源：BP Statistical Review of World Energy June 2011, *British Petroleum*（2011），
　　　　　pp. 8-9.

*註：汶萊日消費量過低不列入計算。

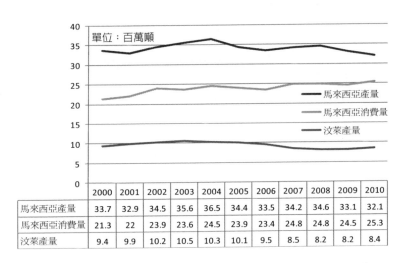

	2000	2001	2002	2003	2004	2005	2006	2007	2008	2009	2010
馬來西亞產量	33.7	32.9	34.5	35.6	36.5	34.4	33.5	34.2	34.6	33.1	32.1
馬來西亞消費量	21.3	22	23.9	23.6	24.5	23.9	23.4	24.8	24.8	24.5	25.3
汶萊產量	9.4	9.9	10.2	10.5	10.3	10.1	9.5	8.5	8.2	8.2	8.4

圖表 3-11 馬來西亞與汶萊原油年產量與消費量 2000-2010 年

資料來源：BP Statistical Review of World Energy June 2011, *British Petroleum*（2011），
　　　　　pp. 10-11.

註：汶萊日消費量過低不列入計算。

chapter 3

各國對南海問題的現階段策略——應對中國的棒子與胡蘿蔔

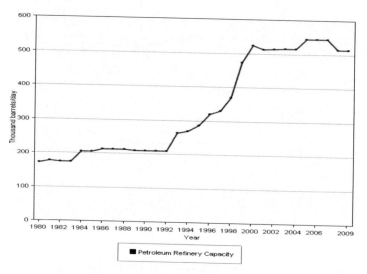

圖 3-11　馬來西亞煉油廠日產量 1980-2009 年

資料來源：MALAYSIA, *U.S. Energy Information Administration*, July 14, 2010, http://www.
eia.gov/countries/country-data.cfm?fips=MY.

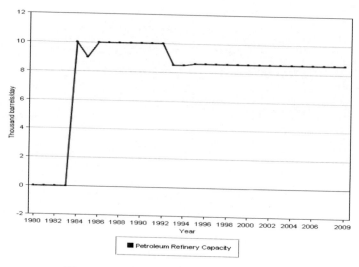

圖 3-12　汶萊煉油廠日產量 1980-2009 年

資料來源：BRUNEI, *U.S. Energy Information Administration*, July 14, 2010, http://www.
eia.gov/countries/country-data.cfm?fips=BX.

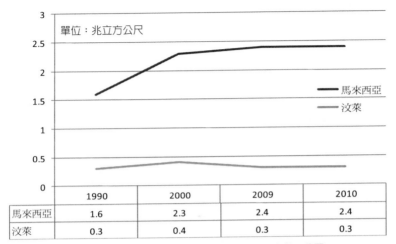

	1990	2000	2009	2010
馬來西亞	1.6	2.3	2.4	2.4
汶萊	0.3	0.4	0.3	0.3

圖表 3-12　馬來西亞與汶萊天然氣可採探明量

資料來源：BP Statistical Review of World Energy June 2011, *British Petroleum*（2011），
p. 20.

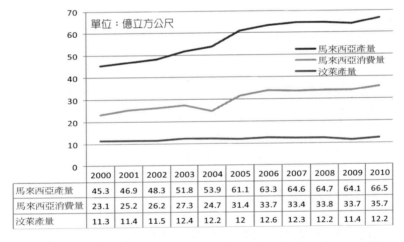

	2000	2001	2002	2003	2004	2005	2006	2007	2008	2009	2010
馬來西亞產量	45.3	46.9	48.3	51.8	53.9	61.1	63.3	64.6	64.7	64.1	66.5
馬來西亞消費量	23.1	25.2	26.2	27.3	24.7	31.4	33.7	33.4	33.8	33.7	35.7
汶萊產量	11.3	11.4	11.5	12.4	12.2	12	12.6	12.3	12.2	11.4	12.2

圖表 3-13　馬來西亞與汶萊天然氣日產量與消費量 2000-2010 年

資料來源：BP Statistical Review of World Energy June 2011, *British Petroleum*（2011），
pp. 22-23.

*註：汶萊日消費量過低不列入計算。

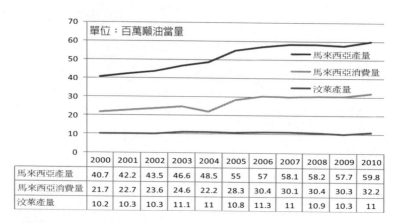

	2000	2001	2002	2003	2004	2005	2006	2007	2008	2009	2010
馬來西亞產量	40.7	42.2	43.5	46.6	48.5	55	57	58.1	58.2	57.7	59.8
馬來西亞消費量	21.7	22.7	23.6	24.6	22.2	28.3	30.4	30.1	30.4	30.3	32.2
汶萊產量	10.2	10.3	10.3	11.1	11	10.8	11.3	11	10.9	10.3	11

圖表 3-14　馬來西亞與汶萊天然氣年產量與消費量 2000-2010 年

資料來源：BP Statistical Review of World Energy June 2011, *British Petroleum*（2011），
　　　　　pp. 24-25.
*註：汶萊日消費量過低不列入計算。

第三節　東協國家的軍備提升

　　美國一年與東協各國舉行數十次軍事演習，顯示其從來沒有離開過東亞。越南、菲律賓因應南海問題，不斷強化軍備。東協則透過各種首長與部長級會議增加各國在南海問題上的討論空間。

一、東協內部的軍事強化

　　越南反艦作戰能力屬東協中佼佼者，菲律賓因經濟因素僅能強化海上巡邏能力。

■　越南

　　根據日本防衛省防衛研究所的統計，從 2000 年開始，亞洲主要國家的國防預算都在逐年增加。該報告認為這與中國的軍事預算大幅增加有關。近年來東南亞國家的經濟崛起，使這些國家更有錢購買先進武裝[60]。越南是南海問題中軍事實力最強者。面對中國的軍事預算提升與南海可能爆發的衝突，東南亞各國無不提高軍事預算。越南的軍事開支在 2001 年時為 24 億美金[61]，2007 年國防預算增至 37 億美金，2008 年後才回穩至 20 多億美金[62]。這段期間越南購買大量軍火，包括 24 架蘇愷 30 戰機、2 艘獵豹級（Gepart）護衛艦、2 套 S-300PMU-1 防空飛彈與 2 套 K-300P（Bastion）堡壘式岸基反艦飛彈[63]。最重要的軍購是 2009 年以 18 億美金購買 6 艘基羅級潛艇，預計在 2013 年交付[64]。越南的海軍預算以佔了總預算的 26%[65]，海軍人數在三軍中的比例也從 6% 提升到 9%[66]。

購買這 6 艘潛艇一度引起中國內部的熱烈討論。南沙群島海域屬於淺水海域，對於潛艇來說是很好伏擊的區域，加上屬於熱帶地區，對於聲納探測非常不利。且從越南的軍購中可以發現，其採取的戰術與中國早期的飛、潛、快類似，但更具殺傷性。越南與中國都裝備俄羅斯所研發的反艦用超地平線雷達，且這種雷達適用於熱帶地區。如果雙方爆發衝突，可能會上演海戰史上首次百公里外的反艦飛彈作戰。不過越南雖然加強軍備，但卻經常與解放軍進行軍事交流[67]，雙方也定期在北部灣進行聯合巡邏。越南對於與美國結盟興致也不大，比較起菲律賓，越南更願意與中國在談判桌上解決問題[68]。

---

[60] "EAST ASIAN STRATEGIC REVIEW 2006", *NIDS*, 2006, p.162.

[61] East Asian Strategic Review 2005 , *National Institute for Defense Studies（NIDS）*, http://www.nids.go.jp/english/publication/east-asian/e2005.html.

[62] 請參閱東南亞主要國家歷年國防預算。The Military Balance 2004-2012.

[63] Carlyle A. Thayer, "Background Briefing: Vietnam's Defense Budget" , *Thayer Consultancy*, April 23, 2011, p.16.

[64] 朱瑋祺，〈基洛潛艇駛入越南在思考〉，《現代艦船》，2009 年 7 月 B，頁 6-9。

[65] Hari Singh, " Vietnam and ASEAN: The Politics of Accommodation", *Austrlian Journal of International Affairs*, No. 2, 2007, p.222.

[66] Carlyle A. Thayer, " Vietnam and the Challenge of Political Civil Society ", *Contemporary Southeast Asia*, No. 1, April 2009, pp.13-16.

[67] 〈中越兩軍友好交往〉，《中華人民共和國國防部》，http://chn.chinamil.com.cn/2011 zyljyhjw/index.htm。

[68] 余平，〈中越合作與對抗並行〉，《廣角鏡》，2011 年 12 月 16 日，頁 48-49。

表 3-2　越南近年武器採購項目表

項目	簽約時間（年）	交付時間（年）	金額（億美金）
5 架蘇愷 22 改裝	2003	2004	
2 套 S-300PMU-1	2003	2005-2006	2-3.8
4 架蘇愷 30MK2V	2003	2004	1-1.2
50 枚 KH-29 空對地飛彈	2004	2004	
20 具 DR-76 燃氣渦輪(用於閃電級飛彈快艇)	2004	2008	
20 枚 Kh-31A1	2004	2004	
20 具 DR-77 燃氣渦輪(用於閃電級飛彈快艇)	2004	2008	
400 枚 Kh-35 反艦飛彈	2004	2008-2010	
50 枚 R-733 空對空飛彈	2004	2004	
8 架蘇愷 22 升級	2004	2005-2006	
10 架 PZL M28B 巡邏機	2005	2005	
150 輛 T-72 坦克	2005	2005	1.5
40 架蘇愷 22 升級	2005	2005	
2 艘獵豹級護衛艦、2 套 K-300P 堡壘式岸基反艦飛彈（40 枚飛彈）	2005-2007	2009-2010	3
4 具 DT-59 燃氣渦輪（獵豹級護衛艦用）	2006	2010	
VinaSat-1 軍民雙用通訊衛星	2006	2008	3
200 枚 9M311 防空飛彈	2007	2009-2010	
4 艘 Svetlyak 級巡邏艇	2007	2011	0.4
4 套 Kolchnya 搜索系統	2009	2009	0.54
100 枚 R-733 空對空飛彈	2009	2010	
8 架蘇愷 30MK	2009	2010	4-5
6 艘基羅級 636 型	2009	2013+	18-21
12 架蘇愷 30MK2	2010	2011-2012	10

資料來源：Carlyle A. Thayer, "Background Briefing: Vietnam's Defense Budget" , *Thayer Consultancy*, April 23, 2011, p.16.

■ 菲律賓

　　菲律賓是南海問題中實力最弱者，但卻是態度最為強硬者。主要原因是菲律賓與美軍簽有共同防禦條約[69]。菲律賓的國防預算在 2003 年時僅 8.4 億美金，雖然 2011 年提升至 23.4 億美金，但與鄰國比較起來仍顯薄弱。且菲律賓國防預算主要還是用於購買對付叛亂團體的武器，如購買直升機與運輸機等裝備[70]。但面對南海問題，菲律賓仍盡可能提昇自己的軍備，主要為提升舊型軍艦與尋求外援。2006 年花費近 2000 萬美元提升賈辛圖級（Jacinto）護衛艦的武器與感測系統，之後又花費 700 萬美元維修動力系統。菲律賓海軍還從南海接收 4 艘 PKM 炮艇[71]。菲律賓也自行生產飛彈快艇，2009 年以來有 2 艘國產多用途快艇下水。這種快艇具備兩棲登陸作戰能力，顯示其用於南海問題的軍事用途[72]。

　　菲律賓最主要的軍事援助還是來自美國，至 2011 年美國已經提供菲律賓近 7000 萬美元的軍事援助[73]。2011 年 5 月 15 日，菲律賓海軍接收自美國海岸警衛隊退役的 3000 噸級漢米頓級（Hamilton）巡邏艦[74]。菲律賓海軍很快將其用於 2012 年 4 月的黃岩島事件中。2012 年 1 月初從美國接收 2 艘巡邏快艇，2012 年 5 月 23 日又從美國接受漢米頓級的達拉斯號[75]。此外菲律

---

[69] 美菲共同防禦條約條款請參閱，Mutual Defense Treaty Between the United States and the Republic of the Philippines; August 30, 1951, http://avalon.law.yale.edu/20th_century/phil001.asp.

[70] Tim Huxley, "Defence Procurement in Southeast Asia", *Inter-Parliamentary Forum on Security Sector Governance （IPF-SSG）in Southeast Asia*, October, 12-13 2008, p.13.

[71] Dzirhan Mahadzir，趙復生 譯，〈菲律賓武裝部隊現代化〉，《國防譯粹》，第 34 卷第 4 期，2007 年 4 月，頁 21-22。

[72] Zaff Solmerin, "Navy unveils PHL-made multipurpose attack craft", *Business Mirror*, May 22, 2012, http://businessmirror.com.ph/home/nation/27521-navy-unveils-phl-made-multipurpose-attack-craft.

[73] Rene Acosta , "US military aid to PHL highest in Southeast Asia–Thomas", *Business Mirror*, July 4, 2011, http://www.businessmirror.com.ph/home/nation/13316-gaerlan-barrios-new-ca-justices.pdf.

[74] 編輯部，〈菲律賓為什麼購買漢米爾頓級巡邏艦？〉，《現代艦船》，2011 年 7 月 B，頁 14-17。

[75] "Veteran USCG Cutter Transferred to Philippines", *MarineLink.com*, May 18, 2012,

賓還希望從美國購買 12 架 2 手的 F-16 戰機[76]與增購 1 艘巡邏艦。此外日本也有意向菲律賓提供 12 艘包含千噸級的巡邏船[77]。不過這些軍事裝備的的提供，僅能提升菲律賓的海上巡邏能力，對於其在軍事衝突中的實力並無明顯提升。

■ 馬來西亞

馬來西亞是在南海問題上與中國保持相對友好的一方，對於南海問題較為低調。不過馬來西亞的軍事預算也是逐年提升，2011 年以達 45 億美金。不過東南亞國家之間對於國防議題，本身就抱持一種平衡心態，如新加坡、印尼等大馬周邊國家的軍事採購都會影響到大馬的國防建軍[78]。如其與新加坡購買新型潛艇，就在亞洲引發一波潛艇建軍潮[79]。大馬購買 6 艘德國吉打級護衛艦，也與新加坡 6 艘護衛艦互別苗頭[80]。不過面對可能的威脅，大馬也大量參與各種在東南亞舉行的軍事演習與區域合作論壇。整體來說，馬來西亞較重視與中國的經濟互動。中國與馬來西亞的貿易量也是東協之中最多者，中國與東協進口貿易量最多者也是馬來西亞，2011 年達 621 億美金[81]。馬來西亞對於南沙群島問題的態度也偏向由國際談判解決。此外馬來西亞油氣田開採主要集中在沙巴盆地，其本身就屬於馬來西亞大陸架，爭議性較小。

---

http://www.marinelink.com/news/transferred-philippines344787.aspx.

[76] Associated Press , "Philippines seeks 12 F-16 fighter jets from US", *Inquirer Global Nation*, December 21, 2011, http://globalnation.inquirer.net/21275/philippines-seeks-12-f-16-fighter-jets-from-us., http://globalnation.inquirer.net/21275/philippines-seeks-12-f-16-fighter-jets-from-us.

[77] 〈日本擬軍援菲律賓制衡中國〉，《亞洲週刊》，2012 年 5 月 27 日，http://www.yzzk.com/cfm/inews.cfm?Path=2447308872&File=20120517/yz041611.htm。

[78] 馬來西亞媒體朋友向筆者透露，東南亞國家對於軍事採購本身抱持一種平衡心態。如新加坡購買豹 2 戰車，馬來西亞與印尼也跟進購買主力戰車。

[79] Valerie Niquet, "Asian navies' modernization: the factors and consequences of modernization", *5th Berlin Conference on Asian Security* （BCAS）,October 1, 2010, p.7.

[80] 吳崇伯，〈東協國家海軍現代化建設及其對周邊局勢的影響〉，《太平洋學報》，第 18 卷第 2 期，2010 年 2 月，頁 84-86。

[81] 〈2011 年 1-12 月我對亞洲國家（地區）貿易統計〉，《中華人民共和國商務部亞洲司》，2012 年 2 月 1 日，http://yzs.mofcom.gov.cn/aarticle/g/date/p/201202/20120207946820.html。

東協各國的軍事現代化有時並非針對南海，而是一種區域平衡的心態。

	2003	2004	2005	2006	2007	2008	2009	2010	2011
新加坡	47.4	50.4	55.7	64	70.1	76.6	82.3	115	121
泰國	19.3	19.3	20.2	21.3	33.3	42.9	51.3	48.2	55.2
菲律賓	8.4	8.24	8.44	9.09	11.3	14.2	11.6	21.3	23.4
印尼	21.2	23.9	25.3	25.9	35.7	34	35	47	54.2
馬來西亞	24.1	22.5	24.7	30.8	40.2	41.8	40.3	34.1	45.4
越南	29	27.8	31.5	34.3	37	29	28	23.2	26.6

圖表 3-15　東南亞主要國家歷年國防預算

資料來源：The Military Balance 2004-2012.

二、各國與東協的軍事合作

東協除了與美國有軍事上的合作外，英、澳、紐、新、馬的五國聯防也是主要的防禦聯盟。

■ 東協內部安全合作

面對南海可能爆發的衝突，東協內部也採舉各種論壇與會議，希望藉透過各國之間討論的方式，尋求解決南海問題的共識。東協的各項協定與會議包括：東協國防部長會議（ASEAN Defence Ministers Meeting，ADMM）[82]、

[82] " Concept Paper for the Establishment of an ASEAN Defence Ministers' Meeting", *Association of Southeast Asian Nations*, http://www.aseansec.org/18511.htm.

chapter 3

各國對南海問題的現階段策略──應對中國的棒子與胡蘿蔔

東協外交部長會議（ASEAN Ministerial Meeting，AMM）、東協政治安全共同體（ASEAN Political-Security Community，APSC）[83]、東協安全共同體（ASEAN Security Community，ASC）[84]、東協海軍首長會議（ASEAN Navy Chiefs Meeting，ANCM）、東協國防部長擴大會議（ASEAN Defence Ministers Meeting Plus，ADMM Plus）[85]、ADMM Plus 海上安全專家工作會議（ADMM Plus Expert Working Group on Maritime Security，EWG on MS）、東協海事論壇（ASEAN Maritime Forum，AMF）、東協地區論壇休會期間海上安全會議（ARF Inter-Sessional Meeting on Maritime Security，ARF ISM on Maritime Security）等[86]。

2008 年 12 月 15 日東協外交部長會議，東協各國在印尼雅加達舉行的東協外長會議上，正式宣布東盟憲章（ASEAN Charter）生效[87]。憲章中強調任何與東協法律無關之爭端，將依循東南亞友好與合作條約解決。目前該會議也邀請美國、俄國、中國、日本、韓國、印度、澳洲、紐西蘭外交部長參與。2011 年的東協海軍首長會議，就對各國海上巡邏與各國間海上通信協定進行討論[88]。2010 年東協也首次召開東協國防部長擴大會議，邀請包括美、中兩國在內的國防部長參與。這些會議的召開，大大增加了東盟每年在討論南海議題上的次數。此外由 IISS 從 2002 年開始在新加坡主辦的香格里拉對話（Shangri-La Dialogue，SLD）也提供各國國防部長對於安全議題的討論。中國與東協在 2002 年簽署《南海各方行為宣言》，2012 年，雙方開始對宣言提升為《南海各方行為準則》草案進行討論[89]。

---

[83] "ASEAN Political-Security Community", *Association of Southeast Asian Nations*, http://www.aseansec.org/18741.htm.

[84] "ASEAN Security Community Plan of Action", *Association of Southeast Asian Nations*, http://www.aseansec.org/16826.htm.

[85] "Chairman's Statement of the First ASEAN Defence Ministers' Meeting-Plus: "ADMM -Plus: Strategic Cooperation for Peace, Stability, and Development in the Region"", *Association of Southeast Asian Nations*, http://www.aseansec.org/25352.htm.

[86] 功能與成立時間請參閱東協各項海事安全相關會議與組織表。

[87] "ASEAN Charter", *Association of Southeast Asian Nations*, http://www.aseansec.org/21861.htm.
東盟憲章中文翻譯〈東協憲章中英對照版〉，《臺灣東南亞國家協會研究中心》，2011 年 10 月，http://www.aseancenter.org.tw/upload/files/ASEAN%20Charter.pdf。

[88] Carlyle A. Thayer, "The Rise of China and Maritime Security in Southeast Asia", *2011 年〈中国・インドの臺頭と東アジアの変容〉第 11 回研究會*,2011, pp.15-16.

[89] 〈東盟將與中國就南海行為準則草案內容談判〉，《新浪網》，2012 年 5 月 24 日，

表 3-3　東協各項海事安全相關會議與組織表

中文名稱	英文名稱	成立時間	用途
東協國防部長會議	ASEAN Defence Ministers Meeting，ADMM	2004 年 5 月起草2006 年 5 月首次召開	區域安全上的合作與各夥伴國之間的安全對話，建立與促進互信與軍事透明度。希望朝東協安全共同體的目標邁進。
東協外交部長會議	ASEAN Ministerial Meeting，AMM	1967 年首次召開	協調會員國間的各項議題、決策與協調
東協政治安全共同體	ASEAN Political-Security Community，APSC	2009 年通過希望在 2015 年成立	預防衝突、解決衝突與衝突後的重建。
東協安全共同體	ASEAN Security Community，ASC	2003 年通過希望在 2020 年成立	創造與實施準則，如南海行為準則的建制。預防衝突、解決衝突與衝突後的重建。
東協海軍首長會議	ASEAN Navy Chiefs Meeting，ANCM	2006 年召開	加強海軍互信與經驗交流，安全形勢的資訊交換。
東協國防部長擴大會議	ASEAN Defence Ministers Meeting Plus，ADMM Plus	2010 年 10 月首次召開	每三年一次。參與國家包過東盟國家、澳大利亞、中國、印度、日本、新西蘭、俄羅斯、韓國和美國。
東協海事論壇	ASEAN Maritime Forum，AMF	2010 年成立於東協政治安全共同替之下。	包含東協海事擴大論壇。此論壇為討論全盤海上問題，但目前還沒詳細討論南海問題。
ADMM Plus 海上安全專家工作會議	ADMM Plus Expert Working Group on Maritime Security，EWG on MS	2011 年 10 月	由馬來西亞與澳洲共同主持，未來計畫每年舉辦兩次。
東協地區論壇休會期間海上安全會議	ARF Inter-Sessional Meeting on Maritime Security，ARF ISM on Maritime Security	2009 年在東盟地區論壇批准通過	海上安全訊息共用與能力安全培訓。

資料來源：蘇冠群資料整理

http://dailynews.sina.com/bg/chn/chnpolitics/sinacn/20120524/18253417450.html。

Carlyle A. Thayer, " The Rise of China and Maritime Security in Southeast Asia", *2011 年「中國・インドの臺頭と東アジアの変容」第 11 回研究會*, 2011, pp.15-16.

"Concept Paper for the Establishment of an ASEAN Defence Ministers' Meeting", *Association of Southeast Asian Nations*, http://www.aseansec.org/18511.htm.

"ASEAN Political-Security Community", *Association of Southeast Asian Nations*, http://www.aseansec.org/18741.htm.

"ASEAN Security Community Plan of Action", *Association of Southeast Asian Nations*, http://www.aseansec.org/16826.htm.

"Chairman's Statement of the First ASEAN Defence Ministers' Meeting-Plus: "ADMM-Plus: Strategic Cooperation for Peace, Stability, and Development in the Region"", *Association of Southeast Asian Nations*, http://www.aseansec.org/25352.htm.

"ASEAN Charter", *Association of Southeast Asian Nations*, http://www.aseansec.org/21861.htm.

■ 東盟各國的演習

在 1995 年的中菲美濟礁事件後，美國開始注意中國在南海的擴張。在冷戰結束後美國在東南亞的駐軍開始撤離，但美國仍與菲律賓和新加坡建立軍事合作關係。美國在東南亞地區本身也存在眾多利益，美國的金屬原料如鈦與錫就有超過 90% 是來自亞洲[90]。美國與東南亞的貿易每年也高達一千多億美金，亞洲的經濟起飛讓美國必須控制這塊市場以維持它的霸權[91]。但近年來美國在東南亞的貿易總額逐年下降，與東協經濟貿易總額也被中國所超越。南沙群島的各國石油開發，也幾乎都有美國石油公司介入[92]。經濟利益以外的不外乎是中國海軍的向南擴張，美軍的回應除了對付潛艇的魚鉤戰略，美軍也開始加強與東南亞各國的軍事合作。

---

[90] 李國強 著，《南中國海研究：歷史與現狀》（哈爾濱：黑龍江教育出版社，2003年）。

[91] Sam J. Tangredi , "Globalization and Maritime Power"（Washington DC: National Defense University Press, 2003）, pp.189-200.

[92] 柯爾（Bernard D. Cole）著，翟文中 譯，《海上長城──走向 21 世紀的中國海軍》，頁 56。

2005 年 8 月由美國與星國在新加坡所舉辦的研討會[93]，與會人士表示美國並不擔心中國勢力對東南亞造成影響，美國並不會在此區域被邊緣化[94]。美國在貿易上仍與東南亞保持關係外，軍事上的合作也從未間斷。在 1998 年與 2002 年美國就與菲律賓簽署了兩份軍事協議，美軍可以自由的進出菲律賓的空域跟領海。2004 年美國所制定的《區域海事安全計畫》中的反恐方案就已表示會向馬六甲海峽派駐海軍陸戰隊。美軍與東南亞國家的演習從 1999 年的 14 次，2000 年至 2002 年共 23 次[95]，美國與泰國、菲律賓的定期軍事演習，包括金色眼鏡蛇（Cobra Gold）、肩並肩（Balikatan）、卡拉特演習（Cooperation Afloat Readiness and Training，CART）演習等，新加坡也是這些演習的常客[96]。

所有演習中對南海影響最大的為 2003 年開始舉辦的卡拉特演習，2003 年共有美國、泰國、汶萊、新加坡、馬來西亞 5 國參與，是大規模的海上演習，此演習從 2003 年開始成為每年例行的演習之一 2008 年卡拉特演習的規模開始逐步擴大，該年有大批美軍水面艦參與這項演習。值得觀察的是 2009 年的卡拉演習，美軍派出 4 艘神盾艦參與這次演習，新加坡也派出無畏級巡防艦參與，泰國停在港口已久的查克裡王朝號（HTMS Chakri Naruebet R-911）航空母艦也在今年的演習中亮相。在 6 月份美新兩國所進行的反潛演習，在演習過程中發生與中國潛艇擦撞的插曲，讓人很難不聯想美軍針對中國的意圖[97]。馬來西亞當地媒體認為，美國有意在東南亞組建另一個北約，當然這種看法美國官方是絕口否認。

---

[93] 這次研討會由國務院情報研究局、亞洲研究局、新加坡國防暨戰略研究所、美國戰爭學院舉辦。

[94] Corazon Sandoval Foley，歐冠宇 譯，〈東南亞及美國對中共崛起之觀感〉，《國防譯粹》，第 33 卷第 5 期，2006 年 5 月，頁 77。

[95] 郭淵，〈冷戰後美國的南中國海政策〉，《學術探索》，2008 年 2 月，頁 56。

[96] 李慶山、李輝光 編著，《122 國家軍事演習內目》（北京：中共黨史出版社，2008 年 3 月）。

[97] 〈中國潛艇撞美國聲納，表示中方正對卡拉實施監視?〉，《KLS 吉隆玻安全評論》，2009 年 6 月 14 日，http://www.klsreview.com/HTML/2009Jan_Jun/20090614_03.html。

越南在 2001 年與印度、日本在南海舉行聯合反海盜與海上搜救演習，同年 6 月 11 日參加與美、俄、法、日、新等 15 國的海上掃雷聯合演習。2011 年反應南海局勢，2011 年 6 月至 7 月間，美國就與南海各國舉行了多達 5 場軍事演習。包括 6 月 6 日至 13 日美國與大馬舉行的海上聯合演習；6 月 14 日至 24 日美國與馬、星、菲、泰、汶、印尼舉行海上反恐演習；6 月 28 日至 7 月 8 日舉行美菲海上軍事演習；7 月 9 日美、日、澳舉行海上搜救演習；7 月 15 日至 21 日美越舉行海上搜救演習[98]。2012 年黃岩島事件美國與菲律賓照常舉行肩並肩演習[99]，不過舉行演習與黃岩島事件並無直接關係，肩並肩演習是根據《美菲共同防禦條約》所制訂的。該演習起源於 1978 年高速躍進演習，1982 年改為現名。1995 年《美菲部隊訪問協定》到期，演習因而停止，不過 1999 年菲律賓重新通過《美菲部隊訪問協定》後又恢復舉辦[100]。

除了與美國的軍事演習外，東盟各國之間的每年也會舉行 21 場左右的雙邊軍事演習，其中海軍演習聯合演習就有 10 場[101]。英國、澳洲、紐西蘭、馬來西亞、新加坡在 1971 年簽訂《五國協防條約》（Five Power Defence Arrangements，FPDA），五國之間會定期舉行軍事演行與相關論壇。該協定一開始以防空防禦為主，從 1981 年各國開始舉行陸上與海上軍事演習。不過目前五國協防條約也碰上一些問題，如馬來西亞不允許新加坡的部隊在其領土上演習。此外英、澳、紐也對於要長途跋涉至東南亞進行軍演的金費問題提出意見，希望改由對付非傳統安全問題，但馬來西亞不希望五國協防僅是處理純非傳統安全議題[102]。面對中美兩勢力在東南亞的相互競爭，東南亞

---

[98] 編輯部，〈劍指南海──美國東協國家海上軍演全記錄〉，《船艦知識》，2011 年 9 月，頁 45-46。

[99] Frances Mangosing, "Balikatan 2012 includes participants from Asean, other partner nations", Business Mirror , March 7, 2012, http://globalnation.inquirer.net/27477/balikatan -2012-includes-participants-from-asean-other-partner-nations.

[100] 李輝光 主編，《外國軍事演習概覽》（北京：軍事科學出版社，2004 年 1 月），頁 137-138。

[101] Amitav Acharya, "A SURVEY OF MILITARY COOPERATION AMONG THE ASEAN STATES: Bilateralism or Alliance?", Centre for International and Strategic Studies, May 1990, p.42.

[102] 達蒙‧布里斯托，〈五國防禦協議組織：鮮為人知的東南亞地區安全組織〉，《南洋

國家的態度依據不同國家有不同應對的方式；在經濟上東南亞積極與中國建立關係，但是在安全合作上東南亞與美國的合作多於中國，東南亞國家在施展小國外交的戰略實在令人佩服。

美、澳與東協各國的軍事演習就多達 46 種，且東協內部各自的演習也有 21 場，顯示其軍事合作的密集度。

表 3-4　各國與東協國家聯合演習列表

英文代號	中譯	參加國家	演習性質
Balance Iron	平衡・鐵	美國、印尼	聯合特種作戰演習
Balance Lever	平衡・槓桿	美國、寮國	聯合特種作戰演習
Balance Mint	平衡・薄荷	美國、馬來西亞	野外特種作戰演習
Balance Pistol	平衡・手槍	美國、菲律賓	聯合特種作戰演習
Balance Piston	平衡・活塞	美國、菲律賓	聯合特種作戰演習
Balance Forch	平衡・火炬	美國、泰國	多兵種聯合特種作戰演習
Balikatan	肩並肩	美國、菲律賓	多兵種聯合兩棲作戰演習
CART	卡拉特	美國、東協部分國家	海上合作與戰備訓練演習
Churinga	護身符	澳洲、大馬、新加坡	空軍聯合防禦演習
Cobra Gold	金色眼鏡蛇	美國、泰國、新加坡	多兵種聯合指揮實兵演習
Commando West	西方突擊隊	美國、泰國	空軍聯合演習
Cope Agenda	對抗・日程	美國、菲律賓	空防聯合演習
Cope Bucks	對抗・巴克斯	美國、菲律賓	應急作戰演習
Cope Slings	對抗・投擲	美國、新加坡	空軍對抗演習
Cope Tiger	對抗・雷	美國、泰國、新加坡	聯合空戰演習
Cope West	對抗・西	美國、印尼	聯合空防演習

資料譯叢》，第 162 期，2006 年 2 月，頁 2-12。

Dawn Caracha	黎明·卡拉	澳洲、菲律賓	特種部隊聯合反劫機演習
Dawn Panther	黎明·豹	澳洲、泰國	聯合反劫機演習
Gagah Koa	壯觀的掛	美國、馬來西亞	訓練與教育合作演習
Hafingaroo	哈林蓋洛	澳洲、馬來西亞	陸軍協同作戰演習
Hatpoon	魚叉	美國、新加坡	綜合海上演習
LADS ADEX		五國協防組織	海空防禦演習
Kakadu	卡卡杜	澳洲、新加坡、馬來西亞、日本	海空聯合演習
Kennel Guard	狗窩警衛	美國、菲律賓	海軍戰備演習
Mercury	水星	美國、新加坡	反水雷訓練演習
Merlion	海獅	美國、新加坡	海軍聯合演習
Night Panthet	夜豹	澳洲、泰國	特種部隊協同作戰與部屬演習
Pacific Reach	抵達太平洋	美國、韓國、日本、新加坡	聯合潛艇救援演習
RIMPAC	環太平洋	美國、加拿大、澳洲、日本、韓國、新加坡	海上綜合聯合演習
Rifle Company Butterworth	步槍團	澳洲、馬來西亞	陸軍聯合演習
Sea Lynz		美國、新加坡	聯合海上特種作戰演習
SEDRE	海上偵察	美國、菲律賓	海上協同聯合演習
Southern Tiger	南方虎	澳洲、馬來西亞	陸軍聯合演習
Starfish	海星	五國協防組織	海空聯合演習
Suman Warrior	蘇曼戰士	五國協防組織	陸上戰鬥支援模擬演習
Suman Warrior	蘇曼勇士	五國協防組織	陸軍司令部圖上演習
Taa Nok In Sii	塔諾克因賽爾	澳洲、泰國	聯合海空監視演習
Taiav Thal	塔雷·泰	美國、泰國	海上增援及應急作戰演習
Team Challenge	協作挑戰	美國、泰國、菲律賓、澳洲、新加坡	金色眼鏡蛇、肩並肩、雙重突擊的總稱
Tide	潮汐	美國、泰國	海軍特種作戰演習
Tiger Winds	老虎相脂	美國、新加坡	指揮所演習
Tram	指針	美國、泰國	陸空聯合特種作戰

Trek	跋涉	美國、泰國	陸軍與陸戰隊聯合特種作戰
Underseal	水下海豹	美國、菲律賓	聯合特種作戰演習
Valiant Mark	英勇標誌	美國、新加坡	聯合兩棲作戰演習
Wyvern Sun	飛龍太陽	澳洲、泰國	近海防禦演習

資料來源：李慶山，李輝光 編著，《122 國家軍事演習內目》（北京：中共黨史出版社，2008 年 3 月）。

表 3-5　東協各國間聯合演習列表

演習代號	參與國家	類型	初始年份
Kekar Malindo	大馬、印尼	陸軍演習	1977
Tatar Malindo	大馬、印尼	陸軍演習	1981
Kripura Malindo	大馬、印尼	陸軍演習	1981
Elang Malindo	大馬、印尼	空軍演習	1975
Malindo Jaya	大馬、印尼	海軍演習	1973
Darsasa Malindo	大馬、印尼	三軍聯合演習	1982
Safakar Indopura	印尼、新加坡	陸軍演習	1989
Elang Indopura	印尼、新加坡	空軍演習	1980
Englek	印尼、新加坡	海軍演習	1975
Elang Thainesia	印尼、泰國	空軍演習	1981
Sea Garuda	印尼、泰國	海軍演習	1975
Philindo	印尼、菲律賓	海軍演習	1972
Semangat Bersatu	大馬、新加坡	陸軍演習	1989
Malapura	大馬、新加坡	海軍演習	1984
Air Thamal	大馬、泰國	空軍演習	1981
Thalay	大馬、泰國	海軍演習	1980
Hornbill	大馬、汶萊	海軍演習	1981
Sing-Siam	新加坡、泰國	空軍演習	1981
Thai-Sing	新加坡、泰國	海軍演習	1983
Pelican	新加坡、汶萊	海軍演習	1979
Ex Lancer	新加坡、汶萊	陸軍演習	?

資料來源：Amitav Acharya, "A SURVEY OF MILITARY COOPERATION AMONG THE ASEAN STATES: Bilateralism or Alliance?", Centre for International and Strategic Studies, May 1990, p.42.

第四節　小結

　　美國積極在中國周邊海域進行水文調查與電子偵測，使中國感到不滿。雙方多次衝突。美國與東協的聯合演習數量之多，顯示美國從未離開過東亞。東協國家仍持續開採南海油氣資源，讓中國感受到喪權辱國的時間壓力。越南、菲律賓面對中國的威脅也積極強化軍備。

　　本章節主要針對美國與西太平洋各國對於中國在南海的反制作為。還包括東南亞在南海開採油氣資源與軍備發展現況。由於各方的反應將影響中國在南海的行為，對此本章提出下列看法：

(一) 美國在中國周邊海域包括南海進行調查，顯示美國對於解放軍現代化的不安。由於水下戰爭強調水文地圖的建立，中國周邊又屬於近海淺水地區，屬於美國不熟悉之環境。對此中國感到美國侵犯其經濟海域管轄權。

(二) 美國與東協所進行大大小小的演習共有 46 場，其中也包括與澳洲、日本共同進行的環太平洋軍演，顯示美軍從未離開過東亞。

(三) 日本與印度也利用海上石油聯合開發、軍備支援的方式介入南海。日本與澳洲簽署防衛合作，印度與菲律賓在 2006 年也簽署防衛協定，顯示中國難以避免各國間接性的介入南海問題。

(四) 越、菲、馬、汶四國積極南海開採油氣資源，使中國須加快對海上油氣開採技術的發展。

(五) 東協國家雖然加強國防預算，但並非全是受南海威脅的影響。東協各國在國防採購上，常有相互模仿的現象，主要受區域平衡觀念的影響。此外東協對於海上安全也有不少協商會議，這都增加了東協與中國討論南海問題的機會。

雖然美、日、澳、印對於南海問題非常關切，但不代表雙方會為南海各國而戰。各國在南海問題上都不想直接介入，而採取間接的方式。南海不只是東協國家的南海問題，也中美兩國之間的角力場。中國如何突破美國在東亞的封鎖與航道問題，也成為中國必須解決的南海問題之一。

中國南海戰略的手段
與形成過程
——奇正雙軌與手段多元

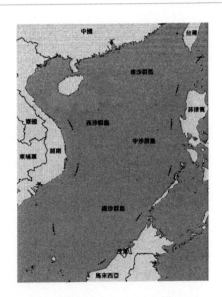

中國軍方是否會在必要的時候出手？「這個（南海問題）
根據國家外交的需要。現在我們是外交部門和有關的海
事部門在應對處理這個問題，我相信會處理好。」

——2012 年 4 月 24 日中國國防部長 梁光烈在接受鳳凰衛
視訪問時的答覆*。

---

* 〈梁光烈：應對南海問題要根據外交需要〉，《鳳凰衛視》，2012 年 4 月 24 日，
  http://v.ifeng.com/mil/mainland/201204/cedb2395-eb0b-462b-8e67-3b698dac7063.shtml。

第一節　超軍事的南海戰略──上兵伐謀

中國與南海諸國在外交上積極的互動，顯示雙方都不願意因軍事衝突破壞目前各國逐漸起色的經濟。中國採取國際上常用的海洋執法單位，使用海監船、漁政船降低各國炒作中國軍事力量介入南海。中國海軍近年來積極進行海軍外交，這些軍艦也經常訪問東南亞進行訪問。多重跡象顯示目前在南海問題上，外交是雙方首選的解決方式，這同時是中國近年來對外所採取的一貫方式。

一、積極的雙邊外交關係

2011 年至 2012 年南海爭議升溫期間，中國與南海諸國的官方外交互訪就達 41 次。顯示南海問題，並不像媒體炒作一般，劍拔弩張。

■ 中國與東協雙邊關係

中國與東協的互動，對於南海問題，一般來說是多邊的解決平臺。但中國在此問題上將東協視為個體，東協各國對於南海必須有共識才能有效與中國進行談判。因此中國與東協關係為一種特殊雙邊關係。1988 年中國總理李鵬訪問泰國，宣布中國將建立、恢復和發展與東協各國的關係[1]。1990 年 8 月中國恢復與印尼邦交關係，1990 年 10 月恢復與新加坡外交關係，1991 年 9 月與汶萊建交，同年 11 月恢復與越南的關係正常化[2]。1991 年中國開始與東協進行接觸，中國前外交部長錢其琛出席第 24 屆東協外交部長會議，

---

[1]　王逸舟 主編，《中國外交六十年》（北京：中國社會科學出版社，2009 年 9 月），頁 215。

[2]　牛軍 主編，《後冷戰時代的中國外交》（北京：北京大學出版社，2009 年 3 月），頁 319-320。

開啟與東協之間的交往。1993 年錢其琛表示中國希望提升與周邊國家的合作關係，提升人民生活水準，促進區域政治穩定與經濟發展[3]。中國在 1990 年代後重視睦鄰外交，以緩解陸上與海上的同時威脅[4]。1994 年江澤民出訪馬來西亞、印尼、新加坡、越南四國，李鵬和喬石也在 1996 年訪問越南。1997 年李鵬訪問馬來西亞與新加坡，江澤民在其任內也完成了東協 10 國的訪問。1999 年朱鎔基對馬來西亞、菲律賓、新加坡、越南進行正式訪問。1994 年中國支持東協創立東盟地區論壇（ARF）[5]，1996 年 3 月中國與東協成為全面對話夥伴國，1997 年雙方確立睦鄰互信夥伴關係。

　　胡、溫上臺後，提出「睦鄰、安鄰、富鄰」的外交口號，加大中國於東協之間的經濟來往[6]。2003 年溫家寶在參加第七屆中國——東協領導人會議期間，與東協 10 國領導人簽署《面向和平與繁榮的戰略夥伴關係聯合宣言》[7]。同時中國簽署加入《東南亞友好合作條約》[8]，成為第一個與東協國家簽署這項條約的國家。根據亞洲民主動態（Asian Barometer Survey，ABS）民意調查機構在 2006-2007 年間做的中、美、日三國在東協國家的好感度民調顯示，中國在越南、泰國、印尼與大馬的好感度都高於美國，而在菲律賓、新加坡的好感度低於美國。不過有趣的是日本在這些國家中的好感度，除了菲律賓之外都高於中美兩國[9]。2002 年中國與東協簽署《中國與東協全面經濟合作框架協議》，2003 年簽署《關於修改《中國與東協全面經濟合作框架協議》的議定書》[10]。2004 年中國與東協簽署自由貿易協定，雙方預定 2005

3　維尼・伯特（Wayne Bert）著，《熟者勝出——美國與中共在東南亞之爭》（臺北：國防部史政編譯局，2005 年 4 月，原書為 2003 年出版），頁 181。

4　Joshua Kurlantzick, "China's Charm Offensive in Southeast Asia", *CURRENT HISTORY*, September 2006, p.271.

5　中國現代國際關係研究院 編，《海上通道安全與國際合作》（北京：時事出版社，2005 年 1 月），頁 271。

6　於有慧，〈胡溫體制下的石油外交與挑戰〉，《中國大陸研究》，頁 46。

7　秦亞青，《國際體系與中國外交》（北京：世界知識出版社，2009 年 12 月），頁 287。

8　"INSTRUMENT OF ACCESSION TO THE TREATY OF AMITY AND COOPERATION IN SOUTHEAST ASIA", *Association of Southeast Asian Nations*, http://www.aseansec.org/15271.htm.

9　王正緒，楊穎，〈中國在東南亞民眾心目中的形象〉，《現代國際關係》，2009 年 5 月，頁 55。

10　梅平 主編，《中國——東盟自貿區建設》（北京：世界知識出版社，2007 年 8 月），

年部分國家開始實施自由貿易，在 2010 年建成自由貿易區。此外中國也重視與東協國家的安全合作關係，包括前幾章已經提到的《南海各方行為宣言》與各種部長級海事安全會議。此外中國與東協 2002 年也簽署《中國與東協關於非傳統安全領域合作聯合宣言》[11]，中國在 2011 年湄公河慘案後，也展開四國聯合護航行動。中國與東協的關係涉及政治、經濟、 安全等領域。對於南海問題，中國一直與東協在南海問題上進行討論，但一直沒有具體共識，只強調遵守南海各方行為宣言。中國同時又個別與南海周邊國家進行雙邊談判，中國在此問題上仍然偏向雙邊解決，而非多邊。

■ 雷聲大雨點小的 2011 年

中國與南海各國的積極互動，可以從 2011 年的南海危機中看出。在 2011 年南海危機爆發前，溫家寶於 2011 年 4 月 27 至 30 日訪問了馬來西亞與印尼兩國[12]。在此之前 4 月 14 日，印尼外交部長馬蒂‧納塔萊加瓦（Marty Natalegawa）應楊潔篪邀請，於 4 月 19 日來華訪問[13]。同年 4 月 19 日，中國外交部副部長張志軍率團前往河內訪問越南總理阮晉勇[14]。馬來西亞方面，大馬外交部長在 4 月 17 日訪問中國[15]，其副首相幕尤丁（Muhyiddin Yassin）也受李克強邀請訪問中國[16]。2011 年 5 月 27 日，中越在海上爆發了中國海監船切斷越南海洋探勘船纜繩的衝突事件。隨後引發越南國內的反華示威，以及數個月後越南、菲律賓等國針對南海問題的擴軍行為。

頁 247。

[11] David Arase, Non-Traditional Security in China-ASEAN Cooperation: The Institutionalization of Regional Security Cooperation and the Evolution of East Asian Regionalism, Asian Survey, Vol. 50, No. 4, July/August 2010, pp.822.

[12] 〈溫家寶將訪問馬來西亞、印度尼西亞〉，《新華社》，2011 年 4 月 20 日，http://big5.xinhuanet.com/gate/big5/gx.xinhuanet.com/dm/2011-04/20/content_22570616.htm。

[13] 〈印尼外長將訪華〉，《人民網》，2011 年 4 月 14 日，http://politics.people.com.cn/GB/1027/14393629.html。

[14] 〈越南總理阮晉勇會見中國外交部副部長張志軍〉，《新華社》，2011 年 4 月 19 日，http://news.xinhuanet.com/world/2011-04/19/c_121324374.htm。

[15] 〈馬來西亞外交部長阿尼法啟程訪華〉，《新浪網》，2011 年 4 月 17 日，http://news.sina.com.hk/news/9/1/1/2077857/1.html。

[16] 〈幕尤丁結束訪中國‧直飛昆明度假 24 日返國〉，《星洲日報》，2011 年 4 月 22 日，http://www.sinchew.com.my/node/201844?tid=1。

表 4-1　2011 年中、菲、越南海衝突事件統計

2011 年 3 月	越南外交部抗議中國海軍在南沙群島舉行軍事演習,稱中國侵犯了越南的主權。
2011 年 4 月 5 日	菲律賓向聯合國遞交外交抗議書,抗議中國 2009 年向聯合國提出的一份宣稱對包括南沙群島在內的南海擁有主權的地圖,稱中國的主權宣稱缺乏國際法基礎。
2011 年 5 月 27 日	越南外交部抗議,指責中國巡邏船在南中國海越南領海附近損壞了一艘越南勘探船的設備。
2011 年 6 月 13 日	越南在南海進行實彈演習,距南沙群島約一千公里。菲律賓總統辦公室聲稱計畫將南海更名為"西菲律賓海"。
2011 年 6 月	中國船隻靠近馬來西亞控制的彈丸礁,馬來西亞軍隊跟蹤。
2011 年 6 月 28 日	美國與菲律賓舉行海上軍演。
2011 年 7 月	越南官員指責中國海軍在西沙群島附近登上越南漁船,毆打船員,並沒收約一順漁獲。美國與越南展開海上聯合搜救演習。（缺乏證據且無法證明是軍艦還是漁政船）
2011 年 9 月初	海外媒體傳言中印軍艦在南海首次對峙。（印軍否認）
2011 年 10 月 18 日	菲律賓軍艦在南沙禮樂灘附近騷擾中國漁船,中國的 25 艘小艇被菲律賓軍艦扣留。

資料來源:「南海問題軍事化進程加速」,《南方週末》,2012 年 2 月 2 日,http://nf. nfdaily.cn/epaper/infzm/html/2012-02/02/content_7053187.htm。

　　比起國內與媒體渲染南海劍拔弩張,衝突近一個月後,在非中方邀請下,越南外交部副部長胡春山與中國外交部副部長張志軍在北京會面。2011年 7 月,菲律賓外交部長訪華,與中國發表共同聲明稱海上衝突不會影響兩國合作[17]。這一來一往,從 2011 年 4 月至 2012 年 2 月,中國與南海周邊國家已來往高達 31 次。其中中國訪東南亞 14 次,1 次為中方主動前往,東協訪中 15 次,3 次為越南主動前往。2011 年 10 月 11 日,越南外交部副部長胡春山再訪北京,與中國外交部副部長張志軍簽署中越兩國聯合聲明,雙方計畫未來每年將舉行兩次會談。同一時間,越南共黨中央總書記阮富仲也在北京會見胡錦濤、溫家寶等人（2011-2012 年雙方互訪大事記請參閱表 4-2）。

---

[17] 〈中菲:南海爭議不影響合作大局〉,《BBC 中文網》,2011 年 7 月 8 日,http://www. bbc.co.uk/zhongwen/trad/world/2011/07/110708_china_philippines_talks.shtml。

胡錦濤任內對於南海問題則採取軟硬兼施的兩手策略。中國的經濟依賴海上運輸越來越繁重，同時美國在東南亞對中國進行包圍策略也越來越明顯。中國如對南海進行強制軍事行動，將不利於中國未來的發展。

■ 2012 年中菲黃岩島事件

2012 年 4 月 10 日中國漁民在黃岩島遭到菲律賓海軍 2011 年 3 月剛從美國接收的巡邏艦（BRP Gregorio del Pilar PF-15）扣押[18]。中國在當天立即派遣黃岩島海域附近的海監 75 號與海監 84 號前往救援。隨後雙方進行了一個多月的外交輿論戰與海上僵持。回顧這次事件可以再次驗證筆者的論點，外交手段解決與使用海洋執法單位。這次菲律賓在事發當時扣押中國漁船的船艦屬於菲律賓海軍。4 月 11、12 日中國外交部兩次要求菲律賓撤離軍艦後，菲律賓才撤離軍艦改派海岸警衛隊（Philippine Coast Guard）接替[19]。顯示菲律賓在處理海洋爭議上的不成熟性。雙方隨後派出海洋執法單位在黃岩島對峙近 1 個月。中國外交部先後在 4 月 15、18 日、5 月 7 日三次召見菲律賓駐北京外交官。菲律賓外交部在 4 月 17 與 24 日要求中國就黃岩島問題進入國際法庭審理，雙方在外交上持續相互攻防[20]。有趣的是雙方在 5 月初都表示美國國務卿希拉蕊支持己方。菲律賓聲稱美國會履行美菲共同防禦協約[21]，中國則聲稱美方強調黃岩島不在美菲共同防禦協約[22]。最後雙方在各自宣稱進入休漁期，暫緩這場近一個多月的鬧劇[23]。

---

[18] Carlyle A. Thayer，" Standoff at Scarborough Shoal: Implications for US-China Relations", *China US Focus*, May 9, 2012, http://www.chinausfocus.com/peace-security/standoff -at-scarborough-shoal-implications-for-us-china-relations/.

[19] 邢世偉，〈菲律賓軍艦撤離黃岩島海域改派海警船接替〉，《新華網——軍事》，2012 年 4 月 13 日，http://big5.xinhuanet.com/gate/big5/news.xinhuanet.com/mil/2012-04/ 13/c_122971255.htm。

[20] 〈黃岩島事件〉，《新華網—國際》，2012 年 5 月 12 日，http://big5.xinhuanet.com/ gate/big5/news.xinhuanet.com/world/2012-05/12/c_123116759.htm。

[21] 〈與陸關係緊張 菲稱美承諾保護〉，《中時電子報》，2012 年 5 月 10 日，http://news. chinatimes.com/mainland/17180502/132012051000693.html。

[22] "A neutral US helpful to stability in S China Sea", *China-Daily*, May 7, 2012, http://www. chinadaily.com.cn/opinion/2012-05/07/content_15226561.htm.

[23] 〈中菲各令休漁 黃岩島局勢趨緩〉，《聯合新聞網》，2012 年 5 月 16 日，http://udn. com/NEWS/MAINLAND/MAI1/7095541.shtml。

這次事件主要有三點對中國行為的觀察；第一是中國國防部長梁光烈表態軍方行動根據外交需要[24]，完成第十批亞丁灣護航的解放軍海軍少將李士紅也表示海軍聽從中央決策[25]。顯示中國在軍事手段上的備而不用與明顯採取外交手段優先。第二是解放軍海軍南海艦隊 5 艘軍艦在 5 月 6 日穿越沖繩南下太平洋[26]，顯示解放軍不會將海軍派往衝突海域的第一線，而是採取行動意圖模糊的突穿。第三是大陸雖沒有採取強硬的軍事手段，卻利用經濟手段對菲律賓進行制裁。包括禁止菲律賓的香蕉與芒果進口到中國，造成菲律賓果農上億損失[27]。中國在與越南、菲律賓的兩次南海事件中一再顯示，中國對處理周邊海域的手段傾向外交與非軍方海洋執法單位解決。南海大規模軍事衝突目前看來發生機率非常低。

中國在近年來處理南海、東海等問題上，採用海洋執法單位。這種手段不是中國首創，但卻是國際上較能接受的衝突摩擦方式。

表 4-2　2011 年 4 月-2012 年 8 月南海事件中國與南海周邊各國官方公開互動紀錄

	時間	訪問官員	受訪官員	出訪國／受訪國
		2011 年		
1	4 月 12 日	中國中央軍委副主席郭伯雄	越南國防部長馮光青、越南共黨中央總書記阮富仲、越南總理阮晉勇	中國／越南
2	4 月 13 日	越南公安部部長黎鴻英	中國中央政治局常委周永康	越南／中國

24　〈梁光烈就黃岩島對峙表態：軍方行動根據外交需要〉，《新浪新聞》，2012 年 4 月 25 日，http://udn.com/NEWS/MAINLAND/MAI1/7095541.shtml。

25　〈中國少將：黃岩島　海軍聽從中央決策〉，《中國評論新聞》，2012 年 5 月 1 日，http://www.chinareviewnews.com/doc/1020/9/2/8/102092816.html?coluid=4&kindid=16&docid=102092816&mdate=0501003846。

26　〈解放軍南下太平洋！艦艇穿越沖繩海域　日自衛隊掌行蹤〉，《今日新聞網》，2012 年 5 月 8 日，http://www.nownews.com/2012/05/08/91-2811853.htm。

27　〈菲媒稱中國禁止菲芒果進入　被迫倒入南海〉，《中國評論新聞》，2012 年 5 月 17 日，http://www.chinareviewnews.com/doc/1021/1/1/5/102111566.html?coluid=169&kindid=0&docid=102111566&mdate=0517142754。

3	4月17日	馬來西亞外交部部長阿尼法	中國外交部部長楊潔篪	馬來西亞／中國
4	4月18日	馬來西亞副首相幕尤汀	中國總理溫家寶、副總理李克強	馬來西亞／中國
5	4月19日	印尼外交部部長馬蒂·納塔萊加瓦	中國外交部部長長楊潔篪	印尼／中國
6	4月19日	中國外交部副部長張志軍	越南總理阮晉勇	中國／越南
7	4月27日	中國總理溫家寶	出席第九次東協峰會	中國／馬來西亞
8	4月29日	中國總理溫家寶	印尼總統蘇希洛	中國／印尼
9	5月17日	解訪軍海軍司令員吳勝利	會見馬來西亞、汶萊海軍將領	中國／東協
10	5月20日	中國國防部部長梁光烈	印尼副總統布迪約諾	中國／印尼
11	5月23日	中國國防部部長梁光烈	菲律賓國防部長博爾泰雷·加斯明	中國／菲律賓
12	6月4日	中國國防部部長梁光烈	越南國防部部長馮光青	中國／越南
13	6月25日	越南外交部副部長胡春山	中國外交部副部長張志軍、中國國務委員戴秉國	越南／中國
14	6月29日	越南國防學院院長武進仲	解放軍副總參謀長馬曉天	越南／中國
15	7月8日*	菲律賓外交部部長德爾羅薩裏奧	中國外交部部長楊潔篪、中國國家副主席習近平	菲律賓／中國
16	8月29日	越南國防部副部長阮志詠	中國國防部部長梁光烈、副總參謀長馬曉天	越南／中國
17	8月31日-9月1日	菲律賓總統阿奎諾	中國國家主席胡錦濤、中國總理溫家寶、中國人大常委吳邦國	菲律賓／中國
18	9月7日**	中國國務委員戴秉國	越南副總理阮善仁、越南总理阮晋勇、越共中央总书记阮富仲	中國／越南
19	9月15日	中國吉林省委書記孫政才	馬來西亞重要華人社團領袖	中國／馬來西亞
20	9月16日	越南中央軍委常務委員吳春歷	中國國家副主席習近平、總政治部主任李繼耐	越南／中國

21	9月19日	中國吉林省委書記孫政才	印尼經濟統籌部部長哈達‧拉加薩	中國／印尼
22	9月22日	中國吉林省委書記孫政才	菲律賓副總統傑喬馬‧比奈	中國／菲律賓
23	9月29日至30日	中國駐越南大使孔鉉佑	越南中央政治局委員蘇輝若、越南共產黨中央總書記阮富仲	中國／越南
24	10月11日	越南外交部副部長胡春山	中國外交部副部長張志軍	簽署協議
25	10月11日	越南共黨中央總書記阮富仲	中國國家主席胡錦濤、中國總理溫家寶、中國政協主席賈慶林、廣東省委書記汪洋	越南／中國
26	10月21日	馬來西亞總理納吉布和東協秘書長素林	中國總理溫家寶	馬來西亞／中國
27	12月20日	中國國務委員戴秉國	越南總理阮晉勇	第四次大湄公河次區域經濟合作（GMS）
28	12月20日	馬來西亞國防部長哈米迪	中國中央軍委副主席郭伯雄	馬來西亞／中國
29	12月22日	中國國家副主席習近平	越南總理阮晉勇、越南共產黨中央總書記阮富仲、越南國家主席張晉創	中國／越南
2012 年				
30	1月5日	越南國會副主席叢氏放	中國全國人大常委會委員長吳邦國	越南／中國
31	1月14日	菲律賓副外長巴西裏奧	外交部部長助理劉振民	菲律賓／中國
32	2月13日	越南外交部長范平明	中國中央政治局常委周永康	越南／中國
33	2月15日	中國青海省委書記駱惠寧	菲律賓眾議長貝爾蒙特	中國／菲律賓
34	2月23日	中國國防部外事辦公室綜合局副局長吳玉章大校	越南人民軍總政治局副主任陶維明中將	中國／越南
35	2月24日	中國前駐菲律賓大使（?）	菲律賓外交部長德爾羅薩裏奧	中國／菲律賓

36	2月27日	越南外交部副部長胡春山	中國外交部副部長張志軍	越南／中國
37	3月2日	越南外交部副部長胡春山	中國外交部副部長張志軍	中越外交部熱線電話開通
38	3月8日	汶萊駐華大使張慈祥	中國—東盟中心秘書長馬明強	汶萊／中國
39	3月12日	印尼總統蘇西洛	中國國家主席胡錦濤	印尼／中國
40	3月23日	中國中央委員、中央黨校常務副校長李景田	越南政治局委員、黨中央書記處書記、中央組織部部長蘇輝銳	中國／越南
41	4月1日	中國雲南省領導和企業代表團	越南中央政治局委員、胡志明市市委記黎青海	中國／越南
42	4月8日	越共中央委員、社科院院長阮春勝	中國全國政協副主席、中國社會科學院院長陳奎元	越南／中國
43	4月18日	中國人民政治協商會議全國委員會副主席厲無畏	越南國會主席阮生雄	中國／越南
44	4月11日-17日	越南人民軍總參謀長、越南國防部副部長杜柏巴上將和越南人民軍高級代表團	解放軍總參謀長陳炳德上將、上海警備區司令員彭水根少將、上海防區司令員沈浩少將	越南／中國
45	4月20日-5月1日	中國社會科學院葛幼力副院長率團的研究生院代表團	訪問馬來西亞、新加坡、泰國	中國／馬來西亞
46	5月18日	中國退休籃球員姚明宣布訪問菲律賓進行友誼球賽		中國／菲律賓
47	5月26日	菲律賓提名新駐華大使		派任新大使
48	5月21日	越南外交部副部長阮青山	中國—東盟中心馬明強秘書長	越南／中國
49	5月21日	菲律賓參議員潘基利南訪問中國山東進行經貿交流考察		菲律賓／中國
50	6月13日	廣西自治區黨委書記、自治區人大常委會主任郭聲琨率廣西代表團	馬中經貿總商會總會長拿督黃漢良	中國／馬來西亞

51	6月26日	越南副總理阮善仁	參加中國雲南省與越南河江老街萊州奠邊省聯合工作組第四次會議、第20屆昆交會暨第5屆南亞商品展	越南／中國
52	7月23日	中國中央政治局常委、中央紀委書記賀國強	訪問寮國、柬埔寨、馬來西亞、俄羅斯	中國／馬來西亞
53	7月27日	馬來西亞中小型工業企業發展局主席、拿督葉紹全的馬來西亞經貿交流代表團	福建省寧德市委書記廖小軍	馬來西亞／中國
54	8月9日-8月13日	中國外交部長楊潔篪	印尼外交部長瑪律迪、汶萊外交與貿易部長穆罕默德親王、馬來西亞外交部長阿尼法邀請	中國／馬來西亞、汶萊、印尼

資料來源：蘇冠群資料整理。

新華社、越通社、BBC、中國共產黨新聞網、中國國防部官網。

雙方來往共計 54 次。（其中四次為中越在北京簽署聯合聲明、國際會議上會面與外交部熱線開通、菲律賓派任新駐華大使）

中國訪南海周邊國家 24 次、南海周邊各國訪中 26 次（3 次為越南主動前往）。

■為非對方主動邀請，為當事國主動要求前往。■為雙方簽署協議或會面地點非雙方當事國。

*2011 年 7 月 8 日菲律賓外交部部長德爾羅薩里奧訪中為中菲轉捩點。

**2011 年 9 月 7 日中國國務委員戴秉國訪越為中越雙方轉捩點。

二、海上執法單位成為主流

中國的海洋爭議問題的第一線衝突未來將很難看到軍艦的身影。中國對海洋爭議交由海監與漁政負責處理，海上航道安全由海事負責，海警負責沿岸非法查緝。

中國開始採取非軍方船隻處理周邊海上衝突。這些非軍方單位，採取多頭馬車，包過海監、海事、漁政、公安邊防海警等。「中國國家海洋局南海分局」局長李立新接受媒體訪問時說，中國目前僅 27 艘千噸級海監船，未來要持續建造 30 多艘千噸級海監船，以追上日本的 50 艘水準[28]。中國會開始將非軍方執法單位用於海上衝突，主要是受到 2004 年中日東海油田爭議影響。此次衝突中，中國動用軍艦，與日本的保安廳形成對比。中國體認到採用非軍方船隻，可在國際輿論上站得住腳，同時能避免衝突的擴大。2011 年中國在南海干擾越南與菲律賓船隻，都是使用這類執法單位，使美國與東南亞國家無法藉由軍艦一詞升高情勢。海洋執法單位也是歐美先進國家處理海洋爭端的單位，東亞的南韓與日本也都有屬百艘的海洋執法單位巡邏艦艇[29]。越南公安部戰略研究所前所長黎文剛少將也表示，越南應該學習中國在處理海洋問題上的手段，而不是使用軍艦與中國硬碰硬[30]。

■ 海監

中國國務院國土資源部國家海洋局的「中國海監」共有 3 個海區總隊，11 個沿海省、自治區、直轄市總隊及其所屬的 97 個支隊、205 個大隊組成。共有執法人員 8000 餘人，為副部級單位[31]。旗下共有 27 艘千噸級海監船，加上其他船隻共計 288 艘。海監的主要任務維護中國的海疆利益，執行聯合國海洋法公約中國之權利[32]，同時進行海底科學研究調查。因此在多次與美國、日本、越南、菲律賓等國的衝突中，都可看到其身影，是取代海軍的最主要執法單位。海監的任務不同於其他海洋執法單位，其所須巡弋範圍可遠達 9 段線最南端的曾母暗沙，因此海監是所有執法單位中千噸船隻最多的單位。

---

[28] 〈中國 5 年造 30 艘執法船　與日本差距仍大〉，《中國評論新聞》，2010 年 10 月 12 日，http://www.chinareviewnews.com/doc/1014/7/2/0/101472082.html?coluid=4&kindid=19&docid=101472082。

[29] 楊玉，〈中國發展準海軍成當務之急〉，《鏡報月刊》，2009 年 2 月，頁 35-36。

[30] 〈越南少將稱應學中國做法避免軍艦介入南海摩擦〉，《中國評論新聞》，2011 年 6 月 15 日，http://www.chinareviewnews.com/doc/1017/3/2/9/101732993.html?coluid=4&kindid=16&docid=101732993&mdate=0615105713。

[31] 高之國　主編，《中國海洋發展報告 2011》（北京：海軍出版社，2011 年 4 月），頁 478。

[32] 林全玲，高中義，〈中國海監為權執法的形勢分析與政策思考〉，《太平洋學報》，2009 年 9 月，頁 82-83。

■ 海事

「中國海事」為國務院交通運輸部之單位，海事局為交通部直屬正廳級單位。共設置 14 個直屬海事局，並設置 27 個地方海事機構。旗下共有 3 艘千噸級海巡，約八百艘執法船[33]。其職責為防止船舶汙染、海上船舶安全檢驗、海上交通秩序、進出港管理、引航員培訓等。2011 年 6 月 15 日其所屬的 3000 噸海巡 31 啟程前往新加坡進行訪問，藉此宣示中國捍衛其航道安全。海事局主要任務非與他國在島嶼主權與資源上的爭奪，因此在多次海上衝突中並未見其身影。不過海巡卻負責與日本海上安全聯合演習的職責，分別在 2004 年與 2007 至 2011 年與日本進行了 6 次海上聯合演習。是 2007 年中國軍艦訪日後，另一個中日破冰的主角。

■ 漁政

中國國務院農業部所屬的漁政指揮中心，旗下共有 3 個海區的漁政漁港監督管理局，為正司局級單位。主要職責為管理經濟海域的漁業活動，取締驅趕進入中國專屬漁業區的外國船隻。對漁港進行管理，同時也擔任與中越北部灣的聯合巡弋任務。其任務涉及經濟海域漁業保護，旗下有 8 艘千噸級與 140 艘小型漁政船。漁政與海監是最常出現在爭議海域的單位，包括釣魚臺，南沙群島等地區。中國漁政與中國海監同樣必須分擔大片海域的巡弋任務，但因千噸級船隻數量有限，因此各海區的漁政船會相互支援。如 2010 年 11 月，東海區漁政局的漁政 201 就與南海區漁政局的漁政 310 共同前往釣魚臺海域進行護漁任務[34]。

■ 公安邊防海警與海關緝私員警

中國國務院公安部邊防管理局的公安邊防海警為正軍級單位。是海洋執法單位中，唯一的軍級單位。但仍歸國務院所管，負責任務主要是關於犯罪取締、檢查與逮捕等，防止走私、偷渡等海上國界安全問題。其職責與另一

---

[33] 高之國 主編，《中國海洋發展報告 2011》，頁 481。

[34] James C.，〈小步快跑的中國大陸海域執法力量〉，《尖端科技》，2011 年 6 月，頁 24。

個全國打擊走私綜合治理辦公室所屬的中國海關總署緝私局類似。不過中國武警表示，中國海警海上執法的經驗與能力有待提高；且缺乏反恐與海外衝突的處理經驗，艦艇設備老舊，缺乏先進通訊設備等[35]。不過因任務需求，海警、海關這類執法單位基本上不會參與對海洋爭議的衝突，在新裝備的優先順序上就不如海監與漁政。旗下共有 3 艘千噸級巡邏艦，共計 250 艘巡邏船。

中國目前已將爭議海域的事務完全交由海洋執法單位處理。中國 4 大海洋執法單位雖然人數多達 4 萬人、1300 多艘船隻。但大多數是老舊的 1000噸以下小船，且多數缺乏如衛星通信、導航、高性能雷達與直升機等現代化的大型船隻[36]。軍艦成為備而不用的最後手段。目前中國海洋執法單位未像世界各國海洋執法單位一樣進行整合。其採取多頭馬車，各司其職的方式進行，雖然中國學者多次呼籲要將其進行整合，其中包括解放軍少將羅援[37]。但目前單位內部整合存在許多問題，加上各單位在級別上與部門皆不同，整合起來並非易事。中國對於海洋衝突的手段改變，顯示其更能參與國際的現有架構。如同前章中菲黃岩島事件所述，菲律賓使用軍艦竟被中國外交部要求撤離，最後菲律賓才改採海岸警備隊。顯示中國對於如何使用非軍方單位來降低衝突的經驗逐漸成熟中。

中國的海洋執法單位目前缺乏整合，且缺乏千噸級以上船隻。中國未來勢必加強海洋執法單位的建設。

表 4-3　中國海洋執法單位數量統計

單位：艘	海警	海監	海巡	漁政	合計
1,000 噸以上船隻	3	27	8	3	41
擁有數量	約 250	約 280	約 800	約 140	1,470

資料來源：防衛省防衛研究所 編，中國安全戰略報告 2011 中文版（東京：日本防衛省，2012 年），頁 6。

---

[35] 張雲博，黃耀東，張惠忠，〈新時期海警部隊海上執法面臨的挑戰及對策研究〉，《海洋開發與管理》，2009 年 2 月，頁 4-5。

[36] 銀河，〈中國近海執法力量〉，《艦載武器》，2011 年 3 月，頁 19-23。

[37] 〈羅援：中國應建海岸警衛隊〉，《中國評論新聞》，2012 年 5 月 21 日，http://www.chinareviewnews.com/doc/1021/1/5/2/102115296.html?coluid=7&kindid=0&docid=102115296&mdate=0521092032。

三、軍事外交機制逐漸成熟

改革開放後的中國軍隊，不再只是單純的戰爭機器。隨著中國的實力逐漸增強，其對外將更為開放，顯示其自信心的提升。中國利用軍艦訪問南海周邊國家，並與越南進行多達 11 次的北部灣聯合演習。

■ 中國軍事外交

1978 年中國開啟對外開放的大門，這一年中國有 120 批軍事代表團前往西歐國家進行考察，也有 34 批外國軍事代表團訪問中國[38]。中國的軍事外交從毛澤東時期的革命外交到鄧小平時期的走出國門，到近幾年已成為中國一種參與國際與大國自信的象徵。中國藉由與各國接觸，從軍事技術採購、軍工管理、留學團、聯合演習、聯合國維和到與各國建立戰略夥伴關係[39]。大量的交往使中國可以迅速瞭解自己與世界的差距，開始大量學習模仿。美國國防部也注意到中國軍事外交的突破，從 2010 年的美國中國軍力報告書，開始附上中國參與各國聯合演習與外國軍事代表團訪中紀錄[40]。中共中央黨校博士研究生丁工就在學術期刊上撰文表示，中國的外交部局應該重視中等強國的崛起。這些中等強國如印度、巴西、印尼、南非，他們不像已開發國家自主性強，與他們有好交往將對中國未來發展有所幫助[41]。中國國防大學戰略研究所研究員徐緯地大校表示中國應該要適當保持海外軍事存在，而不是僅採用口頭原則的外交方式[42]。截至目前為止中國已經與 150 多個國家進行軍事交流，與 22 個國家建立防務磋商對話機制；在 112 個國家設立武官處，有 102 個國家在中國建立武官處[43]。

---

[38] 呂亭，〈改革開放後的中國軍事外交〉，《廣角鏡》，2009 年 1 月 16 日，頁 34。
[39] 吳建德，〈中共推動軍事外交戰略之研究〉，《中共研究》，頁 83-84。
[40] " Military Power of the People's Republic of China 2010", *Office of the Secretary of Defense*, 2010, pp.68-74.
[41] 丁工，〈中等強國崛起及其對中國外交部局的影響〉，《現代國際關係》，2011 年 10 月，頁 49-53。
[42] 徐緯地，〈關於海外軍事存在的再思考〉，《國防大學學報》，第 267 期，2011 年 11 月，頁 44-45。
[43] 刑如風，〈中國軍事外交由守轉攻〉，《鏡報月刊》，2011 年 9 月，頁 49。

■ 2000 年以前的參訪

　　1985 年 11 月 16 日，這天是中國走向藍色外交的第一天。中國東海艦隊 132 號驅逐艦與 1 艘補給艦起程訪問巴基斯坦、斯里蘭卡、孟加拉。這是中國第一次的遠洋訪問[44]。在 64 天安門事件前夕，1989 年 3 月 31 日至 5 月 2 日，鄭和號訓練艦完成了首次訪問夏威夷的任務。這次航行也是 1986 年美國軍艦首次訪問青島後的回訪。1989 年 5 月，美國藍嶺號指揮艦也訪問上海，雙方建立了軍艦互訪機制[45]。不過隨著天安門事件的發生，中國的軍艦訪問也暫緩。僅在 1990 年 12 月 5 日，派遣鄭和號前往泰國訪問。1993-1996 年這段期間，中國都只對周邊國家與印度洋國家進行訪問[46]。臺海危機之後，1996 年 11 月江澤民釋出善意，表示請美國前來取回二戰飛行員的相關遺物，藉此開啟中美之間的大門。12 月 8 日至 18 日，中國國防部長遲浩田訪美，會見柯林頓與參訪五角大廈[47]。美國國防部長也表示願意與解放軍進行交流，減少中美之間在軍事上的誤會[48]。1997 年 2 月 20 日，北海艦隊 112 號與 116 號驅逐艦訪問美國夏威夷與聖地亞哥，這是中國軍艦第一次訪問美國本土。同年 9 月美國兩艘軍艦也回訪中國青島[49]。1997 年中國也派出軍艦訪問東南亞三國，在 1998 年也首次訪問紐澳地區。不過 1999 年發生中國大使館遭到美軍誤炸，該年中國完全沒有派出軍艦進行參訪。但在事件之後，2000 年 8 月中國又再度訪問夏威夷，同時中國軍艦也首次訪問加拿大[50]。

---

[44] 錢曉虎　查春明　著，《走向深藍的航跡——新中國海軍艦艇歷次遠航出訪紀實》，頁 2-4。

[45] 〈新聞背景：中美兩國軍艦主要互訪回眸〉，《新華網》，2006 年 11 月 15 日 http://big5.xinhuanet.com/gate/big5/news.xinhuanet.com/mil/2006-11/15/content_5334199.htm。

[46] 請見中國歷年軍艦遠航參訪圖表。

[47] 邱子軒　著，《龍鷹共舞——中國與美國海事安全互動》，頁 217。

[48] 張雅君，〈中國與美、日的亞太海權競爭：潛在衝突與制度性競爭機制〉，《中國大陸研究》，第 41 卷，1998 年 5 月，頁 17。

[49] 錢曉虎　查春明　著，《走向深藍的航跡——新中國海軍艦艇歷次遠航出訪紀實》，頁 56-66。

[50] 〈1972 年以來中美雙邊關係大事記〉，《新華網》，2011 年，http://big5.xinhuanet.com/gate/big5/news.xinhuanet.com/ziliao/2002-10/18/content_600350.htm。

■ 2000 年以後的參訪

　　2001 年中國開始大動作進行全球訪問，為新世紀展開新的藍色外交。2001 年 5 月訪問印巴兩國，8 月份第一次訪問歐洲英、德、法、義四國，9 月再度訪問紐澳，11 月首次訪問越南。其中第一次訪問歐洲的編隊也在回程中訪問香港，是在香港回歸後中國軍艦的首次訪問。此後中國軍艦都會例行訪問香港，宣示意味濃厚。2001 年 11 月也是中國海軍首次訪問越南，不過這次訪問在日後很少被媒體重視，而被遺忘。2002 年中國完成了首次的環球遠航，訪問的 10 個國家都是從未訪問過的。2002 年 11 月美國驅逐艦訪問青島，標誌中美軍機擦撞事件後中美之間軍事交流恢復。2003 年中國首次訪問關島，該年中國也與各國進行多次海上聯合演習。2004 至 2005 年因東海油田事件，中國的遠航行動再度停頓下來。直到 2005 年 11 月危機解除後，中國再度派潛驅逐艦前往印巴泰三國訪問，同時進行海上聯合演習。2003 年之後，中國與他國的海上聯合演習也成為例行性公事。2005 年至 2006 年中美之間開始就戰略夥伴關係進行對話，2006 年 8 月中國派出 113 號驅逐艦訪問美國與加拿大。9 月 10 日中美在夏威夷海域進行了首次中美海上聯合演習[51]，同年 11 月南海艦隊又在南海與美軍進行第二次海上聯合演習[52]。

　　2007 年可算是標誌中國走向藍色海洋的一個分界點，2007 年 2 月至 4 月中國兩艘巡防艦訪問巴基斯坦，並進行聯合海上演習。2007 年 5 月，中國也首次參加西太平洋多國聯合演習。此次演習包括美、日、印澳等 12 個國家。2007 年 7 月前往歐洲進行訪問，同時與西班牙、法國、英國進行海上聯合演習[53]，同時訪問俄國[54]。2007 年 4、5、6、9、10、11 月也分別有來自美國、法國、英國、印度、紐澳在內的 11 國訪問中國[55]。2007 年 11 月 167 深圳號驅逐艦也首次訪問日本，替溫家寶訪日融冰之旅開啟雙方

51　編輯部，〈中美海軍首次舉行海上編隊演習〉，《現代艦船》，2006 年 11 月 A，頁 2。
52　編輯部，〈中美海軍舉行海上聯合搜救演習〉，《現代艦船》，2007 年 1 月 A，頁 12。
53　編輯部，〈中法海軍在地中海聯合軍演〉，《現代艦船》，2007 年 11 月 B，頁 2。
54　編輯部，〈廣州號艦艇編隊到訪聖彼得堡〉，《現代艦船》，2007 年 10 月 B，頁 2。
55　請見 2007 年訪問中國艦艇圖表。

軍艦互訪[56]。但 2007 年下半年，美日等亞太國家大規模舉行聯合軍演，同時中國拒絕小鷹號訪港，中美雙方關係降溫。不過很快在 2008 年 4 月，小鷹號再度訪港。小鷹號的最後一次訪港，再次替中美之間化解緊張關係[57]。2008 年因北京奧運的關係，中國直到 10 月才派出軍艦訪問周邊國家，共派出三批訪問南韓、俄國、東南亞。

2008 年年底中國派出第一批亞丁灣護航船隊，隨後又在 2009 年派出四批船隊[58]。亞丁灣船團也在沿途中拜訪東南亞與中東各國，取代中國遠航訪問的功能。2009 年 2 月，美國核動力航空母艦史坦尼斯號首次訪問香港[59]。2009 年 3 月中國派出 168 廣州號參加在巴基斯坦的和平 09 多國海上聯合演習[60]。2009 年 4 月中國也舉行了首次的中國海軍 60 週年海上觀艦式。2009 年 8 月 168 號驅逐艦再度前往印尼進行訪問，同時參加印尼國防展。同年 10 月北海艦隊 116 號驅逐艦前往南美洲三國進行訪問，同月鄭和號訓練艦也第二次訪問日本。2009 年的多次參訪與聯合演習，替新中國建立 60 年創造了和平崛起的藍色海軍形象。

2009 年 4 月在青島舉辦的中國海軍 60 週年海上閱兵式中，巴西海軍司令卡洛斯・蘇亞雷斯・德・莫拉・內托（Carlos Soares de Moura Neto）與中國海軍司令員吳勝利進行面談，並提到航艦合作事宜。巴西國防部長納爾遜・裘賓（Nelson Jobim）宣布，巴西海軍將向中國人民解放軍海軍軍官提供培訓，特別是關於航空母艦的運作[61]。這項消息指發布於新華社西語網，可見中國官方的低調。中國也在 2010 年 5 月宣布援助巴西 100 億美金的貸

---

[56] 鍾旭潤，〈人民海軍驅逐艦首次訪問日本全程實記〉，《艦載武器》，2008 年 1 月，頁 10-13。

[57] 〈美國航空母艦「小鷹號」下周訪港〉，《BBC 中文網》，2008 年 4 月 23 日，http://news.bbc.co.uk/chinese/trad/hi/newsid_7360000/newsid_7362800/7362817.stm。

[58] 請見亞丁灣護航船隊圖表。

[59] 〈美核動力航母訪港 大批士兵聚集酒吧〉，《新華網》，2009 年 2 月 19 日 http://big5.xinhuanet.com/gate/big5/news.xinhuanet.com/mil/2009-02/19/content_10848527.htm。

[60] 查春明，〈和平 09 軍演手記——我眼中的巴基斯坦海軍〉，《船艦知識》，2009 年 6 月，頁 40-42。

[61] 〈大國交易：巴西為中國訓練航母人員換取造核潛艇〉，《西陸網》，2009 年 5 月 19 日，http://junshi.xilu.com/2009/0528/news_1375_326980.htm。

款，協助巴西開發石油資源[62]。由中國與加拿大、巴西密切建立關係可看出，中國能源外交不單純是尋求資源所需，而是有更深遠的軍事意涵[63]。

除了純軍艦的外交，解放軍海軍也將醫療外交與軍事外交結合。2010年8月31日解放軍醫療船和平方舟號啟程前往亞丁灣，在吉布地、肯亞、坦桑尼亞、塞舌爾、孟加拉5個國家執行和諧使命2010任務[64]。2010年11月17日解放軍醫療團隊起程前往秘魯執行和平天使2010任務[65]。2011年9月16日再度執行和諧使命2011任務，前往古巴、牙買加、特立尼達和多巴哥、哥斯大黎加等美洲國家[66]。顯示中國利用醫療外交深入美國後院與非洲地區，解放軍人員表示未來這種外交方式將持續進行。2012年4月16日解放軍海軍鄭和號訓練艦也啟程進行中國的第二次環球遠航，將訪問越南、馬來西亞、印度、義大利、西班牙、加拿大、厄瓜多、法屬波利尼西亞、湯加、印尼、汶萊等11國，並停靠吉布地、牙買加、澳大利亞等國進行補給。且這次遠航共有巴基斯坦、南韓等13國學員分批在船上觀摩實習，顯示中國希望藉由海軍外交宣揚其理念[67]。

根據筆者統計從1985年解放軍海軍第一次海軍訪問至1999年底，共進行了15次海軍參訪。但從2000年至2012年5月底止，解放軍海軍已經執行高達40次[68]的訪問任務，是前者的2倍多。這些國家同樣包含亞洲各國，尤其以東南亞與南亞國家居多。可以發現，中國在面對可能爆發衝突期間，

---

[62] 〈中國百億貸款 換巴西10年石油供應〉，《文匯網》，2010年5月26日，http://news.wenweipo.com/2010/05/26/IN1005260049.htm。

[63] 阿根廷與巴西是少數擁有航空母艦的國家之一，中國與阿根廷在能源外交上的冷淡，部分原因也是阿根廷對自身能源出口較為保守。

[64] 〈中國「和平方舟」號醫院船與海軍第六批護航編隊會合〉，《新華網－軍事》，2010年9月17日，http://big5.xinhuanet.com/gate/big5/news.xinhuanet.com/mil/2010-09/17/c_12578284.htm。

[65] 〈解放軍醫療隊啟程赴秘參加「和平天使－2010」聯合作業〉，《新華網－軍事》，2010年11月17日，http://news.xinhuanet.com/mil/2010-11/17/c_12786623.htm。

[66] 〈海軍醫院船和平方舟號出訪拉美四國〉，《人民網》，http://military.people.com.cn/BIG5/8221/71066/230347/index.html。

[67] 〈指揮員：我軍今年首次環球航行有四大特點〉，《新華網－軍事》，2012年4月18日，http://big5.xinhuanet.com/gate/big5/news.xinhuanet.com/mil/2012-04/18/c_122996340.htm。

[68] 包含亞丁灣回程時的訪問。

是不會派遣軍艦進行遠航交流。1996 年臺海危機時，中國只派出軍艦出訪俄國海參崴與北韓。2004 至 2005 年中日東海危機時，中國完全沒有派出任何艦艇遠航參訪。直到 2005 年 11 月，中日雙方坐上談判桌之後；中國才派出南海艦隊船艦前往泰巴印三國參訪，但同樣也是與這三國進行聯合演習。可以判斷中國利用海軍外交作為溶冰工具與危機時刻相對保守的慣性。

表 4-4　解放軍海軍出訪記錄表

日期	參與艦隻	地點	備註
1985 年 11 月 16 日－1986 年 1 月 19 日	東海艦隊 132 號驅逐艦、X615 號補給艦。	訪問巴基斯坦、斯里蘭卡、孟加拉。	第一次遠航訪問。
1989 年 3 月 31 日－5 月 2 日	鄭和號訓練艦。	訪問美國夏威夷。	第一次訪美。
1990 年 12 月 5 日－12 月 28 日	鄭和號訓練艦。	訪問泰國（航行 7000 海浬）。	在此之前已 5 次進出太平洋，首訪泰國。
1993 年 10 月 15 日－12 月 14 日	鄭和號訓練艦。	出訪孟加拉、巴基斯坦、印度、泰國（航行 1.1 萬海浬）。	第一次訪印度。
1994 年 5 月 12 日－5 月 20 日	166 號驅逐艦、540 號巡防艦、北救 121 遠洋打撈救生船。	俄羅斯海參崴。	第一次訪俄羅斯。
1995 年 8 月 9 日－8 月 30 日	168 號驅逐艦、548 號巡防艦、X615 號補給艦。	出訪印尼。	首次訪印尼。
1995 年 8 月 27 日－9 月 4 日	東海艦隊 541 號巡防艦。	俄羅斯海參崴。	
1996 年 7 月 8 日－7 月 15 日	112 號驅逐艦、108 號驅逐艦。	訪問北韓。	首訪北韓。
1996 年 7 月 26 日－8 月 3 日	北海艦隊 112 號驅逐艦。	俄羅斯海參崴。	俄羅斯海軍 300 週年慶典
1997 年 2 月 20 日－5 月 28 日	112 號驅逐艦、166 號驅逐艦、953 號補給艦。	首訪夏威夷、聖地亞哥、墨西哥、秘魯、智利。	第一次軍艦訪美。

1997 年 2 月 27 日－3 月 30 日	113 號驅逐艦、542 號巡防艦，訪問泰國、馬來西亞、菲律賓。	訪問泰國、馬來西亞、菲律賓。	第三次訪泰，首訪馬來西亞、菲律賓。
1998 年 4 月 9 日-5 月 27 日	113 號驅逐艦、82 號訓練艦、南運 953 號（南倉號、885 青海湖號）補給艦。	訪問澳大利亞、紐西蘭、菲律賓（航行 1.3 萬海浬）。	首訪紐澳，菲律賓海軍 100 週年慶典。
1999 年美國誤炸中國大使館			
2000 年 7 月 5 日-9 月 7 日	167 號驅逐艦、南運 953 號補給艦。	訪問馬來西亞、坦桑尼亞、南非（航行 1.6 萬海浬）。	第二次訪馬、首訪南非。
2000 年 8 月 20 日-10 月 11 日	113 號驅逐艦、575 號補給艦。	訪問夏威夷、西雅圖、加拿大（航行 1.4 萬海浬）。	第三次訪夏威夷，首訪加拿大，該年中加建立合作夥伴關係
2000 年 9 月 17 日-9 月 29 日	鄭和號訓練艦。	俄羅斯海參崴。	
21 世紀			
2001 年 5 月 2 日-6 月 14 日	113 號驅逐艦、575 號補給艦。	訪問巴基斯坦、印度。	
2001 年 8 月 23 日-11 月 16 日	167 號驅逐艦、882 號補給艦。	訪問德國、英國、法國、義大利（航行 2.3 萬海浬）。	第一次訪歐，之後第一次停靠香港。
2001 年 9 月 16 日-10 月 30 日	564 號巡防艦、575 號補給艦。	訪問澳大利亞、紐西蘭（航行 1.18 萬海浬）。	澳大利亞聯邦成立 100 年海上閱兵
2001 年 11 月 10 日-11 月 26 日	565 號巡防艦（原玉林號後改三亞號）	訪問越南。	首次訪問越南
2002 年 5 月 6 日-5 月 13 日	521 號巡防艦、522 號巡防艦	訪問南韓（航行 1010 海浬）。	首訪南韓
2002 年 5 月 15 日-9 月 23 日	113 號驅逐艦、575 號補給艦	首次環球航行，訪問新加坡、埃及、土耳其、烏克蘭、希臘、葡萄牙、巴西、厄瓜多、秘魯、法屬波利尼西亞（航行 3.3 萬海浬）。	停靠國家都是第一次訪問
2003 年 10 月 15 日-11 月 21 日	167 號驅逐艦、885 號補給艦	訪問關島、汶萊、新加坡（航行 7000 海浬）。	首訪關島、汶萊。

2004 年 5 月 22 日	中國海事船前往日本聯合演習。		中國海巡 21 參與演習
2004 年都是外國船艦前往中國進行聯合演習，中國並無派船遠航。			
2005 年 11 月 8 日-12 月 25 日	167 號驅逐艦、887 號補給艦。	訪問巴基斯坦、印度、泰國（航行 1 萬海浬）。	同時進行海上演習中巴友宜 2005、中印友宜 2005、中泰友宜 2005。
2006 年 8 月 21 日-11 月 7 日	113 號驅逐艦、881 號補給艦。	訪問美國、加拿大、菲律賓。	
2007 年 2 月 19 日-4 月 2 日	522 號巡防艦、524 號巡防艦。	訪問巴基斯坦。	和平 07 中巴演習。
2007 年 5 月 11 日-5 月 24 日	567 號巡防艦。	首次參加西太平洋海上多邊演習。	
2007 年 7 月 24 日-10 月 18 日	168 號驅逐艦、887 號補給艦。	訪問西班牙、法國、英國、俄羅斯	與法、英、西三國進行海上聯合演習。
2007 年 9 月 10 日-11 月 3 日	112 號驅逐艦，881 號補給艦。	訪問紐西蘭、澳大利亞。	同時進行聯合演習
2007 年 11 月 28 日-12 月 7 日	167 號驅逐艦。	訪問日本。	首次訪日。
2008 年 10 月 5 日-10 月 10 日	112 號驅逐艦、528 號巡防艦。	訪問南韓。	
2008 年 10 月 22 日-10 月 25 日	138 號驅逐艦、525 號巡防艦。	訪問俄國。	
2008 年 10 月 25 日-11 月 30 日	鄭和號訓練艦。	訪問柬埔寨、泰國、越南。	首次訪問柬埔寨
2008 年 12 月 26 日-2009 年 4 月 28 日	169 號驅逐艦、170 號驅逐艦、887 號補給艦。	第一批亞丁灣護航。	南海艦隊
2009 年 2 月 21 日-3 月 26 日	168 號驅逐艦。	巴基斯坦和平 09 海上多邊聯合演習（航行 9400 海浬）。	
2009 年 4 月 2 日-8 月 21 日	167 號驅逐艦、570 號巡防艦、887 號補給艦。	第二批亞丁灣護航。	南海艦隊
2009 年 4 月 23 日	解放軍海軍 60 週年海上觀艦式。		
2009 年 7 月 16 日-12 月 21 日	529 號巡防艦、530 號巡防艦、886 號補給艦。	第三批亞丁灣護航。	返航時訪問馬來西亞、新加坡、香港。東海艦隊
2009 年 8 月 7 日-8 月 24 日	168 號驅逐艦。	訪問印尼。	參加印尼國防展。

2009 年 10 月 18 日-2010 年 1 月 18 日	116 號驅逐艦、881 號補給艦。	訪問智利、秘魯、厄瓜多（航行 2.5 萬海浬）。	
2009 年 10 月 30 日-2010 年 4 月 23 日	525 號巡防艦、526 號巡防艦、886 號補給艦。	第四批亞丁灣護航。	東海艦隊。返航時訪問阿拉伯聯合大公國、菲律賓。
2009 年 11 月 5 日-11 月 9 日	鄭和號訓練艦。	訪問日本。	
2009 年 12 月 4 日	澄海號、潮陽號護衛艦。	訪問越南。	
2010 年 3 月 4 日-9 月 11 日	168 號驅逐艦、568 號巡防艦、887 號補給艦。	第五批亞丁灣護航。	先後訪問埃及、義大利、希臘、緬甸，9 月 5 日訪問新加坡。南海艦隊
2010 年 6 月 30 日-2010 年 1 月 7 日	998 號登陸艦、170 號驅逐艦、887 號補給艦。	第六批亞丁灣護航。	首次出動登陸艦。回程時於 2010 年 11 月 28 日訪問沙烏地阿拉伯，中國軍艦第一次訪問沙烏地阿拉伯。12 月 10 日 998 號登陸艦、887 號補給艦，訪問巴林。同天 170 艦訪問斯里蘭卡。兩艦完成各自任務後將會合訪問印尼，於 12 月 27 日抵達雅加達。南海艦隊
2010 年 7 月 30 日	鄭和號訓練艦、錦陽號。	巴布亞新幾內亞、瓦努阿圖、湯加、紐西蘭和澳大利	9 月 20 日抵達澳洲，澳洲新總理上任後
2010 年 8 月 31 日	和平方舟號	亞丁灣	和諧使命 2010。吉布地、肯亞、坦桑尼亞、塞舌爾、孟加拉

2010 年 11 月 2 日 -2011 年 5 月 9 日	529 號巡防艦、530 號巡防艦、886 號補給艦。	第七批亞丁灣護航。	530 在利比亞撤僑中前往地中海協助護航。隨後在 3 月 26 日訪問坦桑尼亞，4 月 4 日訪問南非。東海艦隊
2010 年 12 月 1 日 -10 日	567 號巡防艦。	第十次中越北部灣聯合巡邏。訪問越南	第一次搭載直升機進行聯合巡邏，隨後訪問越南。
2011 年 2 月 21 日 -2011 年 8 月 28 日	525 號馬鞍山巡防艦、526 溫州號巡防艦、886 號補給艦。	第八批亞丁灣護航	回程途中訪問卡達，8 月 16 日訪問泰國。東海艦隊
2011 年 7 月 2 日 -2011 年 12 月 24 日	169 號驅逐艦、569 號巡防艦、885 號補給艦	第九批亞丁灣護航	回程時訪問科威特。南海艦隊
2011 年 7 月 25 日 -2011 年 8 月 11 日	鄭和號訓練艦、528 洛楊號巡防艦	訪問俄羅斯、北韓	8 月 2 日結束對俄羅斯訪問
2011 年 9 月 16 日 -12 月 29 日	和平方舟號	訪問古巴、牙買加、特立尼達和多巴哥、哥斯達黎加	
2011 年 11 月 2 日 -2012 年 5 月 5 日	171 號驅逐艦、571 號巡防艦、885 號補給艦	第十批亞丁灣護航	回程途中訪問莫三比克與香港。南海艦隊
2012 年 2 月 27 日 -2012 年 9 月 15 日	113 號驅逐艦、538 號巡防艦、887 號補給艦（南）	第十一批亞丁灣護航	回程途中訪問烏克蘭、羅馬尼亞、土耳其、保加利亞和以色列。北海艦隊
2012 年 3 月 12 日	Ums Mahar Bandoola（F-21）、Ums Mahar Thiha Thura（F-23）	中國贈送緬甸巡防艦訪問越南	返回緬甸途中順道訪問。
2012 年 4 月 16 日	鄭和號訓練艦	第二次環球遠航，2002 年為第一次。	訪問：越南、馬來西亞、印度、義大利、西班牙、加拿大、厄瓜多爾、法屬波利尼西亞、湯加、印度尼西亞、

			汶萊。停靠：吉布地、牙買加、澳大利亞。
2012 年 7 月 3 日 -2013 年 1 月 19 日	548 號巡防艦、549 號巡防艦、886 號補給艦。	第十二批亞丁灣護航	東海艦隊。回程時訪問巴基斯坦、越南、澳大利亞。

資料來源：蘇冠群資料整理。

新華社、中國國防部官網。

註：■為 1995-1996 年臺海危機期間

■為 1999 年美國誤炸中國南斯拉夫大使館期間

■為 2001 年中美軍機擦撞事件期間

■為 2004-2005 年中日東海油田衝突期間

■ 將領外交官

　　2011 年因南海情勢的重要，解放軍海軍也開始加強與東南亞各國的參訪。中央軍委會的將星們開始擔任起外交任務，出訪東南亞各國。2011 年 4 月，中國中央軍委副主席郭伯雄訪問越南，雙方就軍事合作與北部灣問題發表了聯合新聞公報。同年 5 月，梁光烈在結束新加坡訪問後訪問菲律賓，與菲國國防部長進行會談[69]。在中越因南海石油開採爆發衝突後，梁光烈在新加坡舉行的香格里拉會議上，卻與越南國防部長馮光青進行會談[70]。隨後，吳勝利又在 6 月份訪問新加坡，出席亞洲國際海事防務展，與馬來西亞、汶萊海軍人員進行會談[71]。2011 年 9 月 16 日，越南中央軍委常務委員吳春歷率團訪問北京，與習近平進行會談[72]。這只是 2011 年南海事件爆發後的中

---

[69] 〈梁光烈與菲律賓國防部長加斯明舉行會談〉，《人民網》，2011 年 5 月 23 日，http://military.people.com.cn/GB/14713160.html。

[70] 〈梁光烈語越南防長　雙邊談判妥處爭議〉，《中國評論新聞網》，2011 年 6 月 4 日， http://www.chinareviewnews.com/doc/1017/2/0/5/101720557.html?coluid=70&kindid=1850&docid=101720557&mdate=0604094803。

[71] 〈吳勝利結束對新加坡以色列訪問　訪問期間出席「亞洲國際海事防務展」〉，《中國軍網》，2011 年 6 月 1 日，http://chn.chinamil.com.cn/xwpdxw/2011-06/01/content_4445363.htm。

[72] 〈越南人民軍總政治局高級代表團拜會中國國家副主席習近平〉，《越通社》，2011

國軍方擔任外交性任務。郭伯雄與梁光烈在胡錦濤上任後，對於東南亞各國的外交任務就沒有停過。此為中國軍方的一項重大轉變。中國國防部網站甚至刊登中越兩軍友好交往的網站，顯示在衝突之下兩軍仍有頻繁的互動。

除了高層外交上的互動，2008 年 11 月 19 日中國海軍鄭和號訓練艦訪問越南[73]，2009 年 12 月 4 日，中國又派出南海艦隊的澄海號和潮陽號護衛艦訪問越南[74]。2011 年在胡錦濤訪問完馬來西亞與參加 APEC 會議後，中國海軍更是大動作的訪問東南亞。在越南之後，從亞丁灣返航的徐州號巡防艦於 2011 年 12 月 6 日訪問馬來西亞[75]，隔天 12 月 7 日另 1 艘返航的舟山號巡防艦訪問新加坡[76]。這些都充分展現中國利用海軍執行軍艦外交的方式越來越平常。2011 年 6 月 19 日中國的海巡 31 巡邏艦抵達新加坡進行訪問[77]。

年 9 月 17 日，http://cn.vietnamplus.vn/Home/%E8%B6%8A%E5%8D%97%E4%BA%BA%E6%B0%91%E5%86%9B%E6%80%BB%E6%94%BF%E6%B2%BB%E5%B1%80%E9%AB%98%E7%BA%A7%E4%BB%A3%E8%A1%A8%E5%9B%A2%E6%8B%9C%E4%BC%9A%E4%B8%AD%E5%9B%BD%E5%9B%BD%E5%AE%B6%E5%89%AF%E4%B8%BB%E5%B8%AD%E4%B9%A0%E8%BF%91%E5%B9%B3/20119/14153.vnplus。

[73] 〈中國海軍軍艦首次訪問越南——意義重大〉，《中國評論新聞網》，2008 年 11 月 19 日，http://www.chinareviewnews.com。

[74] 〈中國海軍艦艇編隊開始訪問越南〉，《人民網》，2009 年 12 月 4 日，http://military.people.com.cn/BIG5/10518084.html。

[75] 〈中國海軍徐州號導彈護衛艦抵馬來西亞訪問〉，《人民網》，2009 年 12 月 6 日，http://military.people.com.cn/BIG5/1077/52987/10524523.html。

[76] 〈中國海軍舟山艦訪問新加坡〉，《新華網》，2009 年 12 月 7 日，http://news.xinhuanet.com/mil/2009-12/07/content_12605492.htm。

[77] 〈中國海事巡視船「海巡 31」號抵新訪問〉，《新華網》，2011 年 6 月 19 日，http://news.xinhuanet.com/world/2011-06/19/c_121555369.htm。

表 4-5　2005-2011 年外國將領訪問中國紀錄

2005（16）	2006（22）	2007（15）	2008（24）	2009（21）	2010（25）	2011（35）
阿根廷	澳大利亞	阿根廷	巴林	澳大利亞	安哥拉	澳大利亞
孟加拉國	白俄羅斯	智利	白俄羅斯	保加利亞	澳大利亞	玻利維亞
古巴	緬甸	古巴	巴西	緬甸	巴西	保加利亞
丹麥	柬埔寨	希臘	汶萊	芬蘭	哥倫比亞	智利
埃及	丹麥	日本	智利	德國	剛果（金）	哥倫比亞
德國	法國	科威特	德國	日本	埃及	克羅地亞
印度	匈牙利	吉爾吉斯	匈牙利	紐西蘭	德國	古巴
哈薩克	印度	蒙古	印度	北韓	印尼	法國
荷蘭	寮國	菲律賓	印尼	巴基斯坦	哈薩克	德國
菲律賓	馬來西亞	俄國	義大利	巴布亞新幾	肯亞	加納
俄國	紐西蘭	南韓	日本	內亞	馬其頓	印尼
蘇丹	北韓	泰國	尼泊爾	幾內亞	墨西哥	以色列
塔吉克	挪威	美國	挪威	俄國	蒙古	義大利
坦桑尼亞	巴基斯坦	烏茲別克	阿曼	塞爾維亞	納米比亞	日本
土耳其	羅馬尼亞	越南	卡塔爾	蒙特內哥羅	紐西蘭	哈薩克
烏拉圭	俄國		沙烏地阿	新加坡	北韓	黎巴嫩
	新加坡		拉伯	斯洛伐克	巴基斯坦	尼泊爾
	南韓		塞爾維亞	南韓	羅馬尼亞	紐西蘭
	塔吉克		蒙特內哥	泰國	俄國	巴基斯坦
	泰國		羅	土耳其	塞爾維亞	秘魯
	美國		新加坡	美國	新加坡	菲律賓
	越南		南韓	越南	坦桑尼亞	俄國
			塔吉克		土庫曼斯	塞爾維亞
			泰國		坦	塞舌爾
			阿拉伯聯		英國	新加坡
			合大公國		越南	瑞典
			委內瑞拉			土耳其
						烏幹達
						烏克蘭
						英國
						美國
						烏拉圭
						烏茲別克
						越南
						津巴布韋

資料來源："Military Power of the People's Republic of China 2010-2012", *Office of the Secretary of Defense* , 2010-2012.

表 4-6　解放軍海軍司令員出訪記錄

時間	出訪國家	司令員
1982 年 3 月	泰國	葉飛
1983 年 11 月	巴基斯坦、孟加拉	劉華清
1984 年 11 月	英國、南斯拉夫、西德	劉華清
1985 年 11 月	法國、美國	劉華清
1989 年 12 月	泰國、孟加拉、巴基斯坦	張連忠
1991 年 10 月	北韓	張連忠
1992 年 6 月	土耳其、突尼西亞	張連忠
1993 年 4 月	俄羅斯	張連忠
1995 年 7 月	義大利	張連忠
1996 年 7 月	巴基斯坦、智利、巴西、阿根廷	張連忠
1997 年 11 月	巴基斯坦	石雲生
1998 年 9 月	美國	石雲生
1999 年 11 月	俄羅斯	石雲生
2000 年 4 月	美國、英國、葡萄牙	石雲生
2001 年 4 月	法國	石雲生
2002 年 3 月	巴西、智利、阿根廷、澳大利亞	石雲生
張定發任內未出訪（健康因素）		
2007 年 4 月	美國	吳勝利
2008 年 10、11 月	日本、韓國、印度、泰國	吳勝利
2010 年 11、12 月	智利、巴西、俄羅斯	吳勝利
2011 年 5 月	新加坡、以色列	吳勝利
2012 年 9 月	土耳其	吳勝利

資料來源：蘇冠群資料整理。

新華社、中國國防部官網。"China's Navy 2007", Office of Naval Intelligence, 2007, p.112.

■ 中外聯合演習增加

　　中國在島鏈內的演習可說是相當頻繁，但我們可從演習項目中推斷中國海軍的意圖。演習的類型可分為 5 大類：驗證作戰準則、檢驗裝備與戰法、建設戰場與海外據點、延伸政治艦砲外交、強化他國外交關係[78]。根據統計

---

[78] 張蜀誠，〈中共海軍演習分析〉，《展望與探索》，第 7 卷，2009 年 6 月，頁 70-88。

解放軍從 2002 年開始至今已進行 54 場中外聯合演習[79]，本節主要探討解放軍海軍與他國的海軍聯合演習。2003 至 2005 年中國海軍相較於 2000 至 2002 年與 2007 年至今的海外軍艦參訪明顯減少[80]。但這段期間外國艦艇前往中國周邊海域進行聯合軍演的次數卻大幅增加。2003 年 10 月 22 日，中國與前來訪問的巴基斯坦軍艦進首次聯合軍演。第 2 次為 2003 年 11 月 14 日中印首次海上聯合演習，與巴國的演習一樣在東海舉行[81]。隨後在 2004 年 3 月、2004 年 6 月、2004 年 10 月，分別與法國、英國、澳大利亞等國在黃海海域進行聯合演習[82]。其中令人驚訝的是 2004 年 5 月 22 至 30 日，中國派出 1 艘海巡艦前往日本參加海上聯合演習[83]。2005 年 8 月 18 至 25 日，中俄更在黃海舉行大規模的中俄和平使命 2005 聯合軍演。2004 年雙方徹底解決邊界問題，最後一塊爭議的黑瞎子島也在 2008 年 10 月舉行界樁儀式[84]。

　　2006 年 9 月與 11 月中國破天荒的與美國舉行了兩次海上聯合搜救演習[85]。2007 年解放軍軍艦訪問法國舉行中法友誼 2007 海上聯合軍事演習[86]，隨後訪問英國與西班牙也同樣進行聯合演習，2007 年中國也是中日軍艦互訪破冰年。2007 年 2 月中國也首次參加由巴基斯坦主導的和平 07 多國海上搜救演習[87]，同年 7 月參加由新加坡舉辦的多國海上聯合演習，兩次演習美、日兩國皆有參加[88]。2008 年又與來訪的英國海軍護衛艦肯特號在黃海舉行聯

79　根據湯成統計，至 2011 年 6 月底止，解放軍已進行 51 場中外聯合演習。湯成，〈共軍與外軍聯合演習特性──非傳統安全威脅合作〉，《中共研究》，第 45 卷第 7 期，2011 年 7 月，頁 82-85。至 2012 年 5 月，共進行 54 場。

80　請見中國歷年軍艦遠航參訪圖表。

81　陳安剛，〈透視中印海軍首次聯合演習〉，《現代艦船》，2004 年 1 月，頁 4-5。

82　〈中國軍隊參加的主要中外聯合軍事演習〉，《新華網》，2011 年，http://big5. xinhuanet.com/gate/big5/news.xinhuanet.com/ziliao/2009-07/20/content_11737557.htm。

83　張蜀誠，〈中共海軍研究觀點辯正〉，《國防雜誌》，第 23 卷，2008 年 8 月，頁 83。

84　扶水，〈以和平的名義──中俄和平使命 2005 聯合軍事演習全景解讀〉，《現代艦船》，2005 年 10 月 A，頁 10-13。

85　〈中美海軍舉行第二階段海上聯合搜救演習〉，《新華網──軍事》，2006 年 11 月 19 日，http://big5.xinhuanet.com/gate/big5/news.xinhuanet.com/mil/2006-11/19/content_5350759.htm。

86　編輯部，〈中法海軍在地中海聯合軍演〉，《現代艦船》，2007 年 11 月 B，頁 2-3。

87　〈中國海軍艦艇編隊起航赴巴參加海上多國聯合軍演〉，《新華網──軍事》，2007 年 2 月 19 日，http://news.xinhuanet.com/mil/2007-02/19/content_5755329.htm。

88　〈中國海軍艦艇抵達新加坡訪問 並將參加聯合軍演〉，《新華網──軍事》，2007

合搜救演習[89]。2009 年中國第二次參加包括美國在內的和平 09 多國海上聯合演習，進行如搜救、反海盜、海上編隊等演練。2012 年中俄又再度在黃海舉行海上聯合 2012 演習，演習內容包括聯合防空、海上補給、聯合反潛、聯合搜救、解救被劫持船舶等。中國外交部長楊潔篪在 2007 年的《求是》雜誌提到中國 2007 年的外交工作就是要維持與美、俄、日、歐盟、印度等大國之間的關係[90]。中越在 2011 年 6 月 19 日舉行第 11 次中越北部灣聯合巡邏[91]。中越在衝突事件時仍進行這類例行性巡邏，顯示雙方在軍事合作上已達成一定的默契。解放軍藉由非傳統安全的方式增加與外軍的聯合演習的機會，與外軍學習交流，同時樹立負責任大國形象與國際參與度[92]。顯然中國在 2007 年積極參與包括美、日、東協在內的多國聯合演習，目的在於替 2008 年主辦北京奧運的中國塑造良好的國際形象與環境。中國希望藉由與各國在南海的聯合演習豎立解放軍在該地區的安全形象。

中國已經與 150 多個國家進行軍事交流，與 22 個國家建立防務磋商對話機制；在 112 個國家設立武官處，有 102 個國家在中國建立武官處。中國進入 21 世紀的海軍外交訪問多達 40 次，與各國海上聯合演習多達 22 次。這些參訪與演習包括南海爭議的國家，在爭議之下雙方仍有軍事上的交往。

年 5 月 14 日，http://news.xinhuanet.com/mil/2007-05/14/content_6099702.htm。

[89] 王松岐，〈目擊中英海軍艦艇聯合搜救演練〉，《現代艦船》，2008 年 11 月 B，頁 6-7。

[90] 楊潔篪，〈2007 年國際形勢和中國外交工作〉，《求是雜誌》，2008 年 1 月，頁 53-54。

[91] 〈中越海軍在北部灣海域舉行第 11 次聯合巡邏〉，《中國軍網》，2011 年 6 月 23 日，http://chn.chinamil.com.cn/2009jbzsc/2011-06/23/content_4455512.htm。

[92] 李陸平，《軍隊與非傳統安全》(北京：時事出版社，2009 年 10 月)，頁 424-429。

表 4-7　2002-2012 年 5 月中外聯合軍演統計表

年度	傳統安全演習	非傳統安全演習	統計
2002	0	1	1
2003	0	3	3
2004	0	5	5
2005	1	4	4
2006	0	4	4
2007	0	8	8
2008	0	2	2
2009	0	6	5
2010	1	12	13
2011	1	4	4
2012	1	1	2

資料來源：湯成，「共軍與外軍聯合演習特性-非傳統安全威脅合作」，《中共研究》，
第 45 卷第 7 期，2011 年 7 月，頁 85。至 2012 年 5 月，共進行 54 場。

表 4-8　2002-2012 年 5 月中外海軍聯合演習表

	時間	演習名稱（地點）	國家	演習內容
1	2003 年 10 月 22 日	海豚 0310（東海）	中國、巴基斯坦	海上聯合搜救演習。
2	2003 年 11 月 14 日	海豚 0311（東海）	中國、印度	海上聯合搜救演習。
3	2004 年 3 月 16 日	中法海軍聯合軍事演習（青島）	中國、法國	海上聯合軍事演習，操演直升機升降。
4	2004 年 6 月 20 日	中英海軍聯合搜救演習（青島）	中國、英國	海上聯合搜救演習，邀請美、法、德等 15 國觀察員參觀。
5	2004 年 10 月	中澳聯合海上搜救演習（黃海）	中國、澳大利亞	海上聯合搜救演習。
6	2005 年 8 月 18 日至 25 日	和平使命 2005（青島）	中國、俄羅斯	聯合軍事演習，上海合作組織，陸、海、空等部隊參與。
7	2005 年 11 月 25 日	中巴友誼 2005（阿拉伯海北部海域）	中國、巴基斯坦	海上聯合搜救演習。

8	2005 年 12 月 1 日	中印友誼 2005（印度洋北部海域）	中國、印度	海上聯合搜救演習，演習內容包括聯合編隊與聯合搜救。
9	2005 年 12 月 13 日	中泰友誼 2005（泰國灣海域）	中國、泰國	海上聯合搜救演習。
10	2006 年 9 月、11 月	中美海上聯合搜救演習（聖地亞哥附近海域、南海）	中國、美國	海上聯合搜救演習，共分兩階段進行。
11	2007 年 3 月 8 日至 11 日	和平 07（阿拉伯海）	中國、巴基斯坦、孟加拉、法國、義大利、馬來西亞、土耳其、英國、美國	巴基斯坦舉辦，多國海上聯合搜救演習，土耳其未派軍艦。
12	2007 年 5 月 15 日至 20 日	第二屆西太平洋海軍論壇多邊海上演習（新加坡）	中國、美國、法國、日本、澳大利亞、紐西蘭、印度、巴基斯坦、南韓、新加坡	新加坡舉辦，多國聯合海軍搜救演習。
13	2007 年 9 月 10 日	中英友誼 2007（樸茨茅夫港南部海域）	中國、英國	海上聯合軍事演習，解放軍首次與航空母艦一起演習。
14	2007 年 9 月 18 日	中西友誼 2007（大西洋）	中國、西班牙	海上聯合軍事演習。
15	2007 年 9 月 21 日	中法友誼 2007（地中海）	中國、法國	海上聯合軍事演習。
16	2007 年 10 月 2 日	中澳紐海上聯合搜救演習（雪梨外海）	中國、澳大利亞、紐西蘭	海上聯合搜救演習。
17	2009 年 3 月 5 日至 14 日	和平 09（喀拉蚩外海）	中國、美國、英國、法國、澳大利亞、日本、巴基斯坦、孟加拉國、馬來西亞、科威特、尼日利亞、土耳其	海上聯合搜救演習，演習包括反海盜項目，中國特戰部隊第一次參加。

18	2009 年 9 月	和平藍盾 2009（亞丁灣	中國、俄羅斯	海上聯合護航演習。
19	2010 年 9 月 30 日	中澳海上聯合搜救演習（青島）	中國、澳大利亞	海上聯合搜救演習。
20	2011 年 3 月 8 日至 12 日	和平 11（喀拉蚩外海）	中國、美國、英國、法國、澳大利亞、日本、巴基斯坦、孟加拉國、馬來西亞、科威特、尼日利亞、土耳其	海上聯合搜救演習。
21	2011 年 4 月 22 日	中巴海上聯合護航演習（亞丁灣）	中國、巴基斯坦	海上聯合護航演習。
22	2012 年 4 月 22 日至 27 日	海上聯合 2012（青島）	中國、俄羅斯	海上聯合軍事與搜救演習。

資料來源：蘇冠群資料整理。新華社、中共國防部官網。

第二節　經濟合作與開採技術的強化──蠶食鯨吞

　　中國完成與東協的自由貿易區建構，並計畫將泛亞鐵路連接至新加坡。顯示中國積極利用經濟建構屬於自己的周邊體系。此外對於南海的深海資源，中國突破各種關鍵技術，希望未來能不依賴外國獨立開發南海深海資源。

一、中國與東協雙邊貿易

　　中國在 2007 年超越美國成為東協第三大貿易夥伴，東協在 2011 年超越日本成為中國第三大貿易夥伴。雙方在 2011 年的貿易量達 3628.5 億美金。中國也與部分東協國家合作開採海上油氣田，不過目前仍未在南海合作開發。

■ 不斷成長的貿易關係

中國與南海周邊各國雖然在南沙群島問題上有分歧,但雙方在經貿合作上仍是逐年成長。中國目前在世界各地採取的經濟外交手段,使其可以獲得三項目的,包括:擴大中國獲得市場、投資和科技的管道;獲得戰略資源;讓他國瞭解中國的崛起有助於各國經濟利益[93]。中國與東協在 2003 年簽署自由貿易協定後,2004 年 11 月又與東協簽署《貨物貿易協議》。2005 年 7月開始相互實施全面降稅,從 2007 年對東協平均稅率降到 6.6%,2008 年降至 5%以下。2007 年 1 月,簽署《服務貿易協議》,2011 年 7 月 1 日正式生效[94]。2009 年簽署《投資協議》,如期在 2010 年達成中國與東協自由貿易區[95]。2007 年中國超越美國成為東協的第三大貿易夥伴,2011 年東盟正式超越日本成為中國第三大貿易夥伴,雙方貿易總額達到 3628.5 億美金[96]。

在與東協簽署的各項經貿條約之下,中國成立如泛珠三角合作區域、泛北部灣合作區域、大湄公河次區域、南寧-新加坡走廊。其中泛珠三角合作區雙方可以在此區域內的邊境地區、保稅區、出口加工區和經濟特區與東盟建立自由貿易區[97]。中國大力推動的泛北部灣合作區域、大湄公河次區域、南寧-新加坡走廊形成 M 型戰略,其中大湄公河次區域各種基礎建設,包括鐵路、公路與海運的建設[98]。中國同時計畫從雲南建設通往新加坡的高速鐵路[99],且該投資由中國出資。中國還向東協提供了 122 億美元貸款,用於橋

---

[93] 麥艾文(Evan S.Medeiros)著,《中共的國際行為》(臺北:國防部史政編譯局,2011 年 5 月),頁 93-94。

[94] 劉仁伍 主編,《東南亞經濟運行報告 2008》(北京:社會科學文獻出版社,2008年 10 月),頁 383。

[95] 〈中國和東盟簽署《投資協議》世界最大自貿區明年建成〉,《新華網》,2009 年 8月 16 日,http://big5.xinhuanet.com/gate/big5/news.xinhuanet.com/world/2009-08/16/content_11889537.htm。

[96] 中國與東協國家貿易量請參閱相關圖表。

[97] 廣西區社科聯聯合課題組〈泛珠三角區域合作推進與對東盟開放合作的戰略構想及對策〉,《廣西社會科學》,第 161 期,2008 年 11 月,頁 19-21。

[98] 周毅,〈廣西參與大湄公河次區域合作的戰略構想與對策〉,《經濟研究參考》,第1985 期,2006 年,頁 38。

[99] 〈中國溫家寶:隆通新高鐵投標中企勝算大 訪馬或公佈結果〉,《星洲日報》,2011年 4 月 24 日,http://tech.sinchew-i.com/sc/node/202057。

梁、道路、電站等多個大型建設項目[100]。東南亞基礎建設本身不如歐美等國家，但卻是中國的周邊主要貿易夥伴。中國對東南亞進行大量的交通建設投資，顯示中國對於東南亞經濟合作的重視。藉由交通建設，使逐年增加的貿易量能夠得到更穩固的發展。同時也帶動地方文化的交流與旅遊業的發展，成為中國對東協一種軟實力的運用。

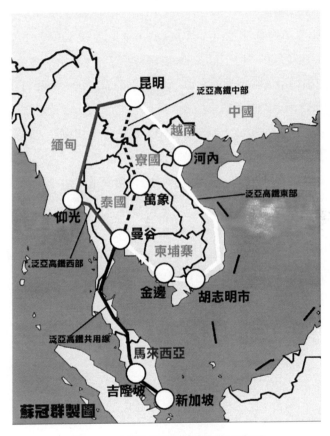

圖4-1　中國泛亞高鐵網路線方案圖

資料來源：「中國溫家寶：隆通新高鐵投標中企勝算大 訪馬或公布結果」，《星洲日報》，2011年4月24日，http://tech.sinchew-i.com/sc/node/202057。

---

[100] 〈東盟成中國第三大貿易夥伴 雙邊貿易擴大37倍〉，《中華人民共和國商務部》，2011年7月28日，http://big5.mofcom.gov.cn/gate/big5/chinawto.mofcom.gov.cn/aarticle/e/r/201107/20110707669414.html。

　　2000 年中國對越南出口貿易量僅排在東協 10 國中的第 5 名，近年來提升至第 3 名，僅次於新加坡與印尼。中國與馬來西亞貿易關係甚至在 2008 年經融海嘯後仍維持正成長。不過從下列的圖表可以發現，雖然中國與東協各國的貿易呈現快速成長，但雙方呈現極大的貿易逆差。2011 年中國就入超 200 億美金，中國從東協國家進口大量原料與零件。中國與東協雙方也相互進口大量農業產品，如 2007 年中國出口至東協的水果就達 99.6 萬噸，佔中國出口量的 23.6%。東協出口到中國的水果也達 90.8 萬噸，占中國水口進口量的 73.8%。2007 年所簽署的服務貿易協定，也帶給東協大量的旅遊商機。中國也積極發展除了貨物貿易之外的關係，如能源、金融、技術合作等。雙方在經濟貿易上看似雙贏，也顯示雙方在經濟貿易上的互賴性增加。且中國對於一些原料國都採取大規模承包的方式購買，使中國在必要時可使用經濟對其實施制裁。如中國在菲律賓的投資主要以農業、製金、紡織、機電加工等[101]。2012 年中國禁止進口菲律賓水果與旅遊限制，就造成菲律賓果農與旅遊業損失慘重[102]。

　　中國近年來積極與東協進行貿易，但中國對東協仍呈現貿易入超的現象。卻讓中國能對菲律賓等國進行貿易方面的制裁。

---

[101] 劉仁伍 主編，《東南亞經濟運行報告 2007》（北京：社會科學文獻出版社，2007 年 12 月），頁 300。
[102] 〈黃巖島爭端威脅菲律賓重要行業〉，《華爾街日報》，2012 年 5 月 17 日，http://cn.wsj.com/big5/20120517/bch133756.asp。

表 4-9 東協與中國自由貿易優勢所在表

貿易類型	貿易商品	東協 10+1 具有優勢國家
商品貿易	農產品	越南、緬甸、寮國、馬來西亞、印尼、菲律賓、汶萊、柬埔寨、泰國、中國
	原材料	馬來西亞、印尼、汶萊、越南、中國
	半成品	印尼、柬埔寨、馬來西亞、中國
	工業製成品	新加坡、馬來西亞、印尼、泰國、中國
	高技術產品	新加坡、馬來西亞、菲律賓、中國
技術貿易	硬體技術	新加坡、中國
	軟件技術	新加坡、中國
服務貿易	金融保險	新加坡、泰國、馬來西亞
	旅遊娛樂	新加坡、馬來西亞、泰國、菲律賓、印尼、柬埔寨、中國
	郵電運輸	新加坡、泰國

資料來源：廓國良，肖磊，「1＋10 自由貿易區的貿易合作戰略構想」，《特區經濟》，2003 年 1 月 25 日，頁 46。

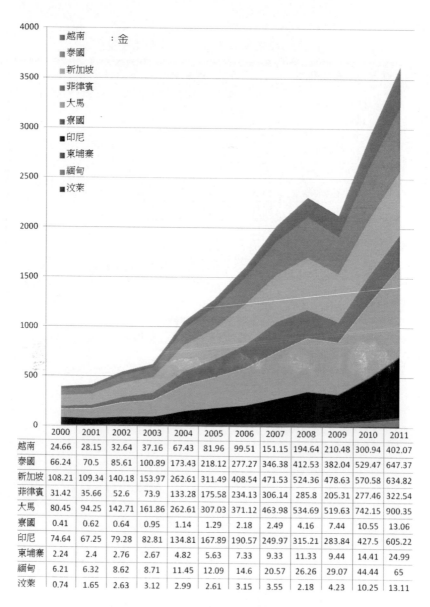

	2000	2001	2002	2003	2004	2005	2006	2007	2008	2009	2010	2011
越南	24.66	28.15	32.64	37.16	67.43	81.96	99.51	151.15	194.64	210.48	300.94	402.07
泰國	66.24	70.5	85.61	100.89	173.43	218.12	277.27	346.38	412.53	382.04	529.47	647.37
新加坡	108.21	109.34	140.18	153.97	262.61	311.49	408.54	471.53	524.36	478.63	570.58	634.82
菲律賓	31.42	35.66	52.6	73.9	133.28	175.58	234.13	306.14	285.8	205.31	277.46	322.54
大馬	80.45	94.25	142.71	161.86	262.61	307.03	371.12	463.98	534.69	519.63	742.15	900.35
寮國	0.41	0.62	0.64	0.95	1.14	1.29	2.18	2.49	4.16	7.44	10.55	13.06
印尼	74.64	67.25	79.28	82.81	134.81	167.89	190.57	249.97	315.21	283.84	427.5	605.22
東埔寨	2.24	2.4	2.76	2.67	4.82	5.63	7.33	9.33	11.33	9.44	14.41	24.99
緬甸	6.21	6.32	8.62	8.71	11.45	12.09	14.6	20.57	26.26	29.07	44.44	65
汶萊	0.74	1.65	2.63	3.12	2.99	2.61	3.15	3.55	2.18	4.23	10.25	13.11

圖表 4-1　中國與東協各國進出口貿易額 2000-2011 年

參考資料：蘇冠群資料整理。《中華人民共和國商務部亞洲司》，2011 年 7 月 28 日，
http://yzs.mofcom.gov.cn/date/date.html。

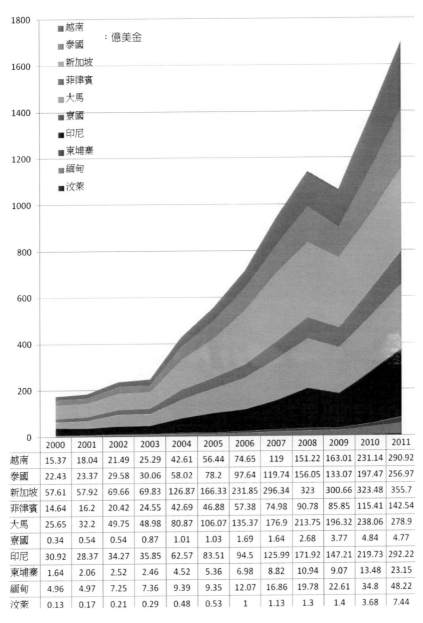

	2000	2001	2002	2003	2004	2005	2006	2007	2008	2009	2010	2011
越南	15.37	18.04	21.49	25.29	42.61	56.44	74.65	119	151.22	163.01	231.14	290.92
泰國	22.43	23.37	29.58	30.06	58.02	78.2	97.64	119.74	156.05	133.07	197.47	256.97
新加坡	57.61	57.92	69.66	69.83	126.87	166.33	231.85	296.34	323	300.66	323.48	355.7
菲律賓	14.64	16.2	20.42	24.55	42.69	46.88	57.38	74.98	90.78	85.85	115.41	142.54
大馬	25.65	32.2	49.75	48.98	80.87	106.07	135.37	176.9	213.75	196.32	238.06	278.9
寮國	0.34	0.54	0.54	0.87	1.01	1.03	1.69	1.64	2.68	3.77	4.84	4.77
印尼	30.92	28.37	34.27	35.85	62.57	83.51	94.5	125.99	171.92	147.21	219.73	292.22
柬埔寨	1.64	2.06	2.52	2.46	4.52	5.36	6.98	8.82	10.94	9.07	13.48	23.15
緬甸	4.96	4.97	7.25	7.36	9.39	9.35	12.07	16.86	19.78	22.61	34.8	48.22
汶萊	0.13	0.17	0.21	0.29	0.48	0.53	1	1.13	1.3	1.4	3.68	7.44

圖表 4-2 中國出口東協各國貿易額 2000-2011 年

參考資料：蘇冠群資料整理。《中華人民共和國商務部亞洲司》，2011 年 7 月 28 日，
http://yzs.mofcom.gov.cn/date/date.html。

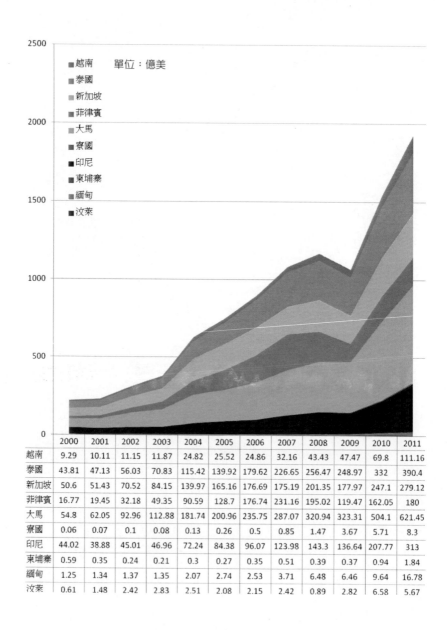

	2000	2001	2002	2003	2004	2005	2006	2007	2008	2009	2010	2011
越南	9.29	10.11	11.15	11.87	24.82	25.52	24.86	32.16	43.43	47.47	69.8	111.16
泰國	43.81	47.13	56.03	70.83	115.42	139.92	179.62	226.65	256.47	248.97	332	390.4
新加坡	50.6	51.43	70.52	84.15	139.97	165.16	176.69	175.19	201.35	177.97	247.1	279.12
菲律賓	16.77	19.45	32.18	49.35	90.59	128.7	176.74	231.16	195.02	119.47	162.05	180
大馬	54.8	62.05	92.96	112.88	181.74	200.96	235.75	287.07	320.94	323.31	504.1	621.45
寮國	0.06	0.07	0.1	0.08	0.13	0.26	0.5	0.85	1.47	3.67	5.71	8.3
印尼	44.02	38.88	45.01	46.96	72.24	84.38	96.07	123.98	143.3	136.64	207.77	313
柬埔寨	0.59	0.35	0.24	0.21	0.3	0.27	0.35	0.51	0.39	0.37	0.94	1.84
緬甸	1.25	1.34	1.37	1.35	2.07	2.74	2.53	3.71	6.48	6.46	9.64	16.78
汶萊	0.61	1.48	2.42	2.83	2.51	2.08	2.15	2.42	0.89	2.82	6.58	5.67

圖表 4-3　中國與東協各國進口貿易額 2000-2011 年

參考資料：蘇冠群資料整理。《中華人民共和國商務部亞洲司》，2011 年 7 月 28 日，
http://yzs.mofcom.gov.cn/date/date.html。

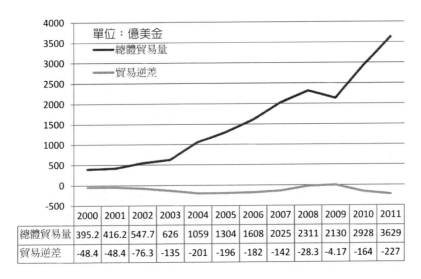

	2000	2001	2002	2003	2004	2005	2006	2007	2008	2009	2010	2011
總體貿易量	395.2	416.2	547.7	626	1059	1304	1608	2025	2311	2130	2928	3629
貿易逆差	-48.4	-48.4	-76.3	-135	-201	-196	-182	-142	-28.3	-4.17	-164	-227

圖表 4-4　中國與東協進出口貿易額 2000-2011 年

參考資料：蘇冠群資料整理。《中華人民共和國商務部亞洲司》，2011 年 7 月 28 日，
http://yzs.mofcom.gov.cn/date/date.html。

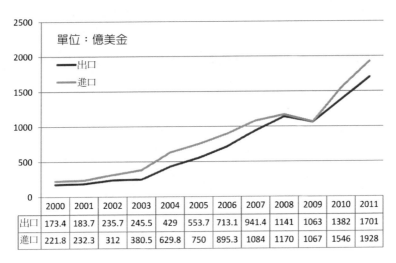

	2000	2001	2002	2003	2004	2005	2006	2007	2008	2009	2010	2011
出口	173.4	183.7	235.7	245.5	429	553.7	713.1	941.4	1141	1063	1382	1701
進口	221.8	232.3	312	380.5	629.8	750	895.3	1084	1170	1067	1546	1928

圖表 4-5　中國進出口東協總貿易額 2000-2011 年

參考資料：蘇冠群資料整理。《中華人民共和國商務部亞洲司》，2011 年 7 月 28 日，
http://yzs.mofcom.gov.cn/date/date.html。

■ 油氣合作

中國近年來面對石油需求量增加，海上通道安全等問題，因此不斷尋找新的能源進口國。印尼、馬來西亞、汶萊、泰國、越南都是東協主要的能源生產國。其中印尼所擁有的天然氣含量更是亞洲第二位，也是東亞國家中唯一的 OPEC 成員。印尼是中國的原油進口國之一，位於印尼原油出口國的第三位，中國也向其輸出石油成品。中國近年來從馬來西亞進口原油與天然氣，不過油氣資源並非雙方最大的貿易產品，中國從泰國進口的原油量甚至高於馬來西亞。中國從 1980 年代就開始從汶萊進口石油，雙方亦在 2003 年簽訂長期採購合約，中國購買汶萊原油已達其日產量的 13%。越南也是中國的原油進口國，越南在 2009 年才具備初步煉油能力，因此長期以來中越貿易中原油一直是主要產品。中國從越南進口原油，然後向越南輸出石油成品[103]。

中國大量收購東南亞的石油公司股份，2002 年中國收購西班牙石油公司雷普索爾 Repsol-YPE 在印尼的五個海上油田權益，此為印尼最大的海上原油生產商。中國更收購美國戴文能源公司（Devon Energy）在印尼的石油股份[104]。中國也與泰國合作，在泰國成功探勘原油與天然氣。中國在 2005 年 3 月與泰國簽約，藉由泰國的管線進口天然氣。中石化同時與緬甸、越南簽約探勘陸上石油[105]。另外中海油還與馬來西亞國家石油公司在渤海灣內聯合探勘石油，2004 年與中國在蘇丹聯合開採原油，日產量達 26 萬桶[106]。2005 年中國協助印尼建立東加至中抓的天然氣管道工程。印尼的油氣資源雖然豐富，但缺乏資金建設。印尼計畫在 2010-2014 年內為油氣基礎建設吸引 312 億美元的投資，提出各種優惠吸引外資投資[107]。為抒解中國能源多從馬六甲海峽通過的問題，中國 2010 年開始建設中緬天然氣與石油管道。計畫從緬甸西部皎飄港（Kyaukphyu）建設直通雲南的石油管道，從孟加拉灣緬甸離

---

[103] 張明亮，〈中國──東盟能源合作以油氣為例〉，《世界經濟與政治論壇》，2006 年 2 月，頁 70-71。

[104] 李計成，〈中國與東盟能源合作的現狀與前景〉，《東南亞縱橫》，2004 年 9 月，頁 36。

[105] 李濤 劉稚，〈淺析中國與東盟的能源合作〉《東南亞研究》，2006 年 3 月，頁 25-26。

[106] 張勁，〈中共開展石油戰略突破馬六甲困境〉，《中共研究》，第 40 卷第 9 期，2006 年 9 月，頁 45。

[107] 陳嶽 主編，《中國能源國際合作報告》（北京：時事出版社，2010 年 12 月），頁 247。

岸建設天然氣管道。預計從 2013 年開始每年可輸入 2200 萬噸原油，120 億立方公尺的天然氣[108]。中國在南海問題上也曾於 2005 年與菲律賓國家石油公司（Philippine National Oil Corporation）和越南石油與天然氣公司（Vietnam Oil and Gas Corporation）共同簽署「在南中國海協議區三方聯合海洋地震工作協議（Agreement on Joint Seismic Survey of the South China Sea）[109]。這算是最符合擱置爭議共同開發的一次合作，但這項合作 2008 年到期後因各種問題而沒有進一步的發展。

二、強化深海資源開採能力

中國的 863、973 計畫成果已顯現在蛟龍號與海洋 981 深海鑽油平臺上。中國積極將外國技術國產化，希望未來在能源開發上能夠具備獨立自主能力。

■ 蛟龍深潛器

中國對於南海資源並不只著眼於石油與天然氣，強調深化近淺海，開闊深遠海。1997 年成立的《國家重點基礎研究發展計畫》973 計畫，計畫在 2008 年通過對南海深海盆地與南海天然氣水合物的研究計畫。除了深海油氣資源與天然氣水合物外，中國還對熱液硫化物、多金屬結合與富鈷結殼等深海資源的開發進行研究[110]。目前中國已在南海圈訂 11 個天然氣水合物礦體，預測儲量為 194 億立方公尺[111]。為了開採深海資源與對其進行科學研究，中國積極發展遙控潛水器（ROV）、自持式深潛器（AUV）與載人深潛器（HOU）。遙控潛水器方面已發展 HR-01ROV、8A4 作業型 ROV、海潛 II 強作業型 ROV、CI-STAR 型 ROV、海龍號 ROV 及 6000 公尺深海拖曳觀

[108] 陳文鴻，〈緬甸的地位與中國能源安全〉，《鏡報月刊》，2011 年 2 月，頁 38-39。
[109] 王冠雄，〈中、菲、越三國南海聯合海洋地震工作協議之研析〉，《戰略安全研析》，2005 年 6 月，頁 8。
[110] 中國科學院海洋領域戰略研究組 主編《中國至 2050 年海洋科技發展路線圖》（北京：科學出版社，2010 年 1 月），頁 66-68。
[111] 〈中國南海圈定 11 個「可燃冰」礦體〉，《中華人民共和國國土資源部》，2011 年 7 月 7 日，http://www.mlr.gov.cn/wskt/kcxfz/201107/t20110707_896192.htm。

測系統。自持式深潛器方面中國發展了 1000 公尺的探索者號與 6000 公尺的 CR-1、CR-2 AUV，用於海底礦產資源調查[112]。

2007 年美國雜誌就注意到中國載人深潛器的發展內容提到，哈爾濱工程大學正在生產一種可潛 7000 公尺深的載人深潛器，將歸入中國大洋礦產資源研究開發協會旗下[113]。此計畫為中國 863 在十一五期間的計畫之一，希望建構 3500、4500、7000 公尺深的水下運載與作業裝備。2010 年 7 月 13 日中國的載人深潛器蛟龍號完成 3759 公尺的深潛任務[114]。隨後又在 2011 年 7 月 21 日完成 4000 公尺深的測試，在 26 日完成 5000 公尺深的測試[115]。預計在 2012 年 6 月前往馬利亞納海溝挑戰 7000 公尺深[116]。2012 年 5 月在北京科博會上，中國展出了深海工作站模型，計畫預計在十二五期間完成。對於新興能源的開採，各國都處在起跑點上。中國深潛器的發展，顯示中國對於未來能源的重視。將使中國在南海深海資源開採上能不受他國限制獨立開發南海。

■ 深海鑽油平臺

海上石油平臺共分為四大類：用於探勘的鑽井／探勘平臺、用於採集的採油平臺、用於初步加工的中心平臺與海上儲存的儲存式平臺[117]。中國早在 1977 年就向挪威購買第一具鑽油平臺，並於 1980 年在上海成功製造另一具[118]。2007 年中國替挪威 SEVANMARINE 公司建造 SEVAN650 圓桶型海上鑽油平臺，藉由建造他國鑽油平臺來累積自身建造經驗。2007 年 8 月中

---

[112] 高之國 主編，《中國海洋發展報告 2011》，頁 226。

[113] 編輯部，〈中國深海載人潛水器〉，《船艦知識》，2007 年 3 月，頁 15。

[114] 深潛，〈蛟龍號的 6 大關鍵技術〉，《船艦知識》，2010 年 11 月，頁 16-22。

[115] 羅沙，餘曉潔，〈「蛟龍」號成功突破 5000 米 創造中國載人深潛新歷史〉，《新華網》，2011 年 7 月 26 日，http://big5.xinhuanet.com/gate/big5/news.xinhuanet.com/tech/2011-07/26/c_121723438.htm。

[116] 〈蛟龍號深潛器 6 月將到馬里亞納海溝挑戰 7000 米深海〉，《新華網》，2012 年 5 月 27 日，http://big5.xinhuanet.com/gate/big5/news.xinhuanet.com/mil/2012-05/27/c_123196434.htm。

[117] 孫珍 主編，《中國海洋油氣產業》（廣州：廣東省出版集團，2011 年 8 月），頁 76。

[118] David G. Muller 著，《中共之海權》（臺北：國防部史政編譯局，1988 年 10 月，原書為 1983 年出版），頁 206。

海油與挪威 Aker Kvaerner MH 公司簽下《深水半潛式鑽井平臺鑽井設備包合同》[119]，同年開始建造中國國產鑽油平臺「海洋 981」。中國希望藉由與挪威的合作，獲得深海石油的開採經驗。2009 年中國與法國道爾達公司在奈及利亞外海合作開採的深海油井正式投產，顯示中國在深海技術經驗上的管道多元性[120]。

「海洋 981」在 2010 年 2 月 26 日於上海外高橋造船廠完工出塢。鑽油平臺由中國船舶工業集團公司第 708 研究所負責設計，技術設計來源是美國 F&G 鑽油平臺公司[121]。中國在 2010 年 8 月正式收購 F&G 公司，使中國獲得更多深海鑽油平的技術與設計能力[122]。海洋 981 號可在 3000 公尺的海域進行探鑽，可鑽井 10000 公尺深，屬於第六代鑽油平臺。2012 年 5 月 9 日海洋 981 號在距離香港東南約 320 公里處 1496 公尺深海域首鑽成功[123]。海洋 981 使中國獲得南海周邊國家所沒有的深海探鑽能力，這將使中國有能力優先開採南海海盆的油氣資源。如東海油氣田，中國優先進行開採的行為可能使南海周邊各國被迫進行共同開發的談判。在各國對海上鑽油平臺都需依賴進口的情況下，中國的技術突破使其在南海問題上，更具有主動性。

中國所著眼的並不僅僅是近海的大陸架資源，深海資源開發是未來中國持續維持大國地位的關鍵。此外中國未來獲得深海開發技術後，將能獨立開採南海深海資源。依賴外國石油公司的南海諸國，除非加大投資深海資源，否則將被迫與中國進行聯合開發的談判。

---

[119] 〈中海油百億深水石油戰略 10 月啟動 首戰南海西非〉，《環球投資網》，2007 年 8 月 20 日，http://www.peflat.com/news/shownews.asp?newsid=9739。

[120] 陳嶽 主編，《中國能源國際合作報告》，頁 285。

[121] 〈我國首艘超深水鑽井平臺「海洋石油 981」順利出塢〉，《新華網》，2010 年 2 月 26 日，http://www.gov.cn/jrzg/2010-02/26/content_1542463.htm。

[122] 武文來 主編，〈中國海洋石油總公司 2009 年度報告〉，《中國海洋石油總公司》，2009 年，頁 29。

[123] 〈海洋石油 981 在南海首鑽成功〉，《新華網》，2012 年 5 月 9 日，http://www.xinhuanet.com/energy/huiyi/hy5.htm。

三、繪製海底水文

中國積極加強海洋法制的建設，顯示其更希望在海洋法話語權上上站穩腳跟。至今已通過海洋策略相關法令 18 項、海洋安全 11 項與海洋資源 26 項法令。

■ 為法理佈局

從歷史上看來，中國一直是個安於內陸的國家。但 1990 年之後，中國的漁業的產值已經是改革開放時的近 20 倍[124]。尤其在中國對石油資源需求量暴增後，中國對其周遭海域的勘察就沒有停過。目前中國海軍的海測船已有數十艘之多，數量遠在鄰國之上[125]。2010 年 2 月 8 日中國媒體報導，東海艦隊海洋測量船在外磕角領海基點完成測量任務，並取得 1 萬多組數據[126]。1996 年時中國共發布 68 個領海基點位置，中國對領海的重視不單純只是主權伸張，更意涵資源爭取的意圖。根據聯合國海洋法規定，經濟海域是領海寬度向外推 200 海浬。這些數據是中國爭取周邊海域資源開發的重要依據[127]。根據周繼祥與徐銘謙的統計，可將海洋立法分為六個項目。分別為「海洋策略」、「海洋安全」、「海洋資源」、「海洋產業」、「海洋文化」、「海洋科研」。其中海洋策略的立法從 1958 年《中華人民共和國政府關於領海的聲明》至今就有 18 項法案。海洋安全法規也有 11 項，海洋資源與保護更多達

---

[124] 黃恩浩，〈中國海權概念之探討（1978-2000）〉，《中共研究》，第 35 卷，2001 年 8 月，頁 91。

[125] 〈情報収集艦（中國）〉，《日本周辺国の軍事兵器》，2011 年，http://wiki.livedoor. jp/namacha2/d/%be%f0%ca%f3%bc%fd%bd%b8%b4%cf%a1%ca%c3%e6%b9%f1% a1%cb。

[126] 〈我東海海域全部領海基點已確定永久性標誌〉，《中華網》，2010 年 2 月 8 日，http://big5.china.com/gate/big5/military.china.com/zh_cn/top01/11053250/20100208/ 15808704.html。

[127] 〈尹卓：建設強大人民海軍是維護海洋權益支柱〉，《新華網》，2010 年 2 月 9 日，http://big5.xinhuanet.com/gate/big5/news.xinhuanet.com/mil/2010-02/09/content_ 12959448.htm。

26 項法案。而這些法案很多是根據聯合國海洋法公約而設立的[128]。中美至今仍因經濟海域的通行問題有意見放的分歧，中國認為其擁有經濟海域的法律管轄權，美國船隻在中國經濟海域的調查活動侵犯中國主權。但美國則認為中國過渡解釋海洋法公約的生態與環保管轄權，此也顯示海洋法公約在解讀上常有各執一詞的問題[129]。

根據資料統計，中國海調船在 1998 年僅有 2 艘出沒在日本海域的紀錄，1999 年卻激增到 24 艘，2000 年上半年已有 27 艘[130]。中國海調船開始大量出沒是有源可循的。1999 年 5 月聯合國大陸架界限委員會（the Commission on the Limits of the Continental Shelf, CLCS）制定了「科學和技術準則」，規定所有參與海洋法公約的國家必須在 10 年內提交大陸架劃界案。但這項規定必須靠大量海洋監測船取得大量數據，大部分國家都不具備這樣的財力與資源。因此海洋法公約的締約國會議決定在 2008 年放寬條款，各國只需要提出概約的劃界案即可[131]。這項決定無疑對中國非常不利，最具爭議的南海主權問題，東南亞各國只需要提出相關劃界案即可[132]。但雖如此，這些數據仍可作為談判時的依據，因此中國仍會繼續進行測量。

■ 建設水下地圖

中國在積極對其海域進行調查時，也不時跟美國相關船隻發生衝突。2002 年與 2009 年就與美國船隻發生多次衝突。中國對於海洋的水文探測艦艇就有近 20 多艘[133]。長期以來，中國老舊潛艇的導航自動化程度低，領航作業通常是靠航海人員用筆、計算尺、分規等繪圖儀器進行船位推算，過程

---

[128] 周繼祥、徐銘謙，〈兩岸海洋政策之比較〉，《中共海洋政策專題研究》，http://pal. csie.ntu.edu.tw/~xflash96/policy/sites/default/files/page/CrossStraitMarineAffairCom parison_0.pdf。

[129] James Kraska，Brian Wilson，張昌文 譯，〈中共力阻外國軍隊進入近岸的政治與法律戰〉，《國防譯粹》，第 37 卷第 1 期，2010 年 1 月，頁 85-86。

[130] 張蜀誠，〈中共海軍威脅與西太平洋地區反制作為〉，頁 57。

[131] 袁鵬，〈大陸架劃界案下的中國海將安全〉，《現代艦船》，2009 年 7 月，頁 16。

[132] 《South China Sea》, March 2008, http://www.eia.doe.gov/cabs/South_China_ Sea/pdf.pdf.

[133] 〈情報收集艦（中國）〉， http://wiki.livedoor.jp/namacha2/d/%be%f0%ca%f3%bc% fd%bd%b8%b4%cf%a1%ca%c3%e6%b9%f1%a1%cb。

既複雜又費時。在進入資訊化時代後，要實現自動導航，必須建立水下資料庫。海洋是一種極為複雜的環境，水中就包含了溫度躍層與鹽度躍層，會導致浮力的差距。海上的水溫、水深、溫度、海流、海浪、水色、能見度，甚至包括雲、風、空氣溫度、氣壓、洋流都是海上戰場必須建立的相關資料。中國國務院在 2003 年通過 908 專項，主要內容就是對中國近海進行綜合調查與近海海洋環境綜合評估，建立中國近海數位海洋訊息基礎框架。預計將建立中國近海 1：5-50 萬比例尺的基礎圖件與數據資料[134]。計畫在 2010 年年底已進入收尾階段，這項計畫將使中國更能有效掌握周邊海域資訊。這些資料的建立，可以讓潛艇的航行更加安全，同時潛艇在航行時也能記錄相關水文，為水下作戰建立詳細的水下地圖。強調近海防禦的中國海軍在 1990 年代就開始結合政府、軍方、民間對沿海地區進行水下資料庫建立；至 2005 年，中國光是在南海海域就獲得 3000 萬組數據[135]。在 2012 年中菲黃岩島事件後，中國海洋局表示將適時開展黃岩島海洋環境預報。藉由對南海諸島的管理，向外界宣示其島嶼主權[136]。

中國積極建構國家級水下水文資料庫，除經濟上與法律上的用途外，可以提供海軍使用的軍事用途也是其建構水文資料庫的目的之一。

第三節 備而不用的軍事力量──手段多元

解放軍的戰略傳統為積極防禦，堅持不開第一槍，強調自衛反擊，是因為其重視戰爭的國際輿論與國內士氣問題。解放軍強化信息化建設與海軍建

[134] 高之國 主編，《中國海洋發展報告 2011》，頁 209-210。
[135] 廖文中，王世科 著，〈中國積極建設海下戰場〉，《藍海水下戰略》（臺北：全球防衛，2006 年），頁 68-81。
[136] 〈國家海洋局：適時開展黃岩島海洋環境預報〉，《中國經濟網》，2012 年 5 月 21日，http://big5.ce.cn/xwzx/gnsz/gdxw/201205/21/t20120521_23339499.shtml。

設，在未來的海戰將以三大艦隊聯合作戰進行。此外中國善用南海的地緣優勢，使其海軍能更有效的進入太平洋而不被發現。

一、不斷進步的殺手鐧

在大規模軍事衝突的前提下，航空母艦能比岸基機場更有效發揮解放軍海軍航空兵在南海上空的制空時間。

面對南海情勢，中美兩國與南海周邊國家皆採取兩手策略的方式。從中國與東協國家的互動，中國不希望將軍事手段列為解決南海爭議的首要選項。中國學者也多半認為東南亞國家與中國在軍事實力上有巨大差距，因此中國沒有必要使用武力解決[137]。筆者認為這只是手段的優先順序問題，不代表解放軍對南海問題就毫無準備。且解放軍戰略傳統強調後發制人，強調自衛反擊，以取得開戰的合法性[138]。如果解放軍海軍傾巢而出，其勢必是南海爆發大規模軍事衝突。本章節將對軍事手段進行分析，主要是根據大規模軍事衝突的情況下。筆者將從解放軍積極防禦與資訊化聯合作戰的角度來分析解放軍近年來在周邊海域的突穿行動。分析在南海作戰上，各種海軍裝備可能面臨的問題。

■ 航空母艦在南海使用問題

中國國防部在 2011 年 7 月 27 日在例行性記者會上，正式表明中國正在對 1 艘廢舊航母進行改裝，用於科研與訓練[139]。中國整修瓦良格號已經不是什麼大新聞，但這艘航母未來會何去何從卻眾說紛紜。瓦良格號要形成戰

---

[137] 余林，〈越南軍事上不是中國對手〉，《廣角鏡》，2011 年 7 月 16 日，頁 14-17。
易海兵，〈南海問題戰與和〉，《船艦知識》，2011 年 8 月，頁 20-21。

[138] 林中斌 著，《核霸》（臺北：學生書局，1999 年 2 月），頁 91-93。
譚傳毅 著，《中國人民解放軍之攻與防》（臺北：時英出版社，1999 年 11 月），頁 35。

[139] 田源，張新，〈我國改建第 1 艘航空母艦〉，《解放軍報》，2011 年 7 月 28 日，第 1 版第 1 條。

力，解放軍海軍少將尹卓認為至少要 2-3 年。如同許多新設計的船隻一樣，航母是一件龐大的系統工程。雖然已經完工，但諸如引擎試車、管線問題、機械問題、艙間生活品質檢驗等都是需要花時間去檢驗[140]。更不用提包括艦載機起降訓練[141]、雷達系統、武器系統的測試[142]。但航母畢竟不是只能服役短短幾年的武器，訓練後她仍然會成為中國在動用軍事手段時的利器[143]。

中國航母究竟會部屬哪個艦隊？用於臺海或南沙？其實航母部屬在哪個艦隊這問題並影響解放軍在戰時的運用。原因是解放軍目前強調聯合作戰，不管是三軍或是海軍各兵種本身都有可能投入作戰[144]。2010 年 7 月解放軍各艦隊南下齊聚南海進行聯合演習[145]，這次演習在 3 個海區達 18000 平方公里的海域上，試射多達 71 枚的各型飛彈[146]。新聞工作者曲明在 1995 年的著作中就談到，解放軍海軍各艦隊遠航訓練演習，最後大多會聚集南海[147]。後面章節的解放軍海軍遠航統計也證明這點。顯示各艦隊在必要時可聯合作戰，航母本身部屬哪個艦隊對戰時影響並不大。解放軍海軍最後一次對外用兵是 1988 年對越南海軍[148]，其欠缺實戰經驗。雖然解放軍藉由亞丁灣檢驗海軍遠航效能與測試各種武器裝備。但實戰必竟比演習更容易檢測裝備效能，如有機會，解放軍絕不會像 1988 年那樣僅派出少數幾艘驅逐艦與登陸艦。

---

[140] 許偉龍，〈時評新瓦良格號航母〉，《船艦知識》，2011 年 9 月，頁 33。

[141] 曲儉，〈中國培訓航母飛行員秘辛〉，《廣角鏡》，2011 年 11 月 16 日，頁 44-47。

[142] 曹晨，〈航母資訊化武器裝備〉，《船艦知識》，2011 年 12 月，頁 16-19。

[143] 蘇冠群，〈山寨？自創？中國航空母艦發展論證〉，《全球防衛》，2011 年 3 月，頁 31-32。

[144] 施道安（Andrew Scobell），伍爾澤（Larry M Wortzel）編，《中共軍力成長》（臺北：國防部史政編譯局，2004 年 1 月，原書為 2002 年出版），頁 223-224。

[145] 〈中國海軍三大艦隊南海演習受到關注〉，《BBC 中文網》，2010 年 7 月 30 日，http://www.bbc.co.uk/zhongwen/trad/china/2010/07/100730_china_navy.shtml。

[146] 〈南海艦隊實戰化演練共發射 16 型 71 枚導彈〉，《新華網-軍事》，2010 年 8 月 1 日，http://big5.xinhuanet.com/gate/big5/news.xinhuanet.com/mil/2010-08/01/content_13947419.htm。

[147] 曲明 著，《2010 年兩岸統一 中共邁向海權時代》（臺北：九儀出版社，1995 年 8 月），頁 222-223。

[148] 羅莉·勃奇克（Laurie Burkitt）編，Bernard D. Cole 著，〈半世紀後之中共海軍：北京記取之教訓〉，《解放軍七十五週年之歷史教訓》（臺北：國防部史政編譯室，2004 年 10 月），頁 181。

對於航母使用在南海問題上，部分論點傾向中國已具備殲 11 等半徑達 1500 公里的戰機，西沙也已建成機場且中國已有空中加油機[149]。距離南沙有 1100 公里的三亞看似不成問題[150]。先不提劉華清在回憶錄談到機場、加油機仍比不上航母的實用性[151]，這些論點都有不合理的想像。首先是戰機作戰半徑，作戰半徑的定義是戰機執行任務後來回折返的航程。聲稱殲 11 的高作戰半徑並不代表其可以在南沙進行長時間巡邏，更別提還必須從海南島機場起飛至南沙的時間[152]。以蘇愷 33 艦載戰鬥機為例，其具備 3000 公里[153]的航程，但其執行距離航母 250 公里的戰鬥空中巡邏（Combat Air Patrol）也僅 2 小時[154]。飛越 1100 公里後的殲 11 能在空中停留多久，可想而知。西沙機場的跑道與設備僅 4 個油庫與 4 座停機坪，戰時面對大量的出勤恐不堪使用[155]。空中加油機危險度高，且必須考量加油機自身安全，且解放軍空軍最近才第一次完成同架戰機連續兩次空中加油的訓練[156]。上述方案在和平時期看似可行，但是在戰時恐怕還不如 1 艘可以到處移動的航空母艦。

[149] Carlo Kopp, " China's Rise as a Regional Superpower", *Air Power Australia Analysis* , May 19, 2005, pp.38-40.

[150] Felix K. Chang, "Beijing's Reach in the South China Sea", *Orbis*, Volume 40, Number 3, Summer 1996, pp.359-360.

[151] 劉華清，《劉華清回憶錄》，頁 479-480。

[152] 施子中，〈中國大陸海軍意圖邁向遠洋防禦戰略之研究〉，《亞太和平研究基金會》，2009 年 7 月，頁 12-13。

[153] 蘇愷 33 的陸上最大起飛重量為 33000 公斤，在航空母艦上為 29940 公斤。如果滿載 9400 公斤的油料，仍可掛載 2000 公斤的武器。因此掛滿 10 枚空對空飛彈仍可達到 3000 公里的航程。Yefim Gordon, "Sukhoi Su-27", (Hinckley, Midland Publishing, 2007)，p.177.

[154] 劉清，〈蘇式航母甲板作業與作戰使用分析〉，《現代艦船》，2010 年 9 月 A，頁 26。

[155] 楊然，〈南海艦隊工程指揮部征戰紀事〉，《政工學刊》，1998 年 4 月，頁 43-44。余平，〈南海的軍事佈局〉，《廣角鏡》，2010 年 6 月 16 日，頁 8。

[156] 〈殲 10 戰機空中二次加油訓練成功 縱深突擊能力明顯提高〉，《新華網──軍事》，2012 年 5 月 14 日，http://big5.xinhuanet.com/gate/big5/news.xinhuanet.com/mil/2012-05/14/c_123122910.htm。

表 4-10　解放軍戰機作戰半徑表

機型	航程（全程低空）	航程（高－低－高飛行）
殲 7	370 公里	600 公里
殲 8	-	800 公里
殲 10	-	900-1100 公里（預估）
殲 11	-	1500 公里
殲轟 7	-	1650 公里
強 5	400 公里	600 公里

資料來源：蘇冠群資料整理。

Felix K. Chang, "Beijing's Reach in the South China Sea" *China's Military*, Summer 1996, p.359.

「中國海軍」,《日本周辺國の軍事兵器》, http://wiki.livedoor.jp/namacha2/d/%c3%e6%b9%f1%b3%a4%b7%b3。

"sinodefence" , http://www.sinodefence.com/.

"FAS" , http://www.fas.org/man/index.html.

表 4-11　南海周邊各國空軍基地離南沙諸島距離表（單位：公里）

起飛地點	馬歡島（南沙北部）	南沙群島	彈丸礁（南沙南部）
永興島（中）	790	920	1080
玉林市（中）	1100	1125	1325
湛江（中）	1300	1400	1590
胡志明市（越）	975	625	880
納閩（馬）	610	525	290
亞庇（馬）	535	560	315
古達（馬）	435	575	350
藩郎（越）	760	465	710
普林塞薩港（菲）	330	750	610
山打根（馬）	600	760	520
中業島（菲占）	190	360	415

資料來源：Felix K. Chang, "Beijing's Reach in the South China Sea" *China's Military*, Summer 1996, p.360.

■ 強化海洋監視能力

美軍認為解放軍為進行 A2、AD 作戰，發展陸、海、空、天等各種遠程攻擊武器[157]。但為有效進行資訊化與聯合作戰，戰場監視能力是解放軍現代化重點之一。這些監視系統是構成戰場上的重要環節，有如眼睛、大腦與神經，是驅動拳頭（武器）的重要組成部分。解放軍目前積極發展的海洋監視手段包括：

衛星發展

中國目前偵察衛星有裝備合成口徑雷達的尖兵、搖感系列衛星；裝備電子光學儀器的環境、尖兵與資源系列衛星；電子情報偵察的雷電衛星[158]。對海面風場、浪高、海流、海面溫度等海洋環境進行探測的海洋系列衛星[159]。通訊方面有提供 Ku 波段通訊的中興與神通系列衛星，C 波段的烽火通訊衛星[160]。最著名的就是用於導航的北斗導航定位衛星[161]。這些衛星構成解放軍在戰時的戰場環境、通信、偵察與目標定位等功用。建構完整的衛星系統，可提供反艦彈道飛彈在目標偵察、海洋環境、中、末端目標修正提供足夠的資訊[162]。

---

[157] 如搭載各種反艦飛彈的殲轟 7、蘇愷 30、殲 11B、轟 6 等戰機，各類水面艦與潛艇，以及目前仍未公開的東風 21D 反艦彈道飛彈等。Andrei Chang，湯名暉 譯，〈大幅躍進的中共空軍戰力〉，《國防譯粹》，第 36 卷第 3 期，2009 年 3 月，頁 80-89。Andrew S. Erickson，David D. Yang，黃引珊 譯，〈中共攻船彈道飛彈〉，《國防譯粹》，第 36 卷第 10 期，2009 年 10 月，頁 77-84。

[158] 費學禮（Richard D. Fisher Jr.）著，《中共軍事發展──區域與全球勢力佈局》，頁 194-195。

[159] 楊保華，〈建構中國海洋衛星體系提升海洋環境與災害監測能力〉，《中國空間科學技術》，第 5 期，2010 年 10 月，頁 3-6。

[160] 許耿維，〈中共太空戰作戰思維〉，《海軍學術雙月刊》，第 44 第 6 期，2010 年 12 月，頁 72-73。

[161] 杜勇，〈抗干擾技術與北斗之路〉，《艦船知識》，2012 年 3 月，頁 26-27。

[162] Mark A. Stokes, "China's Electronic Intelligence Satellite Developments: Implications for U.S. Air and Naval Operations", *The Project2049 Institute*, Feb 2, 2011, pp.14-18.

超地平線雷達[163]

在衛星之外，中國還發展三種類型的超地平線雷達。包括搜索距離在 2500-4000 公里的短波天波雷達，這種雷達誤差值大，但可提供遠程的目標預警[164]。還有搜索距離在 200-400 公里，可裝載在機動車輛上的短波地波雷達[165]。最後一種為仿製俄羅斯的 Mineral-ME 微波地波雷達，其搜索距離為主動模式 200 裡，被動模式 450 公里[166]。這種雷達可提供反艦飛彈目標高精準度的指示導引，目前這種雷達已裝備在解放軍各類新一代軍艦上[167]。越南與印度目前也裝備的此類雷達，這種雷達受到氣溫影響較大，但卻適合在赤道地區使用。

電子作戰飛機

解放軍目前至少有 3 架運 8X 與 4 架運 8J 海上巡邏機，且已發展出運 8Q 反潛巡邏機，顯示解放軍正積極提升反潛與海上監視能力[168]。前章節提到解放軍藉由美軍 EP-3 偵察機獲得相關電子偵察設備。解放軍空軍目前裝備 4 架運 8CB 電子反制（ECM）機、2 架運 8XZ 通信干擾機與至少 7 架運 8G 電子反制機，海軍也裝有 4 架運 8CB 電子反制機[169]。為整合戰場監視能

---

[163] 有關超地平線雷達的詳細介紹，請參閱蘇冠群，〈跨時代海軍科技──微波超地平線雷達〉，《全球防衛》，2010 年 10 月，頁 54-56。

[164] Mark Stokes ,"China's Evolving Conventional Strategic Strike Capability: the anti-ship ballistic missile challenge to U.S. maritime operations in the Western Pacific and beyond", *Project 2049 Institute*, September 14, 2009, pp.18-19.

[165] 王小非 主編，《海上網絡戰》（北京：國防工業出版社，2006 年 11 月），頁 1 79-181。

[166] 周文瑜，焦培南 等編著，《超視距雷達技術》（北京：電子工業出版社，2008 年 8 月），頁 539。

[167] 諾曼‧傅萊德曼（Norman Friedman）著，史編局譯，《海權與太空》（臺北：國防部史政編譯局，2001 年 10 月），頁 295-296。

[168] " Chinese Y-8Q GX6 Maritime Patrol and Anti-submarine Warfare Aircraft", *Chinese Military Review*, 2011, http://chinesemilitaryreview.blogspot.com/2011/11/chinese-y-8-gx6-maritime-patrol-and.html.

[169] 陳光文，〈中國運 8 系列電子改型家族〉，《現代兵器》，2009 年 11 月，頁 10-14。Roger Cliff, John Fei, Jeff Hagen, Elizabeth Hague, Eric Heginbotham, John Stillion, "Chinese Air Force Employment Concepts in the 21st Century", *RAND Corporation*,

力與通信能力，解放軍空軍裝備了 4 架空警 2000、4 架空警 200 預警機和 3 架運 8T C³I 管制機[170]。海軍已從俄羅斯購買 9 架卡 31 預警直升機與自行發展直 8 預警直生機[171]，且裝備至少 3 架空警 200 預警機。

無人載具

中國航太工業目前也積極發展無人飛機[172]。包括仿製美國全球之鷹的長鷹高空偵察機[173]與已經試飛的翔龍、天翼 3、BZK-009 等中遠程無人偵察機[174]。海軍也裝備 BZK-005 偵察機與銀鷹通訊中繼機[175]，其中銀鷹無人機在解放軍艦艇島鏈突穿中被日本拍攝到，顯示解放軍利用無人飛機對海洋進行偵察與資料通訊[176]。除了航空無人載具外，美國也注意到解放軍對水下無人載具（UUV）的發展。美軍認為解放軍正對無人水下載具進行水雷反制、佈雷、水聲對抗與反潛等技術研發[177]。解放軍海軍工程期刊也有文章表示，可利用無人水下載具協助潛艇通訊問題與實現聲納組網[178]。整體來說無

2011, pp.200-201.

[170] 曹晨 著，《預警機——資訊化戰爭的空中帥府》（北京：電子工業出版社，2009年 11 月），頁 88-94。

[171] 龍騰日月，〈直－8 雷達機的性能和裝備價值〉，《現代艦船》，2011 年 6 月 B，頁 12-15。

[172] 編輯部，〈無人載具——珠海航展中的概念機〉，《全球防衛》，2010 年 12 月，頁 44-47。

[173] Steven J. Zaloga, *Unmanned Aerial Vehicles-Robotic Air Warfare 1917-2007*，（New York, Osprey Publishing, 2008），pp.30-33.

[174] Richard D. Fisher, Jr., "China Seeks UAV Capability", *Aviation Week*, July 1，2011, http://www.aviationweek.com/Article.aspx?id=/article-xml/DT_07_01_2011_p35-338816.xml.

[175] Wenadell Minnick, " China's Silver Hawk UAV Program Advances", *Defense News*, Jul. 14, 2011, http://www.defensenews.com/article/20110714/DEFSECT01/107140303/China-s-Silver-Hawk-UAV-Program-Advances.

[176] 〈中國海軍艦艇の動向について〉，《防衛省・統合幕僚監部ホームページ》，2012 年 5 月 15 日，http://www.mod.go.jp/js/Press/press2012/press_pdf/p20120515.pdf。

[177] Lyle Goldstein，Shannon Knight，袁平 譯，〈中共無人水下載具發展〉，《國防譯粹》，第 37 卷第 10 期，2010 年 10 月，頁 79-86。

[178] 太祿東，湯曉迪，甘懷錦，〈無人水下航行器在海軍網路中心戰中的應用〉，《艦船電子工程》，第 180 期，2009 年 6 月，頁 34-35。

人載具體積小且無人員傷亡的顧慮，對於解放軍在海洋戰場監視的功用不下於傳統偵察裝備。

中國多元的海洋監視能力，目的在於對戰場的有效監視。完成建構後將使解放軍在視距外的作戰能力大增，利於其在第一島鏈的作戰。

表 4-12　解放軍各式反艦飛彈性能諸元

名稱	彈頭重（kg）	最大速度（馬赫）	最大射程（km）	裝備方式	備註
3M80E 日炙	300	3.1（高空） 2.1（低空）	250（高空） 120-140 （全程低空）	艦載	956E/EM
YJ-82A 鷹擊82	165	0.9	180	艦載	051G、051B、051C、052、052B、053H3、054、054A
YJ-83 鷹擊83	165	0.9[1]	200	艦載	
YJ-62/A 鷹擊62[2]	300	0.9	280-300	艦載／岸基	052C
3M54E 俱樂部	200	0.8，末端 2.9	220	潛射	基洛級 636 型
3M54E1 俱樂部	400	0.6-0.8	300	潛射	基洛級 636 型

資料來源：蘇冠群資料整理。

《China Defense News》，《FAS》，《Global Security》，《Chinese Military Aviation》。

1：部分資料顯示末端可超音速。

2：中國第一款自製反艦飛彈中間端資料更新可採用 GPS。

二、突穿島鏈的聯合演練

潛艇突穿第一島鏈報導多集中在沖繩地區，反而顯示南海的水下監側能力薄弱。

解放軍海軍近年來有大量艦艇突穿島鏈，其中包含潛艇與水面艦。潛艇的部分在於測試其潛艇靜音成果與美日的水下監聽系統進行水聲對抗。此外也有潛艇與水面艦一起突穿的情況，顯示解放軍對多兵種聯合作戰與適應第一島鏈內外海域有明顯加強。水面艦的突穿從單一艦隊到多個艦隊匯集後的軍事演習，顯示解放軍利用島鏈突穿等遠航訓練來模擬艦隊聯合作戰。

■ 潛艇的突穿

中國第一次無預警的突穿可追溯到 1980 年 5 月 1 日，該艦隊由北、東、南三支艦隊組成。主要的任務是對 1980 年 5 月 18 日試射的東風 5 型洲際彈道飛彈進行打撈。這次遠航到達所羅門群島以東，是解放軍海軍首次航行到第 2 島鏈以外的區域[179]。之後穿越第一島鏈就要拉回到 2003 年。當然這並不代表 1980-2003 年間解放軍海軍沒有穿越島鏈的行動。這裡無預警突穿定義為非遠洋參訪與媒體有報導之活動，涉及機密而未報導出來的項目則不在討論範圍。

2003 年 11 月 12 日上午 8 時，1 艘明級潛艇出現在九州島南端佐多岬以東 40 公里處。這是日本媒體第一次報導中國潛艇出沒日本海域，不過這艘明級潛艇是航行於公海上，所以日本並沒有提出抗議[180]。這艘潛艇上佈滿紅褐海藻，表明這艘潛艇在相關海域潛航多時。讓人不經對解放軍潛艇突穿第一島鏈的能力感到驚訝。2004 年 11 月 10 日，日本官方證實，日本海上自衛隊在琉球群島的石垣島和宮古列島海域附近發現國籍不明潛艇。經過確認後證實為解放軍漢級潛艇，但日本官員之後拒絕評論此事件。這艘漢級潛艇被證實是 10 月離開北海艦隊姜哥莊基地後，11 月抵達關島附近 150 公里海域。潛艇繞行後返回，11 月 10 日抵達日本附近海域，16 日返回基地[181]。事件發生後，美日雙方也都低調處理，同時也沒有公布到底是哪一方先行發現潛艇[182]。

---

[179] 編輯部，〈目標：南太平洋-原北海艦隊航海業務長專訪〉，《船艦知識》，2009 年 6月，頁 20-23。

[180] 王志鵬 著，《臺灣水下艦隊之路》（臺北：全球防衛雜誌社，2008 年 6 月），頁 13。

[181] 橙路，〈熊出沒註意──日本周邊海域潛艇事件調查〉，《現代艦船》，2008 年 11月 B，頁 9-10。

[182] 王逸峰，葉景，〈從中日核潛艇事件看我核潛艇的突防（上）〉，《艦載武器》，2005年 1 月，頁 28-31。

2006 年 10 月 26 日，1 艘宋級潛艇在沖繩海域距離小鷹號航空母艦 5 海浬處上浮。當時小鷹號是完整戰鬥群行進中，並有部署核子動力潛艇與大量護航艦隊[183]。這次事件多數軍事家認為宋級潛艇是剛好潛伏在該海域，因為依照潛艇的速度，根本無法追上快速前進的水面艦隊。2007 年在小鷹號被拒絕訪問香港前，11 月 11 日 1 艘宋級潛艇再度在小鷹號戰鬥群附近上浮[184]。之後美軍 P-3C 反潛機持續跟蹤宋級潛艇，宋級潛艇則經巴士海峽進入臺灣海峽。11 月 23 日至 25 日，宋級潛艇與準備訪日的 167 深圳號在臺灣海峽與小鷹號展開對峙。最後三方在行經臺灣海峽後，各自執行自己的任務結束對峙。

最近一次潛艇突穿第一島鏈事件是 2008 年 9 月 14 日，在高知縣沖之島的日本領海。日本海上自衛隊愛宕號驅逐艦在日本領海 7 公里處發現 1 艘疑似潛艇的潛望鏡，不過愛宕號驅逐艦在當日跟丟潛艇。日本派出驅逐艦與反潛機持續追蹤，最後在 9 月 16 日因找尋不到潛艇而放棄搜索[185]。根據美國科學家聯合會（FAS）研究員漢斯（Hans M. Kristensen）蒐集美國海軍情報機構公開資料顯示，解放軍潛艇在 2003 年的活動為 3 次、2004 年 3 次、2005 年 0 次、2006 年 2 次、2007 年 6 次，2008 年為 12 次[186]。當然這份報告的統計數字不一定完全代表解放軍該年的巡航次數。2005 年為中日東海油田事件，該年美日之間就舉行 11 次海上聯合演習[187]。除非解放軍刻意不出海，不然該年度解放軍海軍潛艇沒有出海巡航實在令人訝異。根據美國國會的解放軍海軍現代化 2008 報告指出，中國在 2003 至 2008 年共服役了 19 艘新型潛艇[188]。推斷有兩個原因，一是中國新舊潛艇正在交接，因此沒有出海航行。

[183] 王志鵬，〈當中國宋級潛艇數度巧遇美國小鷹號航空母艦〉，《全球防衛》，2008 年 2 月，頁 28。

[184] 邱俊榮，〈從戰略資源角度──論中國潛艇部隊發展對亞太安全影響〉，《2008 年解放軍研究論壇彙編》，2008 年 12 月，頁 412。

[185] 編輯部，〈日本自稱發現不明國籍潛艇入侵〉，《現代艦船》，2008 年 11 月 A，頁 3。

[186] Hans M. Kristensen, " Chinese Submarine Patrols Doubled in 2008", *FAS Strategic Security Blog*, Feb 28, 2008, http://www.fas.org/blog/ssp/2009/02/patrols.php.

[187] 〈美日海上軍演規模龐大 好似爆發新太平洋戰爭〉，《新華網》，2006 年 11 月 14 日，http://news.xinhuanet.com/mil/2006-11/14/content_5325721.htm。

[188] Ronald O'Rourke, "China Naval Modernization: Implications for U.S. Navy Capabilities — Background and Issues for Congress", *CRS Report for Congress* （Washington DC:

二是解放軍新型潛艇讓美日水下偵測系統無法有效偵測解放軍潛艇。美國國防智庫認為解放軍新型潛艇持續更換，將造成亞洲潛艇競賽，也危及美國在西太平洋的反潛能力[189]。美國海軍戰情室在 2009 年提出一份解放軍海軍報告，內容強調解放軍核子動力潛艇的靜音能力不如俄國潛艇。但有趣的是該報告認為中國老舊的明級潛艇比俄國基羅級潛艇還安靜。讓人對美國官方報告可信度充滿懷疑[190]。

　　雖然媒體報導多為東海沖繩地區的潛艇活動。但這不代表與南海無關。美國在東亞的水下監聽設備本來就以日本周邊最為密集。且日本為加強國內對解放軍軍力提升的憂患意識，對解放軍動態都會大幅報導。巴士海峽海域臺灣軍方也從不公開水下監聽狀況，南邊的菲律賓也無水下監視能力。因此看似沒有任何動作的南海海域，反而才是最應該關切的地區。且因為水下監聽能力最為薄弱，倒底有多少解放軍潛艇從此突穿，都值得觀察。

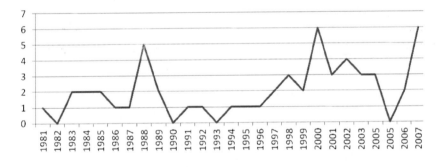

圖 4-2　中國潛艇巡航記錄 1981-2007

資料來源：Hans M. Kristensen, "Chinese Submarine Patrols Doubled in 2008", FASStrategic Security Blog, Feb 28, 2008, http://www.fas.org/blog/ssp/2009/02/patrols.php。

February 4, 2008）, pp.9-13.
[189] Mackenzie Eaglen, Jon Rodeback, "Submarine Arms Race in the Pacific: The Chinese Challenge to U.S. Undersea Supremacy", *The Heritage Foundation*（Washington DC: February 2, 2010）, pp.4-6.
[190] "A Modern Navy with Chinese Characteristics", *U.S. Office of Naval Intelligence*（Washington DC: August, 2009）, pp20-22.

表 4-13　中國潛艇突穿第一島鏈紀錄

次數	日期	地點	級別	附註
1	2003 年 11 月 12 日	九州島南端佐多岬以東 40 公里處	明級潛艇	
2	2004 年 11 月 10 日	琉球群島的石垣島和宮古列島海域附近	漢級潛艇	航行至關島附近海域
3	2006 年 10 月 26 日	沖繩海域	宋級潛艇	在小鷹號附近上浮
4	2007 年 5 月 9 日	大隅海峽	明級潛艇	
5	2007 年 11 月 11 日	臺灣海峽	宋級潛艇	跟蹤小鷹號
6	2008 年 9 月 14 日	高知縣沖之島	不明潛艇	
7	2010 年 4 月 10 日	西南諸島附近海域	基羅級潛艇	基羅級潛艇 2 艘，跟隨 8 艘水面艦突穿
8	2011 年 6 月 8 日	宮古島附近海域	基羅級潛艇	跟隨 8 艘水面艦突穿
9	2011 年 8 月 5 日	沖繩本島西北 500 公里處	元級潛艇	海上自衛隊首次拍攝到元級

資料來源：蘇冠群資料整理。
防衛省・統合幕僚監部ホームページ。

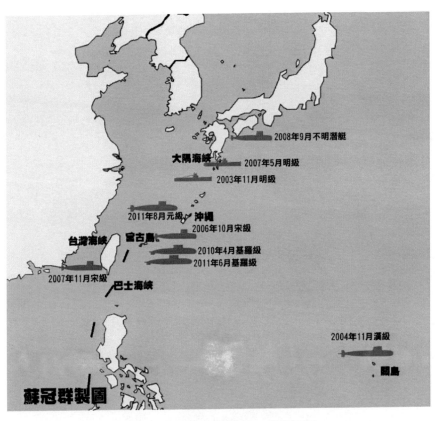

圖 4-3　中國潛艇突穿第一島鏈紀錄

資料來源：蘇冠群資料整理。
防衛省・統合幕僚監部ホームページ。

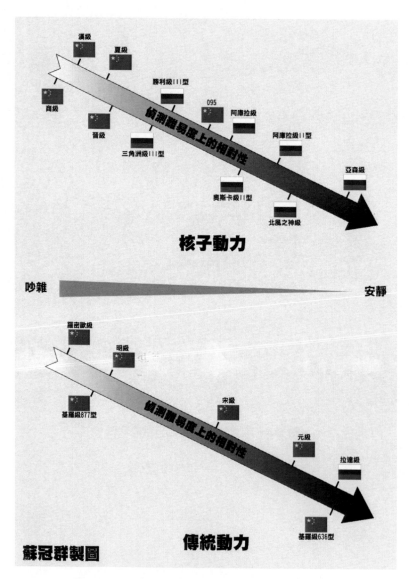

圖4-4　中國與俄國潛艇噪音比較圖（相對值）

資料來源："A Modern Navy with Chinese Characteristics", *U.S. Office of Naval Intelligence*（Washington DC: August, 2009）.

■ 水面艦的突穿[191]

　　2008 年 10 月 20 日，日本防衛省公布有 4 艘東海艦隊艦艇經津輕海峽公海海域[192]。這 4 艘艦艇是隨 2 艘前往俄國海參崴的艦艇於 10 月 11 日從東海艦隊基地出發。2 艘訪問艦抵達海參崴後，其餘 4 艘艦艇穿越津輕海峽進入太平洋，繞行日本一圈後返回基地[193]。但最具挑釁意味的要算是 2009 年 6 月 15 日至 30 日，以北海艦隊為主的 5 艘編隊；[194]從沖繩海域的宮古海峽穿越，前往日本領土的沖之鳥島進行演習。尤其帶頭的 116 石家莊號，是 2009 年 4 月中國海上閱兵式胡錦濤乘坐的旗艦[195]。該艦在 2009 年 10 月 18 號前往南美洲進行訪問，到 2010 年 1 月 18 日才返國[196]。這兩次是中國在 2009 年少數的西太平洋遠洋行動。中國明顯是在海上閱兵與國慶閱兵後宣示其遠洋航行能力，該年度中國已經派出 4 批亞丁灣護航船團。這種東西長距離遠航，宣示意味相當濃厚。2010 年 4 月又有一批由東海艦隊組成的船團再度來到沖之鳥島進行反潛演習。

　　2010 年 4 月，一批由 10 艘東海艦隊艦艇組成的編隊，從東海出發穿越沖繩群島進行反潛演習，由於陣仗之大引來日本強烈關切[197]。同時 2010 年 3 月北海艦隊也有一批船隊穿越沖繩南下。但這非史無前例的南下，回顧 2007 年 8 月的新聞，解放軍曾在 2007 年 4 月 28 日至 5 月 11 日由北海艦隊

---

[191] 2008 年日本統合幕僚監部開始發佈解放軍海軍突穿島鏈的報告。使的媒體與學者可以獲得公開的突穿資訊。

[192] 編輯部，〈日本宣稱中國軍艦穿越津輕海峽〉，《現代艦船》，2008 年 12 月 A，頁 3。

[193] "A Modern Navy with Chinese Characteristics", *U.S. Office of Naval Intelligence* （Washington DC: August, 2009），p.38.

[194] 該編隊有 2 艘編號 527、528 的江衛級 2 型巡防艦，依照編號應該是部屬在東海艦隊。但 2 艘巡防艦從 2005 年開始停靠在北海艦隊基地，似乎有長期駐紮北海艦隊的跡象。這次航行也證實這 2 艘的確是用於支援北海艦隊。請參閱，平可夫，〈北海艦隊加速進行接收新艦準備〉，《漢和防務評論》（2006 年 5 月），頁 32。

[195] 〈解放軍海軍挺進第二島鏈演習讓日本震驚〉，《南方報網》，2009 年 7 月 17 日，http://int.nfdaily.cn/content/2009-07/17/content_5382509.htm。

[196] 梁慶松、林豐謙，王長松，〈和平之旅——中國海軍編隊出訪南美三國紀實〉，《船艦知識》。2010 年 3 月，頁 28-29。

[197] L.C. Russell Hsiao, " PLAN East Sea Fleet Moves Beyond First Island Chain", *China Brief,* April 29, 2010, pp.1-2.

5 艘船艦南下前往南海進行演習。這次演習艦艇在臺灣北部海域分成兩支，一支經臺灣海峽南下，一支穿越稱繩海域南下。2007 年 5 月 18 至 28 日，同樣一批來自北海艦隊的編隊南下前往南海進行演習[198]。2010 年 3 月下旬，一支由 4 艘軍艦與 2 艘支援艦所組成的艦隊再度穿越沖繩群島南下演習，連同 4 月的東海艦隊演習引來媒體炒作[199]。歷史告訴我們這 4 次演習都不是空前遠航，早在 1988 年中越南海衝突時，北海艦隊就曾南下支援南海艦隊[200]。2002 年 10 月 15 日，1 艘北海艦隊的旅滬級驅逐艦也同樣經過臺灣東部海域，前往南海與南海艦隊進行演訓[201]。但可以確定，解放軍從 2007 年之後穿越沖繩群島進行演習已習以為常。2007 年之後中國艦艇出訪與外國來訪艦艇次數大增，同時 2009 年中華人民共和國建國 60 週年海上閱兵與亞丁灣護航，都讓中國對其海軍的信心大增。有人會說 10 艘艦艇是空前最多。但仔細觀察這 10 艦艇，其中水面艦只有 5 艘，2 艘是潛艇，還有 3 艘是補給艦與海調船[202]。從功能上可看出這的確符合一支以反潛訓練為目的的編隊，海調船更是進行水下環境調查而用。加上這支艦隊並沒有區域防空艦，很難證明這是一支航空母艦編隊的試探性艦隊。當然這幾次演習也可證實一些解放軍遠洋編隊的新發展。北海艦隊副司令杜希平在接受 CCTV-7 採訪表示，解放軍現在艦隊船艦之間的距離與以往不同。表示解放軍海軍艦上 C^4ISR 系統已經成熟，可進行遠距離通訊[203]。

解放軍面對日本的監視也給予回應，2011 年 3 月 7 日日本 1 艘在東海海域的護衛艦在監視解放軍海軍活動時，中方派出一架直升機接近該艦距離僅 40 公尺高度 70 公尺的距離[204]。2011 年的突穿活動也大為增加，6 月 8 日

---

[198] 〈中艦隊穿行臺海 我全程掌控〉，《自由時報》，2007 年 8 月 29 日，http://www.libertytimes.com.tw/2007/new/aug/29/today-p5.htm。

[199] 鄭繼文，〈突破第一島鏈——解放軍海軍越走越遠〉，《亞太防務》，2010 年 6 月，頁 4。

[200] 王振南，〈中國解放軍南海艦隊〉，頁 58。

[201] 張蜀誠，〈中共海軍威脅與西太平洋地區反制作為〉，頁 58。

[202] 〈Communicating. Keeping up foreign relations.〉《China Defense Blog》，http://china-defense.blogspot.com/2010/04/communicating-keeping-up-foreign.html。

[203] 〈海軍北海艦隊遠航南海，中國核牙終於亮相了！〉，《全球軍事》，http://www.militaryy.cn/html/25/t-41125.html。

[204] 〈中國ヘリによる護衛艦〈さみだれ〉への近接飛行事案〉，《防衛省・統合幕僚

有兩批水面艦同時進行突穿。一批由 3 艘現代級與 1 艘江凱級 2 型與 1 艘情報蒐集艦組成的船團組成，另一批則為 1 艘補給艦、1 艘遠洋拖船、1 艘潛艇救難艦組成[205]。6 月 9 日又有 3 艘江衛級巡防艦突穿沖繩往東部海域前進[206]。8 月 5 日 1 艘元級潛艇在沖繩本島西北約 500 公里處被發現，這是日本第一次拍攝到元級潛艇[207]。11 月 23 日又有一批由北海艦隊組成的船團出現在宮古島海域，包含 1 艘旅洲級、1 艘旅滬級、1 艘江凱級 2 型、1 艘江衛級 2 型與 1 艘情報蒐集艦[208]。船團在 12 月 1 日進行了海上補給訓練[209]。其中旅滬級與江凱級 2 型（同 1 艘）在 2012 年也執行了北海艦隊首次的亞丁灣護航任務，顯示北海艦隊在獲得新型艦艇後，開始積極參與各種遠洋與支援任務。

　　2012 年突穿次數也沒有減少的趨勢。2 月 3 日由 4 艘東海艦隊的護衛艦組成的船隊在宮古島附近海域進行演練[210]。4 月 30 日 2 艘剛結束中俄海軍演習的東海艦隊護衛艦與 1 艘情報蒐集艦通過日本大隅海峽[211]。5 月 8 日南海艦隊 2 艘旅洋級 1 型、2 艘江凱級 2 型與 1 艘 071 兩棲登陸艦刻意從東海海域突穿[212]，刻意避開敏感的巴士海峽，以避免增加中菲當時的緊張關係。中方強調他們對於島鏈的突穿完全符合海洋國際公約，日本刻意炒作中國突

監部ホームページ》，2011 年 3 月 7 日，http://www.mod.go.jp/js/Press/press2011/press_pdf/p20110307.pdf。

[205] 〈中國海軍艦艇の動向について〉，《防衛省・統合幕僚監部ホームページ》，2011 年 6 月 8 日，http://www.mod.go.jp/js/Press/press2011/press_pdf/p20110608.pdf。

[206] 〈中國海軍艦艇の動向について〉，《防衛省・統合幕僚監部ホームページ》，2011 年 6 月 9 日，http://www.mod.go.jp/js/Press/press2011/press_pdf/p20110609_2.pdf。

[207] 〈中國海軍艦艇の動向について〉，《防衛省・統合幕僚監部ホームページ》，2011 年 8 月 5 日，http://www.mod.go.jp/js/Press/press2011/press_pdf/p20110805.pdf。

[208] 〈中國海軍艦艇の動向について〉，《防衛省・統合幕僚監部ホームページ》，2011 年 11 月 23 日，http://www.mod.go.jp/js/Press/press2011/press_pdf/p20111123.pdf。

[209] 〈中國海軍艦艇の動向について〉，《防衛省・統合幕僚監部ホームページ》，2011 年 12 月 1 日，http://www.mod.go.jp/js/Press/press2011/press_pdf/p20111201_02.pdf。

[210] 〈中國海軍艦艇の動向について〉，《防衛省・統合幕僚監部ホームページ》，2012 年 2 月 3 日，http://www.mod.go.jp/js/Press/press2012/press_pdf/p20120203.pdf。

[211] 〈中國海軍艦艇の動向について〉，《防衛省・統合幕僚監部ホームページ》，2012 年 4 月 30 日，http://www.mod.go.jp/js/Press/press2012/press_pdf/p20120430.pdf。

[212] 〈中國海軍艦艇の動向について〉，《防衛省・統合幕僚監部ホームページ》，2012 年 5 月 8 日，http://www.mod.go.jp/js/Press/press2012/press_pdf/p20120508.pdf。

穿島鏈[213]。解放軍國防大學學報也撰文表示,解放軍應該提高遠海聯合軍事行動的指揮能力。強調遠海環境與近海不同,對於各種訓練都是新的挑戰。解放軍應該將遠海聯合訓練常態化,而非只是戰時應急行動。聯合作戰行動必須是跨國度、跨軍地、跨軍兵種、跨部門的綜合性行動[214]。不管從解放軍實際行動與理論探討,都顯示未來南海爆發戰爭或衝突,已不再是單一部門或是單一艦隊的問題。

　　解放軍海軍積極發展三大艦隊聯合作戰,在周邊衝突中的軍力調度將更佳自如。

表 4-14　中國水面艦突穿第一島鏈紀錄

次數	日期	地點	級別	附註
1	2007 年 4 月 28 日	通過沖繩海域與臺灣海峽	北海艦隊 5 艘	南下南海演習
2	2007 年 5 月 18 日	通過沖繩海域	北海艦隊 5 艘	南下南海演習
3	2008 年 10 月 17 日	對馬海峽海峽西北 16 公里處	江凱級 2 型 1 艘 千島湖號補給艦	
4	2008 年 10 月 19 日	龍飛岬西南約 37 公里處	現代級 1 艘 江凱級 1 型 1 艘 江凱級 2 型 1 艘 福池級補給艦 1 艘	護送 2 艘前往俄國訪問的船艦
5	2008 年 11 月 2 日	沖繩本島西北約 400 公里處	旅洲級 1 艘 江衛級 2 型 1 艘 福池級補給艦 1 艘 不明艦 1 艘	
6	2009 年 4 月 3 日	釣魚臺東北方 350 公里處	082-1 型掃雷艇	
7	2009 年 6 月 19 日	通過西南諸島	旅洲級 1 艘 江衛級 2 型 2 艘	前往沖之鳥島

[213] 劉雲臣,〈通過法律看中國海軍通過第一島鏈海峽〉,《船艦知識》,2011 年 8 月,頁 22-24。
[214] 余方全,穆松,〈提高遠海聯合軍事行動指揮能力的思考〉,《國防大學學報》,第 247 期,2010 年 3 月,頁 43-45。

			福池級 1 艘 遠洋拖船 1 艘	
8	2010 年 3 月	宮古島海域	旅洲級 1 艘 江衛級 2 型 2 艘 江湖級 3 型 1 艘 福池級 1 艘 遠洋拖船 1 艘	南下南海演習
9	2010 年 4 月 13 日	西南諸島附近海域	現代級 2 艘 江衛級 1 型 2 艘 江衛級 2 型 1 艘 鄱陽湖號補給艦 潛艇救難船 1 艘 遠洋拖船 1 艘 基羅級 2 艘	首次大規模突穿
10	2010 年 7 月 3 日	沖繩本島西南約 170 公里處海域	旅洲級 1 艘 江衛級 2 型 1 艘	
11	2011 年 6 月 8 日	宮古島東北約 100 公 里處海域	現代級 3 艘 江凱級 2 型 1 艘 鄱陽湖號補給艦 潛艇救難船 1 艘 遠洋拖船 1 艘 情報蒐集艦 1 艘 基羅級潛艇 1 艘	
12	2011 年 6 月 9 日	宮古島東北約 100 公 里處海域	江衛級 1 型 2 艘 江衛級 2 型 1 艘	與昨天突破的船 艦會合
13	2011 年 11 月 23 日	宮古島東北約 100 公 里處海域	旅洲級 1 艘 旅滬級 1 艘 江凱級 2 型 1 艘 江衛級 2 型 1 艘 情報蒐集艦 1 艘 洪澤湖號補給艦	
14	2012 年 2 月 3 日	宮古島東北 130 公里 處海域	江凱級 2 型 1 艘 江衛級 2 型 2 艘 江衛級 1 型 1 艘	
15	2012 年 4 月 30 日-5 月 14 日	屋久島西邊 430 公里 處海域。宮古島東北	江凱級 2 型 2 艘 情報蒐集艦 1 艘	與俄羅斯演習結 束後突穿

		約 110 公里處海域（返程）		
16	2012 年 5 月 8 日	沖繩本島西南約 650 公里處海域	旅洋級 1 型 2 艘 江凱級 2 型 2 艘 071 型登陸艦 1 艘	
17	2012 年 6 月 14 日-6 月 23 日	屋久島西邊 410 公里處海域。宮古島東北約 110 公里處海域（返程）	旅洲級 1 艘 江衛級 2 型 1 艘 福清級補給艦 1 艘	

資料來源：蘇冠群資料整理。

防衛省・統合幕僚監部ホームページ。

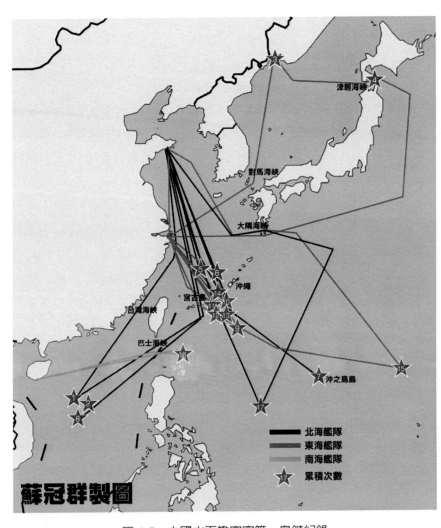

圖 4-5　中國水面艦突穿第一島鏈紀錄

資料來源：蘇冠群資料整理。
防衛省‧統合幕僚監部ホームページ。

三、善用南海地緣優勢

南海戰略不單純只是應對東協國家，其還包括中國如何利用南海地緣優勢的戰略。中國第二波打擊能力缺乏堡壘式能力與過渡集中於北海，南海的潛艇基地建設將能分散美軍的反潛能力。南海熱帶地區的水域，也更有利於潛艇作戰。

分析解放軍的航母使用問題、海洋監視能力與多兵種聯合作戰的能力後。最後的殺手鐧是最為複雜的水下問題。這也是美國在南海與中國周邊海域與中國發生摩擦的最主要原因。這是中國僅存的地緣優勢，也是中國最積極建設的一環。海洋資料庫與水文資料庫的建立不但複雜且龐大，而且還會隨著全球氣候變遷與季節不同而變化。但他卻是掌握第一島鏈水下優勢非常重要的數據。

■ 建設新基地

2008 年 4 月 24 日美國科學家聯盟戰略安全網站（FAS）在網站上，由漢斯（Hans Kristensen）所發表一篇中國新型核子潛艇部署海南島[215]的相關研究，引起當時各界的大量討論。中國軍事研究學者費學禮（Richard D. Fisher）認為中國在渤海的姜哥莊潛艇基地地理位置容易受到美日海軍的監視，在海南島所建立的三亞核子基地可讓核子潛艇一出口就潛入深達 5000 公尺的海域[216]。不過漢斯認為，一般核子潛艇的下潛深度都在 400-600 公尺左右，雖然南海海盆的深度深達 5000 公尺，這種深度對核子潛艇似乎不具備優勢。顯然費學禮並不瞭解水中聲學，在深度幾千公尺的深海，反而更有利於美軍低頻聲納探測的探測距離[217]。

---

[215] Hans Kristensen , "New Chinese SSBN Deploys to Hainan Island", *FAS*, April.24.2008 , http://www.fas.org/blog/ssp/2008/04/new-chinese-ssbn-deploys-to-hainan-island-naval-base.php.

[216] Richard D. Fisher , "China's Naval Secrets", May 5, 2008 , http://online.wsj.com/article/SB120994205702565995.html.

[217] Jason W. Henson, "AN/SQS-53 sonar", *Harpoon Head Quarters*, http://www.harpoon

根據衛星照片顯示，三亞基地的潛艇出入口長為 16 公尺，比姜哥莊潛艇基地的洞口多了 3 公尺。洞口後方有 11 處陸上進出的洞口，可提供人員與車輛進出。目前估計這個地下潛艇基地可容納大約 20 艘的核子潛艇。在基地洞口外有三座長度不一的凸堤式棧橋碼頭，可供 12 艘柴電潛艇或是 6 艘核子潛艇停靠，被拍攝到的晉級潛艇就是停靠在此處。碼頭東邊還有 1 座消磁用的設施[218]，不過該基地並未發現露天大型的乾塢[219]。美國學者 Thomas M. Skypek 認為解放軍的彈道潛艇要達到核威懾有兩種方式，一種為堡壘式，也就是彈道飛彈在潛艇基地就可以直接攻擊敵方本土；另一種為傳統突穿式，突穿島鏈到達射程範圍的海域[220]。對於中國在三亞建構地下潛艇碉堡，中國官辦雜誌《現代艦船》卻撰文感到不解。原因是中國目前並不具備堡壘式的核威懾能力[221]，建構地下潛艇堡壘並不能阻止如巡弋飛彈的攻擊。其作者認為中國這種方式顯然尚未脫離陸權為主的海軍思維[222]。

databases.com/encyclopedia/Entry2145.aspx.

[218] 任何船隻在建造過程都會產生磁性，這些船隻在航行時都與地球從北到南的磁場產生區別。也因此反潛巡邏機可藉由磁性探測器來探測接近水面的潛艇。傅金祝，〈艦船磁場與消詞〉，《艦船知識》，2012 年 3 月，頁 71-75。

[219] 王志鵬，〈中國擴張海權的重要視窗──海南島三亞基地〉，《全球防衛》，2008 年 6 月，頁 34。

[220] Thomas M. Skypek, "China's Sea-Based Nuclear Deterrent in 2020: Four Alternative Futures for China's SSBN Fleet", *Nuclear Scholars Initiative*, Oct 1, 2010,pp.111-116.

[221] 中國的巨浪 2 型射程僅 8000 公里，根據 Thomas M. Skypek 推斷，中國必須獲得射程 10000 公里以上的洲際彈道飛彈才具備堡壘式核威懾能力。

[222] 諾曼，〈隱蔽起來戰鬥？洞庫戰術的價值〉，《現代艦船》，2011 年 6 月 B，頁 23。

圖 4-6　姜哥莊潛艇洞口與三亞潛艇洞口比較圖

資料來源：Hans Kristensen , "New Chinese SSBN Deploys to Hainan Island", *FAS*, April.24.2008 , http://www.fas.org/blog/ssp/2008/04/new-chinese-ssbn -deploys-to-hainan-island-naval-base.php.

■ 水下監聽的迷思

對於解放軍海軍潛艇威脅瞭解的人很多，但對於水中聲學瞭解的人卻很少。聲納的探測不像雷達那樣是完全直線前進。水中的溫度、鹽度都會影響到聲納的探測距離還有方向[223]。且我們常說的匯聲區在每個海域距離都會不同，且匯聚區雖然可以聽到百公里外的目標聲源，但僅在深海才有效[224]。溫度影響更大，海底會因為溫度而產生表面層，表面層會受到季節、海域、晝

---

[223] 中國船舶重工集團公司 編著，《海軍武器裝備與海戰場環境概論 中》（北京：海軍出版社，2007 年 11 月），頁 532-536。

[224] 王小非 主編，《海上網絡戰》，頁 232-233。

夜的影響，晚上比白天深、冬天比夏天深的情況。而潛艇可以躲在表面層下，聲音無法穿透表面層，只有在特定入射角才有可能[225]。且在溫度越高的地區，聲納的探測距離也會大幅遞減[226]。且在深海可以探測很遠的低頻聲納在淺海地區反而會接收到更多背景雜音[227]，因此解放軍海軍所裝備的中／高頻聲納反而會比美國冷戰時期的大型水面艦更適合在淺海地區執行反潛[228]。

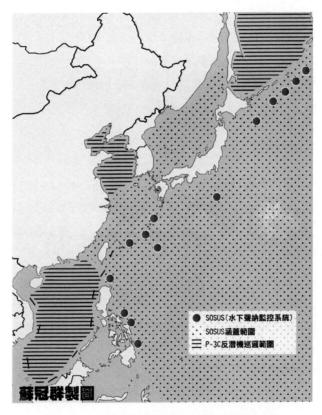

圖 4-7　冷戰時期美國水下聽音系統分佈圖

資料來源：廖文中，王世科 著，「日本海上自衛隊反潛佈署」，《藍海水下戰略》（臺北：全球防衛，2006 年）。

[225] 陳克棠，胡嘉忠 著，《聲納和水下觀測》（上海：上海科學技術出版社，1981 年 1月），頁 83-87。
[226] 劉戴芳 等編著，《現代聲納技術》（北京：海軍出版社，1998 年 12 月），頁 11-12。
[227] 冰河，〈中國航母的反潛短板？〉，《現代艦船》，2011 年 7 月 A，頁 19。
[228] 因此美國近年來發展適合近海海域戰鬥的 LCS 近岸戰鬥艦與維吉尼亞級核潛艇。

因此南海在環境上非常適合潛艇使用。首先柴電潛艇的噪音比低於核子動力潛艇。在水域較淺的地區，沿海的交通網與浪潮反而會增加水下聽音的困難度[229]。此外南海同時具備複雜淺海與深海兩種水域，熱帶地區使敵方潛艇無法在遠距離就探測到解放軍潛艇。中國可將柴電潛艇部署在水深較淺的南沙群島等重要海運要道；核子彈道飛彈潛艇則可潛藏在該地區，等待時機從巴士海峽駛入太平洋，一旦解放軍海軍的彈道飛彈潛艇駛入太平洋，美軍將難以捉摸中國的第二波核打擊能力[230]。中國第一艘核子動力彈道飛彈潛艇406夏級因為噪音過大，加上其所搭載的巨浪1型飛彈射程過短，根本無法對美國本土造成威脅。中國目前已有兩艘094晉級潛艇服役，分別搭載12枚射程8000公里的巨浪2型潛射洲際彈道飛彈[231]。

■ 僅存的地緣優勢

有許多文章喜歡拿德國與蘇聯來反射中國的地緣格局，德、蘇兩國都因為沒有良好的出海口與面臨歐美等國的地緣優勢，僅成為一支呆在港口的存在艦隊（Fleet in being）。美國海軍戰院教授 James R. Holmes 認為，中國有比起德國夠具優勢的地理條件，其仍可從巴士海峽進入太平洋[232]。且美國無法阻止中國從南海進入到印度洋地區，中國的地理環境並不像德國那樣是死海的條件。Holmes 教授表示中國也積極與周邊國家示好，如同卑斯麥的大戰略。且中國具備的近海作戰能力能讓他在第一島鏈內形成優勢，這點是當時德國無法做到的[233]。

解放軍長期以來佈署核子潛艇的姜哥莊核子潛艇位在渤海地區，要航行到太平洋前必須經過一段潛深只有200公尺的大陸架地區。日本為配合美軍

[229] 王志鵬，〈中國將阻止美軍控制西太平洋的戰略作為〉，《全球防衛》，2008 年 12 月，64 頁

[230] 邱永崢，〈西方媒體盛傳的三亞核潛基地〉，《椰城》，2008 年 6 月。

[231] Richard D. Fisher, Jr. , "Chinese Naval System Modernization Trends", *International Assessment and Strategy Center*, June 11, 2009 , p.9.

[232] James R. Holmes，Toshi Yoshihara，劉怡 譯，〈中國能自德國海權的興衰中攝取何種叫益 上〉，《現代艦船》，2011 年 12 月 B，頁 12-13。

[233] James R. Holmes，Toshi Yoshihara，劉怡 譯，〈中國能自德國海權的興衰中攝取何種叫益 下〉，《現代艦船》，2012 年 3 月 B，頁 14-15。

在西太平洋的反潛作戰，建設了完整的反潛體系。日本在全國重要海峽、島嶼、港口等要地設置水下監聽系統，分析不明水下航行器聲紋。同時日本還裝備約 100 架的 P-3C 反潛機與 100 架的反潛直升機，進行相關海域上空的巡邏監視[234]。美國蘭德公司的報告指出，美日必須強化為在沖繩縣的下地島水下監聽系統。報告指出下地島的水下系統是 1970 年代所建設的，用於監聽噪音較高的蘇聯核子潛艇還算堪用。但是近年來中國潛艇現代化後，監聽系統經常出現「具有敵意的不明目標」穿梭宮古和與那國島之間[235]。

如 Holmes 教授所言，巴士海峽是中國在地緣環境上的優勢。比起東海與渤海海域需要穿越大量美日水下監聽系統的沖繩群島，南海海域的缺口反而非常明顯。巴士海峽位於臺灣與巴丹半島之間。平均寬度為 185 公里，水深一般在 2000 至 5000 公尺，最深處可達 5126 公尺。另外一個缺口為巴林塘海峽，寬 82 公里，水深在 700 至 2000 公尺，最深處為 2887 公尺。尤其巴士海峽位在一個颱風經常行經之地，頻繁的大風大浪讓水面的聲納浮標很容易移位，降低對潛艇的偵查精度。在美軍撤出菲律賓，臺灣因諸多因素無法與美軍配合建立水下監聽系統，巴士海峽成為一個巨大的缺口。解放軍核子與常規動力潛艇[236]在駛離海南島三亞基地後，可從這個巨大的缺口駛入太平洋[237]。南海海盆是一個被東沙、西沙、南沙群島所包圍的海域，且是極為複雜的水下地形[238]。有利於柴電動力潛艇潛臥在海床上，解放軍在獲得 AIP 技術的潛艇後將能長時期在此海域潛伏[239]。解放軍南海艦隊潛艇支隊雖成軍較晚，但根據梅復興的統計到 2000 年時，該支隊已經先後出了 32 位將官[240]。

[234] 廖文中，王世科 著，〈日本海上自衛隊反潛佈署〉，《藍海水下戰略》（臺北：全球防衛，2006 年），頁 25。

[235] 楊念祖 主編，王世科，〈美國魚鉤反潛戰略與共軍潛艇作戰能力〉，《決勝時刻——20XX 年解放軍攻臺戰役兵棋推演》（臺北：時英出版社，2007 年 2 月），頁 245-247。

[236] 從衛星照片中已確定中國最新型的 094 晉級核子動力彈道飛彈潛艇部署三亞基地。

[237] James R. Holmes，Toshi Yoshihara，李柏彥 譯，〈中共新水下核武嚇阻戰略、準則與能力〉，《國防譯粹》，第 35 卷第 10 期，2008 年 10 月，頁 41-42。

[238] 地圖下載請至，國家海洋科學研究中心，http://140.112.65.17/odbs/。

[239] Richard D. Fisher, Jr. ,"Chinese Naval System Modernization Trends", *International Assessment and Strategy Center*, June 11, 2009, p.7.

[240] 梅林，〈中共南海艦隊常規潛艇支隊的戰力建設〉，《中共研究》，第 35 卷第 12 期，2001 年 12 月，頁 97。

近年來中國先進的基羅級、宋級改、元級潛艇也都大量裝備南海艦隊，顯示南海艦隊在解放軍海軍戰力上的重要性。

■ 近海作戰與資源分配

　　雖然解放軍的目標是朝遠海防衛邁進，但也必須顧及近海防禦的發展。由於近海與遠海海軍的發展是截然不同的裝備，如同前述，光是聲納頻率就完全不同。此外中國刊物也提到近年來水面艦價格大幅提高，1990 年代生產的江湖級僅 4 億人民幣，如今江凱級 2 型 1 艘造價卻高達 20 億人民幣[241]。為解決近海與遠海反潛的斷層，有人建議中國應該建構和美國一樣的海洋聽音系統與固定翼反潛機[242]。中國目前也開始建造一些符合近海作戰的中小型護衛艦，包括近期下水的 056 型護衛艦[243]。該型艦艇可以分擔海軍的近海反潛任務與日常巡邏任務，其裝備的反艦飛彈與防空飛彈也可執行一定的作戰能力。不過也有些人認為中國此種作法是在分散資源，不如繼續建造標準水面艦艇[244]。但對於大量需淘汰的舊型水面艦，除了減少艦隊數量或改裝老舊艦艇，建造低成本但符合需求的輕型水面艦似乎比較符合現階段的解放軍海軍。

　　近海作戰與遠海作戰是截然不同的海軍建設，中國走出第一島鏈反而更有利於擅長大洋作戰的美軍。但在積極防禦的思維下，對第一島鏈內外水域的有效控制使解放軍仍須注重近海艦艇的發展。

---

[241] 余平，〈中國海軍的高低之路〉，《廣角鏡》，2011 年 1 月 16 日，頁 25。

[242] 謝立，〈如何建構符合中國國情的航母反潛體系〉，《現代艦船》，2011 年 7 月 A，頁 25-26。

[243] 吳越，〈056 型輕型護衛艦性能淺析〉，《現代艦船》，2011 年 1 月 A，頁 20-23。

[244] 邱貞瑋，〈近海控制到遠洋作戰——中國海軍需求的轉變〉，《現代艦船》，2011 年 1 月 A，頁 25-28。

第四節　小結

　　中國在南海問題上採取政治、外交、經濟、軍事手段的多元並用。積極的外交互動顯示雙方目前都不想破壞國內看好的經濟發展。中國與東協的貿易關係也使雙方成為互賴關係。但這不代表中國放棄武力解決南海問題，只是時機未到。

　　對於中國在南海的戰略手段共有以下幾點：

(一) 近年來爆發的南海對峙衝突並非如外界想像劍拔弩張，密切的外交互動顯示各方都不想擴大衝突使問題升溫。東亞經濟正在崛起當中，經濟發展仍是目前雙方主要的目標。

(二) 為避免衝突升溫，中國在處理海洋問題上採用海洋執法單位。除降低不必要的衝突外，可避免因使用軍艦而給各國宣揚中國威脅論的機會。這可能也是美國對南海問題比較能接受的衝突方式。

(三) 解放軍雖然不介入南海問題，但根據筆者發現，中國習慣在危機之後，派遣軍艦進行友好訪問。解放軍海軍任務邁向多元、中外聯合演習增加，顯示中國的自信心正在提升。此外解放軍將領也擔任起外交任務，增加與外軍的交流。

(四) 中國與東協的貿易量逐年提升，但值得注意的是中國每年都是入超。顯示中國大量購買東南亞產品，也代表中國在必要時能對越南、菲律賓等國進行經濟制裁。中國積極建設通往東南亞的運輸道路，希望東南亞對中國在經貿上的依賴能持續增加。

(五) 中國藉由 863、973 計畫與 908 專項，發展蛟龍號深潛器與海洋 981 深海鑽油平臺。中國一直希望在這類關鍵技術上能夠實現國產，擺脫對外國的依賴。這些深海設備的發展，顯示中國未來對於南海深海資源開採能擁有主動權。

(六)中國積極設立與海洋法相關法規，建設水下水文資料庫。雖然海洋法公約漏洞百出，但中國為融入國際社會與加強法理依據，這類水文建設仍不能少。

(七)如南海爆發大規模軍事衝突，岸基機場與加油機對執行制空任務上的效率仍不如一艘可以到處移動的航空母艦。解放軍也藉由各種突破第一島鏈的遠航，加強各艦隊聯合作戰的經驗。

(八)面對美國在亞洲的圍堵，南海是中國僅存的地緣優勢。同時南海的海底水文，也有利於潛艇的突穿。中國積極發展三亞海軍建設，將對美軍的圍堵造成隱憂。

中國處理南海問題，手段多元，展現其大國優勢。中國現階段強調戰略機預期的把握，因此中國不希望將局勢升溫。但相對來說，如果中國真想武力解決南海問題，使用海監船激怒越、菲兩國。越、菲兩國若使用軍事手段還擊，讓中國獲得自衛反擊戰名義進行宣戰。中國與南海諸國都理解開第一槍的危險性，也因此雙方都對此保持克制。

chapter5

結論

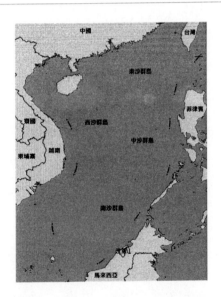

在我看來，南沙鬥爭將是複雜的⋯⋯而且有時是多種形式交錯的鬥爭，外交、政治、軍事、經濟手段並用或擇其一二。南沙鬥爭也可能是長期的，很難通過一次鬥爭就能徹底解決問題。

——摘自《劉華清回憶錄》第十九章「南沙自古屬中華」

南海問題是個難解的難題，由於位在國際重要航運路線，很難不引起各國介入或注意。中國在南海諸島主權上堅持不可退讓，但強調共同開發。南海周邊各國基於國家經濟發展，對南海資源的掠奪毫不手軟。南海至今仍未爆發軍事衝突的原因除了各國想積極發展經濟外，另一個原因是衝突先開火者勢必給對方還擊的正當理由與國際輿論操作空間，越、菲、中都盡量克制避免擦槍走火。

對中國現階段與未來如何處理南海問題，筆者提出中國解決南海問題的七大戰略手段。這些手段包含政治、外交、經濟與軍事層面。有些是中國與他國互動中所獲得的經驗。有些是基於大環境形勢需要而採取的手段。有些手段備而不用，但卻積極準備等待使用時機。這七大戰略手段彼此之間緊密結合。中國採取海洋執法單位降低局勢升溫，但另一方面卻積極發展深海資源開採技術。筆者推斷，中國未來將打破南沙島嶼海域各國皆不開採資源的潛規則。中國優先開採，將逼使對方上談判桌或持續外交周旋，達到擱置爭議共同開發的目的。如各國藉由外國石油公司開發南海深海石油，中國將使用海洋執法單位進行干預。如越、菲兩國因按耐不住擦槍走火，中國將獲得自衛反擊的名義，一舉收復南沙群島。因此這七大手段對於中國來說可能會有不同的結局，對中國來說都是利大於弊。

中國的七大南海戰略手段如下：

■ 明爭暗鬥，外交為先

兩手策略各國皆用，但最終仍是一場明爭暗鬥的外交戲碼。

中國與南海諸國在南沙群島與黃岩島議題上互不相讓，且時常驅趕對方漁民與海洋調查船。不過每當爆發衝突與爭議時，雙方仍有密切的外交行為。如 2011 年，雖然雙方雖然在南海爭議上表現的互不相讓，但確有積極的官方互動。雙方從 2011 年 4 月至 2012 年 4 月間共進行多達 41 次官方互動。其中中國訪問東協多達 20 次，東協國家訪問中國也有 18 次。另外三次為國際會議、簽署聯合聲明與熱線接通。2011 年 6 月份中越雙方還進行兩次軍方之間的交流，中越雙方在戴秉國訪問越南後很快簽署了聯合聲明並建立雙方熱線。2011 年在菲律賓總統阿奎諾訪問中國後，中菲將 2012-2013

年訂為中菲友好交往之年。雖然在 2012 年爆發黃岩島事件，但菲律賓在無美國支持下，開始向中國示好。美國對南海立場態度的變化，顯示中美雙方可能在南海問題上有所共識。衝突期間中國三次召見菲律賓外事人員，菲律賓在事件緩和後也終於派遣自 2011 年就空缺的菲律賓駐華大使。這次事件中，梁光烈親自談到中國目前處理周邊海洋爭議問題採用外交與海洋執法單位，證實了筆者的推論。

■ 海洋執法，嶄露頭角

軍事手段備而不用，海洋執法單位是中國從東海油田經驗中學習到的新手段。

日本與中國在 2004 年東海油田事件後，讓中國見識到使用軍艦處理海上爭議問題並不能獲得國際秩序的青睞。2004 年成為中國最後一次使用軍艦介入海洋爭議問題。中國開始重視海洋執法單位的建設，目前中國海洋執法單位分為海監、漁政、海事、海警與海關緝私五大單位。這些單位屬於國務院，並非軍方，因此可降低衝突的敏感度。海上爭議衝突主要由海監與漁政單位負責。這些海洋執法單位同時也執行外交任務，如海警目前與日本已進行 6 次海上聯合救災演習。中國雖然開始注意到海洋執法單位的發展，且合計擁有 1400 多艘執法船。但這些執法單位缺乏整合，是多頭馬車的方式進行，如海監與漁政的部分任務就有重疊之處。中國的海洋執法單位千噸級以上的船艦也不多，目前僅 41 艘。中國海洋局南海分局長李立新就強調，中國未來建造 30 多艘千噸級海監船，以追上日本 50 艘的水準。中國使用海洋執法單位也必定成為南海諸國未來南海衝突中的趨勢。越南公安部戰略所前所長黎文剛少將就認為越南應該學習中國處理海上問題的方式，而非使用軍艦與中國海監船硬碰硬。菲律賓在 2012 年的黃岩島事件中，也被中國外交部譴責使用軍艦。顯示中國在處理海洋爭議手段上學習國際秩序潛規則，這將有利於中國在處理海洋事務上的話語權。

■ 海軍外交，大國自信

軍艦互訪、聯合軍演是大國之間的政治工具，中國逐漸運用自如。

　　隨著解放軍海軍現代化發展，解放軍海軍艦艇將能執行更多和平時期任務。海軍本為外交軍種，依據中國外交需要，解放軍海軍執行各種外交參訪。從 1985 年第一次外交參訪開始至 2000 年底止，解放軍共進行 15 次外交參訪。2001 年至 2012 年 5 月，解放軍已執行多達 40 次外交參訪。解放軍近年來執行的亞丁灣任務除顯示其更願意參與國際行動外，中國也藉由亞丁灣護航取代外交參訪。解放軍 2003 年至 2012 年 5 月與包括美國在內的國家進行多達 22 次的海上聯合演習，中國與越南至今也舉行 11 次北部灣聯合巡邏。此外根據筆者發現，解放軍在國家面臨種大危機時，會停止軍艦參訪，因此軍艦參訪也可視為判斷衝突嚴重性的依據。其中包括 1989 年天安門事件、1999 年美國誤炸中國大使館事件、2004 年東海油田事件，解放軍在這幾年都未派出軍艦參訪。但在危機事件過後，中國習慣派出軍艦訪問當事國，顯示雙方破冰，交往回歸正軌。如中越在南海爭議的同時仍進行北部灣聯合巡邏，2012 年中國鄭和號訓練艦遠航也將訪問越南與馬來西亞。解放軍將領也擔任起外交任務，如中越兩軍之間仍有密切的軍事來往。2011 年 4 月郭伯雄訪問越南，5 月梁光烈訪問菲律賓，6 月吳勝利在訪問新加坡時也與馬來西亞與汶萊海軍人員進行會談。外交，已成為解放軍在和平時期主要任務之一。

■ 經濟交流，創造雙贏

東協 10＋3、超美貿易額、高鐵，中國要用經濟緊緊抓住東南亞。

　　中國與東協在 2003 年簽署自由貿易協定；2004 年又簽署貨物貿易協定，2005 年簽署服務貿易協定；2009 年簽署投資協議；2010 年實現中國——東協自由貿易區。中國在此之下成立泛珠三角合作區域、泛北部灣合作區域、大湄公河次區域、南寧——新加坡走廊，顯示中國希望建立屬於自己在東亞的自由貿易體系。中國在 2007 年超越美國成為東協第三大貿易伙伴，東協也在 2011 年超越日本成為中國第三大貿易伙伴。雙方在 2011 年貿易額達到 3628.5 億美金。雖然雙方貿易年年處在中國入超的狀況，但也顯示中國積極投資東南亞的野心。如 2012 年中國就利用取消菲律賓芒果、香蕉訂單與觀光團行程，給予菲律賓經濟打擊。中國為加強與東協地區的貿易合作，也積極協助東協地區交通建設，包括湄公河的海運開發與著名的泛亞鐵路。藉由經濟手段使東協成為中國經濟體系秩序下的一環。

■ 深海開發，積存實力

石油、天然氣是短期利益，中國強化深海開採能力，著眼未來深海資源。

中國為配合海洋法公約，積極建設海洋基線數據。同時透過國內立法，增強中國在法律上的依據。至今通過海洋策略相關 18 項、海洋安全相關 11 項、海洋資源與保護 26 項。此點有部分是針對美國在中國周邊海域不斷出現的海洋調查船。中國積極從國外學習海洋深海開發技術與經驗，顯示其不想依賴外國的心理。中國在各種科研上，都不斷強調國產，如軍事科技、國家基礎建設等。中國成立 863 計畫與 973 計畫，成功發展出蛟龍號深潛器與海洋石油 981 深海鑽油平臺。中國的海洋資源開發不只著眼於原油與天然氣，天然氣水合物與多金屬結合物被中國視為未來大國必備的戰略資源。2012 年中國將測試蛟龍號深潛器 7000 公尺的目標，2012 年 5 月 9 日海洋石油 981 鑽油平臺在香港東南方 320 公里處海域成功開鑽。中國的深海開採技術，將使中國在未來南海深海資源開採上具有主動權。

■ 南海衝突，時機未到

解放軍強調自衛反擊不開第一槍。如遭越南、菲律賓開火挑性，中國勢必反擊。

解放軍的戰略文化強調積極防禦，這是一種防禦中帶有攻擊的防禦。由於戰略傳統強調後發制人、自衛反擊，解放軍在南海問題上一直避免首先使用武力。因此軍事手段不是不用，只是備而不用。解放軍近年來現代化成果驚人，但仍沒有達到信息化條件的水準，僅達機械化。中國藉由軍艦突穿第一島鏈與南下南海演習，檢驗各艦隊的信息化成果。解放軍海軍三大艦隊現代化雖然以東、南海艦隊為主，但北海艦隊仍有其功用所在。以亞丁灣護航為例，北海艦隊雖然在第 11 次才正式參加，但主要原因是其缺乏遠航且又能搭載直升機的現代化軍艦，並非三大艦隊競爭所致。第 11 次亞丁灣護航就是由南海艦隊與北海艦隊所組成。解放軍海軍各艦隊司令員，近年來調度也相當頻繁。原因就是要讓各艦隊之間能夠聯合作戰，強化聯合指揮人才。航空母艦與大型兩棲登陸艦在可能爆發的南海衝突中，也都將發揮各自的功用。雖然中國已在西沙建立機場，也擁有空中加油機的能力。但擁有一艘航空母艦仍可以讓解放軍在南沙獲得更多的制空能力。中國也積極發展海洋監視能力，這不只是應對未來南海衝突，也是針對美軍可能介入東亞的準備。包括仍未公開試射的東風 21D 型反艦彈道飛彈都需要如監視衛星、超地平線雷達、電子作戰飛機、無人載具與 C⁴ISR 的完整建設才有可能命中。當然這些監視裝備也可用於其他用途，如其他軍種的作戰使用。其中微波地波超地平線雷達的環境非常適合南海熱帶地區，且這種裝備越南也有裝備，南海非常有可能產生海戰史上少見的超地平線反艦作戰。總之，解放軍積極的現代化建設，實力不可小覷。

■ 地緣優勢，威震三亞

三亞的地理位置優於青島，在突破島鏈封鎖上增強中國第二波核打擊可信度。

中國積極建設水文資料庫，除海洋開發用途外，另一用途就是軍事用途。近年來中國潛艇突穿島鏈報導主要集中在東海沖繩地區，這反而顯示東海的海底監聽能量優於其他地區。另外中國刻意藉由這些水下監聽設備來測試自己的水聲對抗能力。美國在東南亞的魚勾戰略難以執行，使解放軍能較輕易從巴士海峽突穿第一島鏈。同時南海又具備淺海、深海與熱帶地區的複雜水域，有利於潛艇的使用。在中國目前尚未獲得堡壘式的海基核打擊能力的前提下，三亞基地的建設不但可以增加美軍的反潛負擔，也增加中國彈道核潛艇突穿第一島鏈的機會。三亞基地同時可作為中國西進印度洋護航的主要港口，成為中國主要的戰略要點。

北京廿一世紀南海戰略是一個新階段的開始，但解決問題的終點仍很遙遠。

蝴蝶效應的第八點

■ 航潛鬥爭，證據不足

解放軍海軍軍隊建設採取平衡式發展，真正阻礙是大陸軍思想與預算。

此點與南海問題並無直接關係，但卻是影響中國海軍未來發展的重要論點。此論點為筆者在 2009 年提出，筆者不認同海軍司令員派系會影響解放軍海軍建軍發展的觀點。從筆者量化的數據顯示，解放軍海軍並無海潛派或海航派司令員（此為外界給予歸類）當政而影響其海軍建設方向。在石雲生時期中國照樣建造核子潛艇，在張定發時期中國照樣建造航空母艦。此外從 2011 年出版的劉華清相關書籍顯示，影響航空母艦建造的阻力，主要在於預算與軍種競爭。近年來也有潛艇出身的高階將領公開力挺航空母艦建造。要發展一支平衡艦隊需要大量的建設金費，這也是中國未來必須抉擇的問題，因此高層的支持也就顯的更為重要。美國海軍也曾經面臨與空軍爭奪預算的考驗，最後敗在得不到領導者支持。蘇聯也是在古巴危機後理解水面艦的價值，在 1970 年代決定發展反潛巡洋艦等大型水面艦。劉華清最後在鄧小平的支持下，成功將解放軍海軍帶入平衡艦隊發展。平衡艦隊讓中國能利用海軍在南海問題上進行更多元的任務。本論點最後引用鈕先鍾與劉華清的話作為收尾。

鈕先鍾：「潛艇和水面艦並不構成二選一的問題。它們是各有其不同功能，而且彼此相互配合。當然每個國家由於受到其現實狀況、地理環境及歷史背景的影響，其海軍多少可能有不同的組織方式。但並不因此可以決定各種船艦的相對重要性。」

劉華清：「1987 年 3 月 11 日，我向總部機關匯報了關於海軍裝備規劃中的兩大問題：一是航母，一是核潛艇。這兩個問題，涉及到海軍核心力量的建設，是關鍵性問題。……這兩項裝備不僅為了戰時，平時也是威懾力量。」

參考書目

一、專書

■中文專書

1. 巴忠倓 主編，《戰略機遇期的把握和利用——第四屆中國國家安全論壇》（北京：時事出版社，2006 年 10 月）。

2. 白燕 主編，《中國海洋發展報告 2007》（北京：海軍出版社，2007 年 12 月）。

3. 白燕 主編，《中國海洋發展報告 2010》（北京：海軍出版社，2010 年 5 月）。

4. 白萬網 著，《軍工企業——戰略、管控與發展》（北京：中國社會出版社，2010 年 10 月）。

5. 貝德勒‧普耶洛夫斯基（筆名）著，《日落共青城——風起於青萍之末》（北京：海陸空天慣性世界雜誌社，2010 年 1 月）。

6. 彭光謙 著，《中國軍事戰略問題研究》（北京：解放軍出版社，2006 年 1 月）。

7. 馮雲星 編，《中華人民共和國軍事院校教育發展史——海軍卷》（北京：軍事科學出版社，2001 年 9 月）。

8. 梅平 主編，《中國——東盟自貿區建設》（北京：世界知識出版社，2007 年 8 月）。

9. 孟平 著，曉沖 主編，《軍中太子黨》（香港：夏菲爾國際出版社，2010 年 5 月）。

10. 木津 徹 編，黃偉傑 譯，《中國／臺灣海軍軍力手冊》（臺北：星光出版社 2005 年 6 月）。

11. 木津 徹 著，《世界海軍圖鑑 2007-2008》（臺北：人人出版社，2007 年 11 月）。

12. 傅崑成 校編，《聯合國海洋法公約》（臺北：三民書局，1994 年 5 月）。

13. 傅崑成，《我國南海歷史性水域法律地位之研究》（臺北：行政院發展考核委員會，1993 年 11 月）。

14. 戴旭 著,《C 型包圍 內憂外患下的中國突圍》(上海:文匯出版社,2010 年 1 月)。

15. 戴旭 著,《盛世狼煙 一個空軍上校的國防沉思錄》(北京:新華出版社,2009 年 3 月)。

16. 石雲生 主編,《中國海軍百科權書——上下》(北京:海潮出版社,1998 年 12 月)。

17. 丁樹範 著,《中共軍事思想發展 1978-1991》(臺北:唐山出版社,1996 年 9 月)。

18. 譚傳毅 著,《中國人民解放軍之攻與防》(臺北:時英出版社,1999 年 11 月)。

19. 牛軍 主編,《後冷戰時代的中國外交》(北京:北京大學出版社,2009 年 3 月)。

20. 鈕先鍾 著,《國際安全與全球戰略》(臺北:軍事譯粹社,1988 年 10 月)。

21. 李保忠 著,《中外軍事制度比較》(北京:商務印書館,2003 年 5 月)。

22. 李大中 著,《聯合國維和行動——類型與挑戰》(臺北:秀威出版社,2011 年 6 月)。

23. 李鐵民 編,《中國軍事百科全書——海軍戰略》(北京:中國大百科全書出版社,2007 年 9 月)。

24. 李嵐清 著,《突圍——國門初開的歲月》(北京:中央文獻出版社,2008 年 11 月)。

25. 李陸平,《軍隊與非傳統安全》(北京:時事出版社,2009 年 10 月)。

26. 李國強 著,《南中國海研究:歷史與現狀》(哈爾濱:黑龍江教育出版社,2003 年)。

27. 李果仁,劉亦紅 等著,《中國能源安全報告》(北京:紅旗出版社,2009 年 3 月)。

28. 李輝光 主編,《外國軍事演習概覽》(北京:軍事科學出版社,2004 年 1 月)。

29. 李際均,《論戰略》(北京:解放軍出版社,2002 年 1 月)。

30. 李慶山,李輝光 編著,《122 國家軍事演習內目》(北京:中共黨史出版社,2008 年 3 月)。

31. 李玉平 編,《中國國防生》(北京:解放軍出版社,2008 年 1 月)。

32. 廖文中 主編,《中共軍事研究論文集》(臺北:中共研究雜誌社,2001 年)。

33. 廖文中,王世科 著,《藍海水下戰略》(臺北:全球防衛,2006 年)。

34. 劉戴芳 等編著,《現代聲納技術》(北京:海軍出版社,1998 年 12 月)。

35. 劉華清 著,《劉華清回憶錄》(北京:解放軍出版社,2004 年 8 月)。

36. 劉華清 著,《劉華清軍事文選——上下卷》(北京:解放軍出版社,2008 年 5 月)。

37. 劉慶順 校訂,《南海情勢彙輯》(臺北,國防部史政編譯局,1995 年 7 月)。

38. 劉仁伍 主編,《東南亞經濟運行報告 2007》(北京:社會科學文獻出版社,2007 年 12 月)。

39. 劉仁伍 主編,《東南亞經濟運行報告 2008》(北京:社會科學文獻出版社,2008 年 10 月)。

40. 劉一建 著,《制海權與海軍戰略》,(北京:國防大學出版社,2000 年)。

41. 劉義傑,白燕 主編,《中國海洋發展報告 2009》(北京:海軍出版社,2009 年 1 月)。

42. 林弘展 著,《中國人民解放軍 X 檔案》(臺北:本土文化出版社,1996 年 6 月)。

43. 林正義,宋彥輝 著,《南海情勢與我國應有的外交國防戰略》(臺北:行政院研究發展考核委員會,1996 年 10 月)。

44. 林中斌 著,《核霸》(臺北:學生書局,1999 年 2 月),頁 91-93。

45. 林中斌 主編,《妙算臺海——新世紀海峽戰略態勢》(臺北:學生書局,2002 年 12 月)。

46. 林穎佑 著,《海疆萬里——中國人民解放軍海軍戰略》(臺北,時英出版社,2008 年 5 月)。

47. 凌海劍 著,《中共軍隊新將星》(香港:太平洋世紀出版社,1999 年 8 月)。

48. 龍村倪 著,《釣魚臺烈嶼與東海春曉油田》(香港:大風出版社,2008 年 1 月)。

49. 高新生 著,《中國共產黨領導集體海防思想研究 1949-2009》(北京:時事出版社,2010 年 7 月)。

50. 高之國 主編,《中國海洋發展報告 2011》(北京:海軍出版社,2011 年 4 月)。

51. 國防部史政編譯室 修編,《美華軍語詞典》(臺北:國防部史政編譯室,2009 年 12 月)。

52. 國防大學(中國)科研部編,《軍事變革中的新概念:解讀 200 條新軍事術語》(北京:解放軍出版社,2004 年 4 月)。

53. 國家海洋局 編,《2007 年中國海洋統計年鑑》(北京:海洋出版社,2007 年)。

54. 國家海洋局 編,《2008 年中國海洋統計年鑑》(北京:海洋出版社,2008 年)。

55. 國家海洋局 編,《2009 年中國海洋統計年鑑》(北京:海洋出版社,2009 年)。

56. 國家海洋局 編,《2010 年中國海洋統計年鑑》(北京:海洋出版社,2010 年)。

57. 管繼先,《高技術局部戰爭與戰役戰法》(北京:解放軍出版社,1993 年 5 月)。

參考書目

58. 克勞賽維茲 著、紐先鍾 譯，《戰爭論精華》（臺北：麥田出版社，1996 年 8 月 1 日）。

59. 何樹才 著，《外國海軍軍事思想》（北京：國防大學出版社，2007 年 1 月）。

60. 韓振華 編，《南海諸島史地考證論集》（北京：中華書局，1981 年）。

61. 許和震 主編，《世界新軍事變革叢書──作戰方式的革命性變化》（北京：解放軍出版社，2004 年 11 月）。

62. 許三桐 著，《軍中少壯派 掌握中國兵權》（香港：哈耶出版社，2009 年）。

63. 霍曉勇 主編，《中華海權史論》（北京：國防大學出版社，2000 年 7 月）。

64. 黃立 著，《劍指亞丁灣 中國海軍遠洋亮劍》（廣州：中山大學出版社，2009 年 4 月）。

65. 黃傳會、舟欲行 著，《海軍征戰紀實》（北京：解放軍文藝出版社，2000 年 10 月）。

66. 黃順力 著，《海洋迷思：中國海洋觀的傳統與變遷》（南昌：江西高校出版社，1999 年 12 月）。

67. 黃如安，劉燕花 等著，《俄羅斯的軍事裝備工業與貿易》（北京：國防工業出版社，2008 年 3 月）。

68. 黃異 著，《海洋秩序與國際法》（臺北：學林文化事業有限公司，2000 年 3 月）。

69. 洪陸訓 著，《軍事政治學》（臺北：五南出版社，2002 年 9 月）。

70. 錢其琛 著，《外交十記》（北京：世界知識出版社，2003 年 10 月）。

71. 季國興主編，《東南亞概覽》（北京：中國社會科學出版社，1994 年）。

72. 解放軍國防大學戰略教研部 編，《中國人民解放軍 36 位軍事家軍事思想精粹》（北京：人民出版社，2009 年 9 月）。

73. 錢曉虎 查春明 著，《走向深藍的航跡──新中國海軍艦艇歷次遠航出訪紀實》（北京：解放軍出版社，2009 年 1 月）。

74. 金千里 著，《第五代將星──中國對臺作戰中堅人物》（香港：夏菲爾出版社，2006 年 7 月）。

75. 金千里 著，《中共軍事人物評傳》（香港：星輝出版社，1992 年）。

76. 姜為民 主編，《紀念劉華清同志逝世一週年》（北京：解放軍出版社，2011 年 11 月）。

77. 鞠海龍 著，《中國海權戰略》（北京：時事出版社，2010 年 1 月）。

78. 軍事科學出版社 編，《毛澤東軍事文集－第一卷》（北京：軍事科學出版社，1993 年 12 月）。

79. 軍事科學院 編，《鄧小平軍事文集－第三卷》（北京：軍事科學出版社，2004年7月）。

80. 軍事科學院 編，《鄧小平軍事文集－第二卷》（北京：軍事科學出版社，2004年7月）。

81. 軍事科學院軍事歷史研究部 著，《海灣戰爭全史》（北京：解放軍出版社，2000年12月）。

82. 亓樂義 著，《捍衛行動——1996年臺海飛彈危機風雲錄》（臺北：黎明文化出版社，2006年12月）。

83. 丘宏達，《關於中國領土的國際法問題論集》（臺北：臺灣商務印書館，1975年4月）。

84. 丘宏達，《現代國際法》（臺北：三民書局，1995年11月）。

85. 邱子軒 著，《龍鷹共舞——中共與美國海事安全互動》（臺北：紅螞蟻圖書，2008年10月）。

86. 邱子軒，《龍鷹共舞——中國與美國海事安全互動》（臺北：紅螞蟻圖書，2008年10月）。

87. 秦亞青，《國際體系與中國外交》（北京：世界知識出版社，2009年12月）。

88. 秦耀祁 主編，《鄧小平新時期軍隊建設思想概論》（北京：解放軍出版社，1991年）。

89. 曲明 著，《2010年兩岸統一 中共邁向海權時代》（臺北：九儀出版社，1995年8月）。

90. 蕭繼英 著，《俄羅斯海上力量》（北京：海軍出版社，1999年1月）。

91. 于石平 著，《新太子軍——父輩打江山 我們保江山》（香港：明鏡出版社，2010年）。

92. 薛桂芳 著，《聯合國海洋法公約與國家實踐》（北京：海軍出版社，2011年）。

93. 孫珍 主編，《中國海洋油氣產業》（廣州：廣東省出版集團，2011年8月）。

94. 趙學功 著，《十月風雲：古巴導彈危機研究》（天津：天津人民出版社，2009年2月）。

95. 周繼祥、徐銘謙，「兩岸海洋政策之比較」，《中共海洋政策專題研究》。

96. 周文瑜，焦培南 等編著，《超視距雷達技術》（北京：電子工業出版社，2008年8月）。

97. 陳克棠，胡嘉忠 著，《聲納和水下觀測》（上海：上海科學技術出版社，1981年1月）。

參考書目

98. 陳鴻瑜 著，《南海諸島主權與國際衝突》（臺北：國立編譯館主編，幼獅文化印行，1987 年 3 月）。

99. 陳鴻瑜，《東南亞各國海域法律及條約彙編》（南投：國立暨南國際大學東南亞研究中心，1997 年 6 月）。

100. 陳鴻瑜，《南海諸島之發現、開發與國際衝突》（臺北：國立編譯館，1997 年 11 月）。

101. 陳志武 著，《沒有中國模式這回事》（臺北：八旗文化出版社，2010 年 8 月）。

102. 陳岸然，王忠，《信息戰視野中的典型戰例研究》（上海：學林出版社，2009 年 4 月）。

103. 陳偉華 著，《軍事研究方法論》（桃園：國防大學，2003 年）。

104. 陳岳 主編，《中國能源國際合作報告》（北京：時事出版社，2010 年 12 月）。

105. 陳永發 著，《中國共產革命七十年》（臺北：聯經出版社，1998 年 12 月）。

106. 張明睿 著，《解放軍戰略決策的辯證》（臺北：黎明文化出版社，2003 年 5 月）。

107. 張明睿 著，《中共國防戰略發展》（臺北：洪葉文化事業，1998 年 9 月）。

108. 張示平 主編，《中國海權》（北京：人民日報出版社，1998 年 12 月）。

109. 張曙光，周建明 著，《實力與威脅──美國國防戰略界評估中國》（北京：中國財政經濟出版社，2004 年 8 月）。

110. 張五岳 主編，《中國大陸研究》（臺北：新文京開發出版有限公司，2003 年 7 月 25 日）。

111. 張萬年 主編，《當代世界軍事與中國國防》（北京：軍事科學出版社，1999 年 12 月）。

112. 鄭義 著，《中共軍頭點將錄》（臺北：開今文化事業有限公司，1995 年 1 月）。

113. 朱浤源 編，《撰寫博碩士論文寫作手冊》（臺北：正中書局，1999 年 11 月）。

114. 朱意達 主編，《中國人民解放軍軍官手冊──海軍分冊》（青島：青島出版社，1991 年 6 月），頁 385。

115. 中國科學院海洋領域戰略研究組 主編，《中國至 2050 年海洋科技發展路線圖》（北京：科學出版社，2010 年 1 月）。

116. 中國現代國際關係研究院 編，《海上通道安全與國際合作》（北京：時事出版社，2005 年 1 月）。

117. 中國中央毛澤東選集出版委員 編，《毛澤東選集－第一卷》（北京：人民出版社，1966 年）。

118. 中國船舶重工集團公司 編著，《海軍武器裝備與海戰場環境概論 中》（北京：海軍出版社，2007 年 11 月）。

119. 沈克勒 著，《南海諸島主權爭議述評》（臺北：臺灣學生書局，2009 年 4 月）。

120. 俞寬賜 著，《南海諸島領土爭議之經緯與法理》（臺北：國立編譯館，1990 年 12 月）。

121. 任志強 編，《兵役學》（北京：軍事科學出版社，2009 年 5 月）。

122. 蔡政文 主編，《南海情勢發展對我國國家安全及外交關係影響》（臺北：行政院研究發展考核委員會，2001 年 11 月）。

123. 蔡翼、蘭寧利等 著，《崛起東亞 聚焦新世紀解放軍》（臺北：勒巴克顧問公司，2009 年 9 月）。

124. 曹晨 著，《預警機——資訊化戰爭的空中帥府》（北京：電子工業出版社，2009 年 11 月）。

125. 艾宏仁 著，《中國海軍透視——邁向遠洋的挑戰》（臺北：洞察出版社，1989 年 10 月）。

126. 姚延進，劉繼賢 主編，《鄧小平新時期軍事理論研究》（北京：軍事科學出版社，1994 年 10 月）。

127. 楊念祖 主編，《決勝時刻——20XX 年解放軍攻臺戰役兵棋推演》（臺北：時英出版社，2007 年 2 月）。

128. 楊毅 主編，《中國國家安全戰略構想》（北京：時事出版社，2009 年 7 月）。

129. 吳恆宇 著，《中國軍事事務革命與人才培育》（臺北：大屯出版社，2000 年 12 月）。

130. 王小非 主編，《海上網絡戰》（北京：國防工業出版社，2006 年 11 月）。

131. 王志鵬 著，《臺灣水下艦隊之路》（臺北：全球防衛雜誌社，2008 年 6 月）。

132. 王順和 著，《中國人民解放軍政治性角色之研究》（臺南：供學出版社，2006 年 3 月）。

133. 王逸舟 主編，《中國外交六十年》（北京：中國社會科學出版社，2009 年 9 月）。

134. 袁偉，張卓 主編，《中國軍校發展史》（北京：國防大學出版社，2001 年 8 月）。

■中譯專書

1. 《中共研究彙編》（臺北：國防部譯印，2006 年 11 月）。

2. Douglas J. Murray，Paul R. Viotti 著，《世界各國國防政策比較研究 下》（臺北：國防部史政編譯局，1999 年 5 月，原書為 1994 年出版）。

3. David G. Muller 著，《中共之海權》（臺北：國防部史政編譯局，1988 年 10 月，原書為 1983 年出版）。

4. Gideon Burrows 著，朱邦賢 譯，《你不知道的軍火交易──洞悉國際軍售的八項課題》（臺北：書林出版社，2004 年 1 月）。

5. James H. Mann 著，林添貴 譯，《轉向──從尼克森到柯林頓美中關係揭密》（臺北：先覺出版社，1999 年 7 月）。

6. James R. Lilly、David Shambaugh，《共軍的未來》（臺北：國防部史政編譯局，2000 年 8 月，原書為 1999 年出版）。

7. Mark Burles，Abram N. Shulsky 著，《中國動武方式》（臺北：國防部史政編譯局，2000 年 3 月，原書為 2000 年出版）。

8. Michael D. Swaine 著，楊紫涵 譯，《共軍如何影響中國國家安全決策》（The Role of the Chinese Military in National Security Policymaking）（臺北：國防部史政編譯局，1999 年 9 月）。

9. Michael Pillsbury，《中共對未來安全環境的辯論》（臺北：國防部史政編譯局，2001 年 1 月，原書為 2000 年出版）。

10. 佛蘭納根（Stephen J. Flanagan）、馬提（Michael E. Marti）著，《人民解放軍與變動的中國》（臺北：國防部史政編譯局，2005 年 1 月，原書為 2003 年出版）。

11. 費學禮（Richard D. Fisher Jr.）著，《中共軍事發展──區域與全球勢力佈局》（臺北：國防部史政編譯局，2011 年 11 月，原書為 2008 年出版）。

12. 蒲淑蘭上校（Colonel Susan M. Puska）主編，《未來的中國人民解放軍》（臺北：玉山社，2001 年 10 月），頁 300-302。

13. 馬漢（Alfred Thayer Mahan），《海權對歷史的影響 1660-1783》（北京：解放軍出版社，2006 年 1 月）。

14. 麥艾文（Evan S.Medeiros）著，《中共的國際行為》（臺北：國防部史政編譯局，2011 年 5 月）。

15. 毛文傑（James C. Mulvenon）等 7 人合著，《中共對美國軍事變革之反應》（臺北：國防部史政編譯局，2010 年 2 月，原書為 2006 年出版）。

16. 鈕先鍾 譯，《蘇俄軍事思想》（臺北：軍事譯粹出版社，1957 年 11 月）。

17. 諾曼‧傅萊德曼（Norman Friedman）著，史編局譯，《海權與太空》（臺北：國防部史政編譯局，2001 年 10 月）。

18. 梁純錚 譯，《蘇俄海權在 1970 年代的挑戰》（臺北：國防部史政編譯局，1976 年 8 月）。

19. 羅莉‧勃奇克（Laurie Burkitt）編，《解放軍七十五週年之歷史教訓》（臺北：國防部史政編譯室，2004 年 10 月）。

20. 高西可夫（Sergey Georgyevich Gorshkov），朱成祥 譯，《國家海權論》（臺北:黎明文化出版社，1985 年）。

21. 甘浩森（Roy Kamphausen）、施道安（Andrew Scobell）編，《解讀共軍兵力規模》（臺北：國防部史政編譯局，2010 年 8 月，原書為 2007 年出版）。

22. 甘浩森（Roy Kamphausen）、施道安（Andrew Scobell）等 編，《共軍的招募與教育訓練》（臺北：國防部史政編譯局，2010 年 9 月，原書為 2008 年出版）。

23. 柯白（Julian Corbett）著，《海洋戰略原理》（臺北：海軍總司令部，1958 年）。

24. 柯爾 著，翟文中 譯，（Bernard D. Cole），《海上長城——走向 21 世紀的中國海軍》（桃園：軍事迷文化，2006 年，原書為 2001 年出版）。

25. 凱洛琳‧龐芙瑞（Carolyn W. Pumphrey）著，《中共在亞洲崛起之安全意涵》（臺北：國防部史政編譯局，2003 年 5 月，原書為 2002 年出版）。

26. 相馬 勝 著，《中國軍對能否打贏下一回戰爭》（臺北：國防部史政編譯局，1999 年 1 月，原書為 1996 年出版）。

27. 詹姆斯 M.莫理斯 著 勒綺雯 譯，《美國海軍史》（長沙:湖南人民出版社，2010 年 7 月）。

28. 沈大偉（David Shambaugh）著，《現代化中共軍力》（臺北：國防部史政編譯局，2004 年 4 月，原書為 2003 年出版）。

29. 施道安（Andrew Scobell），伍爾澤（Larry M Wortzel）編，《中共軍力成長》（臺北：國防部史政編譯局，2004 年 1 月，原書為 2002 年出版）。

30. 施道安（Andrew Scobell），伍爾澤（Larry M Wortzel）編輯，《中共軍文變化》（臺北：國防部史政編譯局，2006 年 4 月，原書為 2004 年出版）。

31. 施道安（Andrew Scobell）等三人編輯，《解放軍 75 週年之歷史教訓》（臺北：國防部史政編譯局，2004 年 10 月，原書為 2003 年出版）。

32. 索柯斯基（Richard Sokolsky）等 著，《東南亞在美國對中國策略中的角色》（臺北：國防部史政編譯局，2001 年 6 月，原書為 2000 年出版）。

33. 艾利諾‧史龍（Elinor Sloan）著，《軍事轉型與當代戰爭》（臺北：國防部史政編譯局，2010 年 6 月，原書為 2008 年出版）。

34. 伊凡‧費根堡（Evan A. Feigenbaum）著，《中共科技先驅》（臺北：國防部史政編譯局，2006 年 5 月，原書為 2003 年出版）。

35. 吳嘉寶（Ng Ka Po）著，崔峰，李旭東 譯，《中國軍事力量》（香港：海峰達技術咨詢服務部，2005 年）。

36. 韋恩・休斯（Wayne P. Hughes Jr.）著，《艦隊戰術與海岸戰鬥》（臺北：國防部史政編譯局，2001 年 9 月）。

37. 維尼・伯特（Wayne Bert）著，《熟者勝出──美國與中共在東南亞之爭》（臺北：國防部史政編譯局，2005 年 4 月，原書為 2003 年出版）。

■英文專書

1. ¨A Modern Navy with Chinese Characteristics", *U.S. Office of Naval Intelligence* (Washington DC: August, 2009).

2. Department of Defense Dictionary of Military and Associated Terms , (Washington, D.C., Joint Publication, April 12, 2001, As Amended Through May 30, 2008).

3. Evan S. Medeiros, Roger Cliff, Keith Crane, *A New Direction for China's Defense Industry*, (Santa Monica, CA: RAND Corporation, 2005).

4. Masafumi Iida, *China's Shift: Global Strategy of the Rising Power* (Japan, The National Institute for Defense Studies, 2009).

5. Milan Vego, Operational Warfare at Sea: Theory and Practice, (New York , Routledge, December 24, 2008).

6. *Post Ministerial Conferences with Dialogue Partners & Second ASEAN Regional Forum* (Jakarta: ASEAN Secretariat, 1995).

7. Richard D. Fisher Jr. , CHINA'S MILITARY MODERNIZATION (London: PRAEGER SECURITY INTERNATIONAL, 2008)

8. Sam J. Tangredi , *Globalization and Maritime Power* (Washington DC: National Defense University Press, 2003).

9. Steven J. Zaloga, *Unmanned Aerial Vehicles-Robotic Air Warfare 1917-2007* , (New York, Osprey Publishing, 2008).

10. *The Military Balance 2004-2012*, International Institute for Strategic Studies, 2004-2011.

11. Yefim Gordon, Dmitriy Komissarov, *Chinese Air Craft-China's Aviation Industry since 1951*, (Manchester: Hikoki Publications Ltd, 2008).

12. Yefim Gordon, *Sukhoi Su-27* , (Hinckley, Midland Publishing, 2007） .

二、期刊

■中文期刊

1. 〈中國油葉岩資源評價結果表〉,《能源政策研究》,2009 年 6 月。

2. James C.(筆名),〈小步快跑的中國大陸海域執法力量〉,《尖端科技》,2011 年 6 月。

3. 丁工,〈中等強國崛起及其對中國外交部局的影響〉,《現代國際關係》,2011 年 10 月。

4. 丁鋒、韓志強,〈十一五我國油氣資源情勢與發展趨勢預測〉,《中國能源》,第 33 卷第 4 期,2011 年 4 月。

5. 于有慧,〈胡溫體制下的石油外交與挑戰〉,《中國大陸研究》,第 48 卷 3 期,2005 年 9 月。

6. 中國國家地理編輯部,〈南沙日記——中國地圖上的九段線到底是什麼線?〉,《中國國家地理雜誌》,2010 年 10 月。

7. 天鷹,〈現代級與中國海軍水面艦隊〉,《艦載武器》,2005 年 4 月。

8. 太祿東,湯曉迪,甘懷錦,〈無人水下航行器在海軍網路中心戰中的應用〉,《艦船電子工程》,第 180 期,2009 年 6 月。

9. 王世科,〈美國針對中國強化西太平洋反潛戰備〉,《全球防衛》,2005 年 12 月。

10. 王巧榮,〈嚴重侵犯中國主權的「銀河」號事件〉,《黨史文匯》,第 258 期,2009 年 7 月。

11. 王正緒,楊穎,〈中國在東南亞民眾心目中的形象〉,《現代國際關係》,2009 年 5 月。

12. 王志鵬,〈當中國宋級潛艇數度巧遇美國小鷹號航空母艦〉,《全球防衛》,2008 年 2 月。

13. 王志鵬,〈中國將阻止美軍控制西太平洋的戰略作為〉,《全球防衛》,2008 年 12 月。

14. 王志鵬,〈中國擴張海權的重要視窗——海南島三亞基地〉,《全球防衛》,2008 年 6 月。

15. 王亞民,周錫明,張百禹,黎匡時,〈中國海軍魚雷發展現況研究〉,《海軍學術月刊》,第 35 卷第 4 期,2001 年 4 月。

參考書目

16. 王松岐,〈目擊中英海軍艦艇聯合搜救演練〉,《現代艦船》,2008 年 11 月 B。

17. 王信力,〈中國海軍發展航母之探討〉,《展望與探索》,第 8 卷第 6 期,2010 年 6 月。

18. 王冠雄,〈中、菲、越三國南海聯合海洋地震工作協議之研析〉,《戰略安全研析》,2005 年 6 月。

19. 王冠雄,〈南海爭端之國際法觀點分析〉,《展望與探索》,第 9 卷第 8 期,2011 年 8 月。

20. 王威,〈中越海軍三‧一四海戰〉,《現代艦船》, 2002 年 10 月。

21. 王振南,〈中國解放軍南海艦隊〉,《尖端科技》,2000 年,5 月。

22. 王偉,〈海洋戰略與海上力量〉,《現代艦船》,2005 年 7 月。

23. 王貽禮,〈圍繞戰鬥力生成模式轉變 推進海軍艦艇部隊軍事訓練轉型〉,《國防大學學報》,第 264 期,2011 年 8 月。

24. 王逸峰,葉景,〈從中日核潛艇事件看我核潛艇的突防(上)〉,《艦載武器》,2005 年 1 月。

25. 王穎、馬勁松,〈南海海底特徵、資源區位與疆界斷續線〉,《南京大學學報(自然科學)》,第 39 卷第 6 期,2003 年 11 月。

26. 平可夫,〈北海艦隊加速進行接收新艦準備〉,《漢和防務評論》(2006 年 5 月)。

27. 冰河,〈中國航母的反潛短板?〉,《現代艦船》,2011 年 7 月 A。

28. 刑如風,〈中國軍事外交由守轉攻〉,《鏡報月刊》,2011 年 9 月。

29. 曲儉,〈中國培訓航母飛行員秘辛〉,《廣角鏡》,2011 年 11 月 16 日。

30. 朱禕祺,〈基洛潛艇駛入越南在思考〉,《現代艦船》,2009 年 7 月 B。

31. 江暢,〈中國海軍戰略思想演進之研究〉,《海軍學術月刊》,第 36 卷第 2 期,2002 年 2 月。

32. 余方全,穆松,〈提高遠海聯合軍事行動指揮能力的思考〉,《國防大學學報》,第 247 期,2010 年 3 月。

33. 余平,〈中國海軍的高低之路〉,《廣角鏡》,2011 年 1 月 16 日。

34. 余平,〈中越合作與對抗並行〉,《廣角鏡》,2011 年 12 月 16 日。

35. 余平,〈南海的軍事佈局〉,《廣角鏡》,2010 年 6 月 16 日。

36. 余平,〈軍事變革關鍵在陸軍〉,《廣角境》,2010 年 8-9 月。

37. 余林,〈越南軍事上不是中國對手〉,《廣角鏡》,2011 年 7 月 16 日。

38. 吳建德,〈中共推動軍事外交戰略之研究〉,《中共研究》,第 34 卷第 3 期,2000 年。

39. 吳恆宇,〈中國軍隊大軍區正職的編制與晉升模式〉,《國防雜誌》,第 25 卷第 5 期,2010 年 10 月。

40. 吳崇伯,〈東協國家海軍現代化建設及其對周邊局勢的影響〉,《太平洋學報》,第 18 卷第 2 期,2010 年 2 月。

41. 吳勝利,胡彥林,〈鍛造適應我軍歷史使命要求的強大人民海軍〉,《求是雜誌》,第 14 期,2007 年。

42. 吳勝利,劉曉江,〈寫在人民海軍執行遠洋護航任務兩週年之際〉,《求是雜誌》,第 24 期,2010 年。

43. 吳越,〈056 輕型護衛艦性能淺析〉,《現代艦船》,2011 年 1 月。

44. 吳殿卿,〈兩代司令員關於中國建造航空母艦的對話〉,《軍事歷史》,2008 年 6 月。

45. 吳瑞虎,〈解放軍海軍司令員石雲生:縱論海軍發展戰略〉,《紫荊月刊》,第 130 期,2001 年 8 月。

46. 呂亭,〈改革開放後的中國軍事外交〉,《廣角鏡》,2009 年 1 月 16 日。

47. 宋玉春,〈外資石油公司進軍我國海上油田是場〉,《中國石化》,2007 年 2 月。

48. 宋鎮照,〈南海風雲再起充滿詭譎與火藥味:解析中國和越菲的南海衝突與美國角色〉,《海峽評論》,第 248 期,2011 年 8 月。

49. 巡府,〈中國潛艇的作戰能力〉,《艦載武器》,2004 年 6 月。

50. 巡撫,〈中國海軍反潛武器的發展〉,《艦載武器》,2005 年 8 月。

51. 扶水,〈以和平的名義——中俄和平使命 2005 聯合軍事演習全景解讀〉,《現代艦船》,2005 年 10 月 A。

52. 扶水,〈劍指何方——美軍在我周邊地區演習透視〉,《現代艦船》,2006 年 5 月 A。

53. 李金明,〈中國南海斷續線:產生的背景及其效用〉,《東南亞研究》,第 1 期,2011 年。

54. 李金明,〈南沙海域的石油開發及爭端的處理前景」,《廈門大學學報》,第 152 期,2002 年 4 月。

55. 李金明,〈南海爭端的現狀〉,《南洋問題研究》,第 109 期,2009 年 1 月。

56. 李金明,〈美濟礁事件的前前後後〉,《南洋問題研究》,第 101 期,2001 年 1 月。

57. 李金明,〈從東盟南海宣言到南海各方行為宣言〉,《東南亞》,第 3 期,2004 年。

58. 李金明,〈越南在南海聲稱的領土爭議〉,《東南亞之窗》,第 1 期,2005 年。

59. 李金明,〈論馬來西亞在南海聲稱的領土爭議〉,《史學集刊》,第 3 期,2004 年 7 月。

60. 李計成,〈中國與東盟能源合作的現狀與前景〉,《東南亞縱橫》,2004 年 9 月。

61. 李黎明,〈中國軍事介入可可群島:東南亞海上航道的再選擇〉,《海軍學術雙月刊》,第 45 卷第 6 期,2011 年 12 月。

62. 李濤,劉稚,〈淺析中國與東盟的能源合作〉,《東南亞研究》,2006 年 3 月。

63. 杜勇,〈抗干擾技術與北斗之路〉,《艦船知識》,2012 年 3 月。

64. 杜朝平,〈購進基洛級潛艇對中國海軍的影響〉,《艦載武器》,2004 年 3 月。

65. 周明,〈赤瓜礁 48 分鐘〉,《國際展望》,第 472 期,2003 年 8 月。

66. 周毅,〈廣西參與大湄公河次區域合作的戰略構想與對策〉,《經濟研究參考》,第 1985 期,2006 年。

67. 易昱,〈美拖曳聲納與中國潛艇相撞事件分析〉,《現代艦船》,2009 年 8 月 A。

68. 易海兵,〈南海問題戰與和〉,《船艦知識》,2011 年 8 月。

69. 林正義,〈十年來南海島嶼聲索國實際作法〉,《亞太研究論壇》,第 19 期,2003 年 3 月。

70. 林全玲,高中義,〈中國海監為權執法的形勢分析與政策思考〉,《太平洋學報》,2009 年 9 月。

71. 林基書,〈日本要建海洋調查船對抗中國〉,《現代艦船》,2005 年 2 月 A。

72. 武文來 主編,〈中國海洋石油總公司 2009 年度報告〉,《中國海洋石油總公司》,2009 年。

73. 邱永峥,〈西方媒體盛傳的三亞核潛基地〉,《椰城》,2008 年 6 月。

74. 邱俊榮,〈從戰略資源角度──論中國潛艇部隊發展對亞太安全影響〉,《2008 年解放軍研究論壇彙編》,2008 年 12 月。

75. 邱貞瑋,〈近海控制到遠洋作戰──中國海軍需求的轉變〉,《現代艦船》,2011 年 1 月 A。

76. 金千里,〈海軍副司令員徐洪猛中將評傳〉,《前哨月刊》,2010 年 2 月。

77. 金千里,〈海軍參謀長蘇士亮中將評傳〉,《前哨月刊》,2009 年 3 月。

78. 金千里,〈新任南海艦隊司令員蔣偉烈少將評傳〉,《前哨月刊》,2011 年 9 月。

79. 侯戈,〈中國海軍水面艦挺柴油機動力的發展〉,《艦載武器》,2009 年 1 月。

80. 南平，〈美中南海波濤又起〉，《全球防衛》，2009 年 4 月。

81. 威愛華，〈加快管道建設是促進天然氣消費的重要途徑〉，《中國能源》，第 33 卷第 7 期，2011 年 7 月。

82. 思海，〈走向大洋——21 世紀的中國海上力量〉，《現代艦船》，2007 年 4 月 B。

83. 施丹華（中國船舶重工集團公司第 726 研究所），「水聲對抗技術發展及其概念拓展」，《艦船電子工程》，第 154 期，2006 年 4 月。

84. 查春明，〈和平 09 軍演手記——我眼中的巴基斯坦海軍〉，《船艦知識》，2009 年 6 月。

85. 胡錦山，〈1996 年臺海危機對美國海軍戰略的影響〉，《世界經濟研究》，2003 年 3 月。

86. 苗龍，〈期待轉型的中國潛艇部隊〉，《軍事連線》，第 10 期，2009 年 10 月。

87. 唐昊，〈關於中國海外利益保護的戰略思考〉，《現代國際關係》，第 260 期，2011 年 6 月。

88. 孫志輝，〈加強海洋管理 譜寫藍色輝煌〉，《求是雜誌》，第 18 期，2009 年 9 月。

89. 師小芹，〈小型艦艇的歷史定位與中國式均衡海軍〉，《軍事歷史》，2011 年 1 月。

90. 師小芹，〈理解海權的另外一條路徑——簡論朱利安・科貝特的海權理論及其現實意義〉，《和平與發展》，第 113 期，2010 年 1 月。

91. 徐永東，〈馬來西亞與中國南海問題〉，《管理學家》，2010 年 8 月。

92. 徐舸，〈瀉湖內外的較量——西沙永樂群島海戰紀實〉，《黨史文匯》，2000 年 1 月。

93. 徐緯地，〈關於海外軍事存在的再思考〉，《國防大學學報》，第 267 期，2011 年 11 月。

94. 秦克麗，〈四次臺海危機及其啟示〉，《軍事歷史》，2002 年 1 月。

95. 袁鵬，〈大陸架劃界案下的中國海將安全〉，《現代艦船》，2009 年 7 月。

96. 郝珺石，〈爭搶者眾——南海周邊國家的南沙戰略・馬來西亞、菲律賓〉，《現代艦船》，2010 年 9 月。

97. 高月，〈佈局謀勢 經略海洋——論當代海洋戰略的中國模式〉，《現代艦船》，2007 年 5 月 B。

98. 高月，〈海權、能源與安全〉，《現代艦船》，2004 年 12 月。

99. 高學強，楊日杰，陽春英（海軍航空工程學院信息融合研究所），「潛艇規避對主動聲納浮標作戰效能影響研究」，《系統工程與電子技術》，第 30 卷第 2 期，2008 年 2 月。

100. 高學強，楊日杰，楊春英，〈潛艇規避對主動聲納浮標作戰效能影響研究〉，《系統工程與電子技術》，第 30 卷第 2 期，2008 年 2 月。

101. 區肇威，〈中國建造航艦的最新發展與評析〉，《軍事連線》，2008 年 12 月。

102. 張明亮，〈南中國海爭端與中菲關係〉，《中國邊疆史地研究》，第 13 卷第 2 期，2003 年 6 月。

103. 張明亮，〈中國──東盟能源合作以油氣為例〉，《世界經濟與政治論壇》，2006 年 2 月。

104. 張勁，〈中共開展石油戰略突破馬六甲困境〉，《中共研究》，第 40 卷第 9 期，2006 年 9 月。

105. 張雅君，〈中國與美、日的亞太海權競爭：潛在衝突與制度性競爭機制〉，《中國大陸研究》，第 41 卷，1998 年 5 月。

106. 張雲博，黃耀東，張惠忠，〈新時期海警部隊海上執法面臨的挑戰及對策研究〉，《海洋開發與管理》，2009 年 2 月。

107. 張蜀誠，〈三戰觀點析論中共海上閱兵〉，《空軍學術雙月刊》，第 616 期，2010 年 6 月。

108. 張蜀誠，〈中共海軍決策階層之派系分析〉，《國防雜誌》，第 23 卷第 1 期，2008 年 2 月。

109. 張蜀誠，〈中共海軍威脅與西太平洋地區反制作為〉，《國防雜誌》，第 23 卷第 3 期，2008 年 6 月。

110. 張蜀誠，〈從軍事觀點論中共石油安全戰略〉，《展望與探索》，第 4 卷，2006 年 5 月。

111. 張蜀誠，〈中共海軍研究觀點辯正〉，《國防雜誌》，第 23 卷，2008 年 8 月。

112. 張蜀誠，〈中共海軍演習分析〉，《展望與探索》，第 7 卷，2009 年 6 月。

113. 探戈，〈淺談 167 艦對中國海軍的意義和影響〉，《現代艦船》，2005 年 2 月 B。

114. 曹晨，〈航母資訊化武器裝備〉，《船艦知識》，2011 年 12 月。

115. 梁慶松，林豐謙，王長松，〈和平之旅──中國海軍編隊出訪南美三國紀實〉，《船艦知識》。2010 年 3 月。

116. 梅林，〈中共南海艦隊常規潛艇支隊的戰力建設〉，《中共研究》，第 35 卷第 12 期，2001 年 12 月。

117. 深潛，〈蛟龍號的 6 大關鍵技術〉，《船艦知識》，2010 年 11 月。

118. 清風奕柯，〈回顧蜜月 細看吳鈞——80 年代中國與西方海軍裝備技術交流與反思〉，《現代艦船》，2009 年 3 月 B。

119. 盛丹凌，〈中國潛艇與舷側聲納〉，《船艦知識》，2010 年 6 月。

120. 盛丹凌、陳永耀，〈中國潛艇與拖線陣聲納〉，《船艦知識》，2010 年 8 月。

121. 章明，〈東海之爭中的日本防空識別區〉，《現代艦船》，2006 年 9 月 B。

122. 許耿維，〈中共太空戰作戰思維〉，《海軍學術雙月刊》，第 44 第 6 期，2010 年 12 月。

123. 許偉龍，〈時評新瓦良格號航母〉，《船艦知識》，2011 年 9 月。

124. 郭淵，〈冷戰後美國的南中國海政策〉，《學術探索》，2008 年 2 月。

125. 郭淵，〈從睦鄰政策看中國在南海問題上的立場和主張〉，《中國邊疆史地研究》，第 14 卷第 4 期，2004 年 12 月。

126. 陳文鴻，〈緬甸的地位與中國能源安全〉，《鏡報月刊》，2011 年 2 月。

127. 陳永康、翟文中，〈中共海軍現代化對亞太安全之影響〉，《中國大陸研究》，第 42 卷，1999 年 7 月。

128. 陳光文，〈中國運 8 系列電子改型家族〉，《現代兵器》，2009 年 11 月。

129. 陳安剛，〈透視中印海軍首次聯合演習〉，《現代艦船》，2004 年 1 月。

130. 陳維浩，〈美軍太平洋 2007 勇敢之盾演習〉，《尖端科技》（2007 年 9 月）。

131. 陶文釗（中國社科院），〈1995-1996 年臺海風雲及其影響〉，《哈爾濱工業大學學報》，第 6 卷第 2 期，2004 年 3 月。

132. 傅金祝，〈艦船磁場與消詞〉，《艦船知識》，2012 年 3 月。

133. 湯成，〈共軍與外軍聯合演習特性——非傳統安全威脅合作〉，《中共研究》，第 45 卷第 7 期，2011 年 7 月。

134. 程超澤，〈中共崛起的石油安全（上）〉，《中共研究》，第 41 卷，2007 年 7 月。

135. 程愛勒，〈菲律賓在南沙群島主權問題上的安全原則〉，《東南亞研究》，第 4 期，2002 年。

136. 黃河，〈剖析美中軍機擦撞事件孰之過歟〉，《全球防衛》，2001 年 5 月。

137. 黃恩浩，〈中國海權崛起與其珍珠串海上戰略〉，《中共研究》，第 41 卷第 11 期，2007 年 11 月。

138. 黃恩浩，〈中國海權概念之探討（1978-2000）〉，《中共研究》，第 35 卷，2001 年 8 月。

139. 黃榮嶽,〈「三六一」潛艇事故——談共軍撤換海軍主要領導班子〉,《中共研究》,第 37 期第 7 卷,2003 年 7 月。

140. 楊玉,〈中國發展準海軍成當務之急〉,《鏡報月刊》,2009 年 2 月。

141. 楊志恆,〈中國海軍 361 潛艇事件暴露軍隊現代化盲點〉,《展望與探索》,2003 年 7 月。

142. 楊保華,〈建構中國海洋衛星體系提升海洋環境與災害監測能力〉,《中國空間科學技術》,第 5 期,2010 年 10 月。

143. 楊連新,〈中國核潛艇 50 年——大事年表 1958-2008〉,《船艦知識》,2008 年 8 月。

144. 楊連新,〈核潛艇研製的尚方寶劍《特別公函》〉,《船艦知識》,2011 年 3 月。

145. 楊然,〈南海艦隊工程指揮部征戰紀事〉,《政工學刊》,1998 年 4 月。

146. 楊翠柏,〈菲律賓對南沙群島的權力主張及其法理依據駁析〉,《西南民族大學學報‧人文社科版》,25 卷第 2 期,2004 年 2 月。

147. 楊潔篪,〈2007 年國際形勢和中國外交工作〉,《求是雜誌》,2008 年 1 月。

148. 楊曉波,〈中國軍、民船舶製造能力相互轉化評估〉,《現代艦船》,2011 年 4 月 A。

149. 楊燕華,〈鄧小平積極防禦戰略思想與中國和平崛起〉,《軍事歷史研究》,2004 年 4 月。

150. 經濟編輯部課題組,〈擔起中國能源結構調整的歷史使命〉,《求是雜誌》,2011 年 2 月。

151. 葉明,〈國產驅逐艦設計與海洋戰略的變遷〉,《現代艦船》,2010 年 10 月 B,。

152. 廖文中,〈赤龍監控網——西太平洋美軍魚鉤反潛部屬〉,《全球防衛》,2005 年 8 月。

153. 廖文中,〈中國海洋與臺灣島戰略地位〉,《中共研究》,第 30 卷 8 期,1996 年 8 月。

154. 廖文中,〈中共海軍積極建設海下戰場〉,《全球防衛》,第 258 期,2006 年 2 月。

155. 廖文中,〈中共躍向遠洋海軍戰略〉,《中共研究》,第 28 卷,1994 年 12 月。

156. 廖文中,〈美日安保合作對西太平洋區域安全之影響〉,《中共研究》,第 31 卷,1997 年 11 月。

157. 漢和編輯部,〈中國軍隊的電子偵察能力〉《漢和防務評論》,2006 年 1 月。

158. 熊光楷，〈論世界新軍事變革趨勢和中國新軍事變革〉，《外交學院學報》，第 76 期，2004 年 6 月。

159. 翟文中、陳永康，〈中共海軍現代化對亞太安全之影響〉，《中共研究》，第 42 卷第 7 期，1999 年 7 月。

160. 趙成、陳大躍，〈潛艇浮筏隔震系統的半主動模糊滑模控制〉，《機械工程學報》，第 44 卷第 2 期，2008 年 2 月。

161. 銀河，〈中國近海執法力量〉，《艦載武器》，2011 年 3 月。

162. 銀河，〈再談現代級的影響〉，《艦載武器》，2006 年 6 月。

163. 劉志青、王建強，〈二十世紀八十年代的百萬大裁軍〉，《黨史博覽》，2002 年 8 月。

164. 劉怡 訪談，〈對話詹姆斯‧霍爾姆斯〉，《現代艦船》，2011 年 9 月 B。

165. 劉怡，〈日澳安保合作宣言簡評〉，《現代艦船》，2007 年 5 月。

166. 劉軍，〈索馬里海盜問題探析〉，《現代國際關係》，2009 年 1 月。

167. 劉振華，〈西沙海戰勝利原因分析及對當前南海爭端的啟示〉，《法制與社會》，2009 年 9 月。

168. 劉清，〈蘇式航母甲板作業與作戰使用分析〉，《現代艦船》，2010 年 9 月 A。

169. 劉雲臣，〈通過法律看中國海軍通過第一島鏈海峽〉，《船艦知識》，2011 年 8 月。

170. 劉慶，〈珍珠鏈戰略之說辯析〉，《現代國際關係》，2010 年 3 月。

171. 劉養潔，〈南海主權地緣政治經濟透析〉，《人文地理》，第 90 期，2006 年 4 月。

172. 劉錚、劉蕾，〈中國驅逐艦的動力升級——船舶動力專家王光啟訪談〉，《船艦知識》，2009 年 9 月。

173. 廣西區社科聯聯合課題組，〈泛珠三角區域合作推進與對東盟開放合作的戰略構想及對策〉，《廣西社會科學》，第 161 期，2008 年 11 月。

174. 歐錫富，〈中俄軍工改革與軍事合作〉，《尖端科技》，第 148 期，1999 年 12 月。

175. 潘文林，〈21 世紀的澎湃動力——從新型水面艦挺看艦用燃氣輪機的發展〉，《艦載武器》，第 42 卷第 7 期，2010 年 2 月。

176. 編輯部，〈2001 年中美撞機因美機偵察核潛艇基地〉，《當代兵器》，2008 年 6 月。

177. 編輯部，〈2011 年 1-12 月世界主要造船國家／地區三大造船指標〉，《船艦知識》，2012 年 3 月。

178. 編輯部，〈中法海軍在地中海聯合軍演〉，《現代艦船》，2007 年 11 月 B。

參考書目

179. 編輯部,〈中法海軍在地中海聯合軍演〉,《現代艦船》,2007 年 11 月 B。

180. 編輯部,〈中美海軍首次舉行海上編隊演習〉,《現代艦船》,2006 年 11 月 A。

181. 編輯部,〈中美海軍舉行海上聯合搜救演習〉,《現代艦船》,2007 年 1 月 A。

182. 編輯部,〈中國海軍亞丁灣護航 3 週年〉,《船艦知識》,2012 年 1 月。

183. 編輯部,〈中國深海載人潛水器〉,《船艦知識》,2007 年 3 月。

184. 編輯部,〈中國艦隊現身春曉油氣田〉,《現代艦船》,2005 年 11 月 A。

185. 編輯部,〈日本自稱發現不明國籍潛艇入侵〉,《現代艦船》,2008 年 11 月 A。

186. 編輯部,〈日本宣稱中國軍艦穿越津輕海峽〉,《現代艦船》,2008 年 12 月 A。

187. 編輯部,〈日本要建下地島反潛基地〉,《現代艦船》,2005 年 1 月。

188. 編輯部,〈日調查船非法作業遭中方驅逐〉,《現代艦船》,2010 年 6 月 B。

189. 編輯部,〈目標:南太平洋——原北海艦隊航海業務長專訪〉,《船艦知識》,2009 年 6 月。

190. 編輯部,〈俄羅斯人眼中的殲 11 與殲 11B〉,《船艦知識》,2007 年 12 月。

191. 編輯部,〈原海軍司令員石雲生訪談〉,《現代艦船》,2009 年 5 月 A。

192. 編輯部,〈原海軍副司令員金矛訪談錄(上)〉,《現代艦船》,2009 年 6 月 A。

193. 編輯部,〈原海軍副司令員金矛訪談錄(下)〉,《現代艦船》,2009 年 7 月 A。

194. 編輯部,〈專訪海軍裝備部副部長趙登平少將〉,《三聯生活週刊》,第 15 期,2009 年。

195. 編輯部,〈深圳艦首訪日本〉,《現代艦船》,2008 年 1 月 A。

196. 編輯部,〈畢昇號綜合試驗艦總設計師訪談錄〉,《現代艦船》,2010 年 5 月 A。

197. 編輯部,〈無人載具——珠海航展中的概念機〉,《全球防衛》,2010 年 12 月。

198. 編輯部,〈菲律賓為什麼購買漢米爾頓級巡邏艦?〉,《現代艦船》,2011 年 7 月 B。

199. 編輯部,〈與中國固有海上領土存在糾紛的相關國家海軍實力對比簡報〉,《現代艦船》,2009 年 7 月 A。

200. 編輯部,〈劍指南海-美國東協國家海上軍演全記錄〉,《船艦知識》,2011 年 9 月。

201. 編輯部,〈廣州號艦艇編隊到訪聖彼得堡〉,《現代艦船》,2007 年 10 月 B。

202. 編輯部,〈殲十全集〉,《兵工科技》,2007 年增刊。

203. 編輯部訪問,〈尹卓少將解讀中國海軍現實需求與低配置艦〉,《現代艦船》,2010 年 6 月 A。

204. 編輯部整理，〈中美撞機大事紀〉，《尖端科技》，2001 年 5 月。

205. 蔣復華，〈中共魚雷發展之研究〉，《海軍學術雙月刊》，第 44 卷第 6 期，2010 年 12 月。

206. 衛天，〈中國常規潛艇技術及出口〉，《艦載武器》，2011 年 7 月。

207. 鄭繼文，〈突破第一島鏈──解放軍海軍越走越遠〉，《亞太防務》，2010 年 6 月。

208. 橙路，〈熊出沒注意──日本周邊海域潛艇事件調查〉，《現代艦船》，2008 年 11 月 B。

209. 諾曼，〈隱蔽起來戰鬥？洞庫戰術的價值〉，《現代艦船》，2011 年 6 月 B。

210. 靜水，〈神秘的烏克蘭軍事企業〉，《亞太防務》，2009 年 5 月。

211. 龍村倪，〈中日交鋒的熱點──春曉油田風飄雨〉，《全球防衛》，2005 年 11 月。

212. 龍村倪，〈釣魚臺及春曉油田日本劃定的防空識別區〉，《全球防衛》，2006 年 5 月。

213. 龍嘯，〈漸進的革命──從旅大到旅滬〉，《現代艦船》，2005 年 3 月 B。

214. 龍騰日月，〈直－8 雷達機的性能和裝備價值〉，《現代艦船》，2011 年 6 月 B。

215. 姜忠，〈中國海軍驅逐艦發展之路〉，《艦載武器》，2003 年 9 月。

216. 謝立，〈如何建構符合中國國情的航母反潛體系〉，《現代艦船》，2011 年 7 月 A。

217. 謝涌紋，〈對亞丁灣護航國際合作的思考〉，《船艦知識》，2012 年 1 月。

218. 鍾馗潤，〈人民海軍驅逐艦首次訪問日本全程實記〉，《艦載武器》，2008 年 1 月。

219. 譚顯兵，〈南海問題中的越南因素研究初探〉，《思茅師範高等專科學校學報》，第 25 卷第 1 期，2009 年 2 月。

220. 蘇冠群，〈山寨？自創？中國航空母艦發展論證〉，《全球防衛》，2011 年 3 月。

221. 蘇冠群，〈剖析解放軍陸航發展與現況〉，《全球防衛》，第 270 期，2007 年 2 月。

222. 蘇冠群，〈跨時代海軍科技──微波超地平線雷達〉，《全球防衛》，2010 年 10 月。

223. 鐘堅，〈突圍：中國建構航艦之研析〉，《尖端科技》，第 227 期，2003 年 7 月。

224. 蘭寧利，〈由近岸跨向遠海──中國解放軍水面艦防空戰力發展〉，《全球防衛》，2007 年 8 月。

225. 蘭寧利，〈解析解放軍海軍亞丁灣護航〉，《亞太防務》，2010 年 6 月。

226. 龔曉輝，〈馬來西亞海洋安全政策分析〉，《世界經濟與政治論壇》，第 3 期，2011 年 5 月。

■中譯文章

1. Andrei Chang，湯名暉 譯，〈大幅躍進的中共空軍戰力〉，《國防譯粹》，第 36 卷第 3 期，2009 年 3 月。

2. Andrew S. Erickson，David D. Yang，黃引珊 譯，〈中共攻船彈道飛彈〉，《國防譯粹》，第 36 卷第 10 期，2009 年 10 月。

3. Arthur E. Karell，黃文啟 譯，〈省思聯盟演習〉，《國防譯粹》，第 39 卷 1 期，2012 年 1 月。

4. Corazon Sandoval Foley 著，歐冠宇 翻譯，〈東南亞及美國對中共崛起之觀感〉，《國防譯粹》，第 33 卷第 5 期，2006 年 5 月）。

5. Corazon Sandoval Foley，歐冠宇 譯，〈東南亞及美國對中共崛起之觀感〉，《國防譯粹》，第 33 卷第 5 期，2006 年 5 月。

6. David Lai，黃引珊 譯，〈中共對海洋的企圖〉，《國防譯粹》，第 37 卷第 1 期，2010 年 1 月。

7. Dzirhan Mahadzir，趙復生 譯，〈菲律賓武裝部隊現代化〉，《國防譯粹》，第 34 卷第 4 期，2007 年 4 月。

8. Dzirhan Mahadzir，章昌文 譯，〈中共國防工業改革與挑戰〉，《國防譯粹》，第 35 卷第 1 期，2008 年 1 月。

9. H.B. Warimann，高一中 譯，〈美國將維持亞太地區強大駐軍〉，《國防譯粹》，第 36 卷 5 期，2009 年 5 月。

10. Isaak Zulkarnaen，李柏彥 譯，〈中共國防工業近況〉，《國防譯粹》，第 36 卷第 11 期，2009 年 11 月。

11. James Kraska，Brian Wilson，張昌文 譯，〈中共力阻外國軍隊進入近岸的政治與法律戰〉，《國防譯粹》，第 37 卷第 1 期，2010 年 1 月。

12. James R. Holmes，Toshi Yoshihara，李柏彥 譯，〈馬漢之魂-中共的海權戰略〉，《國防譯粹》，第 37 卷第 4 期，2010 年 4 月。

13. James R. Holmes，Toshi Yoshihara，李柏彥 譯，〈中共新水下核武嚇阻戰略、準則與能力〉，《國防譯粹》，第 35 卷第 10 期，2008 年 10 月。

14. James R. Holmes，Toshi Yoshihara，劉慶順 譯，〈朝柯白海權學說轉變的中共海軍〉，《國防譯粹》，第 38 卷第 3 期，2011 年 3 月。

15. James R. Holmes，Toshi Yoshihara，劉怡 譯，〈中國能自德國海權的興衰中攝取何種叫益 下〉，《現代艦船》，2012 年 3 月 B。

16. James R. Holmes，Toshi Yoshihara，劉怡 譯，〈中國能自德國海權的興衰中攝取何種叫益 上〉，《現代艦船》，2011 年 12 月 B。

17. James R. Holmes，Toshi Yoshihara，陳德門 譯，〈海上軟性國力：中共運用鄭和事蹟的海洋戰略〉，《國防譯粹》，第 34 卷第 1 期，2007 年 1 月。

18. Laerence Spinetta，吳晨輝 譯，〈斬斷中共的珍珠串〉，《國防譯粹》，第 34 卷第 7 期，2007 年 1 月。

19. Lyle Goldstein，Shannon Knight，袁平 譯，〈中共無人水下載具發展〉，《國防譯粹》，第 37 卷第 10 期，2010 年 10 月。

20. May-Britt Stumbaum，湯名輝 譯，〈無形的禁令：歐盟持續對中國實施武器禁運〉，《國防譯粹》，第 36 卷第 4 期，2009 年 4 月。

21. Michael C. Grubb，李永悌 譯，〈中共造船業現況〉，《國防譯粹》，第 35 卷第 6 期，2008 年 6 月。

22. Nan Li，李柏彥 譯，〈中共 022 型飛彈攻擊快艇發展〉，《國防譯粹》，第 36 卷 12 期，2009 年 12 月。

23. Paul M. Kennedy，于瀛 編譯，〈美國的海權觀〉，《現代艦船》，2012 年 2 月 B。

24. Richard Fisher，黃引珊 譯，〈中共籌建航空母艦進展〉，《國防譯粹》，第 37 卷第 3 期，2010 年 3 月。

25. Richard Halloran，章昌文 譯，〈關島──美軍經營太平洋的鎖鑰〉，《國防譯粹》，2008 年 5 月。

26. Robert C. Rubel，李永悌 譯，〈論制海〉，《國防譯粹》，第 38 卷第 2 期，2011 年 2 月。

27. Toshi Yoshihara，李永悌 譯，〈北京作戰觀點：中共飛彈戰略與美駐日海軍反制力〉，《國防譯粹》，第 37 卷第 11 期，2010 年 11 月。

28. Urmila Venugopalan，齊珮文 譯，〈中共突破印度洋港口〉，《國防譯粹》，第 37 卷第 7 期，2010 年 7 月。

29. Walter C. Ladwig III，袁平 譯，〈印度與亞太勢利均勢〉，《國防譯粹》，第 38 卷第 3 期，2011 年 3 月。

30. 費學禮，漢興 譯，〈升級‧中國航母〉，《艦載武器》，2009 年 6 月。

31. 達蒙‧布里斯托，〈五國防禦協議組織：鮮為人知的東南亞地區安全組織〉，《南洋資料譯叢》，第 162 期，2006 年 2 月。

32. 黃引珊 譯，〈中共軍事戰略與準則〉，《國防譯粹》，第 36 卷第 7 期，2009 年 7 月。

33. 加布里艾爾‧柯林斯，莫祖英 譯，〈中國的艦船製造業〉，《艦載武器》，2009 年 10 月。

34. 喬‧瓦納，漢興 譯，〈中國海軍向東還是向南〉，《艦載武器》，2008 年 11 月。

35. 詹姆斯‧步塞特，漢興 譯，〈大步邁向 C3 化的中國海軍戰艦〉，《艦載武器》，2009 年 5 月。

36. 中森川杉，管帶 編譯，〈危機與抉擇——中國臺海危機時期的戰略與系統 2〉，《海陸空天 慣性世界》，第 86 期，2010 年 2 月。

37. Milan N. Vego，袁平 譯，〈論海軍武力〉，《國防譯粹》，第 36 卷第 1 期，2009 年 1 月，頁 44。

■英文期刊

1. "Sukhoi fighters on Asian market", *Take-off*, October 2008.

2. Amitav Acharya, "A SURVEY OF MILITARY COOPERATION AMONG THE ASEAN STATES: Bilateralism or Alliance?", *Centre for International and Strategic Studies*, May 1990.

3. Andrew Scobell, "Show of Force: The PLA and the 1995–1996 Taiwan Strait Crisis", *Shorenstein APARC*, January 1999.

4. Barbara Starr, " Han Incident Proof of China's Naval Ambition", *Jane's Defence Weekly*,January 7, 1995.

5. Bin Yu, "Sino-Russian Military Relations: Implications for Asian-Pacific Security", *Asian Survey*, Vol. 33, No. 3, March 1993.

6. Carlo Kopp , "Analysis China's Airpower", *Australian Aviation*, August 2004.

7. Carlo Kopp , "Defeating Cruise Missiles", *Australian Aviation*, October 2004.

8. Carlo Kopp, " China's Rise as a Regional Superpower", *Air Power Australia Analysis* , May 19, 2005.

9. Carlyle A. Thayer, " Vietnam and the Challenge of Political Civil Society ", *Contemporary Southeast Asia*, No. 1, April 2009.

10. Carlyle A. Thayer, "Background Briefing: Vietnam's Defense Budget" , *Thayer Consultancy*, April 23, 2011.

11. Christian Bedford, "The View from the West: Chinese Naval Power in the 21st Century", *CANADIAN NAVAL REVIEW*, VOLUME 5, NUMBER 2, SUMMER 2009.

12. Christopher J. Pehrson, "string of Pearls: meeting the challenge of china's rising power across the asian littoral", *Carlisle Papers in Security Strategy*, July 25, 2006.

13. David Arase, Non-Traditional Security in China-ASEAN Cooperation: The Institutionalization of Regional Security Cooperation and the Evolution of East Asian Regionalism, *Asian Survey*, Vol. 50, No. 4, July/August 2010.

14. Dr. Alison A. Kaufman, "China's Participation in Anti-Piracy Operations off the Horn of Africa: Drivers and Implications", *CNA China Studies*, July 2009.

15. Edited by Phillip C. Saunders, Christopher D. Yung, Michael Swaine, Andrew Nien-Dzu Yang, Nan Li,"The Evolution of China's Naval Strategy and Capabilities: From "Near Coast" and "Near Seas" to "Far Seas"", *The Chinese Navy: Expanding Capabilities*, （Washington, D.C.，National Defense University, 2011）.

16. Eric Hyer, The South China Sea Disputes: Implications of China's Earlier Territorial Settlements, *Pacific Affairs*, Vol. 68, No. 1, Spring, 1995.

17. Felix K. Chang, "Beijing's Reach in the South China Sea", *Orbis*, Volume 40, Number 3, Summer 1996.

18. Hari Singh, " Vietnam and ASEAN: The Politics of Accommodation", *Austrlian Journal of International Affairs*, No. 2, 2007.

19. James Kraska, "How the United States Lost the Naval War of 2015", *Orbis*, Volume 54, Number 1, Winter 2010.

20. Jinming Li, Li Dexia, "The Dotted Line on the Chinese Map of the South China Sea: A Note", *Ocean Development & International Law*, No.34 , 2003.

21. John W. Garver, China's Push through the South China Sea: The Interaction of Bureaucratic and National Interests, *The China Quarterly*, No. 132 , Dec. 1992.

22. Joseph Y. Lin, "The changing face of Chinese military generals: evolving promotion practices between 1981 and 2009", *Korean Journal of Defense Analysis* ,March 26, 2010.

23. Joshua Kurlantzick, "China's Charm Offensive in Southeast Asia" , *CURRENT HISTORY*, September 2006.

參考書目

24. Journal Article, "China's Search for a Modern Air Force", *International Security*, Vol. 24 no. 1, Summer 1999.

25. Journal Article, "The Changing Ecology of Foreign Policy-Making in China: The Ascension and Demise of the Theory of "Peaceful Rise"", *The China Quarterly*, July 19, 2007.

26. Kay Möller, "Special Issue: China and Europe since 1978: A European Perspective", *The China Quarterly*, No.169, March 2002.

27. L.C. Russell Hsiao, "PLAN East Sea Fleet Moves Beyond First Island Chain", *China Brief*, April 29, 2010.

28. M. Vatikiotis, "China Stirs the Pot," *Far Eastern Economic Review*, No. 155 , July 9, 1992.

29. Mark A. Stokes, "China's Electronic Intelligence Satellite Developments: Implications for U.S. Air and Naval Operations", *The Project2049 Institute*, Feb 2, 2011.

30. Mark Stokes ,"China's Evolving Conventional Strategic Strike Capability: the anti-ship ballistic missile challenge to U.S. maritime operations in the Western Pacific and beyond", *Project 2049 Institute*, September 14, 2009.

31. Martin H. Katchen, "The Spratly Islands and the Law of the Sea: "Dangerous Ground" for Asian Peace," *Asian Survey*, Vol. 17, No. 12 ,Dec. 1977.

32. Phillip C. Saunders, "Civil-Military Relations in China: Assessing the PLA's Role in Elite Politics", *China Strategic Perspective*, No. 2, August 2010.

33. Ramos Calls "On Spratly Claimants to Pull Troops Out," *Straits Times*, March 30 1994.

34. Richard D. Fisher, Jr. , "Chinese Naval System Modernization Trends", *The U.S.-China Economic and Security Review Commission*, June 11, 2009.

35. Richard D. Fisher, Jr. , "Chinese Naval System Modernization Trends", *International Assessment and Strategy Center*, June 11, 2009 .

36. Richard Weitz, "Operation Somalia: China"s First Expeditionary Force?", *China Security*, Vol. 5 No. 1, Winter 2009.

37. Ronald O'Rourke , "China Naval Modernization: Implications for U.S. Navy Capabilities", *Congressional Research Service*, November 18, 2005.

38. Shirley A. Kan, Larry A. Niksch, "Guam: U.S. Defense Deployments", *Congressional Research Service*, May 22, 2009.

39. Thomas J. Bickford, "Uncertain Waters: Thinking About China's Emergence as a Maritime Power", *CNA China Studies*, September 15, 2011.

40. Thomas M. Skypek, "China's Sea-Based Nuclear Deterrent in 2020: Four Alternative Futures for China's SSBN Fleet", *Nuclear Scholars Initiative*, Oct 1, 2010.

41. Zubir Mokhzani , Basiron Mohd Nizam, "The Strait of Malacca: The Rise of China, America's Intentions and the Dilemma of the Littoral States" *Maritime Studies* , Issue 141, Mar/Apr 2005.

三、研討會論文

■中文論文

1. 劉曉鵬、陳愉雯,〈從南海各方行為宣言形同虛設之原因論析南沙群島主權爭議〉,《第二屆海洋與國防學術研討會》(桃園:國防大學海軍學院,2010年11月)。

2. 洪志安,〈從軍力現代化看胡錦濤主政時期的文武關係〉,發表於《2009〈中國軍力現代化〉國際研討會》(臺北:國防大學政戰學院,2009年11月)。

3. 于有慧,〈從十七大政治報告觀察中國外交的持續與轉變〉,發表於《國立政治大學國際觀察研究中心中國十七大觀察報告學術研討會》(臺北:國立政治大學,2007年)。

4. 孫勇,郭建武,〈網絡中心戰──未來高技術局部戰爭海上作戰的新模式〉,發表於《中國電子學會電子對抗分會第十三屆學術年會》(北京:中國電子學會,2003年)。

5. 施子中,〈中國大陸海軍意圖邁向遠洋防禦戰略之研究〉,《亞太和平研究基金會》,2009年7月。

■英文論文

1. "The Second Workshop on Managing Potential Conflicts in the South China Sea" , (Bandung 15-18 July, 1991).

2. Carlyle A. Thayer, "The Rise of China and Maritime Security in Southeast Asia", 2011 年「中国・インドの臺頭と東アジアの変容」第 11 回研究会,2011.

3. Tim Huxley, "Defence Procurement in Southeast Asia", *Inter-Parliamentary Forum on Security Sector Governance （IPF-SSG）*in Southeast Asia, October, 12-13 2008.

4. Valerie Niquet, "Asian navies' modernization: the factors and consequences of modernization", *5th Berlin Conference on Asian Security （BCAS）*,October 1, 2010.

四、條約官方文件與官方報告書

■中文文件

1. 〈日本防衛省防衛研究所〉,《中國安全戰略報告 2011》,2012 年 2 月。

2. 〈東協憲章中英對照版〉,《臺灣東南亞國家協會研究中心》,2011 年 10 月,http://www.aseancenter.org.tw/upload/files/ASEAN%20Charter.pdf。

3. 〈南海各方行為宣言〉,《中華人民共和國外交部》,2012 年 3 月 1 日,http://big5.fmprc.gov.cn/gate/big5/www.fmprc.gov.cn/chn/pds/wjb/zzjg/yzs/dqz z/nanhai/t848051.htm。

4. 〈公開地圖內容表示若干規定〉,《中華人民共和國國土資源部》,2006 年 1 月 19 日,http://www.mlr.gov.cn/zwgk/flfg/chglflfg/200601/t20060119_642179. htm。

5. 〈中國海洋經濟統計公報 1996〉,《中國國家海洋局》,2007 年 3 月 15 日,http://www.soa.gov.cn/soa/hygb/jjgb/webinfo/2007/03/1271382649336194.htm。

6. 〈中國海洋經濟統計公報 2004〉,《中國國家海洋局》,2004 年 12 月 18 日,http://www.soa.gov.cn/soa/hygbml/jjgb/four/webinfo/2004/12/12713826520630 51.htm。

7. 〈中國海洋經濟統計公報 2005〉,《中國國家海洋局》,2005 年 12 月 18 日,http://www.soa.gov.cn/soa/hygbml/jjgb/five/webinfo/2005/12/12713826520373 50.htm。

8. 〈中國海洋經濟統計公報 2006〉,《中國國家海洋局》,2007 年 3 月,http://www.soa.gov.cn/soa/hygbml/jjgb/six/webinfo/2007/07/1271382652000605. htm。

9. 〈中國海洋經濟統計公報 2007〉,《中國國家海洋局》,2008 年 2 月 22 日,http://www.soa.gov.cn/soa/hygbml/jjgb/seven/webinfo/2008/02/1271382651981 622.htm。

10. 〈中國海洋經濟統計公報 2010〉,《中國國家海洋局》,2011 年 3 月 19 日,http://www.soa.gov.cn/soa/hygbml/jjgb/ten/webinfo/2011/03/1299461294179143.htm。

11. 〈中華民國領海及鄰接區法〉,《中華民國法務部》,http://law.moj.gov.tw/LawClass/LawAll.aspx?Pcode=A0000009。

12. 中華人民共和國國務院新聞辦公室,〈2010 年中國的國防〉,《新華網》,2011 年 3 月 31 日,http://big5.xinhuanet.com/gate/big5/news.xinhuanet.com/politics/2011-03/31/c_121252219.htm。

■英文文件

1. ＂ASEAN Security Community Plan of Action", *Association of Southeast Asian Nations*, http://www.aseansec.org/16826.htm.

2. " Concept Paper for the Establishment of an ASEAN Defence Ministers' Meeting", *Association of Southeast Asian Nations*, http://www.aseansec.org/18511.htm.

3. " Military Power of the People's Republic of China 2010", *Office of the Secretary of Defense*, 2010.

4. "An act define the baselines of territoril sea of the Philippines", *The LAWPHIL Project*, http://www.lawphil.net/statutes/repacts/ra1961/ra_3046_1961.html.

5. "An act to amend certain provisions of republic act no. 3046, as amended by republic act no. 5446, to define the archipelagic baseline of the philippines and for other purposes",*The LAWPHIL Project*, http://www.lawphil.net/statutes/repacts/ra2009/ra_9522_2009.html.

6. "ASEAN Charter", *Association of Southeast Asian Nations*, http://www.aseansec.org/21861.htm.

7. "ASEAN Political-Security Community", *Association of Southeast Asian Nations*, http://www.aseansec.org/18741.htm.

8. "Chairman's Statement of the First ASEAN Defence Ministers' Meeting-Plus: "ADMM-Plus: Strategic Cooperation for Peace, Stability, and Development in the Region"", *Association of Southeast Asian Nations*, http://www.aseansec.org/25352.htm.

9. "China's Navy 2007", *Office of Naval Intelligence* , 2007.

10. "Declaration of the Government of the People's Republic of China on the baselines of the territorial sea" , 15 May 1996, National legislation, DOALOS/OLA, *United*

Nations, http://www.un.org/depts/los/LEGISLATIONANDTREATIES/PDFFILES/ CHN_1996_Declaration.pdf.

11. "EAST ASIAN STRATEGIC REVIEW 2006", *National Institute for Defense Studies （NIDS）*, 2006.

12. "Emergency （Essential Powers）Ordinance, No. 7, 1969, as amended in 1969", National legislation, DOALOS/OLA, *United Nations*, http://www.un.org/depts/ los/LEGISLATIONANDTREATIES/PDFFILES/MYS_1969_Ordinance.pdf.

13. "Exclusive Economic Zone Act, 1984, Act No. 311", National legislation, DOALOS/ OLA, *United Nations*, http://www.un.org/depts/los/LEGISLATIONANDTREATIES/ PDFFILES/MYS_1984_Act.pdf.

14. "INSTRUMENT OF ACCESSION TO THE TREATY OF AMITY AND COOPERATION IN SOUTHEAST ASIA", *Association of Southeast Asian Nations*, http://www.aseansec.org/15271.htm.

15. "Military and Security Developments Involving the People's Republic of China 2011", *Office of the Secretary of Defense*, 2011.

16. "Military Power of the People's Republic of China 2002", *Office of the Secretary of Defense*, 2002.

17. "Mutual Defense Treaty Between the United States and the Republic of the Philippines", August 30, 1951, http://avalon.law.yale.edu/20th_century/phil001. asp.

18. "ontinental Shelf Act 1966 Act No. 57 of 28 July 1966, as Amended by Act No. 83 of 1972", National legislation, DOALOS/OLA, *United Nations*, www.un.org/ depts/los/.../MYS_1966_Act.pdf.

19. "Outer limits of the continental shelf beyond 200 nautical miles from the baselines: Submissions to the Commission: Joint submission by Malaysia and the Socialist Republic of Viet Nam", National legislation, DOALOS/OLA, *United Nations*, http://www.un.org/depts/los/clcs_new/submissions_files/mysvnm33_09/mys_re_ chn_2009re_mys_vnm_e.pdf.

20. "Quadrennial Defense Review Report2010", *Office of the Secretary of Defense*, February 2010.

21. "VIETNAM OIL & GAS EXPO 2011", October 29, 2011, http://www.vfabric. com/vnoffshore/HN2011/plist.pdf.

22. BP Statistical Review of World Energy June 2011, *British Petroleum* （2011）, http://www.bp.com/sectionbodycopy.do?categoryId=7500&contentId=7068481.

23. Cortez A. Cooper, "The PLA Navy's "New Historic Missions"", *RAND Corporation*, June 11, 2009.

24. East Asian Strategic Review 2005 , *National Institute for Defense Studies （NIDS）*,2005.

25. Roger Cliff, John Fei, Jeff Hagen, Elizabeth Hague, Eric Heginbotham, John Stillion, "Chinese Air Force Employment Concepts in the 21st Century", *RAND Corporation*, 2011.

26. Roger Cliff, Mark Burles, Michael S. Chase, Derek Eaton, Kevin L. Pollpeter, " Chinese Antiaccess Strategies and Their Implications for the United States", *RAND Corporation*, 2007.

27. Ronald O'Rourke, "China Naval Modernization: Implications for U.S. Navy "Capabilities — Background and Issues for Congress", *CRS Report for Congress* , February 4, 2008.

■日文文件

1. 〈中國ヘリによる護衛艦〈さみだれ〉への近接飛行事案〉,《防衛省・統合幕僚監部ホームページ》,2011 年 3 月 7 日,http://www.mod.go.jp/js/Press/press2011/press_pdf/p20110307.pdf。

2. 〈中國海軍艦艇の動向について〉,《防衛省・統合幕僚監部ホームページ》,2011 年 11 月 23 日,http://www.mod.go.jp/js/Press/press2011/press_pdf/p20111123.pdf。

3. 〈中國海軍艦艇の動向について〉,《防衛省・統合幕僚監部ホームページ》,2011 年 12 月 1 日,http://www.mod.go.jp/js/Press/press2011/press_pdf/p20111201_02.pdf。

4. 〈中國海軍艦艇の動向について〉,《防衛省・統合幕僚監部ホームページ》,2011 年 6 月 8 日,http://www.mod.go.jp/js/Press/press2011/press_pdf/p20110608.pdf。

5. 〈中國海軍艦艇の動向について〉,《防衛省・統合幕僚監部ホームページ》,2011 年 6 月 9 日,http://www.mod.go.jp/js/Press/press2011/press_pdf/p20110609_2.pdf。

6. 〈中國海軍艦艇の動向について〉,《防衛省・統合幕僚監部ホームページ》,2011 年 8 月 5 日,http://www.mod.go.jp/js/Press/press2011/press_pdf/p20110805.pdf。

參考書目

7. 〈中國海軍艦艇の動向について〉,《防衛省・統合幕僚監部ホームページ》,2012 年 2 月 3 日,http://www.mod.go.jp/js/Press/press2012/press_pdf/p20120203.pdf。

8. 〈中國海軍艦艇の動向について〉,《防衛省・統合幕僚監部ホームページ》,2012 年 4 月 30 日,http://www.mod.go.jp/js/Press/press2012/press_pdf/p20120430.pdf。

9. 〈中國海軍艦艇の動向について〉,《防衛省・統合幕僚監部ホームページ》,2012 年 5 月 15 日,http://www.mod.go.jp/js/Press/press2012/press_pdf/p20120515.pdf。

10. 〈中國海軍艦艇の動向について〉,《防衛省・統合幕僚監部ホームページ》,2012 年 5 月 8 日,http://www.mod.go.jp/js/Press/press2012/press_pdf/p20120508.pdf。

五、報紙（依日期排列）

■中文報紙

1. 新華社通訊,〈我國近海發現六個大型含油氣盆地〉,《解放軍報》,1981 年 9 月 25 日,第 4 版第 1 條。

2. 新華社通訊,〈鄧小平會見美國富田公司董事長安德森〉,《解放軍報》,1983 年 12 月 2 日,第 4 版第 2 條。

3. 江志順,〈我國最高軍事學府國防大學誕生〉,《解放軍報》,1986 年 1 月 16 日,第 1 版第 1 條。

4. 黃奉初,〈我國南海第一個油田投入試生產〉,《解放軍報》,1986 年 8 月 12 日,第 4 版第 3 條。

5. 李乾元,〈未來局部戰爭特點淺析〉,《解放軍報》,1986 年 12 月 19 日,第 3 版第 5 條。

6. 潘石英,〈關於我國國防建設主要矛盾的思考〉,《解放軍報》,1987 年 4 月 14 日,第 3 版第 2 條。

7. 劉新如,〈批准通過授勳規定和軍銜條例〉,《解放軍報》,1988 年 7 月 2 日,第 1 版第 1 條。

8. 〈肖勁光同志生平〉,《解放軍報》,1989 年 4 月 9 日,第 4 版第 2 條。

9. 唐複全，〈對我國海軍戰略的再認識〉，《解放軍報》，1989 年 9 月 15 日，第 3 版第 1 條。

10. 亢亨楨，〈現代局部戰爭呼喚有機高效的協同〉，《解放軍報》，1991 年 11 月 1 日，第 3 版第 1 條。

11. 陳永康，高滿盈，〈高技術武器在改變傳統戰法〉，《解放軍報》，1991 年 11 月 11 日，第 3 版第 7 條。

12. 李傑，〈經略海洋〉，《解放軍報》，1995 年 11 月 28 日，第 6 版第 7 條。

13. 祖六四，徐林華，〈海洋世紀與海軍指揮人才〉，《解放軍報》，1996 年 3 月 29 日，第 2 版第 7 條。

14. 孫景偉，〈信息化時代的戰役作戰〉，《解放軍報》，1996 年 4 月 9 日，第 6 版第 4 條。

15. 〈張萬年應邀前往泰柬緬三國訪問〉，《解放軍報》，1996 年 4 月 17 日，第 1 版第 3 條。

16. 〈熊光楷副總長出訪亞太四國〉，《解放軍報》，1996 年 5 月 8 日，第 4 版第 14 條。

17. 盧德允，〈伐亞各 作廢還是航艦？國防部已密切注意〉，《聯合報》，1998 年 4 月 3 日，第 9 版。

18. 韓振軍，〈確保接收企業平穩過渡〉，《解放軍報》，1998 年 12 月 29 日，第 1 版第 5 條。

19. 張文成，黃華敏，〈《中國人民解放軍院校教育條例》頒發施行〉，《解放軍報》，2000 年 2 月 29 日，第 1 版第 1 條。

20. 董文先，〈現代空中戰爭的崛起〉，《解放軍報》，2000 年 5 月 9 日，第 6 版第 1 條。

21. 袁邦根，〈以信息化帶動機械化〉，《解放軍報》，2002 年 2 月 19 日，第 6 版第 1 條。

22. 張建昌，〈推進我軍資訊化建設的思考〉，《解放軍報》，2003 年 1 月 28 日，第 6 版第 1 條。

23. 王文傑，司彥文，陳萬軍，〈海軍 361 潛艇遇難官兵追悼會隆重舉行〉，《解放軍報》，2003 年 5 月 21 日，第 1 版第 1 條。

24. 方坤，林一宏，〈鄭和遠航與當代海洋觀〉，《解放軍報》，2005 年 7 月 12 日，第 6 版第 1 條。

25. 〈新修訂的中國人民解放軍政治工作條例頒佈〉，《解放軍報》，2010 年 9 月 14 日，第 1 版第 1 條。

26. 亓樂義，〈陸晉升 6 上將 趨向制度化〉，《中國時報》，2011 年 7 月 25 日，
A15。

27. 田源，張新，〈我國改建第 1 艘航空母艦〉，《解放軍報》，2011 年 7 月 28
日，第 1 版第 1 條。

28. 黃燁，〈原油依存度再創新高〉，《國際金融報》，2012 年 1 月 20 日，第一版。

29. 王凌碩，〈駕馭故障戰鷹單發著陸〉，《解放軍報》，2012 年 4 月 28 日，第 5
版第 8 條。

■英文報紙

1. N.D. Kristof, "China Signs U.S. Deal for Disputed Waters," *New York Times*, 18
June 1992, A8.

2. Martha M. Hamilton, "Mobil Strikes South China Sea Oil Exploration with
Vietnam", *Washington Post*, 20 April 1994.

3. Mahathir, "Too Much Made of Problem with Spratlys," *Straits Times*, August 22
1993.

4. David Wallen, "Oil Contest over Spratlys", *South China Morning Post*, 12 July
1995.

六、網頁

■中文網頁

1. 〈1933 年法國竊占九小島事件〉，《南沙群島在線》，2005 年 5 月 2 日，
http://www.nansha.org.cn/history/4/1933-07-25.html。

2. 〈1972 年以來中美雙邊關係大事記〉，《新華網》，2011 年，http://big5.xinhuanet.
com/gate/big5/news.xinhuanet.com/ziliao/2002-10/18/content_600350.htm。

3. 〈2008 年中國原油進口總量 17,888 萬噸，增長 9.6%〉，《中國鐵井網》，2010
年 1 月 11 日，http://news.sohu.com/20100111/n269496452.shtml。

4. 〈2011 年 1-12 月我對亞洲國家（地區）貿易統計〉，《中華人民共和國商務
部亞洲司》，2012 年 2 月 1 日，http://yzs.mofcom.gov.cn/aarticle/g/date/p/201202/
20120207946820.html。

5. 〈EP-3 運抵夏威夷中美關繫期待復蘇〉，《東方新聞網》，2001 年 7 月 5 日，
http://news.eastday.com/epublish/big5/special/class000000017/12/hwz429572.htm。

6. 〈馬來西亞外交部長阿尼法啟程訪華〉,《新浪網》,2011 年 4 月 17 日,http://news.sina.com.hk/news/9/1/1/2077857/1.html。

7. 〈美日海上軍演規模龐大好似爆發新太平洋戰爭〉,《新華網》,2006 年 11 月 14 日,http://news.xinhuanet.com/mil/2006-11/14/content_5325721.htm。

8. 〈美國航空母艦「小鷹號」下周訪港〉,《BBC 中文網》,2008 年 4 月 23 日,http://news.bbc.co.uk/chinese/trad/hi/newsid_7360000/newsid_7362800/7362817.stm。

9. 〈美國軍方再次聲稱有權進入中國專屬經濟區水域〉,《鳳凰資訊》,2009 年 3 月 16 日,http://news.ifeng.com/world/200903/0316_16_1062174.shtml。

10. 〈美核動力航母訪港大批士兵聚集酒吧〉,《新華網》,2009 年 2 月 19 日 http://big5.xinhuanet.com/gate/big5/news.xinhuanet.com/mil/2009-02/19/content_10848527.htm。

11. 〈日本第 3 次試射標準 3 導彈成功攔截靶彈〉,《中國評論新聞網》,2009 年 10 月 28 日,http://www.chinareviewnews.com/doc/1011/1/7/9/101117920.html?coluid=93&kindid=2782&docid=101117920。

12. 〈日本擬軍援菲律賓制衡中國〉,《亞洲週刊》,2012 年 5 月 27 日,http://www.yzzk.com/cfm/inews.cfm?Path=2447308872&File=20120517/yz041611.htm。

13. 〈日本與澳大利亞簽署雙邊防務後勤協議〉,《中國評論新聞網》,2010 年 5 月 22 日,http://www.chinareviewnews.com/doc/1013/3/0/3/101330304.html?coluid=4&kindid=16&docid=101330304&mdate=0522085115。

14. 〈慕尤丁結束訪中國‧直飛昆明度假 24 日返國〉,《星洲日報》,2011 年 4 月 22 日,http://www.sinchew.com.my/node/201844?tid=1。

15. 〈菲媒稱中國禁止菲芒果進入被迫倒入南海〉,《中國評論新聞》,2012 年 5 月 17 日,http://www.chinareviewnews.com/doc/1021/1/1/5/102111566.html?coluid=169&kindid=0&docid=102111566&mdate=0517142754。

16. 〈大國交易:巴西為中國訓練航母人員換取造核潛艇〉,《西陸網》,2009 年 5 月 19 日,http://junshi.xilu.com/2009/0528/news_1375_326980.htm。

17. 〈東盟將與中國就南海行為準則草案內容談判〉,《新浪網》,2012 年 5 月 24 日,http://dailynews.sina.com/bg/chn/chnpolitics/sinacn/20120524/18253417450.html。

18. 〈東盟想明年簽南海行為準則〉,《東方早報》,2011 年 7 月 18 日,http://www.dfdaily.com/html/51/2011/7/18/632539.shtml。

參考書目

19. 〈東盟成中國第三大貿易夥伴雙邊貿易擴大 37 倍〉,《中華人民共和國商務部》,2011 年 7 月 28 日,http://big5.mofcom.gov.cn/gate/big5/chinawto.mofcom.gov.cn/aarticle/e/r/201107/20110707669414.html。

20. 〈東盟與中日韓領導人會議（10+3）〉,《中華人民共和國駐馬來西亞大使館》,2010 年 11 月 22 日,http://big5.fmprc.gov.cn/gate/big5/my.china-embassy.org/chn/zt/dyhz/jzjk/t771305.htm。

21. 〈南海艦隊實戰化演練共發射 16 型 71 枚導彈〉,《新華網－軍事》,2010 年 8 月 1 日,http://big5.xinhuanet.com/gate/big5/news.xinhuanet.com/mil/2010-08/01/content_13947419.htm。

22. 〈南海油氣田將成「深海大慶」東部海域產量超 2 億方〉,《人民網》,2011 年 1 月 14 日,http://energy.people.com.cn/BIG5/13732566.html。

23. 〈南沙：石油開採熱火朝天卻沒有中國石油公司的身影〉,《中國國家地理》,2010 年 10 月 11 日,http://cng.dili360.com/cng/jcjx/2010/10113759.shtml。

24. 〈梁光烈：應對南海問題要根據外交需要〉,《鳳凰衛視》,2012 年 4 月 24 日,http://v.ifeng.com/mil/mainland/201204/cedb2395-eb0b-462b-8e67-3b698dac7063.shtml。

25. 〈梁光烈就黃岩島對峙表態：軍方行動根據外交需要〉,《新浪新聞》,2012 年 4 月 25 日,http://udn.com/NEWS/MAINLAND/MAI1/7095541.shtml。

26. 〈梁光烈與菲律賓國防部長加斯明舉行會談〉,《人民網》,2011 年 5 月 23 日,http://military.people.com.cn/GB/14713160.html。

27. 〈梁光烈語越南防長　雙邊談判妥處爭議〉,《中國評論新聞網》,2011 年 6 月 4 日,http://www.chinareviewnews.com/doc/1017/2/0/5/101720557.html?coluid=70&kindid=1850&docid=101720557&mdate=0604094803。

28. 〈羅援：中國應建海岸警衛隊〉,《中國評論新聞》,2012 年 5 月 21 日,http://www.chinareviewnews.com/doc/1021/1/5/2/102115296.html?coluid=7&kindid=0&docid=102115296&mdate=0521092032。

29. 〈國家海洋局：適時開展黃岩島海洋環境預報〉,《中國經濟網》,2012 年 5 月 21 日,http://big5.ce.cn/xwzx/gnsz/gdxw/201205/21/t20120521_23339499.shtml。

30. 〈關於新一輪全國資源評價和儲量產量趨勢預測報告〉,《全球經濟緩慢復蘇下的石油市場》,2008 年 1 月 3 日,http://www.cnooc.com.cn/newstopic.php?id=276806。

31. 〈克林頓證實中方曾表示南海為「核心利益」〉,《南洋視界》,2010 年 11 月 10 日,http://www.nanyangpost.com/news/5188.html。

32. 〈海軍北海艦隊遠航南海，中國核牙終於亮相了！〉，《全球軍事》，http://www.militaryy.cn/html/25/t-41125.html。

33. 〈海軍醫院船和平方舟號出訪拉美四國〉，《人民網》，http://military.people.com.cn/BIG5/8221/71066/230347/index.html。

34. 〈海洋石油981在南海首鑽成功〉，《新華網》，2012年5月9日，http://www.xinhuanet.com/energy/huiyi/hy5.htm。

35. 〈胡錦濤強調鍛造適應歷史使命要求的強大人民海軍〉，《中國共產黨新聞》，2006年12月27日，http://www.cpcnews.cn/BIG5/64093/64094/5222002.html。

36. 〈胡錦濤主席訪問越南、朝鮮〉，《中國評論新聞網》，2012年2月22日，http://www.chinareviewnews.com/crn-webapp/spec/index_6.jsp。

37. 〈胡錦濤出訪東南亞〉，《新浪網》，2012年2月22日，http://news.sina.com.cn/z/hjtfny/index.shtml。

38. 〈黃岩島事件〉，《新華網－國際》，2012年5月12日，http://big5.xinhuanet.com/gate/big5/news.xinhuanet.com/world/2012-05/12/c_123116759.htm。

39. 〈黃巖島爭端威脅菲律賓重要行業〉，《華爾街日報》，2012年5月17日，http://cn.wsj.com/big5/20120517/bch133756.asp。

40. 〈加快發展海洋工程裝備製造業避免影響能源安全〉，《中華人民共和國國土資源部》，2011年3月17日，http://www.mlr.gov.cn/xwdt/hyxw/201103/t20110317_824811.htm。

41. 〈解密「中國戰略石油儲備」〉，《中國評論新聞網》，2011年1月21日，http://www.chinareviewnews.com/doc/1015/7/6/2/101576296.html?coluid=0&kindid=0&docid=101576296。

42. 〈解放軍南下太平洋！艦艇穿越沖繩海域日自衛隊掌行蹤〉，《今日新聞網》，2012年5月8日，http://www.nownews.com/2012/05/08/91-2811853.htm。

43. 〈解放軍海軍挺進第二島鏈演習讓日本震驚〉，《南方報網》，2009年7月17日，http://int.nfdaily.cn/content/2009-07/17/content_5382509.htm。

44. 〈解放軍醫療隊啟程赴秘參加「和平天使-2010」聯合作業〉，《新華網－軍事》，2010年11月17日，http://news.xinhuanet.com/mil/2010-11/17/c_12786623.htm。

45. 〈蛟龍號深潛器6月將到馬里亞納海溝挑戰7000米深海〉，《新華網》，2012年5月27日，http://big5.xinhuanet.com/gate/big5/news.xinhuanet.com/mil/2012-05/27/c_123196434.htm。

46. 〈舊金山和約決定南沙歸屬〉，《蘋果日報》，2011 年 9 月 7 日，http://tw.nextmedia.com/applenews/article/art_id/33651111/IssueID/20110907。

47. 〈殲 10 戰機空中二次加油訓練成功縱深突擊能力明顯提高〉，《新華網－軍事》，2012 年 5 月 14 日，http://big5.xinhuanet.com/gate/big5/news.xinhuanet.com/mil/2012-05/14/c_123122910.htm。

48. 〈千餘口外國油井矗立南海〉，《新華網》，2009 年 8 月 21 日，http://big5.xinhuanet.com/gate/big5/news.xinhuanet.com/herald/2009-08/21/content_11921817.htm。

49. 〈全球經濟緩慢復甦下的石油市場〉，《中國海油能源經濟研究院》，2012 年 3 月 1 日，http://www.cnooc.com.cn/newstopic.php?id=276806。

50. 〈新聞背景：中美兩國軍艦主要互訪回眸〉，《新華網》，2006 年 11 月 15 日 http://big5.xinhuanet.com/gate/big5/news.xinhuanet.com/mil/2006-11/15/content_5334199.htm。

51. 〈指揮員：我軍今年首次環球航行有四大特點〉，《新華網－軍事》，2012 年 4 月 18 日，http://big5.xinhuanet.com/gate/big5/news.xinhuanet.com/mil/2012-04/18/c_122996340.htm。

52. 〈中美海軍舉行第二階段海上聯合搜救演習〉，《新華網－軍事》，2006 年 11 月 19 日，http://big5.xinhuanet.com/gate/big5/news.xinhuanet.com/mil/2006-11/19/content_5350759.htm。

53. 〈中美軍事交流〉，《新華網》，2011 年 12 月 7 日，http://big5.xinhuanet.com/gate/big5/news.xinhuanet.com/ziliao/2002-01/28/content_257250.htm。

54. 〈中美船隻黃海對峙：美監測中國核潛去向？〉，《中國評論新聞》，2009 年 5 月 7 日，http://www.chinareviewnews.com/doc/1009/6/2/3/100962353.html?coluid=4&kindid=16&docid=100962353。

55. 〈中緬石油管線對我國石油行業的影響〉，《中國商品網》，2007 年 2 月 15 日，http://ccn.mofcom.gov.cn/spbg/show.php?id=5254&ids=。

56. 〈中菲：南海爭議不影響合作大局〉，《BBC 中文網》，2011 年 7 月 8 日，http://www.bbc.co.uk/zhongwen/trad/world/2011/07/110708_china_philippines_talks.shtml。

57. 〈中菲各令休漁黃岩島局勢趨緩〉，《聯合新聞網》，2012 年 5 月 16 日，http://udn.com/NEWS/MAINLAND/MAI1/7095541.shtml。

58. 〈中國「和平方舟」號醫院船與海軍第六批護航編隊會合〉，《新華網－軍事》，2010 年 9 月 17 日，http://big5.xinhuanet.com/gate/big5/news.xinhuanet.com/mil/2010-09/17/c_12578284.htm。

59. 〈中國 5 年造 30 艘執法船　與日本差距仍大〉,《中國評論新聞》, 2010 年 10 月 12 日, http://www.chinareviewnews.com/doc/1014/7/2/0/101472082.html?coluid=4&kindid=19&docid=101472082。

60. 〈中國百億貸款換巴西 10 年石油供應〉,《文匯網》, 2010 年 5 月 26 日, http://news.wenweipo.com/2010/05/26/IN1005260049.htm。

61. 〈中國提供貸款的斯里蘭卡漢班托特港正式開工〉,《新華網》, 2007 年 11 月 1 日, http://news.xinhuanet.com/newscenter/2007-11/01/content_6986221.htm。

62. 〈中國對南沙群島主權得到國際上的承認——中國漁政船開赴南海宣示主權〉,《解放軍報》, 2009 年 3 月 13 日, http://www.chinamil.com.cn/site1/big5/2009zt/2009-03/13/content_1692024.htm。

63. 〈中國——東盟的睦鄰互信夥伴關係〉,《中華人民共和國外交部》, 2012 年 3 月 1 日, http://big5.fmprc.gov.cn/gate/big5/www.mfa.gov.cn/chn/gxh/xsb/wjzs/t8988.htm。

64. 〈中國南海圈定 11 個「可燃冰」礦體〉,《中華人民共和國國土資源部》, 2011 年 7 月 7 日, http://www.mlr.gov.cn/wskt/kcxfz/201107/t20110707_896192.htm。

65. 〈中國南海圈定 11 個「可燃冰」礦體〉,《中華人民共和國國土資源部》, 2011 年 7 月 7 日, http://www.mlr.gov.cn/wskt/kcxfz/201107/t20110707_896192.htm。

66. 〈中國和東盟簽署《投資協議》世界最大自貿區明年建成〉,《新華網》, 2009 年 8 月 16 日, http://big5.xinhuanet.com/gate/big5/news.xinhuanet.com/world/2009-08/16/content_11889537.htm。

67. 〈中國海軍第八批護航編隊首次海上三艦靠幫補給〉,《中國評論新聞》, 2011 年 3 月 1 日, http://www.chinareviewnews.com/doc/1016/1/3/9/101613968.html?coluid=7&kindid=0&docid=101613968&mdate=0301084653。

68. 〈中國海軍艦艇編隊開始訪問越南〉,《人民網》, 2009 年 12 月 4 日, http://military.people.com.cn/BIG5/10518084.html。

69. 〈中國海軍艦艇編隊起航赴巴參加海上多國聯合軍演〉,《新華網－軍事》, 2007 年 2 月 19 日, http://news.xinhuanet.com/mil/2007-02/19/content_5755329.htm。

70. 〈中國海軍艦艇抵達新加坡訪問並將參加聯合軍演〉,《新華網－軍事》, 2007 年 5 月 14 日, http://news.xinhuanet.com/mil/2007-05/14/content_6099702.htm。

參考書目

71. 〈中國海軍軍艦首次訪問越南-意義重大〉,《中國評論新聞網》,2008 年 11 月 19 日,http://www.chinareviewnews.com。

72. 〈中國海軍徐州號導彈護衛艦抵馬來西亞訪問〉,《人民網》,2009 年 12 月 6 日,http://military.people.com.cn/BIG5/1077/52987/10524523.html。

73. 〈中國海軍舟山艦訪問新加坡〉,《新華網》,2009 年 12 月 7 日,http://news.xinhuanet.com/mil/2009-12/07/content_12605492.htm。

74. 〈中國海軍三大艦隊南海演習受到關注〉,《BBC 中文網》,2010 年 7 月 30 日, http://www.bbc.co.uk/zhongwen/trad/china/2010/07/100730_china_navy.shtml。

75. 〈中國海事巡視船「海巡 3」號抵新訪問〉,《新華網》,2011 年 6 月 19 日,http://news.xinhuanet.com/world/2011-06/19/c_121555369.htm。

76. 〈中國軍隊參加的主要中外聯合軍事演習〉,《新華網》,2011 年,http://big5.xinhuanet.com/gate/big5/news.xinhuanet.com/ziliao/2009-07/20/content_11737557.htm。

77. 〈中國潛艇撞美國聲納,表示中方正對卡拉實施監視?〉,《KLS 吉隆玻安全評論》,2009 年 6 月 14 日,http://www.klsreview.com/HTML/2009Jan_Jun/20090614_03.html。

78. 〈中國去年原油進口量創新高對外依存度今年更甚〉,《搜狐網》,2010 年 1 月 11 日,http://news.sohu.com/20100111/n269496452.shtml。

79. 〈中國設三沙市激怒越南〉,《聯合新聞網》,2008 年 2 月 8 日,http://mag.udn.com/mag/world/storypage.jsp?f_ART_ID=107662。

80. 〈中國少將:黃岩島 海軍聽從中央決策〉,《中國評論新聞》,2012 年 5 月 1 日,http://www.chinareviewnews.com/doc/1020/9/2/8/102092816.html?coluid=4&kindid=16&docid=102092816&mdate=0501003846。

81. 〈中國溫家寶:隆通新高鐵投標中企勝算大訪馬或公布結果〉,《星洲日報》,2011 年 4 月 24 日,http://tech.sinchew-i.com/sc/node/202057。

82. 〈中海油百億深水石油戰略 10 月啟動首戰南海西非〉,《環球投資網》,2007 年 8 月 20 日,http://www.peflat.com/news/shownews.asp?newsid=9739。

83. 〈中海油海上開採十月起呈盈虧倒掛〉,《新華網》,2008 年 12 月 24 日,http://big5.xinhuanet.com/gate/big5/news.xinhuanet.com/fortune/2008-12/24/content_10550495.htm。

84. 〈中華民國外交部重申南海議題立場〉,《中華民國外交》,2011 年 4 月 1 8 日,http://www.taiwanembassy.org/fp.asp?xItem=194482&ctNode=2221&mp=2。

85. 〈中艦隊穿行臺海我全程掌控〉,《自由時報》,2007 年 8 月 29 日, http://www.libertytimes.com.tw/2007/new/aug/29/today-p5.htm。

86. 〈中資收購礦業巨頭受挫　澳洲以軍事理由否決〉,《中國評論新聞網》, 2009 年 3 月 28 日,http://www.chinareviewnews.com/doc/1009/2/6/4/100926431. html?coluid=0&kindid=0&docid=100926431。

87. 〈中越兩軍友好交往〉,《中華人民共和國國防部》,http://chn.chinamil.com. cn/2011zyljyhjw/index.htm。

88. 〈中越海軍在北部灣海域舉行第 11 次聯合巡邏〉,《中國軍網》,2011 年 6 月 2 3 日,http://chn.chinamil.com.cn/2009jbzsc/2011-06/23/content_4455512.htm。

89. 〈出爾反爾的越南:1956 年越總理曾明文承認南海諸島屬中國〉,《人民 網》,2011 年 7 月 18 日,http://history.people.com.cn/BIG5/205396/15179668. html。

90. 〈人民海南 60 年:西沙開發,從挖鳥糞開始〉,《新華網》,2009 年 9 月 4 日,http://big5.xinhuanet.com/gate/big5/hq.xinhuanet.com/focus/60zn/2009-09/ 04/content_17597346.htm。

91. 〈蠶食鯨吞:菲律賓處心積慮強占中國黃岩島〉,《中國漁政船南海宣示主 權》,2009 年 3 月 17 日,http://www.chinamil.com.cn/site1/big5/2009zt/2009- 03/17/content_1692032.htm。

92. 〈我東海海域全部領海基點已確定永久性標誌〉,《中華網》,2010 年 2 月 8 日,http://big5.china.com/gate/big5/military.china.com/zh_cn/top01/11053250/ 20100208/15808704.html。

93. 〈我國首艘超深水鑽井平臺「海洋石油 981」順利出塢〉,《新華網》,2010 年 2 月 26 日,http://www.gov.cn/jrzg/2010-02/26/content_1542463.htm。

94. 〈安哥拉穩居中國第一大原油進口國位置〉,《中國石油油品資訊》,2010 年 5 月 25 日,http://www.cnpc.com.cn/cn/。

95. 〈尹卓:建設強大人民海軍是維護海洋權益支柱〉,《新華網》,2010 年 2 月 9 日,http://big5.xinhuanet.com/gate/big5/news.xinhuanet.com/mil/2010-02/ 09/content_12959448.htm。

96. 〈印尼外長將訪華〉,《人民網》,2011 年 4 月 14 日,http://politics.people. com.cn/GB/1027/14393629.html。

97. 〈吳勝利結束對新加坡以色列訪問訪問期間出席「亞洲國際海事防務 展」〉,《中國軍網》,2011 年 6 月 1 日,http://chn.chinamil.com.cn/xwpdxw/ 2011-06/01/content_4445363.htm。

98. 〈外交部談中國南海諸島主權歷史和法理依據〉,《新華網》,2011 年 9 月 2
    0 日,http://big5.xinhuanet.com/gate/big5/news.xinhuanet.com/world/2011-09/
    20/c_122058010.htm。

99. 〈完整理解鄧小平解決海洋爭端的戰略思想〉,《學習時報》,2011 年 1 月 4
    日,http://dangshi.people.com.cn/BIG5/138903/13643960.html。

100. 〈萬安北—21"石油合同區位於中國管轄海域無庸置疑〉,《南沙群島在
     線》,2001 年 6 月 3 日,http://www.nansha.org.cn/study/8.html。

101. 〈溫家寶訪日啟動東海油田談判〉,《蘋果日報》,2012 年 2 月 22 日,
     http://tw.nextmedia.com/applenews/article/art_id/32552916/IssueID/20100601。

102. 〈溫家寶將訪問馬來西亞、印度尼西亞〉,《新華社》,2011 年 4 月 20 日,
     http://big5.xinhuanet.com/gate/big5/gx.xinhuanet.com/dm/2011-04/20/content_
     22570616.htm。

103. 〈溫家寶成功完成訪日「融冰之旅」〉,《BBC 中文網》,2012 年 2 月 22 日,
     http://news.bbc.co.uk/chinese/trad/hi/newsid_6550000/newsid_6551900/6551927.
     stm。

104. 〈與陸關係緊張菲稱美承諾保護〉,《中時電子報》,2012 年 5 月 10 日,
     http://news.chinatimes.com/mainland/17180502/132012051000693.html。

105. 〈越南充分落實 1982 年《聯合國海洋法公約》的規定〉,《越南共產黨電子
     報》,2009 年 5 月 13 日,http://www.cpv.org.vn/cpv/Modules/News_China/
     News_Detail_C.aspx?CN_ID=%20340257&CO_ID=25754194。

106. 〈越南少將稱應學中國做法避免軍艦介入南海摩擦〉,《中國評論新聞》,
     2011 年 6 月 15 日,http://www.chinareviewnews.com/doc/1017/3/2/9/101732993.
     html?coluid=4&kindid=16&docid=101732993&mdate=0615105713。

107. 〈越南人民軍總政治局高級代表團拜會中國國家副主席習近平〉,《越通
     社》,2011 年 9 月 17 日,http://cn.vietnamplus.vn/Home/%E8%B6%8A%E5
     %8D%97%E4%BA%BA%E6%B0%91%E5%86%9B%E6%80%BB%E6%94
     %BF%E6%B2%BB%E5%B1%80%E9%AB%98%E7%BA%A7%E4%BB%A
     3%E8%A1%A8%E5%9B%A2%E6%8B%9C%E4%BC%9A%E4%B8%AD%
     E5%9B%BD%E5%9B%BD%E5%AE%B6%E5%89%AF%E4%B8%BB%E5
     %B8%AD%E4%B9%A0%E8%BF%91%E5%B9%B3/20119/14153.vnplus。

108. 〈越南總理阮晉勇會見中國外交部副部長張志軍〉,《新華社》,2011 年 4
     月 19 日,http://news.xinhuanet.com/world/2011-04/19/c_121324374.htm。

109. 勞佳迪,〈中國石油儲備或僅能維持 30 多天〉,《文匯報》,2012 年 2 月 2
     日,http://sh.wenweipo.com/?viewnews-2655。

110. 羅沙，余曉潔，〈「蛟龍」號成功突破 5000 米 創造中國載人深潛新歷史〉，《新華網》，2011 年 7 月 26 日，http://big5.xinhuanet.com/gate/big5/news.xinhuanet.com/tech/2011-07/26/c_121723438.htm。

111. 國家海洋科學研究中心，http://140.112.65.17/odbs/。

112. 新華社來源，〈盤點中俄軍演四大看點〉，《文匯報》，2012 年 4 月 28 日，http://big5.news365.com.cn:82/gate/big5/wenhui.news365.com.cn/gj/201204/t20120428_383217.html。

113. 邢世偉，〈菲律賓軍艦撤離黃岩島海域改派海警船接替〉，《新華網－軍事》，2012 年 4 月 13 日，http://big5.xinhuanet.com/gate/big5/news.xinhuanet.com/mil/2012-04/13/c_122971255.htm。

114. 楊效敏，〈統籌諸軍兵種作戰力量建設的基本要求〉，《中國國防部》，2006 年 4 月 4 日，http://www.chinamil.com.cn/site1/ztpd/2006-04/04/content_448198.htm。

115. 汪漢宗，〈我海軍自主培養首批殲擊機飛行員成功放單飛〉，《中國航空新聞網》，2011 年 6 月 1 日，http://www.cannews.com.cn/2011/0601/122767.html。

116. 泳杉，〈空軍中將劉亞洲撰「西部論」縱談西進戰略〉，《文匯報》，2010 年 8 月 10 日，http://info.wenweipo.com/index.php?action-viewnews-itemid-32266。

117. 求是理論網，http://www.qstheory.cn/。

118. 解放軍報，http://www.pladaily.com.cn/。

119. 新華網，http://www.xinhuanet.com/。

120. 人民日報，http://www.people.com.cn/。

121. 文匯報，http://wenweipo.com/。

122. 中國評論新聞，http://www.chinareviewnews.com/。

■外文網頁

1. "Chinese Y-8Q GX6 Maritime Patrol and Anti-submarine Warfare Aircraft", *Chinese Military Review*, 2011, http://chinesemilitaryreview.blogspot.com/2011/11/chinese-y-8-gx6-maritime-patrol-and.html.

2. "Piracy off the coast of Somalia - Foreign Affairs Committee Evidence Summary", *Neptune Maritime Security*, January 16, 2012, http://neptunemaritimesecurity.posterous.com/piracy-off-the-coast-of-somalia-foreign-affai.

3. "Problems in Russian-Chinese military-technical cooperation", *RIA NOVOSTI*, September 25, 2007, http://en.rian.ru/analysis/20070925/80780903.html.

參考書目

4. "Yun-8J Skymaster Maritime Surveillance Aircraft", *sinodefence.com*, September 3, 2007, http://www.sinodefence.com/airforce/specialaircraft/y8j.asp.

5. "Yun-8X Maritime Patrol Aircraft", *sinodefence.com*, February 23, 2009, http://www.sinodefence.com/airforce/specialaircraft/y8mpa.asp.

6. "A neutral US helpful to stability in S China Sea", *China-Daily*, May 7, 2012, http://www.chinadaily.com.cn/opinion/2012-05/07/content_15226561.htm.

7. "Benton Oil and Gas Company Announces Agreement to Acquire Crestone Energy Corporation", *The Free Library*, September 23, 1996, http://www.thefreelibrary.com/Benton+Oil+and+Gas+Company+Announces+Agreement+to+Acquire+Crestone...-a018699195.

8. "China Hedges Over Whether South China Sea Is a 'Core Interest' WorthWar", *The New York Times*, March 30, 2011, http://www.nytimes.com/2011/03/31/world/asia/31beijing.html.

9. "Chinese Warships", *Global* , http://www.globalsecurity.org/military/world/china/navy.htm.

10. "Communicating. Keeping up foreign relations." ,*China Defense Blog*, http://china-defense.blogspot.com/2010/04/communicating-keeping-up-foreign.html.

11. "Dầu khí Việt Nam"（越南文翻譯：越南石油和天然氣）, *KINH TE BIEN ONLINE*, May 11, 2009, http://kinhtebien.vn/index.php?option=com_content&view=article&id=55:dau-khi-viet-nam-&catid=3:m-du-&Itemid=34.

12. "Downstream Oil", *DOE Portal*, 2012, http://www.doe.gov.ph/DO/Downoil.htm.

13. "Dung Quat, Oil Refinery No.1, Vietnam", *hydrocarbons-technology*, 2009, http://www.hydrocarbons-technology.com/projects/dung/.

14. "Find statistics on Philippines" , *U.S. Energy Information Administration*, June 30, 2010, http://www.eia.gov/countries/country-data.cfm?fips=RP#pet.

15. "Historical Evidence To Support China's Sovereignty over Nansha Islands", *Ministry of Foreign Affairs of the People's Republic of China*, November 17, 2000, http://www.fmprc.gov.cn/eng/topics/3754/t19231.htm。

16. "India, Vietnam strengthen defense cooperation", *The Voice of Vietnam*, March 12, 2012, http://english.vov.vn/Home/India-Vietnam-strengthen-defense-cooperation/201112/132992.vov.

17. "Nước Việt Hình Chữ S ... Nhưng Biên Giới "Nước" Ấy Tới Đâu ?（越南文翻譯：記者無國界：越南的 S 型水域如何形成的?）", January, 2009, http://www.congdongnguoiviet.fr/TaiLieu/0901NuocVietVuHuuSanH.htm.

18. "ouse OKs baselines bill on third reading", *Philippine Star* , February 03,2009, http://www.philstar.com/Article.aspx?articleid=437005.

19. "Petroleum Exploration History", *DOE Portal*, 2012, http://www.doe.gov.ph/ER/Oil.htm.

20. "RP in last minute scramble to beat UN deadline", *ellen tordesillas*, March 03, 2008, http://www.ellentordesillas.com/2008/03/25/rp-in-last-minute-scramble-to-beat-un-deadline/.

21. "South China Sea", *U.S. Energy Information Administration*, March 2008, http://205.254.135.7/countries/regions-topics.cfm?fips=SCS.

22. "Swedish Submarine HMS Gotland Arrives in San Diego"，*UNITED STATES NAVY*, Jun 30, 2005, http://www.navy.mil/search/display.asp?story_id=18984.

23. "USS Kitty Hawk to Participate in RIMPAC 2008", *UNITED STATES NAVY*, Jun 9, 2008, http://www.navy.mil/search/display.asp?story_id=37738.

24. "Veteran USCG Cutter Transferred to Philippines", *MarineLink.com*, May 18, 2012

25. "We Will Repel You", *Air Defense*, March 30, 2010 , http://www.strategypage.com/htmw/htada/20100330.aspx.

26. "TEKOM", http://www.tekom.com.ua/.

27. 「情報収集艦（中國）」,《日本周辺國の軍事兵器》, 2011年，http://wiki.livedoor.jp/namacha2/d/%be%f0%ca%f3%bc%fd%bd%b8%b4%cf%a1%ca%c3%e6%b9%f1%a1%cb 。

28. 「中国海軍」,《日本周辺国の軍事兵器》, http://wiki.livedoor.jp/namacha2/d/%c3%e6%b9%f1%b3%a4%b7%b3 。

29. Associated Press , "Philippines seeks 12 F-16 fighter jets from US", *Inquirer Global Nation*, December 21, 2011, http://globalnation.inquirer.net/21275/philippines-seeks-12-f-16-fighter-jets-from-us

30. Carlyle A. Thayer，"Standoff at Scarborough Shoal: Implications for US-China Relations", *China US Focus*, May 9, 2012, http://www.chinausfocus.com/peace-security/standoff-at-scarborough-shoal-implications-for-us-china-relations/.

31. Chinese Military Aviation，http://cnair.top81.cn/.

32. Craig Whitlock , "Philippines may allow greater U.S. military presence in reaction to China's rise", *Washington Post* , January 26,2012, http://www.washingtonpost.

com/world/national-security/philippines-may-allow-greater-us-presence-in-latest-reaction-to-chinas-rise/2012/01/24/gIQAhFIyQQ_story.html.

33. Dr Alec Coutroubis, "Piracy off the coast of Somalia - Foreign Affairs Committee Evidence Summary", *Neptune Maritime Security*, January 16, 2012, http://neptunemaritimesecurity.posterous.com/piracy-off-the-coast-of-somalia-foreign-affai.

34. Frances Mangosing, "Balikatan 2012 includes participants from Asean, other partner nations", *Business Mirror*, March 7, 2012, http://globalnation.inquirer.net/27477/balikatan-2012-includes-participants-from-asean-other-partner-nations.

35. Hans Kristensen , "New Chinese SSBN Deploys to Hainan Island", April.24.2008, http://www.fas.org/blog/ssp/2008/04/new-chinese-ssbn-deploys-to-hainan-island-naval-base.php.

36. Hans M. Kristensen, "Chinese Submarine Patrols Doubled in 2008", *FAS Strategic Security Blog*, Feb 28, 2008, http://www.fas.org/blog/ssp/2009/02/patrols.php.

37. Jason W. Henson, "AN/SQS-53 sonar", *Harpoon Head Quarters*, http://www.harpoondatabases.com/encyclopedia/Entry2145.aspx.

38. Mackenzie Eaglen, Jon Rodeback, "Submarine Arms Race in the Pacific: The Chinese Challenge to U.S. Undersea Supremacy", *The Heritage Foundation*, February 2, 2010, http://www.heritage.org/research/reports/2010/02/submarine-arms-race-in-the-pacific-the-chinese-challenge-to-us-undersea-supremacy.

39. Rene Acosta , "US military aid to PHL highest in Southeast Asia–Thomas", *Business Mirror*, July 4, 2011, http://www.businessmirror.com.ph/home/nation/13316-gaerlan-barrios-new-ca-justices.pdf.

40. Richard D. Fisher , "China's Naval Secrets", May 5, 2008 , http://online.wsj.com/article/SB120994205702565995.html.

41. Richard D. Fisher, Jr., "China Seeks UAV Capability", *Aviation Week*, July 1 , 2011, http://www.aviationweek.com/Article.aspx?id=/article-xml/DT_07_01_2011_p35-338816.xml.

42. Vivian Yang, "China's pearls unstrung-for now", *Asia Times*, Jul 20, 2011, http://www.atimes.com/atimes/china/mg20ad01.html.

43. Wenadell Minnick, " China's Silver Hawk UAV Program Advances", *Defense News*, Jul. 14, 2011, http://www.defensenews.com/article/20110714/DEFSECT01/107140303/China-s-Silver-Hawk-UAV-Program-Advances.

44. Zaff Solmerin, "Navy unveils PHL-made multipurpose attack craft", *Business Mirror* , May 22, 2012, http://businessmirror.com.ph/home/nation/27521-navy-unveils-phl-made-multipurpose-attack-craft.

參考書目

新・座標15　PF0110

新鋭文創　中國的南海戰略
INDEPENDENT & UNIQUE

作　　者	蘇冠群
責任編輯	鄭伊庭
圖文排版	郭雅雯
封面設計	蘇冠群、秦禎翊

出版策劃	新鋭文創
製作發行	秀威資訊科技股份有限公司
	114 台北市內湖區瑞光路76巷65號1樓
	電話：+886-2-2796-3638　傳真：+886-2-2796-1377
	服務信箱：service@showwe.com.tw
	http://www.showwe.com.tw
郵政劃撥	19563868　戶名：秀威資訊科技股份有限公司
展售門市	國家書店【松江門市】
	104 台北市中山區松江路209號1樓
	電話：+886-2-2518-0207　傳真：+886-2-2518-0778
網路訂購	秀威網路書店：http://www.bodbooks.com.tw
	國家網路書店：http://www.govbooks.com.tw
法律顧問	毛國樑　律師
圖書經銷	貿騰發賣股份有限公司
	235 新北市中和區中正路880號14樓
	電話：+886-2-8227-5988　傳真：+886-2-8227-5989

出版日期	2013年4月　BOD一版
定　　價	440元

國家圖書館出版品預行編目

中國的南海戰略 / 蘇冠群著. -- 一版. -- 臺北市：新銳文
創, 2013.04
　　面；　公分
BOD版
ISBN　978-986-5915-61-2（平裝）

1. 南海問題　2. 中國

578.193　　　　　　　　　　　　　　　　102002162